KB075208

텍스트와 담론 분석 방법

Methods of Text and Discourse Analysis

Methods of Text and Discourse Analysis
by Stefan Titscher, Michael Meyer, Ruth Wodak and Eva Vetter
English language edition published by SAGE Publications of London,
Thousand Oaks, New Delhi and Singapore
© Stefan Titscher, Michael Meyer, Ruth Wodak and Eva Vetter 2000
All right reserved.

Korean translation edition © Global Contents Publishing Group 2015
Published by arrangement with SAGE Publications Ltd., London, UK
through Bestun Korea Agency, Seoul, Korea.
All right reserved.

거시언어학 5

담화·텍스트·화용 연구

텍스트와 담론 분석방법

스테판 티처(Stefan Titscher)·미샤엘 마이어(Michael Meyer)
루트 보닥(Ruth Wodak)·에바 베터(Eva Vetter) 지음
남상백 옮김

Methods of Text and Discourse Analysis
Methods of Text and Discourse Analysis
Methods of Text and Discourse Analysis
Methods of Text and Discourse Analysis
Analysing Discourse
of Text and Discourse Analysis
Methods of Text and Discourse
Methods of Text and Discourse Analysis

경진출판

일러두기

1. 이 책은 Stefan Titscher, Michael Meyer, Ruth Wodak, Eva Vetter의 독일어판 *Methoden der Textanalyse: Leitfaden und Überblick*(Opladen/ Wiesbaden: Westdeutscher Verlag, 1998)의 영역본 *Methods of Text and Discourse Analysis*(London: Sage, 2000)를 번역한 것이다.

2. 본문에 인용된 다양한 문헌의 국역본이 있는 경우, 참고문헌의 원저작 서지사항 뒤에 국역본의 서지사항을 덧붙여 명기했다. 국역본이 있는 인용문의 경우, 국역본의 번역을 그대로 따르지는 않았다.

3. 원 저자 주석과 역자 주석의 구분을 위해서 역주의 경우 각주 안의 (옮긴이)로 표기하였다.

4. 외래어의 우리말 표기는 국립국어원의 외래어 표기법을 원칙으로 하되, 일부는 현지 발음을 따랐다.

5. 책과 정기간행물의 제목은 겹낫표(『 』)로, 논문과 작품의 제목은 낫표(「 」)로 표시했다.

감사의 말

이 책은 많은 사람과 기관의 도움 없이는 쓰일 수 없었다. 우리는 그들 모두에게 감사를 전한다.

특히, 우리는 우리의 연구 프로젝트 '외교와 언어'(P09577)에 자금을 지원한 오스트리아과학기금(FWF)으로부터의 3년간의 지원에 진심으로 감사드린다. 텍스트 분석 방법에 관한 책을 쓰는 것에 대한 아이디어가 탄생한 것이 우리가 다양하고 방대한 텍스트 언어 자료(corpora)를 다뤄야만 했던, 이러한 프로젝트의 과정에 있었기 때문에, FWF의 지원 없이 우리는 결코 이 책에 포함된 아이디어들을 발전시키지 못했을 것이다.

우리는 또한 독일어에서 영어로 번역하는 것에 자금을 지원하는 데 있어 오스트리아연방과학교통부(BMWV)의 지원에 감사드린다. 이러한 번역은 브라이언 제너(Bryan Jenner)에 의해 매우 전문적이고, 세심하고, 효과적인 방식으로 수행되었다. 우리는 그와의 공동 작업에 진심으로 감사드린다.

계량서지학적 조사는 지빌레 크라우슬러(Sybille Krausler)의 도움과 함께 수행되었다. 우리는 빈 경제경영대학 도서관의 사회과학정보부(SOWIS)의 지원과, 특히 베티나 슈마이칼(Bettina Schmeikal)과 게오르크 페슬러(Georg Fessler)의 지원에 감사드린다.

우리는 칼 베거(Karl Berger), 토마스 감펠(Thomas Gamperl), 기젤라 하그마이어(Gisela Hagmair)와의 공동 작업에 감사드린다. 이들은 이 책의 해당 장(14장)의 기초를 형성한, 객관적 해석학에 관한 독일어 개요를

썼고, 또한 우리의 연구 프로젝트 동안 이 방법을 사용한 여러 개의 분석 작업을 수행했다.

　우리는 이 책의 질을 향상시키는 데 기여한 우리의 논평가 마이클 스텁스(Michael Stubbs)의 유익한 논평을 가치 있게 생각한다. 세이지(Sage)의 줄리아 홀(Julia Hall)은 매우 드문 지원적이고 격려적인 출판인이고, 세스 에드워즈(Seth Edwards)는 최종 결과에 매우 긍정적으로 기여한 편집자이다.

서문

이 책은 언어학자와 사회학자 또는 다른 분야의 사회과학자들 사이의 학제 간 공동 작업의 결과이다. 이것은 오스트리아과학기금(FWF)에 의해 지원된 '언어와 외교'를 주제로 한 연구 프로젝트의 과정 동안 발전됐다. 이러한 연구 프로젝트의 실제 결과는 각기 개별적인 연구들로 출간되고 있다. 돌이켜 생각해보면 전문적 집단의 접근을 언어학적 수준에서 개념화하고 표현하는 문제에 전념한 하나의 프로젝트에서, 작업의 상당 부분이 성격상 순전히 방법론적이었던 것은 사회학적 지향의 텍스트 분석을 상당히 대표하는 것으로 보인다. 그 영역은 혼란스러웠고, 그 경계에 대해서 합의가 거의 없었으며, 모든 이정표가 믿을 만한 것은 아니었다. 이러한 분야에 대한 측량도는 손에 넣을 수 없었다. 헤쳐 나갈 길을 찾기를 원하는 이들에게 얻을 만한 도움이 거의 없었다. 우리는 여기에서 개관을 제공하기 위해 최선의 노력을 다했고, 이러한 오리엔테이션 안내를 하는 연구가 개인적 경험의 축적을 막지 않기를 희망한다.

현재의 출판물은 하나의 방법론적 저작이다. 이것은 텍스트 분석 방법들을 제시하고, 그것들의 이론적 기반을 기술하고, 이 분야의 전체 12가지의 다양한 방법들을 비교하고 대조하려고 시도한다. 우리는 다음의 이유들 때문에 우리 자신을 대체로 방법들의 비판적 제시에 제한하고, 상세한 사례 적용은 피했다. (a) 이 책은 주로 사회과학 분야의 학생들을 겨냥했고, 그들에게 텍스트 분석 분야의 다양한 (가능하고 능숙한) 방법들에 대한 하나의 조사를 제공하는 자료를 주려고 의도했다. (b) 우리가 보기에, 사례 적용은 현재 가능한 것 이상으로 실제 절차들에 대한 보다 포괄적인 기술을 필요로 한다. 그리고 마지막으로, (c) 방법들의 비교는 실제 절차들이 반복 가능하도록 매우 정확하게 기술될 수 있다는 것을 전제해야만 한다는 진부한 논쟁이 존재한다. 이것은 구체적인 사례와 함께 매우 상세한 설명을 필요로 한다. 우리가 이러한 방식으로 모든 선택된 방법을 제시하려고 했다면, 그것은 독자에게 도움보다는 부담이 되었을 것이다.

우리는 이 책이 경험적 텍스트 분석의 절차 양식들에 대한 이론적으로 지지되는 연구의 출발점을 제공하기를 희망한다.

학제 간 작업은 유익할 수 있다. 그것은 또한 부담이 크다. 독자에게 한 가지 가능한 효과는 언어학자와, 사회학자 또는 다른 사회과학자들 모두가 그들에겐 자명하지만 다른 학문의 전문가들에게 생경하게 들리는 문제들에 끊임없이 휘말리게 되는 듯하다는 점이다. 이러한 이유로 우리는 이 책이 연속적으로 통합된 텍스트로서 읽히는 것보다는 선별적으로 사용될 것이라고 가정했다. 이러한 선별적 독해를 쉽게 하기 위해 다음의 전반적인 가이드라인이 유용할지도 모른다.

1부에서 우리는 우리 작업의 토대를 제시한다. 사회과학적 텍스트 분석 방법의 개관을 제공한 뒤에, 우리는 '텍스트'란 용어에 의해 무엇이 이해될 수 있는지와 어떻게 텍스트가 확인될 수 있는지—즉, 텍스트 선택의 가능성들이 무엇인지—에 대한 질문을 다룬다.

2부는 텍스트 분석을 위해 사용된 12가지의 방법들에 대한 논의를 한데 모은다. 이러한 모음은 사회과학의 다양한 분과의 보다 흔한 동시에 덜 친숙한 절차들에 대한 개관을 제공한다. 이러한 제시는 독자들에게 그들에게 흥미 있는 것을 선택할 기회를 준다. 논의가 되고 있는 방법에 대한 보다 심층적인 연구를 쉽게 하기 위해 각 장에는 주석이 달린 독서 목록이 제공된다.

3부에서 우리는 우선 계량서지학적 조사의 결과를 제시하는데, 이것으로부터 특정 방법들이 과학 출판에서 얼마나 널리 수용되거나 현저해졌는지를 볼 수 있다. 결론 부분은 12가지 방법들의 비교를 제공한다.

간략한 용어 해설은 독자들이 학문 간 경계를 넘어서는 것을 보다 쉽게 할 의도로 약간의 기술 용어들을 설명한다.

목차

| 제3부 | 개관과 비교

| 제**1**부 |

방법과 텍스트

제1장 사회과학적 텍스트 분석 방법에 관하여

우리가 개별 방법들에 대한 비판적이고 비교적인 설명을 시작하기 전에(2부 참조) 텍스트 분석 방법들이라는 우리의 주제와 관련 있는 어떤 기본 개념들을 학제적 관점에서 명확히 하는 것이 필요한 동시에 현명한 것으로 보인다. 심지어 텍스트란 무엇인가라는 단순한 질문은 쉬운 대답을 허락하지 않지만, 이것은 거기에서 심지어 **텍스트**와 **담론**이라는 개념들이 다양한 방식으로 사용되고, 그것들이 매우 다양한 연구전통들에 단단히 기반하고 있는, 텍스트 언어학과 담론 분석에 대한 매우 다양한 이론적 접근들로 우리를 직접 이끈다. **방법**이라는 용어와, 텍스트를 분석할 때 사회과학자들이 실제 무엇을 하는가―이러한 과제를 위해 그들이 어떠한 절차, 규칙, 도구를 사용하는가―에 대한 우리의 이해에서도 유사한 상황이 발견된다. 두 개의 도입 장들은 이어지는 모든 설명에 대한 기반으로서 여겨져야 한다. 그것은 우리 프로젝트의 학제적 성격에 대한 하나의 예시로서 의도되었다.

방법들은 공간에 고립되지 않고, 명시적으로 또는 암묵적으로 이론적 가정과 구조들에 관련된다. 방법들은 상당히 자주, 충분히 숙고되지 않고, 그리고 그러한 이론적 뿌리들을 고려하지 않고 적용된다. 이론과 방법들에 대한 우리의 지도는 전통들의 상호 관련성과, 개별 방법들 사이의 유사성과 차이에 대한 관심을 불러일으키는 것에 의해 성찰적 접근을 지원하는 것을 목표한다. 어떠한 이론적 조건들이 하나의 특정한 방법의 적용과 관련될 수 있는지를 확인할 수 있다.

이 책의 마지막 부분은 방법들의 계량서지학적 비교와, 다양한 문헌과 데이터베이스에서의 인용과 레퍼런스의 빈도의 비교에 전념한다. 우리는 물론 이러한 종류의 비교로 하나의 특정한 방법의 질에 관한 판단을 내릴 수 없다는 것을 알고 있다. 그것은 단지 '과학 공동체' 내의 그것의 보급정도—어느 정도로 하나의 방법이 수용되고, 채택되고, 적용되는지—를 반영한다. 우리의 비교와, 논의된 기준과 함께, 인용 빈도는 하나의 특정한 방법의 선택에 또한 중요할지도 모르는 하나의 추가적인 관점을 제공한다.

1.1. 자료에 접근하는 방식

'방법(method)'[1]이란 용어는 보통 연구경로를 의미한다. 연구자 자신의 관점에서 또는 A 지점에서(이론적 가정), 또 다른 B 지점(관찰)은 관찰을 가능하게 하고, 경험들의 수집을 쉽게 하는 하나의 경로를 선택하는 것에 의해 도달된다. 연구자가 체계적으로 진행한다면, 길을 잘못 드는 것을 피할 수 있다. 방법론적 절차는 아리아드네(Ariadne)의 실처럼 연구자에게 하나의 안전한 회귀 경로를 보장한다. 진행 중에 그들에게 경험을 제공함으로써, 방법론적 절차는 또한 심지어 돌아가지 않고 다른 보다 흥미로운 출발점을 찾기로 결정하며, 뒤를 돌아보고, 그들의 출발점을 다르게 보는 그러한 연구자들을 지원한다. 연구 여정이 어떻게 드러나든, 방법론적 절차는 결과들을 기록하고, 경험에 대한 보고서를 만드는 것을 더욱 쉽게 만들 것이다.

---

1) Kriz & Lisch(1988: 176)에서 이러한 용어사용에 대한 비판을 보라. 이 저자들은 전통적인 방법이 실제로 정보 구조를 묘사하기 때문에, '모델(model)'을 보다 적합한 용어라고 생각한다.

소위 경험적 사회연구에서 도출 방법(elicitation methods)과 평가 방법 (evaluation methods) 사이에—(실험실의, 또는 현장 연구에 의한) 자료 수집 방식과, 수집된 자료의 분석을 위해 개발된 절차 사이에—구분이 이루어진다. 자료 수집을 위한 방법론적 절차는 관찰을 조직한다. 평가 방법은 자료의 정보로의 전환을 통제하고, 나아가 추론과 해석에 대한 기회를 제한한다.[2] 일부 경험 연구의 맥락에서, 현장 연구는 현장의 (in situ) 자료 수집을 가능하게 하는 하나의 과제의 그러한 단계들을 의미한다. 대부분의 경우에 이것은 추구되거나 연구되고 있는 패턴과 구조의 담지자(carriers) 또는 대표자와, 연구자 사이의 직접적인 논의를 필요로 한다.

그 결과가 실재하는 현실로부터 얻어지고, 이러한 현실이 그것의 (이론적) 결론의 검증 사례로서 인정되는 한 이 책에 종합된 거의 모든 방법들은 사회연구 영역으로 간주될 수 있다.[3] 오직 자료가 수집된 뒤에 텍스트 분석이 시작될 수 있기 때문에, 연구자가 분석하기 원하는 하나의 모임의 참여자들의 실제 행동을 관찰하는 것의 측면에서는 이러한 방법들 중 어떤 것도 현장 연구 방법이 아니다. (예를 들어 인터뷰의 대답들이 분석된다면) 텍스트 분석이 현장 연구에 선행할 수 있음에도 불구하고, 예를 들어 일반적으로 접근 가능한 텍스트가 연구되고 있고, 어떠한 특별한 현장 자료 수집 단계도 요구되지 않는다면, 그것은 또한 이러한 예비 작업 없이 일어날 수 있다.

경험 연구에서 따라야 하는 경로는 처음에는 일반적인 연구 질문에 의해 결정될 것이다—그리고 이것은 어느 정도까지는 연구자가 따르기로 결정한 이론적 접근에 의해 결정된다. 연구자가 태도를 연구하

---

2) 예를 들어, 테이프에 기록되지 않는 개방 인터뷰나, 코더(coders)에게 상당한 움직임의 자유를 주는 관찰에서처럼 수집 단계가 상당한 중요성을 띤다면 자료 수집과 관찰, 또는 평가와 해석의 이러한 동일시는 적용되지 않는다.
3) 비판적 담론 분석과 기능화용론은 예외이다. 우리는 이러한 주장이 결코 모든 언어학자들에 의해 받아들여지지 않는다는 사실을 알고 있다.

는 것이 필수적이라고 믿는다면, 질문(questioning)이 관찰보다 보다 적합해 보일 것이다. 구체적인 비언어적 행동 양식이 검토되고 있다면, 관찰이 필수적이다. 연구자가 과거의 특정 시기의 행동을 연구하길 원한다면, 연구자는 이미 문서로 도출되거나 기록된 텍스트들을 사용해야만 한다. 일상 행동에 주로 관심 있다면, 실험실 상황은 배제된다. 어떤 기본적인 한계들이 그것으로부터 비롯되는 반면, 다른 한편으로 그것이 기본적인 연구 문제를 명확히 하는 경제적인 방법의 선택을 도울 정도로, 초기의 분석 틀이 연구 질문에 의해 결정된다는 것을 이러한 단순한 사례들은 보여줄 것이다. 모든 절차 양식이 모든 질문을 다루는 데 동일하게 적합한 것은 아니다. 자료가 항상 수집될 필요는 없다. 종종 이미 이용 가능한 자료들이 사용될 수 있다.

모든 연구들은 이론적 가정들로 시작한다. "현장 연구자들은 그의 과학적 이론, 즉 대상들에 대한 그의 이론, 행위자에 대한 그의 모델, 또는 전제된 일종의 사회질서에 대한 특정한 명시 없이는 어떠한 사회적 사건도 기술하기 시작할 수 없다"(Cicourel 1964: 51).

이러한 모델들을 사용해 연구 질문이 명확해지고, 이것으로부터 하나의 특정한 '연구 전략'이 도출될 수 있다. 이러한 용어는 경험적 작업의 구체적 단계들이 도출되기 전에 하나의 연구를 설계할 때, 내려질 필요가 있는 그러한 결정들을 포함한다.[4]

첫째, 근본적 수준에서 그것은 연구가 발견하고자 하는 것에 의해 좌우된다. (a) 연구자가 연구될 사실들에 대한 설명을 탐색하고 발견하기를 원하는가, (b) 이론적 개념 또는 가설들이 검증되어야 하는가, 또는 (c) 그것이 하나의 특정한 분야 또는 규정된 모집단에 대한 기술을 하는 것의 문제인가?

---

4) 다른 방식으로 표현하면 이러한 결정을 '거시 질문'이라고 부를 수 있다. 또한 Reichertz & Schröer(1994: 58f.)에 제시된 다섯 가지 연구 지향의 구성을 보라. 그리고 우리가 보기에, '현재 독일에서 수행되고 있는 대부분의 경험적 사회과학 연구 작업'이 이에 따라 분류될 수 있다.

(위의 (a)에서 언급된 대로) 연구 과정은 발견적(heuristic)이거나 해석적인 절차를 필요로 하며, 아이디어나 개념의 명확화와('공손함'이라는 주제에 관한 수많은 연구를 생각해 보라), 그리고/또는는 (행위결정구조 또는 역사적이고 사회적으로 조건 지워진 의미 패턴 같은) 이론적 가정의 개발을 그 목표로 한다. 이러한 프로젝트는 보통 개별 사례연구의 형태로 조직된다. 이것의 한 가지 사례는 벤스맨과 거버(Bensman & Gerver 1973)의 연구인데, 여기에서 참여 관찰에 기반해 한 생산부서의 일탈 행동이 사회체계 유지의 하나의 중요한 요소로서 연구되고 해석된다. (전통적 관점5)에서) 탐색적 연구들은 대부분 가설을 검증하는 연구를 준비하는 것을 목적으로 한다. (위의 요점 (b)에서 언급된 대로) 이론적 가정을 검증하려고 한다면, 실험적 또는 준실험적 연구 설계,6) 다시 말해, 종속변수에 대한 그것의 가능한 영향을 평가하기 위해 독립 변수를 체계적으로 변화시키기 위해 사용될 수 있는 연구 도구(research instruments)가 요구된다(이와 관련해 텍스트 실험에 관한 'Kleining 1994'의 제안 참조). 기술이 목적인 경우에(위의 요점 (c) 참조), 한편으로, 극단적인 경우에 표집과 측정 절차에서 변별 특징들을 계산하는 것에 의해 수행될 수 있는 연구 형태를 사용하는 것이 대표적이다. 이것의 사례는 여론 조사와— 언어학적 분석과 관련해—1989~1990년에 독일어의 어휘 목록(lexicon)을 연구하기 위한 '언어 자료(corpus)의 변화(Wendekorpus)'의 수집(assembly)과 평가이다. 다른 한편으로, 기술은 추가적인 숨겨진 목적을 갖고 있고, 특정한 사회분야의 행위자의 행동을 기술하려고 한다. 이러한 연구는 정량화할 수 있는 분포를 설명하는 것을 목표로 하는 것이 아니라,

---

5) 비판적 합리주의 관점의 사회과학적 연구방법에 대한 보다 최근의 포괄적인 설명은 Bortz & Döring(1995)의 매뉴얼에서 찾을 수 있다.

6) 실험의 기본적 의의는 물리학자 Ernst Mach(1968: 183)로부터의 다음의 인용으로부터 유래한다. "인간은 그들의 환경의 변화들을 관찰함으로써 경험을 수집한다. 그러나 그들에게 보다 흥미롭고 유익한 변화들은 그들의 개입과 자발적 행동에 의해 그들이 영향을 미칠 수 있는 것들이다. 이것들 앞에서 인간은 단순히 수동적으로 남을 필요가 없고, 오히려 그들의 필요에 따라 그것들을 조정할 수 있다. 그것들은 또한 가장 큰 경제적, 실질적, 지적 중요성을 가진다. 실험의 가치는 이것에 기반한다."

오히려 존재의 영역을 기록하고, 또한 때때로 기술을 넘어서 그것을 결정하는 규칙들을 설명하는 것을 목표로 한다.

둘째로, 연구 과정과, 이것의 영향을 받거나 가능한 사용자(consumer) 사이의 연관성 수준에서, 연구자는 연구자와, 필요한 자료(반응, 문서 등)를 제공할 이들 사이의 접촉 형태에 관해 질문해야만 한다. 이 점에 있어서 다양한 가능한 입장들이 연구자의 최대 가능한 개입과, 완전한 철수의 두 개의 극단 사이에 위치할 수 있다. 실천 연구(action-research)[7] 를 사용해야 하는 프로젝트가 첫 번째 접근을 대표하는 반면, 두 번째 접근은 비반응적 방법, 실험 설계, 모든 표준화된 절차들에서 나타난다.

이와 관련해, 셋째로, 연구자의 접근에 관한 어떤 정향(commitment) 이 만들어져야 한다. 그들이 그들의 연구 분야에 '개방적으로' 접근한 다면, 이것은 표준화된 도구나 미리 결정된 범주들을 생략하는 것을 의미한다. 그것은 또한 자진해서 어떠한 사전 이해와도 거리를 두고, 그렇게 함으로써 연구 과정 동안 절차 양식을 바꾸는 것을 의미한다. 연구 과정 동안 절차의 변화는 검증하기 어려운 결과로 이어질 수밖에 없기 때문에, 대조적으로, 인식론적 접근은 가설을 세우고 검증하는 것을 필요로 한다.[8]

넷째로 그리고 마지막으로, 연구 전략과 관련한 결정 아래서, 연구가 (시간이 흐르면서 일반화할 수 있는) 하나의 스냅샷을 제공해야 하는지 또는 그것이 변화들을 연구해야 하는지의 문제가 존재한다. 첫 번째 유형은 상당히 보다 빈번하고, 연구의 특정한 시점의 또는 특정한 단계 동안의 자료 수집을 의미한다. 두 번째의 경우에, 연구자는 다양한 형태의 연속적(sequential) 절차 또는 '패널' 절차들 중 하나를 선택해

---

7) (옮긴이) 사회 변동에 관한 계획을 수립하고 성취하는 실천적인 정책적 주도권과 결합 된 연구.
8) 질적 사회연구가 결코 정량화나 통계적 분석을 생략하는 것을 의미하지 않기 때문에, 그것의 기술에 있어 질적 연구와 양적 연구 사이의 현재의 구분은 다르게 형성될 수 있다(또한 Hopf 1979: 14f. 참조).

야 하고,9) 몇 가지 시기의 자료를 수집하거나, 다양한 기간의 자료를 분석해야 한다.

여기서 개괄된 예비적 결정들은 사용 가능한 절차들의 스펙트럼을 좁히지만, 아마도 특정한 연구 양식들의 하나의 조합을 강제한다. 그러므로 우선 텍스트의 내용을 검토하고, 그다음에 수용자에 대한 그것의 효과를 묻는 것이 필요한 것으로—또는 적어도 현명한 것으로—보인다. 어떤 경우든, 하나의 특정한 프로젝트에서 실제로 사용될 방법에 관한 결정이 내려지기 전에 이러한 질문들이 항상 명확해져야 한다. 하나의 경험적 방법은 그들이 과학적으로 진행하기를 원한다면 연구자들이 어떻게 경험들을 수집하고, 그들이 어떻게 그들의 관찰들을 조직할 것인지를 지배하는 일련의 원칙들을 이용 가능하게 만드는 일련의 절차적 규칙들로서 이해되어야 한다. 이점에 있어서 과학적으로 진행하는 것은 체계적이고 규칙 지배적인 작업으로서 이해된다. 도식화된 절차 양식을 고수하는 것은 연구자들이 개입하지 않은 채 남는 것을 가능하게 만든다. 그것은 그들이 연구 중인 현상(행위의 장(action-field), 행동구조)으로부터 필요한 거리를 유지하는 것을 가능하게 하고, 또한 연구 분야에 대한 적절한 민감성에도 불구하고, (편파적인 것에 반대되는 것으로서) 중립적인 관찰자의 역할을 채택하는 것을 가능하게 한다. 오직 이런 식으로 과학자는 그들 자신의 '의미와 관련성(relevance) 구조'를 유지하는데, 이것은 그들이 우선 자신에게 연구의 대상에 관해 알려주고, 그것을 관찰하고, 그다음에 해석하고 분류하기 위해 사용하는 것이다.10)

---

9) 연속적(sequential) 연구와 패널 연구는 규정된 기간 동안 연구되는 모집단의 특성의 변화들을 밝히도록 의도된다. 이러한 종적 연구들은 적어도 다음을 전제한다. 자료가 세 가지 구분되는 시기에 수집된다. 자료가 수집되는 상황은 가능한 유사하다. 일련의 일정한 변수들이 존재한다. 패널 연구는 매번 동일한 표본을 사용한다.

10) 이러한 측면은 Cicourel(1964: 49ff.)에 보다 정확히 기술되어 있다. 인용된 개념들은 민속방법론자들의 이론적 기반—알프레드 슈츠(Alfred Schütz)의 현상학적 사회학—을 참조한다. 추가적인 논의를 위해 8장의 이론적 기원을 보라(Cf. 주석 24).

가장 빈번하게 사용되는 자료 수집 방법들 중에서 우리는 질문 (questioning), 관찰(observation),[11] 소시오메트리(sociometry)[12]를 발견한 다. 하나의 방법이 더욱 고도로 정교화될수록, 자료 수집이 수행될 수 있는 다양한 절차들이 더욱 분화된다. 그러므로 서술/구술 질문, 개인/집단 질문, 참여 관찰 또는 비참여 관찰, 명시적(overt) 관찰과 비밀(covert) 관찰 사이의 구분이 이루어질 수 있다. (이러한 절차나 현 장 연구 기법의 대부분은 보다 표준화된 형태 또는 덜 표준화된 형태로 적용 될 수 있다.) 집단의 분석을 위한 자료는 소시오메트리적 질문에 의해 또는 현재 사용되는 소시오그램(sociogram)[13]의 도움으로 수집될 수 있다. 그것의 창시자 외버만 등(Oevermann et al. 1979)에 의해 하나의 종합적 접근으로 일컬어진 객관적 해석학에는(14장 참조), 또한 연구 목표에 따라 적용될 수 있는 (순차적(sequential) 분석과 세부(detailed) 분 석, 즉 해석절차 같은) 다양한 절차들이 존재한다.

그러므로 방법은 그 관계가 하나 이상의 공통적 특징들에 의해 결 정되는 관련된 절차군이다—(객관적 해석학의 경우에서처럼) 하나의 공 통의 이론적 기반에 의해, 연구 대상과의 관계에 의해(소시오메트리는 집단관계의 분석에서 사용되고, 내용 분석은 의사소통 내용의 연구를 위한 것이다), 그것의 효율성과 한계에 의해. 예를 들어, 관찰 기법은 또한 비언어적 행동에 접근하기 위해 사용될 수 있지만, 현재 관찰 가능하 거나 녹화된 행동에 제한된다. 질문은 태도와 의도, '내적' 행동, 또는

---

11) 관찰이란 용어는 적어도 세 가지 다른 방식으로 사용된다. 첫째로—여기에서처럼—현 재 행위(특정한 상황의 사회적 행위)가 체계적으로 관찰되고 분석되는 하나의 특정한 방법에 대한 명칭으로서 사용된다. 둘째로, 이 용어는 그 안에서 이것이 수행되는 방법 과 관계없이, 방법론적으로 기반한 지각과 동일시된다. (이러한 용어 사용은 구성주의 적 관점에 문을 열어 주고, 다른 관찰자들(피면접자, 연구되고 있는 토론 집단의 구성 원 등)을 관찰하는 (2차) 관찰자로서 과학자의 역할을 강조한다.) 셋째로, 관찰(예를 들어 Kleining 1994)은 비실험적 방식으로 수행되는 모든 경험적 연구 방식의 하나의 특성으로서 사용된다.
12) (옮긴이) 인간관계의 그래프나 조직망을 추적하는 이론.
13) (옮긴이) 상호 선택하는 사람들의 관계를 도표화한 것.

과거 활동들에 관한 자료를 수집하기 위해 사용될 수 있다. 많은 경우에 개별 방법들은 다양하게 표준화된 절차들을 사용한다. 수집 과정의 구조를 미리 결정하는 것을 통해 그러한 자료 수집에 대한 개인 간 영향을 최소화하려는 시도가 이루어질 수 있다. 면접자는 미리 결정된 질문지를 갖고, 관찰자는 관찰을 분류하기 위한 표준화된 분석 틀을 가지며, 내용 분석자는 가능한 일관되게 텍스트 요소들을 분류하기 위한 범주 체계를 사용한다. 게다가 고도로 구조화된 자료 수집 양식은 그것이 이후의 평가 절차를 단순화한다는 점에서 경제적 이점을 갖는다. 그러나 표준화된 절차가 사용될 수 있을지의 여부는 주제 영역과 연구 목적에 관한 사전 지식에 의해 상당히 좌우된다. 범주들의 어떠한 사전 결정도 아마 발생할 지도 모르는 사건들에 대한 지식(예를 들어, 텍스트 내용)이나 (질문에 대한 대답 같은) 반응에 대한 지식을 전제한다. (자발적으로 발생하는 대면 상호작용[14]의 일상적 의례 같은) 연구 분야와 주제 영역은 표준화된 절차 양식을 무의미하게 만들 수 있다. 대답, 관찰, 또는 범주들에 대한 분석 틀의 개발은 분명한 이론적 가정을 필요로 한다. 이러한 이유만으로도 탐색적 연구(위 참조)는 구조를 거의 갖지 못한다.

언급된 각 절차에는 연구자들이 따라야 하는 다소 광범위하게 수용되는 다양한 규칙들이 존재한다. 그들이 규칙을 따르지 않는다면 그들은 '깔끔하게' 작업하지 않는다고 비난받을 것이다. 예를 들어, 인터뷰에서, 피면접자는 (질문의 내용이나 스타일에서) 지나치게 질문되지 않아야 하고, 질문의 배치는 '후광 효과'를 피해야 한다 등, 소시오메트리적

---

14) 독자는 고프만(Goffman)의 저작을 참조할 수 있다. "나의 관점은 상황적인데, 여기서 이것은 한 개인이 특정한 순간에 알아차릴 수 있는 것에 대한 관심을 의미하고, 이것은 보통 몇몇의 다른 특정한 개인들을 포함하고, 서로 관찰되는 대면 모임의 무대에 반드시 제한되지 않는다. 나는 개인들이 어떤 현행 상황에 참여할 때, 그들이 어떤 질문에 직면하게 된다고 가정한다—'여기서 벌어지고 있는 일은 무엇인가?'"(Goffman 1974: 8). 그다음에 그가 분류한 이러한 관찰을 사용해, 고프만은 '프레임 분석'이라는 그의 프로그램을 규정한다. 고프만의 방법에 대한 검토는 Willems(1996)의 논문에서 찾을 수 있다.

질문에서 선택된 질문은 실정적으로(positively) 만들어져야 하고, 존재하지 않는 것(negation)에 대해 질문해서는 안 된다 등, 마지막 사례로서, 내용 분석 절차에서 범주들은 다른 코더들(coders)이 동일한 결과를 얻도록 분명하게 규정되어야 한다. "이것은 범주들이 일련의 이론에 의해, 그리고 사용자의 해석에 따라 불변하는 일련의 코딩 규칙들에 의해 명시 가능해야 한다는 것을 의미한다"(Cicourel 1964: 148, 강조추가). 그러나 이 책에 기술된 절차들의 대부분에서, 연구자는 구체적인 규칙들을 찾지 못했을 것이다. 신뢰도(결과의 재현성(reproducibility) 또는 반복 가능성(replicability))가 텍스트 분석자의 움직임의 자유와 반비례로 감소할 것이기 때문에, 이것들이 빠져 있다면, 연구자는 이러한 절차들로부터 매우 신뢰할 만한 결과가 기대되지 않을 것이라고 생각할지도 모른다.15)

매우 일반적으로 개별 방법과 그것의 구체적인 절차에 속하는 특정한 도구들이 존재한다. 서술 질문은 질문지 없이는 불가능하고, 면접자는 그들이 반표준화된(semi-standardized) 면접 또는 비표준화된 면접을 수행할 때 최소한 가이드라인 질문들을 필요로 한다. 관찰의 결과는 상응하는 관찰 도식으로 기록되거나, 비밀 참여 관찰의 경우에 이후의 보고서로 기록된다. 특정한 방법과 절차들의 틀 내에서 따라야 하는 규칙들은 (보통) 사회과학교육 동안 연구 과제의 맥락에서 학습된다. 대학에서 **연구 기법**이 학습된다—즉, 특정한 상황에서 한 연구자로서 어떻게 적절하게 행동하는가, 연구 도구들을 어떻게 구성하고 사용하는가. 물론, 이런 식으로, 하나의 특정한 접근이 얻어진다—연습생이 적절한 연구 행동으로 간주하는 일련의 태도와 관찰틀.

그러나 특정한 절차를 시행하거나, 자료 수집 도구를 개발하고 적용하기 위해, 상응하는 상부 구조가 필요하다—연구자가 전념해야 한다고 느끼고, 그들의 상식과 함께 그들의 사고에 영향을 미치는 특정

---

15) 이러한 주제는 개별 방법들의 설명에서 '질적 기준'이란 하위 제목 아래서 다뤄진다.

한 이론적 접근. 선택된 접근을 사용해, 연구자가 결과에 이르기 위해 따를 수 있거나 따르기 원하는 가능한 경로에 관한 주요한 예비적 결정이 내려진다. 그러므로 전통적 내용 분석 절차는 특정한 내용으로부터 재발견될 수 있는 의미가 화자나 저자가 그들의 텍스트에서 의도한 의미와, 수신자가 듣거나 읽은 의미와 일치한다고 전제한다(5장 참조). 발신자–수신자 모델이 의사소통의 기저를 이루는 것으로 가정되기 때문에, 이것들은 전제 조건적 가정이 된다.16) 더욱이, 참여자들 사이에 일련의 공통의 의미들이 존재한다고 가정된다. 그러나 오직 이러한 이론적 가정에 의해서만, 연구자는 오로지 텍스트의 명시적 수준을 분석하는 것에 집중할 수 있다.

〈도표 1.1〉은 위에서 기술된 경험 연구의 단계들, 즉 이론적 접근에서 규칙이나 도구까지를 하나의 위계적 시퀀스(sequence)의 형태로 보여 준다.

물론, 이러한 묘사는 하나의 단순화된 그림을 제공하고, 일반적인 연구에서 자주 이용되어야 하는 관행들과는 결코 일치하지 않는다.

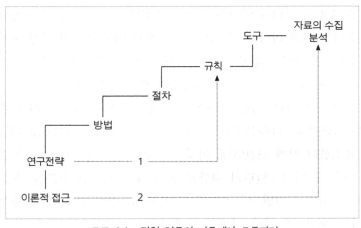

<도표 1.1> 경험 연구의 이론에서 도구까지

---

16) 이러한 문제는 또한 개별 방법들의 설명에서 '질적 기준'이란 하위 제목 아래서 다뤄진다.

이것은 점으로 된 연결선에 의해 나타난다. 예를 들어, 특정한 방법에 구속되지 않고, 잘 규정된 절차를 갖고 있지 않지만, 단지 구체적인 규칙을 제공하는 연구 전략이 존재한다. 이것의 하나의 사례로서 우리는 근거이론의 코딩 규칙을 들 수 있다(6장 참조). 소속 범주화 장치(Membership categorization device) 분석(8장, 4.1 참조)은 일련의 제한된 질문을 추구하고, 어떠한 구체적인 절차도 제공하지 않으며, 단지 몇 가지 규칙들을 제공하는 이론에 의해 지지되는 하나의 연구 방법으로 볼 수 있다. (이 책의 13장에 제시된) 구별이론 텍스트 분석의 저자들은 그들의 접근이 매우 정확한 이론적 가정에 의존하고, 분명한 분석 규칙들로 이루어져 있다고 강조한다. 구별이론 텍스트 **분석**의 다양한 버전에서 공통의 이론적 가정이 확인될 수 있지만, 이러한 접근은 방법에 관해 어떠한 합의도 갖지 못한다. 담론 분석과 관련된 연구자들은 매우 다양한 방식으로 진행할 뿐 아니라, 심지어 어떠한 의무적인 방법도 거부한다(점선2 참조). 가설 연속체의 다른 끝에는 그것의 시행이 엄격히 규칙 지배적인 매우 세련된 도구와, 하나의 방법군과 밀접히 동일한 절차가 존재하는데, 이것은 확고한 연구 전략을 필요로 하거나 전제한다. 그러나 이것은 그것이 특정한 이론적 접근에 구속되어야 한다는 것을 의미하지는 않는다. 질문과 어떤 이론적 구성 사이에 직접적인 연관성은 없지만, 예를 들어, 적어도 해석적 접근은 대부분의 경우에 표준화된 인터뷰의 배제에 관해 동의한다.

그러나 SYMLOG처럼, 주어진 위계가 고수되는 일부 사례가 존재한다(10장 참조). 다음은 특정 방법으로부터 절차의 엄격한 도출을 위한 최소한의 전제 조건인데, 이것의 시행은 이론적으로 유용한 결과를 낳을 수 있다―일련의 제한된 또는 제한 가능한 질문들, 완전히 발전된 이론적 기반, 이 분야에서 수년간의 경험 연구, 절차 양식과 결과의 출간, 즉 몇몇 비판적 논쟁.

1.2. 어떤 목적으로?

모든 과학적 저작의 근본 규칙은 결과가 얻어지는 방식이 검증될 수 있어야 한다고 말한다. 이러한 요건은 본질적으로 과학적 발견이 단순히 자기발견이 아니라는 가정으로부터 비롯된다. 연구는 일반화 가능해야 하고, 명료해야 하며, (가능하다면) 되풀이가능하고 반복 가능해야 한다. 과학의 대상은 다른 이들에 의해 공유될 수 없는 개별 사건의 경험들이 아니다. 그것은 의미 있는 비교를 하는 것을 목표로 하고, 재현 가능한 경험들에 의존한다. 그러므로 모든 아이디어, 발견, 관찰 또는 해석은 다른 연구자들에 의해 재구성되고 검증될 수 있는 방식으로 기록되어야 한다. 하나의 연구에서 사용된, 선택된 이론적 접근, 연구 전략, 방법과 절차들 사이의 관계가 명료할수록, 다른 연구자들이 하나의 연구와 그것으로부터 도출된 결론을 재구성하고 심지어 반복하는 것이 보다 쉬울 것이다. 과학적 연구들은 항상 확고한 것으로 생각되는 지식에 문제를 제기할 의도를 갖고 있기 때문에, 이러한 프로젝트 자체는 특히 보호되어야 한다.17)

그러나 이러한 마지막 주장은 우리가 위에서 개괄한 정교한 장치 전체가 연구 결과를 정당화하거나 보호할 유일한 목적을 위한 것이라는 잘못된 가정으로 이어질 수도 있다. '깔끔한' 절차를 위한 요건은 다음의 네 가지 주장들에 의해 보다 완전히 정당화될 수 있다.

(a) 모든 목적이 있는 관찰은 연구자가 관찰하기 원하는 것에 관한 결정을 전제한다. 이러한 주장은 과학적 연구를 우연한 발견과 즉시 구별한다. 어떤 사람이 침대에서, 목욕 중에, 또는 자전거를 타는 중에 갖게 된

---

17) 이것은 예를 들어, '비판적 담론 분석'에서처럼, 이미 그 제목에서 그것의 비판적 주장을 전달하는 연구 프로그램에서 특히 사실이다. 보호는 하나의 면역 전략에 의해 시도될 수 있다. 이것의 하나의 사례는 외버만(Oevermann)이 하나의 '종합적 연구'로서 기술한 객관적 해석학에서 찾을 수 있다(논의를 위해, Reichertz 1994: 128 참조).

아이디어[18]는 합리적인 연구 질문으로 이어질 수 있지만, 일부 책상 업무에 의해 후속 조치될 필요가 있다—연구 질문의 보다 구체적인 정식화와 경계 구분으로 이어지는 독서와 사고와, 가설의 수립 등. 그러나 연구자는 또한 모든 관찰(물론, 모든 과학적 관찰을 포함한)은 특정한 관찰 틀이나 범주들을 필요로 한다고 상당히 단순하게 말할 수 있다. 과학자들은 그들의 교육과정 동안 이것들에 익숙해지고, 어떻게 사물을 보고, 그들이 관찰 중일 때 어떤 것에 집중할지를 배운다.

(b) 이것의 하나의 전제 조건은 과학자가 어떤 다른 현상이나 다른 방식보다는, 하나의 **특정한 현상**을 연구하는 것이 왜 합리적인지에 대한 어떤 아이디어를 갖고 있다는 것이다. 이것은 연구의 동기에 초점을 둔다. 전통적으로 하나의 연구 프로젝트의 가능한 출발점으로서 의뢰(commission), 이론적 관심, 사회적 문제 사이의 구분이 이루어진다. 그러나 하나의 특정한 프로젝트로 이어지는 동기가 무엇이든, 그것이 과학적인 것으로 여겨지려면, 그것은 이전 연구들에 기반해야 하고, 이러한 분야의 결과들을 고려해 그것들에 기반해야 하며, 선택된 주제에 관한 이전의 연구들과 자신을 구분해야 한다. 과학자 자신의 가정은 이전에 출간된 연구들로부터 비롯된 하나의 토대를 필요로 한다.

(c) 이러한 목표의 정식화로부터 연구자가 연구하기 원하는 것을 관찰하기 위해 어떤 절차들이 사용될 수 있는지를 도출하는 것이 가능해야 한다. 여기에서 어떠한 방법들이 특정한 연구 질문에 가장 적합하고 그리고/또는 경제적인가라는 질문이 발생한다.

(d) **특정한 절차**는 연구자가 관찰(즉, 비교와 구분)하기 원하는 것을 점검하는 것을 가능하게 해야 한다. 경험 연구에 적용되는 절차와 관련된 결정은 (a)에서 (c) 단계가 수행되었다고 전제한다. 그것에 따라 하나의 텍스트가 코딩되어야 하는, 어떤 다른 측면을 연구자가 알아야 하는가, 하나

---

18) 이것은 영미의 연구에서 언급된, 상황에 대한 하나의 인유(allusion)인데, 여기서 연구자들은 그들의 최고의 아이디어들을 얻는다—침대(Bed), 욕실(Bathroom), 자전거(Bicycle)의 세 가지 Bs.

의 인터뷰의 질문은 어떻게 만들어져야 하는가, 또는 관찰 동안 어떤 것이 기록되어야 하는가?

하나의 단순한 사례는 이러한 네 가지 단계를 명확히 하도록 기능할 것이다. 우리는 젊은이들의 가치지향을 검토하길 원할 수 있다. 이러한 결정은 (a) 단계에서 내려질 수 있다. 원칙적으로, 따를 수 있는 두 가지 경로가 존재한다—질문 또는 대표적 텍스트의 분석. (c) 아래서 우리는 질문을 결정한다. 경제적인 이유(과학 외적 기준)로 이것은 글로 쓰인 형태가 될 것이다. 가치지향 연구에 대한 우리의 사례에서, 우리가 요점 (b) 아래 가치를 '사회적으로 바람직한 것에 대한 생각들'로서 정의하는 하나의 개념을 사용하기로 결정했다고 가정하자. 우리는 이제 (요점 (d) 아래 만든) 우리의 질문지에서 이러한 정의를 고려해야 한다. 이것은 보다 정확하게 조작화 과정의 하나의 중요한 단계로서 간주될 수 있다—(클라이드 클루크혼(Clyde Kluckhohn)의 가치에 대한 정의에서의) 이론적 개념의 구체적인 절차 양식으로의 전환. 선택된 젊은이들에게 한 질문들 중 하나는 따라서 다음과 같다—'당신이 볼 때, 결혼한 커플들 사이의 가사일 분담은 어떻게 하는 것이 바람직한가?'. 우리는 당장은 응답에 대한 구체적인 가이드라인이 어떤 모습일지, 또한 우리의 전반적인 개념의 어떤 부분 아래서 질문을 할지 고려하지 않을 것이다. 매우 단순히 말해, 이러한 질문은 잘못이다. 그것이 요점 (b) 아래 채택된 개념을 따르지 않기 때문에 그것은 부적합하다. 그것은 사회적으로 바람직한 것에 관해서가 아니라, 개인들의 생각에 관해서 묻는다.[19] 이러한 연구(또는 적어도 이러한 질문)는 타당하지 않다. 그것은 우리가 실제로 연구되고 있다고 주장하는 자료를 산출하지 않는다.

요컨대, 그러므로 다음과 같이 주장될 수 있다.

---

19) 이러한 사례는 Maag(1989)에 보다 상세히 제시되어 있다.

특정한 관찰이 가능하기 위해서는, 그것으로서는, 오직 특정한 이론적 접근과 관련해서 정당화될 수 있는 특정한 절차가 필요하다. 그러나 역으로 이것은 또한 그것의 지지자들이 정당화에 대한 그들 자신의 방법론뿐 아니라 관찰, 조작화, 가설 형성에 대한 하나의 방법론을 개발하는 데 수고할 필요가 없는 이론적 접근들이 여전히 철학에 기반하고 있다는 것을 의미한다. 그들은 개별 과학학문과 (직접) 관련될 수 있는 모든 연구에 참여할 수 없다. (Kreutz 1988: XXVIf.)

그러므로 하나의 방법이 선택될 때, 이론적 연구 프로그램이 무엇인지가 또한 알려져야 한다. 연구자는 또한 그것이 이론적 가정이 유지되었는지의 여부와, 어떤 다른 가정들이 그것을 대체할 수 있는지를 확립하는 것의 문제라면, 사용된 방법을 언급해야 한다.

많은 이들에게 이것은 너무나 연역적인 가설 검증 연구처럼 보일 것인데, 이것은—가설 생성적 연구와 달리—새로운 것을 전혀 산출하지 못한다고 보통 주장된다. 여기서 우리는 비판적 합리주의의 전통을 따르는 종류의 연구에 대해서 말하는 것이 아니다.[20] 우리는 오히려 (연구자가 실제로 그것에 착수하기를 원한다면) 계획되고, 그러한 측면에서, '질서 정연하게' 수행되고, 그렇게 함으로써 (반드시 주요 이론들로부터 도출되지는 않은) 명시적 가정들이 모든 자료 수집의 출발점을 형성하고, 그것이 명료한 연구 작업(research operations)으로 전환될 수 있는 경험 연구들을 옹호하고 있다. 혁신은 이미 존재하는 이론의 요소들을 결합하거나 수정하는 것에 의해 발생한다. 연구자가 관찰에 기반해 새로운 가정(발견)을 하려고 한다면, 그것은 가정들이 존재한

---

20) 이러한 견해는 심지어 일반적으로 강박적인 방법적용 때문에 좀처럼 비난받을 수 없는 문화기술지학자들 사이에서 발견된다. "이론은 실행을 위한 하나의 가이드이다. 문화기술지적이든 아니든 어떠한 연구도 기저하는 이론이나 모델 없이 수행될 수 없다. 그것이 현상이 어떻게 작동하는지에 관한 명시적인 인류학적 이론이든, 암묵적인 개인적 모델이든, 연구자의 이론적 접근은 문제를 규정하고, 그것과 어떻게 씨름할 지를 돕는다"(Fetterman 1989: 15). 명시적/암묵적 이론의 문제에 관해선, 주석 26)을 보라.

다고 전제한다.[21]

일반적으로 연구 결과의 질이 이론적 접근으로부터 도출된 방법과, 자료 수집의 기저를 이루는 이론적 고찰과 다름없다고 말하는 것은 사실이다. 이론은 방법의 분석 틀을 규정하고, 방법은 구체적 연구 작업의 조건을 결정한다. 인정하건대 하나의 특정한 방법의 선택은 모든 것을 결정하지 않고, 연구 프로젝트의 과정 동안 내려질 필요가 있는 모든 결정들은 여전히 열려진 채로 남는다.[22] 예를 들어, 특정한 방법이나 절차에 대한 전념은 종종 다양한 중요한 질문들을 다루는 데 실패한다. 어디에서 또는 누구로부터 그리고 어떻게 자료가 수집되어야 하는가? (예를 들어, 우리는 인터뷰나 출간된 자기기술에서 얻은 텍스트를 사용할 것인가? 우리는 게시판의 뉴스와 화장실의 낙서를 포함하는가? 텍스트가 우리의 목적에 충분한가 아니면 또한 관찰을 수행해야 하는가?) 자료 수집이 어떻게 조직되어야 하는가의 문제가 동일하게 결정되지 않은 채 남는다. (예를 들어, 우리는 우리의 텍스트를 그룹인터뷰 또는 개인인터뷰에서 생성하는가? 우리는 어떤 순서로 인터뷰를 할 것인가?) 어떻게 자료가 저장되어야 하는지의 문제 또한 열려진 채 남는다. (예를 들어, 음성녹음이면 충분한가 아니면 우리에게 영상 녹화가 필요한가? 어떤 전사(transcription) 규칙들을 우리가 적용할 것인가?)

이러한 간략한 언급은 하나의 절차 양식의 선택은 또한 연구 질문의 변화로 이어질 수 있다는 사실에 주의하도록 의도되었다. 연구자

---

21) 언어학에서 경험 연구가 단지 이론적 가정을 예시하기 위해 결과를 사용하는 데 쓰일 수 있다는 이러한 견해에 반대하는 주장은 빈번하게 제기된다. 이러한 경우에 연구자는 경험 연구라고 말할 수 없다. 결과들은 어떠한 발견적 가치도 없이 결론에 이르지 못하는 사례나, 정교한 유추의 위상을 갖는다. Tannen(1986)은 많은 것들 중에 하나의 사례를 제공한다.

22) 여기에서 이러한 접근은 방법들을 다음과 같이 보는 '질적 사회연구'의 사고와 뚜렷이 구분되며, 매우 당연하게도 이러한 자기 구성적 왜곡을 거부한다. "그것은 수행되는 모든 행위에 이름을 붙이고, 그것들을 정확히 기술한다. 방법들은 기록될 수 있는 정확한 행위들에 대한 규칙이고, 심지어 원격교육에 의해 습득되고, 모든 지지자들에 의해 학습되고 적용된다"(Reichertz 1994: 127).

가 비디오테이프를 사용하지 않거나 단지 텍스트를 생성시키는 인터뷰를 수행한다면, 비언어적 행동에 관한 진술은 배제된다. 하나의 추가적인 사례는 연구자가 한 병원의 의사소통 구조를 연구하고 있다면, 연구자는 인터뷰에서 생산될 언어텍스트를 분석하기로 결정할 수 있다는 것이 될 수 있다. 실제로 집단이 인터뷰되었다면, 단지 몇 명의 사람들과의 대화가 진술이 집단의 의사소통에 관해 이루어지도록 하기 때문에, 피면접자가 발견되고 모아지는 방식은 특정한 결과를 낳는다. 물론, 이러한 고려는 집단에 관한 이론적 가정과, 그것이 상호작용 체계(=그들의 동시적인 존재에 의해 다른 사람들과 구분되는 몇 명의 사람들)와 어떻게 다른지를 전제한다. 주요 초점이 팀(예를 들어, 함께 일하는 간호사, 의사, 다른 병원 직원)과의 인터뷰에 있다면, 집단이 자신을 전체조직과 구분하는지와 어떤 의사소통 전략에 의해 그렇게 하는지에 관한 추가적인 질문이 발생할 수 있다. 그러나 단지 인터뷰 때문에 이러한 구성으로 함께한 개인들과 비교해, 집단에게 다른 질문들을 할 수 있거나 해야 하기 때문에, 이것은 또 다른 인터뷰 기법을 필요로 한다.

이러한 고려에 의해 이론적 가정, 구체적 절차, 규칙, 도구 사이의 관계에 대해 위에서 주어진 설명은 〈도표 1.2〉에 제시된 것처럼 세련화될 수 있다. 이러한 설명은 크론과 쿠퍼스(Krohn & Küppers 1989: 58)의 도식을 따른다. 지금까지 기술된 것에 더해, 다음은 이것을 명확하게 한다. 가설/가정(1)은 모든 과학적 연구의 기반을 형성하며, 조작화(operationalized)되어야 한다. 이것은 경험적 방법과 절차에 관한 결정(2)에 의해 행해지는데, 이것을 통해 연구자는 그들의 관찰을 조직하고, 연구 대상과 관련한 그들의 관점을 구성한다. 반응적 자료 수집, 또는 (현장 연구가 없다면) 분석은, 관찰되고 있는 이들과, (또한 비반응적 수집에서) 연구 중인 관찰자로 보이는 이들에게 효과를 낳는다(3). 이러한 반응(4)은 자료로서 특정지어지고, 설명 과정 동안 해석된다(5). 체계화, 범주화, 다른 결과들과의 비교에 의해 자료는 정보가 되는데(6),

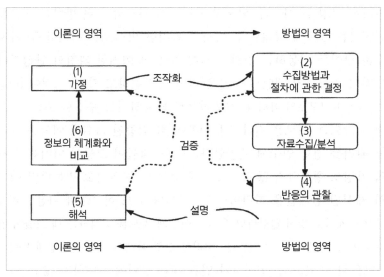

<도표 1.2> 이론적, 방법론적 연구 작업

이것의 도움으로 초기의 가정(1)이 수정되거나 지지될 수 있다. 자료의 해석(5)은 가정(1)의 검증을 허용하고, 이것은 결론을 위한 틀을 형성한다. 반응의 관찰(4)은 조작화의 결과(2)에 관한 징후를 제공하고, 반면에, 사용된 방법은 자료 수집의 결과(4)를 점검하는 기준이 된다.

〈도표 1.2〉에 개괄된 이론적, 방법론적 연구 작업들 사이의 관계는 경험 연구의 과정 동안 수차례 완료되는 하나의 순환으로서 간주되어야 한다. 다음의 단계들이 수행된다—가설의 수립, 자료 수집 방법의 선택, 수집, 반응의 관찰. 텍스트 분석의 첫 번째 결과(4)에 대한 해석(5)은 가설(1)이 개선될 필요가 있다는 결론과, 동일한 (또는 어떤 추가적인) 절차를 이용해 보완적 분석(3)이 수행될 필요가 있다는 결론으로 이어질 수 있다. 이것은 결론의 체계화(6)와, 가설(1)에 대한 반응적 효과에 영향을 미친다.

이러한 과정을 하나의 순환으로서 보기 위한 요건은 연구가 '상향식으로' 이루어져야 한다는 생각과, 그것이 반대방향으로 이루어져야 한다는 가정 둘 다―즉, 이론적 가정에서 자료까지 한 방향의 경로를 선택하는 것―에 위배된다. 이것은 특정한 방식으로 이러한 두 가지 수준 사이를 이동하는 것의 문제이다. 오직 이러한 과정의 완성만이 그것이 지금까지 제안되지 않은 가정을 발견하고 있고, 그것이 (이러한 특정한 연구조건 아래서) 경험적으로 타당하다고 주장할 권리나, 그렇지 않으면, 새로운 결과들에 비추어 잘 검증된 가설에 이의를 제기할 권리를 경험 연구에 제공한다.[23] 연구자들이 그들이 어떠한 사전적 가정도 형성하지 않고서 그것에 접근할 수 있다고 믿는다면 여기서 제시된 단계들을 따라야만 할 것이다. (그들이 그것에 관한 어떠한 사전적 개념도 갖지 않았다면 우리가 어떻게 자료를 해석하는 데 그들이 검토하고 있는 것을 알 수 있는가? 이러한 상황 아래서 그들이 어떻게 뜻밖의 발견을 할 수 있는가?) 연구자가 연관 짓는 능력에 관여하지 않고, 연구자가―늦어도 자신의 경험적 저작을 출간하기 전에―이전의 연구들을 고려하고, 자신을 그것으로부터 거리두지 않는다면, 하나의 발견을 하거나, 자신의 문제해결 능력을 증진시키는 것이 어떻게 가능한지가 반대관점에서 질문될 수 있다. 그러나 그 단계에서 그것은 이미 너무나 늦다.

그렇다면, 목적은 무엇인가? "방법들은 다름 아닌 바로 사실인 것과 사실이 아닌 것 사이의 결정을 가져오는 것을 목적으로 한다"(Luhmann 1990a: 415).[24] 여성은 남성보다 자주 그들의 성공을 가능성 이상의 비율로 우연에 돌리는 반면, 남성들은 그들의 성공을 자신의 성취로 돌린다는 주장이 사실인가? 적절한 연구가 위에서 개괄한 조건에 부합한다면, 이러한 질문은 해결될 수 있다.[25]

---

23) 또한 '질적 사회연구에서 경험적으로 잘 기초한 이론구성'의 방법과 방법론에 관한 Kelle(1994: 351ff.)의 요구와, Kelle의 주장을 검토한 Meinefeld(1997)의 이러한 주제에 관한 논의를 보라.
24) 이러한 인용에서 루만(Luhmann)이 사실인(true)과 사실이 아닌(untrue)의 반의어 쌍을 매우 특수한 의미로, 즉 관찰자의 범주로서 사용한다는 점이 언급되어야 한다.
25) 물론, 이러한 사례는 상당히 단순화된 것이지만, 그럼에도 불구하고 이것은 이론적 작

예를 들어, 출간된 텍스트에 주어진 분석에 의존하는 여성 연구자가 이러한 종류의 연구에서 남성 연구자와 다른 결론에 이를 가능성이 존재하는가? 물론, 이것 또한 연구될 수 있다(그러나 연구가 비교 가능한 경우, 즉 그들의 방법론에서 재현 가능한 경우에만).

그러나 경험적 사회연구의 방법과 절차의 사용이 궁극적으로 이러한 종류의 영향을 피하는 데 쓰여서는 안 된다. 방법과 절차는 관찰과정을 안내하고, 따라서 연구자 자신의 관찰을 관찰 가능하게 만드는 기능을 갖는다. 텍스트는 근거이론(grounded theory)의 기본 규칙에 따라 코딩될 수 있고, 각각의 범주들에 어떻게 이르게 되었는지를 기록할 메모들이 만들어질 수 있다. 두 번째 단계에서 이러한 체계화가 점검되고, 이것은 자기 관찰의 입장과, 어떻게 그가 특정한 문장 요소의 특정한 범주화에 이르게 되었는지를 묻는 입장에 연구자를 위치시킨다. 연구자가 앞선 관찰을 관찰하기 위해 사용하기 원하는 관찰 범주들이 사건 뒤에 개발되어야 하기 때문에, 어떠한 명시적인 지시가 없다면, 다음 점검은 독립적인 하나의 연구가 된다. 방법은 "2차 자기관찰의 수준, 즉 연구자 자신의 관찰을 관찰하는 수준으로의 관찰 과정의 변화를 필요로 하고"(Luhmann 1990a: 413) 허용한다.

이것에 대한 더 짧은 버전이 존재한다. "방법은 2차 관찰, 즉 관찰자들의 관찰을 위한 지시인데"(Luhmann 1990a: 579), 이것은 하나의 사례로 예시될 수 있다. 연구자가 하나의 내러티브(narrative) 텍스트를 분석하기 원한다면, 그레이마스(Greimas)의 방법(9장 참조)이 이것에 이용 가능하다. 이 방법의 출발점은 연구자가 연구될 텍스트를 사건을 보고하고 있는 서술자(narrator)의 산물로서 본다는 점이다. 그러므로 서술자는 다른 관찰자(텍스트를 검토하고 있는 연구자)에 의해 관찰되는 (1차) 관찰자이다. 이러한 (2차) 관찰자는, 그레이마스의 저작(1983) 덕

___

업에 대한 기여보다는 단순한 기술을 산출하는 질문들을 대표한다. 이론적 작업에서 연관 짓는 능력은 다른 것들 중에서도 광범위한 맥락에 대한 고려를 필요로 한다. 이점에서, 질문지 연구의 질문들은 '단편적 대화'에 대한 분석과 어떤 유사성을 보여 준다.

분에, "텍스트에서 이야기, 즉 **주체, 대상, 방해 세력(배신자)** 등을 결정하는 그러한 **행위항들**(actants)을 확인하라" 같은 구체적 지시에 의존할 수 있다.

(위의) 〈도표 1.2〉에 주어진 도표에 의한 설명의 측면에서, 우리는 그레이마스의 내러티브 기호학을 선택했다(2단계). 우리는 그의 여섯 가지 행위항 도식을 적용한다(3단계). 그리고 특정한 영향들을 관찰, 즉 특정한 역할들을 확인—간단히 말해, 자료를 수집—할 수 있다(4단계). 이것은 매우 방대한 것으로 들릴 뿐만 아니라, 실제로 매우 방대하다. 그러나 과학은 발견을 늘리고, 과학의 복잡성을 증가시키기 위해 수행된다. 방대한 것은 시간 소모가 크다. 그리고 방법은—루만(Luhmann 1990a)이 관찰한 것처럼—시간을 필요로 하는 동시에 그것을 제공한다—예를 들어, 아이디어('귀인(attribution)')와, 그것 뒤에 놓인 이론적 개념들을 전환하고 조작화하는 데 필요한 기간. 구술 질문에서, 이미 발전된 아이디어의 가닥은—그것의 목적들 중 하나로서—다음 질문을 성찰하는 데 필요한 시간을 얻는 기능을 갖는다. 객관적 해석학의 기저하는 이론적 원칙들과, 구체적 적용에 대한 그것의 지시를 배우는 것은 분석 과정이 그러한 것처럼 시간을 요구한다. 그러나 텍스트 분석 자체에서, 이러한 제안과 규칙들은 유익하고 도움이 된다. 그것은 자신을 텍스트로부터 거리를 두는 데 필수적인 틀을 제공한다.

연구자는 자신에게 성찰할 기회를 줌으로써, 짧은 휴식을 취함으로써, 그리고 그들의 활동을 어떤 다른 수준에 이전함으로써, 그들 자신의 가정과 절차 양식으로부터 거리를 두고 객관성을 발전시킬 수 있다. 연구자가 하나의 주제에 더욱 몰두할수록, 그들은 그들 자신의 프로젝트에 더욱 영향을 받고(또는 받게 되고), 이러한 거리두기가 더욱 중요해진다. 방법과 이론은, 자주 강조되는 것처럼, 또한 표류를 방지할 수 있는 닻이고, 편견에서 신뢰할 만한 판단으로 나아가는 길을 닦는다.

크리스 아지리스(Chris Agyris 1995)는 더 나아가 숨겨진 심층에 주목하는 하나의 아이디어를 제공한다. 그는 '신봉되는 이론(espoused theories)' 과 '사용되는 이론(theories-in-use)'을 구분한다. 전자는 친숙하며, 분명히 표현될 수 있다. 그것은 연구자들이 그들의 프로젝트에 관한 질문에 대답하는 데 사용하고 정식화한 내용과 방법과 관련 있는 그러한 이론요소들이다. 연구자들은 상황이 그들을 위협하게 될 때 때때로 상당히 무의식적으로 다른 형태의 이론('사용되는 이론')을 종종 추구한다—시간이 부족할 때, 결과가 예상한 것처럼 드러나지 않을 때, 피실험자가 기대한 방식으로 반응하지 않을 때, 자료가 서로 잘 맞지 않을 때 등. 질문, 절차, 코딩 또는 해석 방식에서—거의 눈에 띄지 않게—변화들이 생기기 시작한다. 무엇을 해야 하는가? 눈에 띄지 않고 넘어간다면, 아무것도 할 필요가 없다. 다른 불일치가 발생할 가능성을 연구자는 어떻게 줄일 수 있는가? 오직 연구 과정에 관한 정확한 기록만이 "(1) 명시적 설계 또는 암묵적 설계, (2) 이론과 방법론, (3) 시간이 흐르면서 변화하는 입장들"(Cicourel 1964: 69) 사이의 편차 또는 일치를 알아내는 것을 가능하게 만들 수 있다.26)

---

26) 신봉되는 이론과 사용되는 이론 사이의 구분은 또한 추가적인 설명에 사용될 수 있다. 경험 연구의 출발점으로서 이론적 가정이 기각된다면, 연구자는 이러한 차이를 무시하고 오로지 그 자신의 '사용되는 이론'에 기반해 진행하게 된다. 그다음에, 그는 대개 뒤이어 이것을 '신봉되는 이론'으로서 제시해야 할 것이다. 이외에도 과학자들은, 인지 장치에서 아이디어를 그들이 연구하기 원하는 일상적인 '사용되는 이론'과 적절하게 구분할 수밖에 없다. 이론적 범주와, 방법의 시행에 의해 본질적인 구분을 하려는 시도가 이루어진다. 동시에, 이러한 두 가지 형태의 프로그램은 연구되고 있는 일상적인 범주들과의 필수적인 근접성을 촉진시켜야 한다.

제2장 **텍스트란 무엇인가?**

2.1. 정의에 대해[1])

'텍스트란 무엇인가?' 두 가지 다른 과학적 접근이 현재 점점 더 수렴되고 있음에도 불구하고, 이러한 질문은 그 초기부터 텍스트 언어학과 담론 분석의 주의를 끌어왔다.[2] 이것이 학술 문헌에서 어느 정도 논쟁적임에도 불구하고(Brünner & Graefen 1994a 참조), **텍스트**와 **담론**은, 일상 어법에서, 한편으로 글로 쓰인 것(텍스트)과, 다른 한편으로 말해진 것(담론)에 한정된다. 이외에, 보통 보다 긴 형태의 저술이 텍스트로 간주된다. 이 단어는 책, 편지, 또는 신문이라는 개념을 불러일으킨

---

1) 우리는 이 장에서 몇 가지 중요한 제안을 한 Helmut Gruber에게 감사드린다.

2) Cf. de Beaugrande(1996), van Dijk(1985a, 1985b, 1990a, 1990b), Wodak et al.(1989: 115ff.), Renkema(1993: 36ff.), Brünner & Graefen(1994a: 2), Wodak(1996: 12ff.), Jäger(1993: 138ff.), Shi-xu(1996: 12ff.). 텍스트 언어학과 담론 분석은 그것의 발전과 정 동안 매우 다른 목표들을 추구해 왔다. 텍스트 언어학 자신이 고립된 텍스트를 다룬 반면, 담론 분석은 하나의 맥락 속의 텍스트를 다뤘다. 그러나 이후에, 두 개의 학문은 점점 수렴됐고, 종종 분명한 구분이 사라지고 있다. 그러나 열거된 저자들의 대다수는, 우리가 보여줄 것처럼, 계속해서 텍스트와 담론 사이를 분명히 구분한다. 담론 개념이 미셸 푸코의 이론적 기반과 관련되고(Wodak 1996: 24ff.; Jäger 1993: 172ff.; Pennycook 1994; Fairclough 1992a: 56ff.), 사회적 구성을 의미할 때 이것은 특히 두드러진다. 반면에, 경험적 분석에서 두 가지 개념은 보통 같은 뜻으로 쓰인다(cf. Vass, 1992).

다. 이러한 일반적인 견해에도 불구하고, 이와 관련해 언어학의 결정적 기여는 매우 광범위하고 일반적으로 수용되며, 일상적 형태의 의사소통 발화를 포함하는, 텍스트 개념을 도입하는 것이었다(아래 참조). 분명한 기준은 어떤 것이 텍스트나 담론으로 간주될 수 있는지의 여부를 궁극적으로 결정한다(Fairclough 1992a: 3ff.). 이러한 기준은 성격상 언어학적이며, 무엇보다도 텍스트 내의 통사론적, 의미론적 관계와 관련된다(아래의 섹션 2.2와 2.4 참조). 텍스트는 마찬가지로 묘석의 비문, 서식, 대화의 일부, 또는 신문기사일 수 있다. 한편으로, 이것은 비트겐슈타인의 '언어 게임'(Wittengenstein 1984: 250; Wodak 1996)에서 유래한, 언어와 발화를 행위의 형태로 간주하는 매우 광범위한 의사소통 개념을 가리키는 반면, 다른 한편으로, 그것은 근대기호학에서 사용되는 것처럼 '기호(sign)' 개념을 나타낸다(Kress 1993).[3] '기호작용(semiosis, 의미생성)'이라는 개념은 사회적 관습에 따라 의미 있는, (예를 들어, 교통신호를 포함한) 모든 기호와 관련된다(Halliday 1978).[4]

그러므로 결국, 우리의 첫 질문, '텍스트란 무엇인가?'에 대한 대답은 이론에 의해 좌우되고(2부의 개별 방법들에 대한 설명 참조), 그루버(Gruber 1996: 31)가 주장한대로, 특정한 맥락과 상황에 대한 그것의 의존성을 고려할 때, 완전히 명확할 수 없다. 파울 첼란(Paul Celan, 「언젠가(Einmal)」)과 크리스티안 모겐슈텐(Christian Morgenstern, 「물고기의 밤의 노래(Fisches Nachtgesang)」)의 다음 시들을 보자.

---

3) Jäger(1993)는 행위측면에 더해 지식차원을 강조하는 Leontjew의 화행이론(speech activity theory)을 참조한다. 궁극적으로, 비판이론과, 하버마스의 의사소통 개념으로 이어진, 비트겐슈타인의 전통과(cf. Wodak 1996: 28ff.; Vass 1992), 소련식 접근은 다른 근원으로부터 유래한다—전자는 철학, 후자는 심리학. 둘 다 하나의 행위나 생활양식으로서 (발화)행위와 말하기의 본질적 기능을 강조한다.
4) Lemke(1995)와 Kress & Leeuwen(1996)은 궁극적으로 C. Morris와 Ch. S. Peirce로부터 유래한 근대기호학의 다양한 접근들에 대한 훌륭한 요약을 제공한다. 현재 맥락에서 우리는 추가적인 상술을 생략할 것이다.

Einmal, (언젠가)

Da hörte ich ihn, (그때 나는 그의 음성을 들었다)

Da wusch er die Welt, (그때 그가 세상을 씻었다)

Ungesehn, nachtlang, wirklich. (보이지 않은 채, 밤새, 정말로)

Eins und Unendlich, (하나와 무한함이)

Vernichtet, (사라지고)

Ichten. (내가 되었다)

Licht war. Rettung (빛이 있었다. 구원이)

　　　　　　　　　—Paul Celan (1982). *Atemwende*. Frankfurt: Suhrkamp. 103.

—Christian Morgenstern (1975). *Galgenlieder*. Frankfurt: DTV. 27.

이것들이 텍스트로서 받아들여질 수 있는 것은 단지 우리가 시를 다루고 있다고 가정할 때이다. 그렇지 않으면 모겐슈텐의 경우에, 또는 임의순서의 단어 파편들로 이루어진 첼란의 사례에서, 우리가 하나의 타자연습을 다루고 있다고 누군가는 생각할지도 모른다.

'텍스트'에 대한 가장 일반적인 정의들 중 하나는 드 보그랑드와 드레슬러(de Beaugrande & Dressler 1981: 1ff.)로부터 유래한다. 그들은 몇 가지 조건들, 즉 우리가 아래에서 자세히 고찰하는 텍스트의 7가지 기준을 충족시켜야 하는 '의사소통 사건'으로 텍스트를 정의한다. 이러한 정의에 따라 교통신호, 신문기사, 논증, 소설은 모두 특정한 장르나 텍스트 형태의 상이한 규칙들에 부합하는 텍스트들이다. 언급된 모든 장르들은 특정한 언어적 특징을 갖고, 특정한 기능을 하며, 특정한 생산과 수용 상황에 결부되어 있다(Swales 1991). 그러므로 의미의 텍스트 외적 조건뿐 아니라 텍스트 내적 조건도 존재하는데, 이것은 궁극적으로 언어 외적 맥락이 어떻게 규정되고 분석될 수 있는가라는 곤란한 질문으로 우리를 이끈다(아래 참조). 시의 사례는 우리가 분명한 맥락적 기대 없이 이러한 두 텍스트를 이해할 수 없다는 것을 보여준다. 예를 들어, 우리는 뉴스방송에 비해 정치 연설에 대해 다른 기대들을 갖는다. 후자가 부분적으로 수사적 구조라는 고전적 패턴을 따르는 반면(Wodak et al. 1998), 전자는 내용과 형식이라는 동등하게 정확한 조건을 갖는다(Lutz & Wodak 1987). 이러한 암묵적 기대는 장르의 규칙들이 위반될 때 특히 분명하다—예를 들어, 뉴스 텍스트가 사투리로 내러티브식으로 만들어질 때처럼. 피실험자는 이러한 텍스트를 공식 정보로서 받아들이지 않는다. 비록 그들이 그것을 아마 이해할 수 없을지라도, 그들은 '공식적으로 들리는' 뉴스 텍스트를 보다 신뢰한다(Wodak 1996: 110ff.).

2.2. 드 보그랑드와 드레슬러의 텍스트의 7가지 기준

여기에서 우리는 우선 텍스트에 대한 정의를 위해 로베르 드 보그랑드와 볼프강 드레슬러(Robert de Beaugrande and Wolfgang Dressler 1981)에 의해 언급된 기준을 열거할 것이다. 이러한 분류 체계는 널리 채택되고 수용되었고, 이러한 이유로 우리는 그것을 우리의 설명을 위한 기반으로 사용하기를 원한다. 이후에 우리는 각 기준을 차례로 검토할 것이다.

응집성(Cohesion)은 텍스트의 표층 요소, 즉 '텍스트-통사론적' 연결성과 관련된다. 하나의 텍스트의 언어적 요소들의 선형적 순서(linear sequence)는 결코 우연적인 것이 아니라, 문법 규칙들과 종속성을 따른다. 표층 요소들 사이의 관계를 형성하는 데 쓰이는 모든 기능들이 응집성으로 분류된다. 다음에서 우리는 그것에 의해 응집성이 성취되는 몇 가지 방법들을 제시할 것이다.

- 반복(Recurrence)
  어휘요소, 문장 요소, 다른 언어 요소들의 반복에 의해, 텍스트 구조가 형성된다.
- 전조응(Anaphora)과 후조응(Cataphora)
  전조응[5]은 앞서 말해지거나 읽은 것을 가리키며(예를 들어, 대용형(pro-forms)의 사용을 통해), 후조응[6]은 직시적(deictic) 요소의 사용을 통해, 오게 될 것을 가리킨다.
- 생략(Ellipsis)
  이러한 요소의 구조는 보통 하나의 대화에서 의사소통 상황과, 참여자들의 공유된 세계 지식(전제) 없이는 이해될 수 없다. 그러므로 텍스트의 생략은 특히 대화 맥락(talk-constellations)의 요소에 의해 좌우된다(문체론을 제외하고, 역사적 관점에서, 수사가 문장외적 문법의 가장 중요한 원천들 중 하나이기 때문에, 텍스트 언어학 내에서 수사적 장치에 대한 의존은 우연이 아니다).
- 연접(Conjunctions)
  이것은 사건들과 상황들 사이의 관계나 연결을 나타낸다. (동일한 지위의 문장 구조들을 연결하는) 연접, (상이한 지위의 문장 구조들을 연결하는) 이접(disjunctions), (원인과 예상치 못한 결과처럼, 양립할 수 없을

---

5) (옮긴이) 문장 속에서 앞에 나온 단어를 가리키거나 그것을 대신하기 위해 다른 단어를 쓰는 것.
6) (옮긴이) 대명사를 앞에 쓰고, 대명사가 가리키는 말을 뒤에 쓰는 것.

것으로 보이는, 동일한 지위의 문장 구조들을 연결하는) 역접(contra-junctions), (하나의 문장 구조가 또 다른 문장 구조에 종속될 때 사용되는) 종속(subordinations)이 존재한다.

일관성(Coherence, 또는 텍스트의 의미(textual semantics))은 텍스트의 의미를 구성한다. 이것은 종종 또한 언어적 실현을 반드시 필요로 하지 않는 요소를 의미한다. 예를 들어, 어떤 형태의 연구는 텍스트를 통해 실현되며, 해석을 결정하도록 돕는, 수용자의 인지구조를 가정한다. 유사하게, 또한 특정한 상황 아래서, 텍스트에 표현되지 않은 지식요소가 함축될 수 있고, 이것은 수용에 똑같이 영향을 줄 수 있다(Grice의 '함축(implicature)' 개념, 1975; Kotthoff 1996; Lutz & Wodak 1987; Kintsch & van Dijk 1983 참조). 드 보그랑드와 드레슬러(1981)는 특정한 '개념들'(의미들)이 '관계'를 통해 묶이고, 그다음에 텍스트 표층으로 실현된다고 말한다.

예를 들어, 인과관계는 하나의 관계이다. 이것은 하나의 사건이나 상황이 다른 사건이나 상황들에 영향을 줄 수 있는 방식에 영향을 미친다. '잭이 넘어졌고 그의 왕관을 부러트렸다'에서 **넘어진 것은 부러트린 사건**의 원인이다. 하나의 텍스트는 그 자체로는 어떠한 의미도 형성시키지 못하고, 단지 세계와 텍스트에 대한 지식과 관련해서만 의미를 형성시킨다. 이것은 언어 습득의 과정에서 현실과 텍스트 둘 다를 구조화하는 특정한 방식 또한 습득되어야 한다는 것을 의미한다.[7] 이것은 상호 텍스트성(intertextuality)의 핵심 개념을 미리 가리킨다. 모든 텍스트는 다른 텍스트들에 공시적이자 통시적으로 결부되고, 이것

---

7) 텍스트와 세계에 대한 지식은 다양한 방식으로 모델링되어왔다. 일부 접근들은 이것을 단순히 '맥락'으로 치부하는 반면, 다른 접근들은 맥락 요소를 고려하는 모델을 구성하려고 한다(van Dijk 1977; Wodak 1996; Jäger 1993; Shi-xu 1996: 17ff.). 텍스트 설계와 텍스트 이해에 대한 사회심리학적 이론들(2부, 11장 참조)은 어떻게 인지적 설계과정이 결정되고 맥락 요인의 조작화가 시도되는지를 경험적 결과에 기반해 예시하려고 한다(Wodak 1986; Lutz & Wodak 1987).

이 그것이 의미를 얻는 유일한 방법이다.

의도성(Intentionality)은 텍스트 생산자의 태도와 목적과 관련된다. 그들이 텍스트를 통해 무엇을 원하고 의도하는가? 따라서, 누군가의 수면 중의 대화는 텍스트로 간주되지 않는 반면, 전화번호부는 텍스트로 간주된다.

수용성(Acceptability)은 의도성의 거울 쌍이다. 텍스트는 특정한 상황에서 수용자에 의해 그렇게 인식되어야 한다. 이러한 기준은 물론 관습과 관련되며, 수용자가 단순히 '악의적으로' 텍스트를 거부한다는 것을 의미하지 않는다. 그러므로 수용성은 청자와 독자가 유용하거나 적절한 텍스트를 기꺼이 기대하는 정도와 관련된다. 여기에 엄청난 의사소통적 갈등이 존재할 수 있다. 의도가 분명하게 표현되었을지라도, 텍스트가 수용될 수 없거나(이해할 수 없거나, 모순적이거나, 단편적이거나 등), 청자가 그것의 수용성에 문제를 제기할 수 있다. 예를 들어, 어떤 내러티브에서 한 명의 청자는 특정 대화와 완전히 무관한 사소한 사항에 문제를 제기할 수 있다.

정보성(Informativity)은 텍스트의 새로운 정보 또는 기대되는 정보의 양과 관련된다. 이것은 제공되는 것의 양뿐만 아니라, 질을 동시에 다룬다. 즉, 새로운 자료가 어떻게 구조화되고, 어떤 응집 수단(cohesive means)을 사용하는가?8)

상황성(Situationality)은 대화 맥락(talk-constellation)과 발화 상황이 텍스트 생산에서 중요한 역할을 한다는 것을 의미한다(Wodak et al., 1989: 120). 오직 특정한 형태나 유형의 텍스트, 발화 양식, 또는 진술 형식이 상황적인 동시에 문화적으로 적절하다. "담론이 매우 일반적으로 '맥락 내의 텍스트'로서 정의되기 때문에", 이러한 기준은 미리 "담론" 개념으로 이어진다(아래 참조).

상호 텍스트성(Intertextuality)은 두 가지 형태의 의미를 갖는다. 한편으

---

8) Cf. 특히 Sperber & Wilson 1986; Grice 1975; Kotthoff 1996.

로, 그것은 텍스트가 언제나 선행하거나 동시적으로 발생한 담론과 관련된다는 점을 나타내고, 다른 한편으로, 그것은 또한 특정한 장르나 텍스트 형태에서 텍스트들을 서로 연결시키는 형식적 기준이 존재한다는 것을 의미한다. 텍스트 설계의 용어로 이러한 장르는 '스키마(schemas)'나 '프레임(frames)'으로 기술될 수 있다(Wodak 1986).

- 내러티브적 텍스트 형태(이야기, 소설 등)는 시간적 순서 원칙에 의존한다.
- 논증적 텍스트 형태(설명, 과학논문 등)는 대조 장치를 사용한다.
- (기술, 묘사 등에서처럼) 기술적 텍스트 형태는 주로 국지적(local, 즉 공간적 또는 시간적) 요소를 사용한다.
- (교과서 같은) 교육적 텍스트 형태는 논증적인 동시에 열거적이다.

모든 텍스트 정의의 추가적인 중요한 특징이 7가지 텍스트 기준에 표현된다. 첫 두 가지 기준(응집성과 일관성)은 텍스트 내적인 것으로 규정될 수 있는 반면, 나머지 기준들은 텍스트 외적인 것이다. 이런 식으로 전통적 텍스트 언어학과 담론 분석 사이에 첫 구분이 이루어질 수 있다. 지향상 순전히 '텍스트 언어학적'인 그러한 접근들에서 응집성과 일관성에 대한 연구와 모델링이 지배적이고, 모든 텍스트 외적 요인들은 매개변수라는 점에서 뒷전이다. 그러나 담론 분석에서, 본질적 역할을 하는 것은 바로 이러한 외적 요인들이며, 텍스트(즉, 응집성과 일관성 현상)는 요인들의 특정한 조합의 발현이자 결과로서 간주된다.[9] 현대적 접근은 대부분 기능적 측면을 강조한다(Renkema 1993; Dressler 1989).

---

9) Cf. 기능화용론(12장)과, 비판적 담론 분석(11장)에서 사용된 텍스트와 담론에 대한 정의.

2.3. 언어학적 텍스트 분석

드 보그랑드와 드레슬러(1981)와 달리, 우리는 이러한 기준들이 다양한 텍스트 차원과 관련되고, 그러므로 동등히 중요하게 간주되지 않아야 한다고 생각한다. 응집성과 일관성이 텍스트를 구성하는 것으로 특징지어져야 한다는 점, 다시 말해, 모든 텍스트(또는 담론)가 코텍스트(cotext)[10]와 맥락(context)과 관계없이 이러한 두 가지 기준을 충족시켜야 한다는 것을 우리는 제안한다(아래 참조). 이러한 측면에서 **의도성, 정보성, 수용성, 상황성**은 맥락과 무관하지 않다. 우리는 전통적 커뮤니케이션 이론에서 사용된 발신자-청자 형태의 모델(Shannon & Weaver 1949)보다는 특징상 상호작용적이고 대화적인 복잡한 커뮤니케이션 모델에 근거해 진행한다. 모든 텍스트가 하나의 맥락에 배태되어 있고, 공시적이자 통시적으로 다수의 다른 텍스트들에 연결된다는 그것의 가정에 있어서 **상호 텍스트성**은 이러한 형태의 복잡한 커뮤니케이션 모델에 직접적으로 관련된다(11장 참조). 이런 식으로 연구자는 자신의 분석에서 비판적 텍스트 이론 또는 비판적 담론 이론으로 조금 더 나아갈 수 있다. 우리는 단순히 응집성과 일관성이라는 언어학적 차원에 따라 텍스트에 접근하는 것에 만족하지 않는다. 이와는 반대로, 우리는 그 시작부터 사회적, 정치적 맥락, 또는 다른 맥락과의 차별적 관계를 포함시키고, 이것을 우리의 해석의 기반으로 삼길 원한다.

그러므로 언어학적 텍스트 분석은 이러한 두 가지 차원 중 하나의 단지 몇 가지 사례들을 선택하는 다른 (사회학적) 텍스트 분석 방법들과 달리 응집성과 일관성에 대한 그것의 집중에 의해 규정된다. 그러므로 고전적 내용 분석은 자신을 어휘 목록(lexicon)의 수준에(즉, 의미론의 단일한 차원에, 5장 참조) 제한한다. 구별이론 텍스트 분석은 반대

---

10) (옮긴이) 텍스트 내적 언어맥락.

개념(counter-concepts)을 찾는다. 그러므로 초점은 의미론적 수준에 있다. 통사론은 단지 분석단위(문장 구성 요소, 13장 참조)의 선택을 지원하기 위해 사용된다. 언어학적 텍스트 분석은 통사론적, 의미론적, 화용론적 수준을 포함한다. 반면에, 대부분의 사회학적 방법들은 단지 이러한 기호학적 범주들 중 하나에 만족한다. 응집성과 일관성의 개별 사례들을 연관 짓고 명시하기 위해 사용되는 특정한 언어학적 문법이론은 전적으로 개방적이고 이론의존적이다(예를 들어, 11장, 11.4.1의 페어클러프(Fairclough)에 반대되는 것으로서, 12장의 기능화용론의 설명 참조). 다음에서, 담론과 맥락의 개념을 개괄한 뒤에, 비록 이러한 소개적 섹션의 맥락에서 우리가 완벽한 개관을 제시하는 것이 불가능함에도 불구하고, 우리는 드 보그랑드와 드레슬러(1981) 이후의 몇 가지 발전을 지적할 것이다.

2.4. '담론(DISCOURSE)'이란 용어에 대한 몇 가지 성찰

마지막으로, '담론'이란 단어의 다소 유동적인 의미를 점차 줄이는 대신에, 사실은 내가 그것의 의미를 추가했다고 나는 생각한다. 때로는 일반적인 모든 진술의 영역으로서, 때로는 개별화할 수 있는 진술들의 모음으로서, 때로는 일정 수의 진술을 설명하는 조절된 실천으로서 그것을 다루었다. 그리고 진술 자체가 점점 사라지면서, '진술(statement)'이란 용어 주위의 경계로서 기능했어야 할, 이러한 '담론'이란 동일한 단어를 내가 나의 분석이나 그것의 적용 지점을 변화시킴에 따라 변화되도록 허락하지 않았는가? (Foucault 1972: 80)

푸코가 '담론'의 다양한 의미에 직면해야 했던 유일한 사람은 아니다. 이 용어의 일반적 사용과 철학적 사용 모두에서, 담론이라는 개념은 종종 모순적이거나 상호 배타적으로 보이는 다양한 의미의 전체 범주

(pallette)를 통합시킨다. 이 장에서 우리는 이러한 다층적 논의에 착수할 수 없다. 대신에, 우리는 또한 단지 우리가 논의할 방법들에서 발견되는 이 용어의 몇 가지 핵심적 사용방식을 강조할 수 있다(8장 (4.2), 11장, 12장; van Dijk 1985a, 1985b, 1985c, 1990a, 1990b; Schiffrin 1994; Renkema 1993; Vass 1992 참조). 우선 우리는 이 개념의 간략한 어원적 개괄을 제공한다.

'담론(discourse)'은 어원적으로 라틴어 *discurrere*(to run to and fro(이리 저리 달리다)) 또는 명사형 *discursus*('어떤 것에 빠짐' 또는 '어떤 것에 관한 정보를 줌'으로 의미가 변형된 'running apart(뿔뿔이 흩어져 달림)')에서 유래한 것으로 보인다(Vass 1992: 7). 중세 라틴어 *discursus*는 대화, 활발한 토론, 다변에 더해, 또한 궤도(orbit)와 교통(traffic)을 의미했다(Vogt 1987b: 16). 토마스 아퀴나스(1225 또는 1227~1274)는 철학에서 이 용어를 처음 사용한 사람이었다. 그에게 그것은 지적 추론 같은 것을 의미했다. *discursive*, 즉 '추론에 의한'은 *simplici intuitu*, 즉 '단순한 직관에 의한'과 대조된다. discursive는 개념을 통한 인식과, 개념으로 사고하는 것을 의미한다(Eisler 1927: 286). 이러한 양극성은 또한 인간의 사고가 상당히 일반적으로 담론적(discursive)이라고 생각한, 홉스, 라이프니츠, 칸트에서 발견된다(Kant 1974: 109). 마스(Maas 1988)는 모든 서부유럽 언어에서 이것의 일반적 의미가 '심층논의(learned discussion)'를 나타내고, 그다음에 '대화'를 나타내는 것으로 발전되었다는 것을 보여주는 것까지 나아간다. 바스(Vass 1992: 9)는 다음의 '담론'의 의미를 열거한다.

1. (일반적으로): 발화, 대화, 토론
2. 일련의 진술에 의한 일련의 사고의 담론적 제시
3. 일련의 진술 또는 발화, 진술의 연쇄
4. 일련의 진술/표현의 형식; 그것이 발생한 방식(고고학): 과학적, 시적, 종교적 담론

5. 일련의 진술 또는 유사하게 서로 관련된 진술의 체계로 이어지는 규칙 지배적인 행동(=지식의 형식)(의학, 심리학, 등)(예를 들어, 미셸 푸코의 저작에서의)
6. 실행된 어떤 것으로서의 언어, 구어(예를 들어, 폴 리쾨르(Paul Ricoeur) 의 저작에서의)
7. 하나의 전체로서의 언어, 언어 세계
8. 담론의 참여자들 사이의 동의를 생산할 목적으로 타당성 기준에 대한 논의와 문제 제기(예를 들어, 위르겐 하버마스의 저작에서의)

페어클러프(Fairclough 1992a: 3ff.)는 특히 현대 담론 분석에서 발생하는 이 용어의 몇 가지 사용을 열거한다—'글로 쓰인 텍스트와 대조되는 구어대화사례', '구어와 문어', '언어 사용의 상황 맥락', '독자/저자와 텍스트 사이의 상호작용', '장르 개념(예를 들어, 신문 담론)'. 흔히 이러 한 다른 의미들은 생각 없이 사용되고, 그것이 적은 시퀀스(sequence)의 텍스트를 나타내는지, 완전한 텍스트 형태를 나타내는지와, 또는 그 것이 매우 추상적인 현상을 포함하는지는 자주 불분명하다. 그러므로 우리는 우리 자신의 설명에서 담론 개념과 담론 분석을 매우 정확하 게 정의하려고 시도할 것이다.

우선, 우리는 상당히 일반적으로 담론을 맥락 내의 텍스트와, 경험 적으로 기술되어야 할 증거로서 보는 판 데이크(van Dijk 1977)의 정의 에 근거해 진행할 것이다. 판 데이크는 하나의 결정적 측면, 즉 담론이 또한 행위로서 이해되어야 한다는 점을 지적한다(위 참조). 이외에, 그 것의 자립적 성격과 의사소통 행위가 매우 중요하다. 이것은 이미 근 본적으로 더욱 곤란하고 복잡한 질문으로 이어진다. 우리가 어떻게 하나의 담론 단위를 정의하는 것에 착수할 수 있는가? 그것은 어디에 서 시작해 어디에서 끝나는가? 방법과 연구 단위 사이에 어떤 관계가 존재하는가? 상호 텍스트성으로 인해, 모든 담론이 많은 다른 담론들 과 밀접한 관계에 있고, 오직 다른 담론들에 기반해 이해될 수 있기 때문에, 원칙적으로 어떠한 객관적인 시작과 어떠한 분명한 끝도 존재하지 않는다는 사실에 주목하자. 그러므로 연구 단위의 결정은 연구자의 주관적 결정과, 연구를 지배하는 연구 질문에 의해 좌우된다 (Kress 1993).

다음에서 우리는 다른 무엇보다도 행위 측면을 강조하길 원한다. 그러므로 우리는 이후의 발전을 위한 기반으로서 다음 정의를 제안한다(Fairclough & Wodak 1997).

> 비판적 담론 분석은 담론—발화와 저술에서 사용되는 언어—을 '사회적 실천'의 한 형태로서 본다. 담론을 사회적 실천으로서 기술하는 것은 특정한 담론적 사건과, 그것을 틀 지우는 상황(들), 제도(들), 사회 구조(들) 사이의 변증법적 관계를 의미한다. 담론적 사건이 그것들에 의해 형성되지만, 그것은 또한 그것들을 형성한다. 즉, 담론은 사회적으로 조건 지워질 뿐 아니라 사회를 구성한다—그것은 상황, 지식의 대상, 사람들과 집단들의 사회적 동일성과 그들 사이의 관계를 구성한다. 그것이 현재의 사회 상태를 유지하고 재생산하는 것을 돕는다는 점과, 그것이 그것을 변형시키는 것에 기여한다는 점 모두에서 그것은 구성적이다. (Wodak 1996: 15)

현실을 구성하는 것으로서 담론의 개념이 여기에서 강조된다. 게다가, 권력과 이데올로기의 문제가 담론과 밀접하다는 점이 분명하게 나타난다. "담론이 이처럼 사회적으로 중요하기 때문에, 그것은 권력이라는 중요한 문제를 발생시킨다. 담론적 실천은 주요한 이데올로기적 효과를 발휘할 수 있다—즉, 그것이 사물을 재현하고 사람들을 위치시키는 방식을 통해 (…중략…) 그것은 불평등한 권력관계를 생산하고 재생산하는 것을 돕는다"(위의 글). 이것은 비판적 담론 분석(CDA)에서 사용되는 담론 개념을 소개한다(11장 참조).

2.5. 맥락(CONTEXT)

담론은, 한편으로, 거시맥락 속에서, 즉 조직과 제도 안에서 발생하지만(의학담론, Foucault 1993), 다른 한편으로, 그것은 특정한 시간에, 특정한 장소에서, 특정한 참여자들에게 등(즉, 미시맥락)에서 발생한다(Wodak 1996). 그러므로 특정한 텍스트나 담론 시퀀스의 특수한 의미를 포착하기 위해 완전한 개별 담론을 거시맥락 속에서 보아야 한다(Lalouschek et al. 1990). 게다가, 예를 들어, 정치 연설은 TV 토크쇼나 전기적 인터뷰의 그것과 다른 규칙들을 따르기 때문에, 특정한 텍스트 형태에 특수적인 패턴들이 존재한다. 이러한 장르 특수적인 요소들이 또한 고려되어야 한다(Wodak et al. 1994: 36ff.). 심리적 성향뿐 아니라, 사회 문화적으로 습득되는 가치와 규범들은 과정지배적인, 담론의 사회적 생산과 변화하는 관계에 있으며, 이것은 분석에 포함될 수 있거나 포함되어야 한다. 텍스트의 생산과 이해에 영향을 주는 이러한 요인들을 포함시키는 것은 내용 분석에 기반한 전통적 연구의 한계를 넘어서게 한다(Matouschek & Wodak 1995, 6: 46ff.).[11]

아롱 시쿠렐(Aaron Cicourel 1992: 295)은 두 가지 형태의 맥락을 구분한다—**광범위한**(broad) 맥락과 **국지적**(local) 맥락. 이런 식으로 그는 그렇지 않은 경우 문화기술지적 접근과 대화 분석의 상호배타적인 출발점을 종합하려고 하는데, 여기서 후자는 맥락이 오로지 담론을 통해서 지속적으로 재형성된다고 생각한다(Drew & Heritage 1992: 16ff. 8장 참조). 대화 분석은 검퍼스의 '맥락화 단서(contextualization cues)' 개념과 밀접한 관계에 있다(Gumperz 1982: 162). "언어 행동의 모든 측면— 특정한 코드, 사투리, 또는 문체의 사용과 함께 어휘적, 운율적, 음운론적, 통사론적 선택—이 한 명의 화자가 의미하는 것을 해석하는 데

---

11) Matouschek & Wodak(1995, 6: 46ff.)은 한편으로, 내용 분석과의 차이와, 다른 한편으로, 근거이론(Grounded Theory)과의 유사성을 강조한다. Cf. 또한 Kromrey 1994: 170ff.의 언급.

관련 있는 그러한 맥락적 측면을 나타내는 그러한 기능을 할 수 있다."
이러한 개념과 고프만의 '프레임(frame)' 개념 사이에 일부 관련성이
존재한다(Goffman 1974, 1981). 이러한 측면에서 '프레임' 개념은 개인
들이 그들의 의사소통 행위에 부여한, 상황과 행위에 대한 각각의 정
의를 의미한다. 이것은 개인들의 주관적 경험을 포함한다. 우리는 시
쿠렐의 '광범위한 맥락' 개념을 거시 수준에, '국지적 맥락' 개념을 미
시수준에 결부시킨다. 사회학적 연구의 목표는 그것의 모든 복잡성
속에서 이러한 두 가지 차원을 종합하는 것이다.

구체적 분석에서 연구자는 소위 '담론-사회언어학적 접근'을 추구
할 수 있다(11장 참조). 한편으로, 문화기술지적 관점을 통해 상당량의
정보가 획득되고, 다른 한편으로, 담론은 맥락이 관련 있는 특정한 사
례를 두드러지게 한다. 그러나 마지막 문제가 남는다. 연구자는 맥락
지식이 얼마나 필요한지를 어떻게 결정할 수 있는가? 하나의 맥락이
어디에서 시작되고 어디에서 끝나는가? 이러한 문제는 암시(allusions)
의 분석에서 특히 중요한데, 여기에서 담론과 상호 텍스트성의 세계
를 요인으로서 포함시키는 것이 중요하다. 여기에서 우리는 우리자신
을 시쿠렐과 연관시킬 수 있는데, 그는 다음과 같이 말한다.

> 의심할 여지없이 많은 독자들에게 남겨진 하나의 성가신 문제는 그것에
> 의해 관찰자가 아마도 하나의 맥락에 관한 '모든 것'을 기술해야 하는 무한
> 회귀가 발생할 수 있다는 익숙한 문제이다. 누구도 하나의 맥락의 국지적
> 이고 전체적인 모든 사회 문화적 측면을 명시했다고 주장할 수 없기 때문
> 에 물론 이러한 요구를 충족시키는 것은 불가능하다. 관찰자나 분석자는,
> 발화 사건의 참여자들처럼, 일상생활연구의 필수적 부분인 실제 상황을
> 지속적으로 대면해야만 한다. (1992: 309)

마지막으로, 포함되거나 배제되어야 하는 맥락적 측면은 하나의 특정
한 사례에 대한 구체적 분석 내에서 정확하게 논증되고 정당화되어야

한다. 그리고 이러한 결정들은 분석에 의해 제기된 이론적 질문들을 고려해야만 한다.

2.6. 텍스트와 담론 개념에 관한 추가적인 논의

드 보그랑드와 드레슬러(1981)는 특정한 텍스트의 구체적 사례에서 우리가 '텍스트'라고 말할 수 있으려면 7가지 기준이 모두 항상 적용되어야 한다고 주장한다(위 참조). 렌케마(Renkema 1993)가 관찰한 대로, 기준 3, 4, 5(즉, 의도성, 수용성, 정보성)가 주관적이고, 특정한 관찰자에 의해 좌우되기 때문에, 이것은 몇 가지 문제를 제기한다. "셰익스피어는 20편 이상의 희곡을 썼어요. 오늘밤 나와 함께 저녁 먹을래요?"(Renkema 1993: 36)라는 시퀀스는 아마 대부분의 수용자들에게 '비텍스트'일 테지만, 특정한 상황에서는 완전히 수용될 수도 있다(예를 들어, 어떤 사람이 그가 셰익스피어가 얼마나 많은 희곡을 썼는지를 대강 아는지에 기반해 저녁내기를 했다면). 이것의 결론은 드 보그랑드와 드레슬러(1981)의 기준이, 미리 결정될 수 있는, 텍스트들 사이의 예측가능하고 객관화 가능한 차이를 허용하지 않는다는 사실이다. 게다가, 어떠한 발화도 특정한 맥락에서는 궁극적으로 텍스트로서 판단될 수 있다.

여기에서 장르에 관한 기대 또한 고려되어야 한다. 렌케마(1993)는 이것들을 다루지 않지만, 예를 들어, 페어클러프(Fairclough 1995a)에서 그것들은 실로 '담론 질서'로서 역할을 한다. 그러므로 비록 기본적(default) 기대(즉, 상식)가 위반되더라도, 기호들의 특정한 시퀀스가 하나의 시로서 전적으로 수용될 수 있다.

판 데이크(van Dijk 1980: 41)는 "단지, 하나의 거시구조를 갖는 그러한 문장들의 시퀀스들만이 (…중략…) 텍스트로서 일컬어질 수 있다"는 생각에 근거해 진행한, 드 보그랑드와 드레슬러(1981)의 정의와 유사한 텍스트에 대한 정의를 확립한다. 간단히 말해, 판 데이크는 텍스트를 일관성 있게 만드는 기저하는 주제적, 명제적 틀로서 '거시구조'를 이해한다. 판 데이크는 또한 특정 사례들에서 문장들의 어떠한 시퀀스도 텍스트로서 특징지어지도록 허용하는 (기본적으로 드 보그랑드와 드레슬러의 그것과 유사한) 다수의 제한 요인들을 도입하는 데까지 나아간다.

이러한 문제들은 할리데이의 텍스트에 대한 순전히 기능적인 정의에서 회피된다(Halliday 1978). 이것은 사회적 상호작용이 연구의 핵심 단위로 간주되어야 한다고 가정한다. 이런 식으로 할리데이는 위에서 설명된 '비판적 텍스트 분석'에 근접한다. 그의 접근은 텍스트에 의해, 즉 발화 상황과 언어체계에 의해—다시 말해, 서로 불가분의 관계에 있는 요인들에 의해—언어학적으로 특징지어진다. 그러므로 드 보그랑드와 드레슬러의 측면에서 어떠한 '비텍스트'도 존재할 수 없다. 할리데이는 "'텍스트'란 개념의 본질적인 불확정성"(1978: 136)을 강조한다. 그에게, 텍스트는 특정 상황에서 의미 있는 모든 것이다. "그렇다면, 우리는 텍스트에 의해 의미 선택의 지속적인 과정을 이해한다"(1978: 137, **기호 작용**(semiosis) 개념 참조).

'순수한' 텍스트 언어학적 접근들의 추가적인 중요한 분과는 1970년대 후기 이후 킨취와 판 데이크(Kintsch & van Dijk 1983)의 모델로부터 (그리고 부분적으로 이것에 반대해) 발전된 인지적 텍스트 이론들이다. 여기에서, 텍스트는 다소 인지 과정의 명시적인 부수 현상으로 간주된다(예를 들어, 인과원칙의 추구). 맥락은 종속적인 역할을 한다. 이러한 인지적 텍스트 이론들에 기반한 텍스트 분석은 또한 엄격하게 실험적인 방식으로 작업한다. (Kintsch & van Dijk 1983을 제외하고) 이러한 모델들의 대다수는 단지 매우 협소한 일련의 특수한 텍스트 형태들, 즉 보도와 이야기를 위해 사용될 수 있다.

제3장 분석을 위한 자료를 얻는 방법-개관

경험 연구를 수행하기 원하는 이들은 자신에게 네 가지 질문을 해야 한다.

(a) 내가 어떤 연구 질문에 답하려고 하는가?

(b) 어떤 분석이 이러한 질문에 유용한 답을 줄 수 있는가?

(c) 이러한 분석을 수행하기 위해 내가 누구로부터 어떤 자료를 필요로 하는가?

(d) 이러한 자료를 얻고 기록하는 실제 단계들은 무엇인가?

(Burgoyne 1994: 195로부터의) 이러한 목록은 이장의 조직과 오리엔테이션을 위해 사용될 수 있는데, 이 장은 세 번째 질문이 어떻게 답해질 수 있는지에 관한 제안과 관련된다. 연구 질문이 만들어지고 연구 전략이 수립되었을 때, 연구자가 분석하기 원하는 자료를 어떻게 얻을 것인가에 관한 질문은 여전히 열려진 채 남는다. 우선, 연구자는 연구 맥락에서 텍스트(언어 자료, corpus)의 기능과, 내려져야 하는 선택에 관한 결정에 유념해야 한다. 이러한 요인들은 텍스트란 무엇인가라는 질문과 직접 관련되고, 이것은 3.1(아래)에서 다뤄질 것이다. 이장의 두 번째 섹션(3.2)은 분석을 위한 자료의 선택에 이용 가능한 다양한

기법들에 대한 하나의 응축된 개관을 제공한다. 위에 주어진 네 번째 질문은 개별 방법과 절차들과 관련해 이 책의 2부에서 제시되고 논의된다.

3.1. 어떤 결정이 내려져야 하는가?

연구자가 내용, 텍스트-통사론적 연결성(응집성, cohesion), 의미의 구성(일관성, coherence), 기능에 대해 분석하기 원하는, 하나 이상의 텍스트를 가지고 있다면, 모든 연구자들에게 출발점은 동일하다. 어떤 텍스트를 그들이 수집해야 하고, 수집된 것들 중에서 어떤 것을 그들이 분석해야 하는가의 문제에 그들은 직면한다. 그다음에 연구자는 (a) 연구 질문에 답하기 위해 연구자에 의해 생성된 텍스트, (b) 수집된 자료, 또는 (c) 이 둘의 조합 중 하나에 의존한다. 첫 번째 경우에 우리는 반응적 연구 설계를 다루고, 두 번째의 경우에 비반응적 절차를 다룬다. 잘 설계되어 연구자가 그의 수집 기법을 통해 수집된 자료에 대한 모든 영향을 배제하는 연구는 여전히 사회과학에서 비교적 드물다. 대표적 사례는 연구 목적을 위해 수집된 자료보다는 공식통계, 이차분석, 또는 이미 이용 가능한 텍스트를 사용한 연구들로부터 그것의 자료를 얻는 연구일 것이다. 후자의 사례는 출간된 텍스트들(신문기사, TV방송 등)이나 기관의 문서 같은 내부 문서이다.[1] 두 절차의 이점이 특정한 방식으로 결합된 연구는 훨씬 더 드물다. 연구자의 영향을 받지 않은 자료가 특정한 질문에 대한 응답에서 발생한 자료와 비교된다면 이점이 분명하기 때문에, 이러한 희소성은 수반되는 부담 때문에 오직 이해할 만하다.

---

1) 기관의 내부 문서의 분석에 의존하는 연구 설계의 특정원칙들은 Foster(1994)에 기술되어 있다. 문서에 제시된 현실의 종류에 대한 문제는 Atkinson & Coffey(1997)에서 논의된다.

연구자가 연구자에 의해 영향을 받은 텍스트를 연구해야 할지 아니면 기존 텍스트를 연구해야 할지(아니면 두 가지 형태의 조합을 사용할지)에 관한 결정은 좀처럼 내려져야 할 첫 번째 결정이 아니다. 이와는 반대로, 그것은 상당히 본질적으로 연구 자료의 지위에 의해 좌우된다. 이것은 텍스트가 어떻게 선택되어야 하는지의 문제는 텍스트가 연구에서 독립적인지, 아니면 그것이 어떤 것을 재현하고(represent), 이것의 또는 이것에 대한 표현으로서 간주되는지에 의해 우선 결정된다는 것을 의미한다.

〈도표 3.1〉은 텍스트가 연구 자료로서 가질 수 있는 세 가지 근본적으로 다른 기능들을 구분한다. 이러한 구분은 텍스트가 선택 과정에서 가질 수 있는 다양한 기능들과 관련된다. (1) 텍스트 자체가 연구 대상일 수 있다. 연구자의 관점에서 텍스트 '배후에' 아무런 다른 것도 존재하지 않을 때, 즉 텍스트 자체의 특징들이 연구 관심인 경우가 이에 해당한다. (2.1) 텍스트를 생산한, 선택된 사람들의 집단에 관한 어떤 진술이 가능하도록 하기 위해 발화, 즉 의사소통의 명시적 요소로서 텍스트가 접근될 수 있다. 이러한 경우에, 선택된 텍스트는, 개인들이 특징의 담지자(bearers)로서 간주되는, 현상의 분석에서 하나의 지표로서 기능한다. (2.2) 의사소통의 명시적 반영으로서 텍스트가 접근될 수 있고, 그것은 이러한 형태로 기록된 의사소통(또는 의사소통

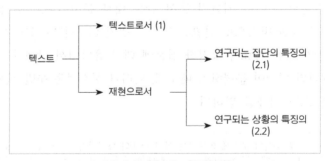

<도표 3.1> 텍스트 자료의 기능

상황)을 분석하는 것을 가능하게 만드는 보조물 또는 지표를 구성한다. 이러한 접근들 각각은 다양한 연구 질문에 의해 좌우되고, 상당히 다양한 텍스트 선택 방식을 필요로 한다.

첫 번째 형태의 자료는 오로지 텍스트 자체에 관한 결론을 도출하려고 하고(기능 1 참조), 언어 외적 현실과 연결시키지 않는 모든 연구의 관심사이다.[2] 이것의 사례는 텍스트의 통계적 구조에 대한 연구, 직접적인 구성 요소의 분석, 또는 기술적인(descriptive) 문법 연구들에서 발견된다. 여기에서 연구를 위해 선택되는 표본은 텍스트들이다. 이러한 모든 연구에서 연구의 대상은 상대적으로 분명히 규정된다. 이러한 연구가 하나의 단일한 텍스트에 제한되지 않는다면, 표본은 이용 가능한 텍스트들의 세계로부터 취해져야 하고, 모집단은 연구 질문에 따라 상대적으로 쉽게 결정될 수 있다. 이러한 연구들에서 상황 맥락이나 텍스트를 생성시키는 행위자들이 체계적으로 고려되지 않기 때문에, 그것은 사회연구 분야에 속하지 않는다. 그러므로 다음에서 우리는 이러한 텍스트 분석 분야에 더 이상 주목하지 않을 것이다.

특정한 사람들의 집단의 발화로서 텍스트가 연구된다면(2.1에서처럼), 선택은 당연히—자료 수집 단위로서—관심 있는 집단부터 시작해야 한다. 구어로 된(그리고 전사된(transcribed)) 또는 글로 쓰인 의사소통의 추출의 분석은 연구 질문으로 정식화된 것을 연구하는 데 유용하다. 예를 들어, 연구자가 외교관들의 귀인 양식을 연구하는 데—그리고 그것을 (TV 해외특파원 같은) 비교 집단과 검토하는 데—관심이 있다면, 외교관(그리고 해외특파원)에 대한 선택이 먼저 이루어져야 한다. 그다음에 그곳에서 이러한 질문이 연구될 수 있고 그것에 연구자가 접근할 수 있는 상황이 발견되어야 한다. 선택 절차에 대한 이러한 짧은 개괄은 이러한 형태의 연구들에서 주요한 선택 기준(또는 수집 단위)으로서 기능하는 것이 텍스트가 아니라는 것을 이미 분명하게

---

2) 여기에서 '텍스트'란 용어는 이 책의 다른 곳과 다른 방식으로 사용된다.

만든다. 개방 질문에 대한 응답이나 인터뷰의 평가와 관련된 텍스트 분석에서 이것은 더욱 분명해진다. 이러한 경우에 선택은 피면접자의 선택에 의해 미리 이루어진다.

(2.2에 소개된) 세 번째 형태는 분석을 위해 사용된 텍스트가 어떤 것을 재현하는 특정한 개인들에 '속하는' 것이 아니라, 오히려 전사된 의사소통이, 연구 질문에 의해 연구 대상으로 지시된, 특정한 상황이나 주제 영역에 대한 묘사로서 기능한다는 것을 의미한다. 이러한 상황에서, 모집단이 명확히 규정되어야 한다―그것에 관해 연구가 특정한 결론을 도출하려고 하는 그러한 영역. 그다음에 모임(meetings)에 대한 선택이 이루어져야 하고, 또는 상황이 확인되어야 하는데(그리고 선택이 이루어져야 하는데), 여기에서 연구 주제인 테마가 논의된다. 이제 모임은 수집 단위이고, 기록(recordings)은 연구 단위이다.

일단 텍스트가 연구에서 어떠한 역할을 하는지가 결정되면, 궁극적으로 분석될 수 있는 자료에 이르기 위해 네 가지 추가적인 결정이 이루어져야 한다.

(a) 내가 어떤 자료로부터 선택을 하는가? 선택 과정의 첫 단계는 구체적 연구 과제를 위해 기본적으로 구어로 되고 글로 쓰인 의사소통의 무수한 모음으로부터―즉, 가능한 텍스트들의 세계로부터―선택되어야 하는 그러한 자료 모음을 정확하게 확인하는 것으로 이루어진다. 그러나 사회연구에서, 우리는 그것의 연구를 위해 텍스트가 사용되는 집단이나 상황을 확인해야 한다. 이러한 첫 단계에서―표집이론의 언어를 사용하면―그것은 모집단을 확인하는 것의 문제이다.

(b) 내가 이것으로부터 무엇을 선택하는가? 잠재적 집단이나 상황이 확인되고, 이것들이 그것의 모집단에서 연구될 수 없다는 것이 발견되면, 그 안에서 표본이 규정되거나 다른 기준에 따라 선택이 이루어지는 두 번째 선택이 뒤따른다. 수집 단위의 규정을 위해 다양한 가능성들이 존재하는데, 이것은 아래에서 추가적으로 논의될 것이다.

(c) 내가 이러한 선택을 어느 정도로 분석하는가? 일단 모집단이 규정되고 선택이 이루어지면, 연구자들은 이제 분석을 위한 텍스트를 규정하는 것—또는 예를 들어, 그들이 인터뷰를 수행하고 기록을 전사하고 있다면, 그것을 생성시키는 것—을 진행시킬 수 있다. 이러한 새롭게 창출된 텍스트 언어 자료(corpus)는 보통 완전히 평가되기에 너무나 많다. 그러므로 추가적인 표집에 의해, 수집된 자료 내의 부분이나 위치들이 평가를 위해 선택된다. 자료가 수집되기 전에 적절한 설계가 이루어진다면, 이러한 문제는 발생하지 않는다.

(d) 나의 분석단위는 무엇인가? 분석에서 사용되는 최소단위는 매우 상이할 수 있다—통합적(syntagmatic) 위치, 문장, 대화의 단위, 주제나 주제의 변화, 하나의 단어, 기호 등. 텍스트 분석에서 분석되는 것은 항상 텍스트 내의 관련범주들이기 때문에, 분석단위는 관찰자에게 연구되는 단위로서 특정한 텍스트와 관련 있어 보이는 그러한 단위이다. 이를 위해 세 가지 최소 요건이 존재한다. 분석단위는 ⓐ 이론적으로 정당화되어야 하고, ⓑ 명확하게 규정되어야 하며, ⓒ 중첩되지 않아야 한다. 예를 들어, 연구자가 '인생의 결정적 사건'과 '정서장애' 사이의 관계를 연구하고 있다면, 두 개념들이 모두 정확하게 정의되어야 할 뿐 아니라, 또한 모든 관련된 텍스트 구절에 대해 그것이 두 가지 개념들 중 하나에 할당되거나 아니면 어느 것에도 할당되지 않는지와, 그것이 이론적 개념들(constructs) 중 하나(그리고 어떤 것)의 지표인지를 결정하는 것이 가능해야 한다. (분석단위에 대한 추가적인 논의를 위해, Altmann 1996을 보라)

이러한 네 가지 결정들은 두 가지 본질적 기반을 갖는다—선택된 이론적 접근과, 연구를 안내하는 구체적 질문. 이것은 가능한 매우 상이한 세 가지 사례들에 의해 예시된다(〈표 3.1〉 참조). 연구자가 이러한 틀을 위에서 주어진 텍스트의 기능의 구분과 결부시킨다면, 결과는 다음과 같다.

<표 3.1> 네 가지 선택의 결정

네 가지 선택	사례 I	사례 II	사례 III
(1) 내가 어떤 자료로부터 선택하는가?	신문으로부터: 『뉴욕타임스』와 『로스앤젤레스타임스』	코카인을 복용하는 임신여성	아이스킬로스 (Aeschylos), 소포클레스 (Sophocles), 에우리피데스 (Euripides) 의 비극으로부터
(2) 내가 이것으로부터 무엇을 선택하는가?	1890년에서 1989년 동안의 표제지	코카인을 복용한다고 보고된 60명의 임신여성	출연자가 꿈을 묘사한 모든 텍스트 위치
(3) 내가 이러한 선택을 어느 정도로 분석하는가?	무작위 표본 (층화 다단계 군집 표본) 각 해의 10일 중에서 각각의 10문장	완전히 전사된 인터뷰	모든 경우의 완전한 텍스트 구절
(4) 나의 분석단위는 무엇인가?	선택된 단어와 단어의 종류 (예를 들어, '의례 단어', '변화 단어')	인터뷰에서 발생한 주제	모든 경우의 완전한 텍스트 구절
저자:	Danielson & Lasorsa (1997)	Kearny et al.(1995)	Devereux(1976)
연구 질문:	미국사회의 어떤 거대한 사회적 정치적 변화가 영향력 있는 일간신문에 반영되는가?	이러한 상황을 극복하기 위해 어떤 메커니즘이 임신 여성에 의해 사용되고 있는가?	극에서 출연자들을 위해 저자에 의해 쓰인 꿈들이 심리학적으로 믿을만한가?
텍스트의 기능:	'사회적으로 유의미한 상징의 편리한 보고로서 일간신문' (1997: 114)	…에 의한 …의 사용의 지표와, 구두 발화	꿈의 성격의 진실성이나 정신분석학적 해석가능성의 검증
접근:	내용 분석	근거이론	정신분석학 지향의 문학 분석

　　연구 I과 연구 III은 상황에 대한 연구의 사례들이다. 비록 그것들이 다를 수 있을지라도, 그것들의 텍스트 자료의 선택에서, 저자들은 모두 어떤 텍스트들이 그들이 연구하고 있는 상황이나 에피소드들(사회변화, 꿈의 기록)을 묘사할 수 있을 지와 관련된 질문에 근거해 진행한다.

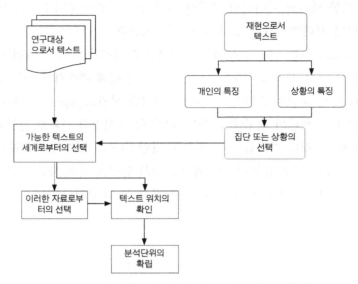

<도표 3.2> 연구자가 분석 가능한 자료를 어떻게 발견하는가?

연구 II는 특정한 사람들의 집단이나, 정확하게 규정된 집단의 행동 양식과 저항 전략을 연구하며, 따라서, 첫 단계로서 이러한 집단으로부터 개인들을 선택하는 것으로 나아간다. 그다음에 인터뷰를 수행하는 결정이 내려지는데, 즉 선택된 사람들이 텍스트 생산자로서 사용될 것이다. 다음으로 주제를 위해 전사(transcripts)가 검토되고, 이것들이 최종적으로 분석된다. 우리가 연구되는 상황에 주안점을 두고, 특히 어려운 개인적 환경의 사례로서 이것을 연구한다면, 이러한 사례(연구 II)는 물론 다르게 보일 수 있다. (연구자가, 코카인 담배를 피우는 것을 중단하고 있거나 그들이 외과수술을 받아야 할지의 문제에 직면한 사람들을 연구하고 있다면, 이것은 어려운 결정의 심리학적 측면에 대한 연구와 유사하다.) 그다음에 결과는 일반화 가능한 현상으로 간주된다. 그것이 하나의 상황이나 또 다른 상황의 특정한 집단에 관한 결과라는 사실은 그다지 중요하지 않다. 중요한 요인은 복잡한 상황의 이론적 설명

에 대한 하나의 기여로서 연구의 가치이다. 그러나 이것은 아래에서 논의될 사례연구라는 주제로 우리를 이끈다(3.2.4 참조).

〈도표 3.2〉는 연구 질문에서 분석단위로 나아가기 위해, 그리고 텍스트에 관한 작업에 착수할 수 있도록 하기 위해 내려져야 하는 결정들에 대한 하나의 요약을 묘사한다. 이러한 시퀀스(sequence)의 논리는 결코 모든 형태의 연구에서 실현되어야 하는 시간적 연쇄를 반영하지 않는다. 그러나 이러한 결정은 모두 경험 연구의 과정에서 내려져야 한다. 개별 '연구 양식'은 여기에서 그것의 연구를 위한 자료를 형성하는, 텍스트의 선택을 지배하는 관점에 따라 구분된다.

3.2. 분석을 위한 자료가 어떻게 선택될 수 있는가?

이 섹션의 목적은 자료의 선택에 관한 질문이 어떻게 답해질 수 있는지에 관한 안내를 제공하는 것이다. 가능한 텍스트들의 세계로부터 선택을 하는 데 어떤 절차가 이용 가능한가? 그다음에 연구자가 이러한 자료로부터 어떤 추가적인 선택을 할 수 있는가? 분석을 위해 구절을 확인하는 데 어떠한 고려를 유념해야 하는가?

가능한 실망을 피하기 위해, 두 가지가 제한될 필요가 있다. (a) 그것이 특정한 연구 질문과 밀접히 관련되기 때문에, 이러한 질문들에 대한 답은 단지 일반적인 방식으로 주어질 수 있으며, 그리고 (b) 분석단위를 확립하는 것은 다뤄지지 않는다. 이것은 그러한 과제가 항상 사용될 분석 방법과 양식에 관한 (이론 중심의) 결정에 의해 좌우되기 때문이다. 그러므로 이러한 질문들은 오직 특정한 방법의 정확한 설명이나 구체적 사례와 관련해서만 다뤄질 수 있다. 그러므로 우리는 이 책의 2부의 개별 방법들에 대한 상세한 논의에서 이 섹션의 부족한 부분을 보완할 것이다.

〈도표 3.3〉은 자료를 선택하기 위해 사회연구에서 사용될 수 있는

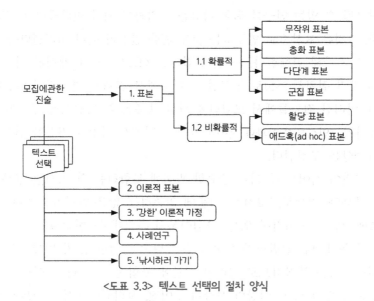

<도표 3.3> 텍스트 선택의 절차 양식

다양한 절차들 사이의 가장 공통적인 것에 대한 하나의 개관을 제공
한다. 이장의 뒤에서 이러한 형태의 선택이 개괄될 것이지만, 표집
(sampling)의 각 형태는 단지 용어 해설에서 기술된다. 여기에서 우리
는 텍스트 분석을 위한 다양한 선택양식들의 의의에 집중한다. 통계
적 절차는, 서킨(Sirkin 1995)의 교과서 같은, 몇 가지 전문교과서에서
설명되며,[3] 표집 절차는 서드맨(Sudman 1976)과 메이젤과 퍼셀(Maisel
& Persell 1996)에 의해 보다 상세히 논의된다.

〈도표 3.3〉으로부터, 분석 가능한 자료에 이르는 가능한 방식이 두
개의 대략적인 집단으로 세분화될 수 있다는 사실이 분명해진다. 표본
(1) 아래 주어진 선택의 모든 형태는 모집단에 관한 예측을 하기 위해

---

[3] 보다 상세한 논의는 보다 전문화된 절차를 고려해야 할 것이다. 여기에서 우리는 하나
의 연구를 참조하는데, 이것은 현재 맥락에서 중요하고, 아래에서 논의될 주제를 다룬
다—일반화. Cook(1993)의 논문은 인과관계를 형성할 수 있는, 즉 일반화할 수 있는
하나의 방식으로서 '유사 표집(quasi-sampling)'을 기술한다.

사용될 수 있는 연구를 위한 자료를 수집하기 위한 전략들이다. 정의상, 그것은 표본으로 연구하는 것에 관한 결정이 이미 내려졌다는 사실에 기반해 진행한다. 두 번째 집단은 〈도표 3.3〉에 제시된 나머지 네 가지 절차들(2~5)로 구성된다. 이것에서 전체가 연구되지 않는다면, 이러한 절차들에서 모집단에 관한 예측을 할 가능성은 부정된다. 게다가, (인식론적 학파나 전통에 따라) 그것에서 가정과 가설을 검증할 가능성은 부정된다.

   그것이 적어도 두 가지 중요한 관점에 부합하는 한 이러한 구분은 타당하다. 첫째로, '고전적' 기준에 의존하는 많은 연구자들(그러므로 또한 저널들)은 여전히 오직—표집이론의 측면에서—빈틈없는 경험 연구를 통해서만 일반화가 성취될 수 있다고 생각한다. 첫 번째 집단의 선택양식은 본질적으로 이러한 기준에 부합한다. 둘째로, 이러한 방법론적 관점 외에, 이장의 시작에 주어진, 사회연구에서 텍스트가 수행할 수 있는 기능들 사이의 구분이 또한 이루어져야 한다. 연구자가 집단들(또는 특정한 특징의 담지자로서 개인들)에 관한 일반화된 진술을 하기 원한다면, 연구자는 대표 표본을 연구하는 것을 피할 수 없다. 연구될 텍스트가 특정한 상황을 재현하는 것으로 생각되면, 연구자는 다른 네 가지 절차들 중에서 하나를—그리고 필요하다면, 우리가 '낚시하러 가기'라고 부른 마지막 절차를—사용할 것이다.

3.2.1. 표본

이러한 상위 개념 아래 우리가 분류한 여섯 가지 선택 절차들은 언뜻 보기에 단지 한 가지 공통점을 가진다. 그것들은 모두 그것의 특성화에서 '표본(sample)'이라는 용어를 포함한다. 다시 말해, 그것들은 모두 이러한 모집단에 관한 예측을 하고, 결과에 기반해 초기 가설을 검증하기 위해, 모집단으로부터 표본의 추출을 필요로 한다. 〈도표 3.3〉에 제시된 것처럼, 이러한 절차는 두 가지 다른 원칙에 의해 지배된다.[4]

첫째로, 1.1 아래서 우리는 무작위 원칙을 사용하는 그러한 기본적 형태를 열거했다.

- 무작위 표본(random sample)
- 층화 표본(stratified sample)
- 다단계 표본(multi-stage sample)
- 군집 표본(cluster sample)

모집단의 모든 요소가 영이 아닌 알려진 선택 확률(a known non-zero probability of selection)을 갖는다는 것이 확률 표집의 전제 조건이다. 이러한 조건은 하나의 연구의 대표성을 위한 최상의 출발점이다. 난수 같은 특정한 외적 기준에 의해 어떠한 주관적 편향(bias)도 배제되어야 한다는 것이 확률적 절차 유형의 관심사이다.

둘째로, 범주 1.2는 표집이 비확률적인 두 가지 선택양식을 포함한다.

- 할당 표본(quota sample)
- 애드혹 표본(ad hoc sample)

이러한 비확률적 절차들은 다르게 수용되는 다양한 방식으로 정보선택의 통제를 탈주관화하려고 한다. 단순한 선택의 가이드라인으로서, 그것은 물론 표적 모집단이 어떻게 규정되어야 하는지의 문제에 관해 어떠한 조언도 제공하지 않는다.

모든 이러한 형태의 표집은 보통 소위 '양적' 사회연구와 관련된다. 그것의 엄격한 형태에서 이것은 우선 다음의 기본 가정이나 정당화와 관련된다. 가설은 특정한 모집단과 관련된 예측이다. 다시 말해, 그것은 일반적 타당성을 주장하는 것이 아니라 특정한 영역의 타당성을

---

4) 여기에 열거된 표집유형들에 대한 간략한 정의는 용어 해설에서 주어진다.

갖는다. 연구가설은 문제가 되는 모집단을 대표하는 특정한 연구대상에 관해 검증된다. 이러한 접근으로부터 세 가지 가정이 출현한다. (a) 가설은 오직 전수 조사(censuses)로서 설계되거나, 대표 표본을 대상으로 한 그러한 연구에 의해 검증될 수 있다. (b) 표적 모집단(텍스트, 집단, 상황)이 어떻게 규정되어야 하는지의 문제는 특정한 연구를 이끄는 가정으로부터 발생한다. (c) (임의적 선택에 반대되는 것으로서) 통제된 표집을 통해서 특정한 모집단에 관해 진술을 하는 것이 오직 가능하다.

연구자가 특정한 모집단에 관해 진술을 하기 원한다면, 자료는 연구 질문과 관련된 그러한 모든 사례로부터 수집되어야 한다. 연구자가 하나의 모집단을 전부 아우를 기회를 갖거나 추구하지 않기 때문에, 그들은 축소된 부분에 만족해야 한다. 전수 조사가 가능할지는 우선 연구 질문에 의해, 그다음에 접근가능성에 의해 좌우된다. 연구자가 학술저널의 양식의 변화를 조사하려고 한다면, 연구자는 실로 완전히 연구될 수 있는 제한된 모음을 갖는다(예를 들어, 특정한 저널의 15년간의 간행물들). 그것이 작은 마을의 선술집의 단골손님들 사이의 대화에서 발생한 선거 결과에 대한 전형적인 언어적 반응을 다루는 것의 문제라면, 이것을 전수 조사로서 조직하는 것은 상대적으로 쉽다. 연구자가 특정한 병원의 외래환자 부서에서 의사들이 환자들과 대화하는 방식을 조사하려고 한다면, 연구자는 대표적이지 않은 시기를 선택하지 않도록 주의해야 한다. (이것은 유행성 독감 기간 동안 상황은 일반적인 연휴기간에 경험된 상황과 다르다 같은 특정한 가정을 필요로 한다.) 두 사례들—선술집과 병원—은 모두 연구되는 영역에 관한 진술을 하기 위해 사용될 수 있는데, 이에 대해 연구자는 완전한 자료를 갖는다. 하지만 그것들은 특정한 마을이나 외래환자의 부서 이상으로 일반화하는 진술을 하기 위해 사용될 수 없다. 예를 들어, 특정한 연구가 창의적인 예술가들의 언어를 분석하는 것에 착수한다면, 연구자는 표집을 피할 수 없을 것이다. 표본에 초점을 둔 연구의 추가적인 사례는 지난 100년간 『뉴욕타임스』와 『로스앤젤레스타임스』의 표제지에 대한 내용 분석인데(Danielson & Lasorsa 1997), 이것은 사회변화의 상징적 재현을 기술하려고 한다.[5]

일반적으로—연구자가 자료에 접근할 수 있다고 가정할 때—질문이 시간적, 주제적 관점에서 보다 정확하게 틀지어지고, 내용이 보다 정확하게 규정될수록 전수 조사를 하는 것이 보다 쉬울 것이라고 말할 수 있다. 물론 정확성이 증가함에 따라 일반화 가능성은 낮아진다. 예를 들어, 특정한 회사의 홍보용 브로셔의 잠재적 의미에 대한 분석은 그 회사에 관해 (아마도 그것의 고객관계나 그것의 공개적으로 드러난 자기이미지에 관해) 내려질 수 있는 결론을 허용할 것이지만, 이러한 하나의 사례는 보다 일반화 가능한 연구 결과에 대한 어떠한 가능성도 제공하지 않는다.

모든 표본지향 연구들의 논리는 다음의 특징들을 갖는다. 경험 연구는 **모집단의 확인**으로 시작한다. 어느 모집단이 적절한지는 연구자가 가지고 시작하는 연구 질문과 가정으로부터 분명해진다. 그다음에, 이러한 모집단으로부터, (모집단의 축소된 이미지로서) 하나의 **표본**이 **연구**를 위해 선택된다. 연구자들은 특정한 사례들을 선택하고, 각 사례는 다수의 다른 사례들을 대표하며, 그러므로 일련의 추가적인 사례들을 대표한다. 이러한 표본의 분석 결과로부터, 모집단에 관한 **결론**이 도출된다. 여기에서 원하는 목표는 분명하다—일반화. 그리고 고전적 신념에 따라, 이것은 오직 확률이론에 의해 보장되는 결론을 통해 가능하다(용어 해설의 '추론' 참조). 이러한 결론은 오직 〈도표 3.3〉의 1.1 아래서 열거된 선택양식, 즉 확률 표본을 통해 얻어질 수 있다.

그것들에 기반한 결과가 일반화된다면, 이러한 엄격한 의미에서 아래에서 기술된 모든 선택 절차들은 또한 비과학적이다. 이런 식으로 구상된 연구들은 모집단에 관한 어떠한 진술도 낳지 못한다. 여기에

---

5) 이러한 연구는 〈표 3.1〉에 제시된다.

서 우리는 탐색적 연구를 위해 사용될 수 있는 절차들을 다루고 있으며, 그것은 가설의 개발이나 개념의 명확화를 위해 기능한다. 또 다른 식으로 볼 때, 이러한 연구 양식은 아이디어에 적절하거나 불확실성이 존재할 때 적절하다. 그러한 이유로 그것들은 혼히 파일럿 연구의 영역으로 치부된다. 마지막에 명명된 것('낚시하러 가기', 3.2.5 참조)을 제외하고, 모든 사회과학자들이 그것을 전근대적이거나 비과학적인 것으로 취급하는 것은 아니다. 이것이 어떻게 평가될지는 이와 관련한 핵심질문에 주어진 대답에 의해 좌우된다. 이러한 절차들이 어느 정도 일반화를 가능하게 하는 결과들을 산출할 수 있는가?

물론 이러한 대답은 또한 '일반화'가 어떻게 정의되는지에 의해 좌우될 것이다.[6] 그것의 통상적 형태에서 그것은 **경험적** 일반화를 의미하는 것으로 여겨진다—관찰된 대상들이 속하는 부류 전체에 적용될 수 있는, 일련의 제한된 대상들의 관찰로부터 도출된 결론. 여기에서 우리는 그것이 실제로 결코 하나의 결론이 아니라 하나의 가설에 지나지 않는 귀납적인 결론을 다루고 있다. 그러나 이외에, 이론적 또는 **분석적** 일반화가 또한 존재한다. 이것은 하나의 연구의 결과로부터 다른 이론적 가정이 만들어질 수 있다는 것을 의미한다. 예를 들어, 하나의 연구의 결과는 보다 최근의 증거와, 이미 수립되었지만 연구에서 핵심적이지 않은 (이론적) 가정의 추가적인 강화로서 간주될 수 있다. 이것은 분석적 일반화의 한 가지 가능성이며, 그것은 또 다른 사례에 의해 예시될 수 있다. 외교관의 언어 행동에 대한 연구에서 우리는 이러한 직업집단이 공식적 진술을 할 때 (해외특파원이라는) 통제집단보다 보다 드물게 설명을 제공한다는 것을 밝혀냈다. 우리는 처음에는 외교관들이 그들의 직업 때문에 공개적으로 자신의 의사를 밝힐 가능성이 더 적다는 가정에 의해 이것을 설명했다. 그다음에 추가적인 분석은 이러한 처음의 결과가 지지될 수 없으며, 설명의 빈도와 관련해 두 직업집단 사이

---

6) 이러한 주제에 대한 보다 충분한 논의는 Firestone(1993)의 논문에 있다.

에 차이가 존재하지 않는다는 것이 나타날 수 있다는 점을 보여줬다. 그러나 우리는 해외특파원들이 특정한 정치적 사건을 설명하는 데 개인과 개인적 특징을 근거로 든다는 것을 밝혀냈다. 매우 단순히 말해, 사회심리학적 귀인 연구의 가설이 다시 확인된다—'기본적 귀인 오류(fundamental attribution error)', 이것에 따르면 외부 관찰자들은 사건을 내적(개인적) 요인에 귀인시키는 경향이 있다.

3.2.2. 이론적 표집(Theoretical sampling)

이것은 근거이론(grounded theory)의 절차에 부여된 명칭인데(Glaser & Strauss 1967; Strauss & Corbin 1990), 여기에서, 수집된 사례의 분석 뒤에, 자료물이 어떻게 점차 확대될 수 있는지가 결정된다.[7] 그러므로 그것은 자료에서 핵심적으로 여겨지는 범주, 주제, 또는 개념들이 가능한 가장 정확한 분석을 촉진하도록 충분히 잘 (즉, 완전히 또는 가능한 상세하게) 나타내질 수 있는 것을 보장할 수 있는 신중한 선택의 문제이다. 이를 위해, 두 가지 형태의 절차가 권고된다. 첫째로, 발생한 가설에 부합하는 사례들을 수집하려는 시도가 이루어지고, 둘째로, 가능하다면, 지금까지 얻어진 결과에서 벗어난 사례들이 수집된다. 이러한 과정에서 근거이론의 한 가지 원칙이 분명하게 표현된다—자료 수집과 분석단계의 그렇지 않은 경우 일반적 분리의 철폐. '이론적 표집'이란 용어는 연구자가 이러한 형태의 자료 선택과, 전통적 형태의 표집 사이의 특정한 관계를 가정하도록 허용한다. 그러나 이것은 사실이 아니다. 근거이론이 모집단에 관한 어떠한 진술도 하려고 하지 않기 때문에, 그것은 자료가 사전에 분명하게 규정될 수 있는 어떤 모집단의 대표적 표본이어야 한다는 요건에 배치되지 않는다. 바로 연구되는 개념들의 대표성을 보장하고(예를 들어, 고통의 극복, 불확실성, 노동일상

---

7) 이러한 접근은 아래에 보다 상세히 제시된다(2부, 6장 참조).

같은 이론적 용어들), 이러한 개념들의 다양한 형태를 기록하기 위해 이러한 접근을 따르는 연구자들이 존재한다.8) 출발점은 연구 질문의 정식화이다. 이것은 일반적으로 하나의 구체적인 문제를 지향하며(예를 들어, 약물중독을 다루기 위한 어떤 다양한 조직적 조치가 존재하는가?), 특정한 모집단을 기술하는 가능한 방식들에 대한 탐색이나, 하나의 가설을 검증하려는 바람을 지향하지 않는다. 이러한 연구 질문으로부터 어떤 사건, 어떤 사람, 어떤 문서를 사용해, 어디에서 현상이 관찰될 수 있는지가 결정된다. 최대 비교나 극단적 사례들을 사용해 연구 질문을 연구할 수 있도록 하기 위해, 이러한 선택의 핵심기준들은 관점을 가능한 최대한 변화시키는 것으로 구성된다. 이것이 연구가 수행되어야 할 분야를 협소하게 하는 것을 야기한다면, (직접적인 분석에 기반해) 그다음에 그것이 점차 확대되는, 자료 수집을 통한 하나의 시작이 이루어진다.

3.2.3. '강한' 이론적 가정

표집이론에 대한 고려에 의존하지 않고, 연구를 위한 자료 선택을 다루는 한 가지 가능한 방식은 '강한' 이론적 가정에 의해 제공된다. 이것은 우리에게 통계적 측면이나 대표성의 문제에 연루되지 않고 자료 선택을 안내하는, 근거가 충분한 정당화를 의미한다. 본질적으로, 이러한 선택 양식은 두 가지 형태로 나타날 수 있다—연구자가 원칙적으로 선택 기준이 왜 불필요한지를 결정하거나, 그들이 선택을 안내하기 위해 사용하는 텍스트 외적인 이론적 고찰을 언급하거나의 둘 중 하나.

첫 번째 형태의 한 가지 사례는 14장에서 충분히 다뤄지는 외버만(Oevermann)의 접근에 의해 제공된다. '객관적 해석학(Objective hermeneutics)'

---

8) 하나의 사례는 Kearny et al. 1995의 연구로부터 비롯되며, 위의 〈표 3.1〉에 주어진다.

은 상호작용의 기록을 사용해 잠재적 의미 구조를 발견하려고 한다. 이러한 방법은, 행위자들의 배후에서 자신을 확립하고, 그들에 의해 직접적으로 영향을 받을 수 없는 구조를 분석하기 위해 사용된다. 이론적 가정은 이러한 구조가 모든 면에서, 즉 모든 상호작용의 단위에서 반복된다는 것이다. 이러한 이유로 어떤 텍스트나 텍스트 위치가 분석에서 사용되어야 하는지에 관해 숙고할 필요가 없다. 하나의 추출이 무작위로 선택되며,9) 유일한 조건은 선택된 '상황(scene)'이, 연구 중인 체계에 관한 일관된 가설이 그것으로부터 도출되기에 충분할 만큼 길어야 한다는 것이다. 실제로, 이것은, 예를 들어, 90분간 지속된 전사된 (transcribed) 인터뷰로부터 대략 여덟 줄이 추출되고 분석된다는 것을 의미할 수 있다.

두 번째 형태의 자료 선택, 즉 텍스트 외적인 이론적 가정에 의한 축소를 위해 우리는 티처(Titscher)와 마이어(Meyer)가 외교관의 언어에 대한 연구의 맥락에서 개발한 '토코그램(talkogram)'을 참조할 수 있다. 여기에서 우리는 담론적 텍스트에 나타난 상호작용의 양적 지표를 포착하도록 기능하는 소시오메트리(sociometry) 지향의 절차를 다룬다 (Moreno 1953 참조). 게다가 첫 단계로서 수집되고 전사된 에피소드들 (우리의 경우에, 모임들)이, 이를테면 '측정'된다―즉, 각 화자의 단어 수와 참여(contributions)의 수가 밝혀진다. 두 번째 단계로서, 부재하거나 존재하는 사람에 대한 언급과 실제 담론 참여에 대한 내용 언급이 기록되고 코딩된다. 이런 식으로 그다음에 모임에서 두드러진 화자와 참여가 확인될 수 있다. 마지막으로, 화자당 능동적, 수동적 언급의 밀도를 측정하는 지표에 기반해, 특정한 모임에 대한 '토코그램'이 도출될 수 있다. 이것들은 이러한 모임에서 각 화자의 소시오메트리적

---

9) 한 가지 예외는, 예를 들어, 첫 접촉처럼, 새롭게 발생한 상호작용 체계에 대한 연구이다. "그러므로 일반적으로 어떠한 이전의 역사도 갖지 않은 상호작용의 분석에서, 진정한 시작―셰글로프(Schegloff)의 용어로 오프닝 시퀀스(opening sequence)―이 또한 분석될 상호작용상황의 시작을 형성해야 한다는 것을 우리는 알고 있다"(Oevermann et al. 1979: 434).

지위(또는 참여의 '현저함')를 보여 준다.

토코그램은 특히 텍스트가 (사회적 상호작용) 상황의 특징의 재현으로서 기능하도록 요구될 때, 자료 선택을 위한 합리적인 기반을 제공한다. 다른 행위자들에 대한 언급이 이루어진다면, 상호작용은 항상 텍스트로 실현된다고 가정된다. 이런 식으로, 예를 들어, 텍스트는 이러한 종류의 언급이 발견되는 그러한 텍스트 위치에 집중할 수 있다. 그렇지 않으면, 이것들이 특히 '관련될 수 있는' 것으로 자신을 분명히 제시하며, 따라서 다른 참여들보다 상호작용 체계의 구조에 관해 우리에게 보다 많이 알려줄 수 있기 때문에, 연구자는 특히 빈번한 언급이 이루어지는 그러한 참여에 집중할 수 있다. 그러나 추가적인 선택지로서, 비교연구를 위해—양적 토코그램 분석에 기반해—텍스트가 선택될 수 있다. 예를 들어, 한 연구는 특히 현저하거나 현저하지 않은 참여들로 구성될 수 있다.

이러한 두 가지 사례는 방대한 양의 텍스트를 분석을 위해 처리가 능한 크기로 축소시키는 문제를 극복하는 대안적 방식들을 대표한다. 연구자가 컴퓨터 프로그램에 의해 수행될 수 없는 질적 형태의 분석에 관심 있다면, 이것은 중요하다. 예를 들어, 토코그램의 도움으로 우리는 입증된 방식으로 전체 81,036개의 단어를 가진 295개의 참여의 텍스트 분량을 8,045개의 단어와 6개의 참여로 줄일 수 있었다.

3.2.4. 사례연구(Case study)

'사례연구'라는 용어는 하나의 방법이라기보다는 하나의 연구 전략을 의미한다. 이러한 전략은 그것의 실제맥락에서 하나 이상의 연구 대상을 사용해 특정한 현상을 연구하는 것으로 이루어진다.[10] 맥락이

---

10) 맥락이 결코 모든 연구에서 포함되지 않기 때문에, 이것은 당연한 것으로 여겨질 수 없다. 연구자는 단지 질문지 연구나 실험실 실험을 떠올리기만 하면 된다.

유달리 풍부하거나 복잡하다면, 사례연구가 특히 적절하다. 연구가 수집 단위보다 많은 변수들을 갖는다면, 맥락이 복잡한 것으로 기술될 수 있다. 사례연구를 수행하는 연구자는 특정한 방법에 구속되지 않는다. 사례연구가 좀처럼 단일한 자료 수집 방법에 만족하지 않는다는 것이 오히려 보다 일반적이다. 이에 대한 하나의 설명은 특정한 사례를 (그것의 맥락에서) 포괄적으로 분석하려는 시도는 거의 항상 다양한 수준을 포함시킬 필요가 있으며, 이것은 다양한 자료 수집 방법을 필요로 한다는 것이다.

사례연구는 하나의 현상을 매우 정확하게 분석하고, 모든 연구 단위를 독립체 그 자체로 분석하는 것을 목표로 한다. 그것은 또한 문제가 되는 사례를 사용해, 변수들 사이의 관계를—마치 현미경으로 관찰하듯이—매우 상세하게 연구하려고 한다. 사례연구는 연구 대상에 대한 통찰력을 제공하기 위한 탐색 단계에서 시행될 수 있다. 그것은 가설을 검증하는 데 사용되거나, 이후에 정량적 연구의 보강을 위해 사용될 수 있다.

사례연구에서 연구 단위는 규정된 모집단으로부터 도출되지 않는다. 사례의 선택 기준은 그것의 특정한 분류 체계이다—관심 있는 문제들의 범주에의 그것의 소속. 그러한 측면에서 이러한 형태의 연구는 대표성에 기반한 연구에 의해 추구되는 것과 상당히 다른 목표를 추구하며, 이것은 표본 추출에 대한 하나의 대안이다. 이것은 이러한 연구들의 결과의 비교가능성, 대표성, 일반화가능성에 관해 제기된 이의의 기반이다.11)

---

11) 이러한 연구 전략은 심리학과 사회학에서 오랜 전통을 가진다. 여기에 당대 사회연구의 두 가지 사례가 있는데, 이것은 이 책의 다른 곳에서 보다 자세하게 다뤄진다. 근거이론의 명시적 특징들 중 하나는 개별 연구 단위로서 단일 사례에 근거해 진행하는 것이다. 추가적인 사례는 '객관적 해석학'의 분석 틀 내의 연구들로 구성되는데, 이것은 친숙한 상호작용 시퀀스들을 연구한다. 이로부터, Oevermann은 그것의 '객관적' 모집단 속 특정한 가족의 관계구조, 즉 개별 가족구성원들의 특징과 모티프(motifs)와 독립적으로 존재하는 구조에 대한 기술과 분석을 발전시킨다. 특정한 영역의 연구, 즉 조직연구에서 사례연구의 사용은 Hartley(1994)의 논문에 기술되어 있다.

이러한 용어가 아마도 시사하는 것과 대조적으로, 그것이 복잡한 사례에 대한 완전한 기술, 정확한 이해, 충분한 설명을 추구하기 때문에, 사례연구는 보통 비용이 많이 든다. 이러한 특징으로부터, 사례연구가 매우 다양한 방식으로 구상될 수 있으며, 단일한 사례에 대한 집중이 단지 단일한 '대상'이 연구된다는 것을 의미하지 않는다는 사실이 드러날 수 있다. 극단적인 경우에 그것은 백 개가 될 수 있다. 심지어 많은 수의 개별 사례들이 이러한 종류의 하나의 연구에 포함될 때조차, 각 개별 사례연구는 하나의 독립적인 연구의 지위를 갖는다.

옌(Yin 1984: 29)이 주장한 것처럼, 모든 종류의 사례연구는 그 설계에서 다섯 가지 요인들을 고려해야 한다.

- 연구 질문
- 이론적 가정
- 분석단위(들)
- 가정과 자료 사이의 논리적 관계
- 결과의 해석을 위한 기준

(몇몇 곳에서 이미 언급된) 세 번째 요점에 특별한 중요성이 부여된다—분석단위 또는 사례연구의 '사례'. 무엇이 분석단위로서 규정될지는 본질적으로 연구 질문의 정확한 정식화에 의해 좌우된다. 추가적인 부차적 기준으로서, 연구 단위의 선택이 기존 문헌이나, 연구자가 비교하여 사용하기 원하는 다른 연구에 의해 좌우된다는 사실이 추가되어야 한다. 보통 '단일 사례연구(single-case studies)'와 '복수 사례연구(multiple-case studies)' 사이의 구분이 이루어진다. 이것에서 이러한 전략의 특징이 보다 손쉽게 제시될 수 있기 때문에, 두 가지 형태의 연구의 다음 특성화에서 단일 사례연구가 강조된다.

연구자가 특정한 극단적인 사례나 지금까지 연구되지 않은 사례를 기술하고, 기록하고, 그리고/또는 분석하기 원한다면(기술), 그리고/또는 연구자가 가설을 수립하기 위해 이러한 사례를 사용하려고 시도하고 있다면(탐색), 그리고/또는 연구자가 경합하는 이론들의 설명력을 연구하기 위해 이러한 단일 사례연구를 사용하기 원한다면, **단일 사례연구**(single-case studies)가 수행된다. '어떻게?'와 '왜?'라는 질문은 사례연구에서 가장 대표적인 첫 질문이다. 그것은 그것이 어떻게 '작동'하는지 이해하기 위해, 그것의 모집단에서 연구되는 대상에 접근하거나 그것을 파악하는 것의 문제이다. 많은 것들이 하나의 '사례'를 구성할 수 있다—개인, 집단, 특정 부류의 사람들, 가족 또는 조직, 공동체, 특정한 사건, 또는 특정한 종류의 사건들, 즉 특정한 어떤 것을 대표하는 것들.

단일 사례연구는 연구되는 사회적 대상의 특이성(singularity)을 주장하는 것을 지향한다(Goode & Hatt 1952).[12] 그러므로 그것은 단일 사례가, 평가의 단위로서 다시 나타나지 않는, 자료항목이 되는 모든 절차들과 다르다. 이것은 그것이 항상 그것이 대표하는 복잡한 사례의 특이성(uniqueness)을 기술하고 상술하는 것과 관련 있기 때문이다.

단일 사례연구는 커다란 위험을 겪을 수 있다. 그것은 반드시 그것의 사례에 매우 강력한 연구자의 개입을 필요로 하기 때문에, 연구자들은 손쉽게 그들이 '그들의' 연구 대상에 관해 모든 것을 (또는 필요 이상으로) 알고 있다는 환상을 경험하게 될 수 있다. 이러한 거짓된 안도감은 공을 들인 방법론(논의를 위해, 1장, 섹션 1 참조)과, 매우 상세한 연구 설계에 의해 가장 잘 대응된다. 여기에서 옌(Yin 1993)은 적절한 안내를 제공한다.

---

12) 이러한 '전체(entirety)'는 언제나 하나의 지적 개념(construct)이다. Goode & Hatt (1952)의 고전적 연구에서, 그것의 도움으로 연구자가 그것의 전체에서 하나의 사례를 분석하려고 시도할 수 있는 네 가지 기준이 수립된다—(a) (광범위한 데이터와 자료의 수집을 통한) 정보의 폭, (b) (단일 사례에 개의치 않고, 상황에 대한 연계를 분석하는) 추상화(abstraction), (c) (단일 사례가 어떤 종류의 현상에 속하는지와, 그것이 어떤 형태의 실재를 대표하는지를 발견하기 위한) 지표와 유형의 수립, (d) 시간차원의 기록 (그것이 시간에 고정된 진술을 할 때뿐만 아니라, 그것이 시간의 변화를 기록하고 분석할 때, 단일 사례연구는 그것의 의의를 드러낸다).

단일 사례연구의 네 가지 다른 가능한 기능들로부터, 우리는 그것의 가능한 사용을 도출할 수 있다(논의를 위해, von Aleman & Ortlieb 1975: 162ff. 참조).

(a) 예시(Illustration): 상당히 자주 연구자는 사회과학 출판물에서 단일 사례의 자료에 의해 예시될 수 있는 일반적 주장(즉, 일반화)을 발견한다. 그렇다면, 이러한 사례들은 주장되고 있는 것을 예시하지만, 그것들은 그것을 입증할 수 없다.

(b) 가설개발(Hypothesis development): 이것은 보통 단일 사례연구에 귀속되는 주요기능이다. 이러한 절차는 예비적 연구에서 (탐색으로서) 중요한 역할을 맡거나, 그렇지 않으면 (다른 이들에 의해) 이미 수행된 단일 사례연구는 연구자 자신의 연구가설에 이르기 위해 이차분석이 된다.

(c) 가설의 검증(Testing of hypotheses): 연구자가 단 하나의 일탈사례도 사회적 법칙(social law)으로 확립된 정칙(regularity)을 논박하기에 충분하다는 관점을 갖는다면, 하나의 가정은 '일탈 사례 분석'에 의해 검증될 수 있다. 그러므로 연구자는 입증된 가설을 택해, 그것이 적용되어야 할 하나의 사례를 찾고, 이것을 상세하게 연구해야 한다. 가정이 사실인 것으로 입증되지 않는다면, 그것은 반박되지만, 단일 사례의 결과가 가설과 일치한다면, 그것은 계속 유효하다. 단일 사례연구의 맥락에서, 연구의 기저를 이루는 가설의 검증을 가능하게 하기 위해, 무작위표집이 필수적이다. 사례연구에서 이것은 몇 개의 대상들을 표집하는 것이 아니라, 단일 사례 내의 (반드시 시간상으로 서로 먼) 다양한 에피소드들을 표집하는 것에 의해 행해진다. (전기적 연구에서처럼) 사례가 한 개인으로 구성된다면, 다양한 행동표본들이 선택될 필요가 있다―예를 들어, 다양한 직업상황에 대한 연구되는 개인 측의 반응들. 사례가 하나의 조직이라면, 연구될 표본들은 다양한 경쟁상황과 이에 대한 회사의 반응으로 구성될 수 있다. 표본의 정확한 규정은 물론 사례연구의

기저를 이루는 연구 질문에 의해 좌우된다. 하지만, '기준'을 규정하는 것, 규준을 기술하는 것, 독립 변수의 영향이 연구될 수 있고 연구되어야 하는 그러한 상황들을 구분할 수 있는 것이 항상 필요하다. 전문적인 방법론 문헌에는 이러한 목적으로 개발된 실험 설계에 대한 설명이 존재한다. 통계적 분석으로부터 도출된 결론을 점검하기 위해, (아마도 질문지에 의해) 연구된 모집단으로부터 특별한 사례가 추출되고, 매우 상세히 연구되는 연구들에 의해 추가적인 사례가 제공된다.

(d) 예측(Prediction): 연구자가 단일 사례로부터 예측을 이끌어낼 수 있을지는 상당히 논쟁적이다. 하지만, 그것은, 예를 들어, 모든 구직면접과 시험에서 행해진다. 한 개인의 이전의 역사로부터 특정한 상황에서 기대될 수 있는 행동 패턴에 관한 결정이 이루어진다.

복수 사례연구(Multiple-case studies)는 그것의 맥락에서 몇 가지 사례연구들이 수행되는 연구 형태를 의미한다. 모든 사례는 그 자체로 하나의 완전한 연구이다. 이러한 복수 사례연구는 사례수의 증가에 의해 결과의 대표성을 얻도록 설계되지는 않는다. 이러한 종류의 설계를 사용하는 연구자들은 통계적 일반화보다는 이론적 일반화에 관심있다.

포함된 사례의 수에 관해선, 일반적으로, 두 가지 사례가 포함되었다면 연구가 하나의 비교가 된다고 말할 수 있다. 연구에 다수의 사례가 포함되었다면, 그것은 분류 체계의 정교화를 지향하거나, 반복연구로서 기능한다. 반복연구에서, 하나의 사례로부터 다음 사례를 예측하는 것과, 다음 사례(들)에서 유사한 결과를 추정하거나, 다른 결과를 예측하는 것이 가능하다. 이러한 간략한 기술로부터, 이러한 형태의 사례연구들이 매우 잘 개발된 이론적 틀을 필요로 한다는 것이 이미 분명해진다.

우리가 보기에 그것이 엄격한 표집 지향의 자료 선택 방법에 대한 대안으로 여겨지기 때문에, 사례연구 전략은 여기에서 상당히 광범위하게 기술되었다.[13) 어떤 경우든, 사례연구는 연구자가 염려 없이 착수할 수 있는 프로젝트가 아니고, 연구자는 모든 정밀한 방법론적 절차들로부터 자유롭지 못한데, 이것은 이러한 설명으로부터 분명해져야 한다. "전형적인 비이론적 진술인 '모든 것에 관한 정보를 수집하자'는 효과적이지 않으며, 기술적인(descriptive) 이론을 갖지 않은 연구자는 이내 연구의 범위를 제한하는 것에 있어 엄청난 문제들에 직면할 것이다"(Yin 1993: 21). 이러한 요건은 여기에서 다뤄질 마지막 절차 양식과 다르다.

3.2.5. '낚시하러 가기'

'낚시하러 가기'라는 표현은 여기에서 연구자들이 다소 무작위로, 또는 적어도 어떠한 정확한 계획 없이 그들의 자료에 이르려고 시도하는 절차를 가리킨다. 그렇다면, 이러한 자료모음은 수집된 사례가 얼마나 대표적인가, 그것이 무엇을 대표하는가, 또는 차이의 스펙트럼이 무엇을 드러내는가라는 질문에 대답하지 않고 (또는 대답할 가능성이 없이) 평가된다. 이러한 형태의 자료 수집이 그물을 던지는 것에 비교될 수 있기 때문에 우리는 '낚시하러 가기'라는 용어를 선택했다. 연구자가 어장을 알고 있다면, 연구자는 무언가를 잡을 것이다. 그물이 끌어당겨진다면 잡은 것이 조사될 수 있다. 게다가, '자체선택 표본(self-selected sample)'과 '편의 표본 또는 마구잡이식 표본(convenience or haphazard sample)'(Maisel & Persell 1996: 4) 같은 접근들이 '낚시하러 가기'로 간주될 수 있다.

이러한 절차는 적어도 두 가지 주요한 단점을 갖는다. 불행하게도, 사회과학에서 낡은 부츠 한 짝과 먹을 수 있는 물고기 사이를 명확히

---

13) 이러한 이유로 우리는 다시 추가적 문헌을 참조해야 한다. Tellis(1997a, 1997b)의 논문은 훌륭한 개관을 제공한다. 이러한 독해의 도움으로 사례연구가 다른 연구 전략들과 비교해 평가될 수 있기 때문에, 우리는 또한 Hakim(1992)의 책을 추천한다.

구분하는 것은 항상 쉽거나 심지어 가능하지 않다. 여기에서 실버맨(Silverman 1993: 82)의 진술이 아주 적절한 것으로 보인다. "외국 영화와 달리 사회적 삶은 자막이 첨부되지 않는다." 두 번째 반대 이유는 어떤 경우든 자료가 대표하는 것이 여전히 불분명하다는 점이다.

이러한 절차의 하나의 사례는 "조직의 이야기들이 수집되고 이것에 대해 내러티브 분석이 수행되는" 브라운과 크렙스(Brown & Kreps 1993: 53)의 접근에서 발견된다. 그들은 연구자에게 단지 "조직의 관련 있는(relevant) 상황의 구성원들로부터 뿐만 아니라, 조직의 다양한 영역과 수준을 대표하는 개인들로부터 관련 있는 조직의 이야기들을 수집하라"고 조언한다. 이것은 어디로 이어지는가? "이러한 이야기들은 연구자들이 조직이 직면한 다양한 문제들을 확인하고 조사하는 것을 가능하게 한다." 이러한 절차가 흥미로운 결과를 산출할 수 있다는 것은 논쟁의 여지가 없다. 유일한 문제는 이러한 결과에 연구자 또는 조직의 구성원이 관심 있을지와, 이러한 '관심'이 '연구와 관련 있는 것'과 동일할지이다. 곤란함은 '관련 있는' 이야기들의 확인을 위한 어떠한 기준도 존재하지 않는다는 사실로 시작해서, 조직의 어떤 문제들이 여기에서 다뤄지고 있는지가 여전히 불분명하다는 사실로 끝이 난다. 연구자가 정밀한 방식으로 진행하기 원한다면, 연구자는 조직의 이야기들로부터 하나의 표본을 선택해 그것을 분석해야 한다. 여기에서는 (이야기의 담지자들로서) 조직의 개인들로부터, 그리고 '관련 있는' 상황으로부터 완전히 비체계적인 선택이 이루어진다.

베르너와 버나드(Werner & Bernard 1994)는 다음과 같은 단언으로 그들의 연구를 시작한다. "많은 문화인류학자들에게 '문화기술지적 표집(ethnographic sampling)'이란 용어는 모순적인 말이다." 말미에 그들은 이러한 종류의 표집에서 유념해야 할 것에 관한 네 가지 권고를 제시한다. 그들은 어떤 이야기들의 수집이 클루크혼(Kluckhohn 1944)의 저작의 기저를 이루는지에 관한 분석에 기반해 이것에 이른다. 바로 저자들이 클루크혼의 인터뷰 대상의 선택에 관한 다음의 단언에 이르기 때문에, 이러한 연구는 '낚시하러 가기'라는 제목에 포함된다. "그는 그가 인터뷰할 수 있는 이들을 인터뷰했다." 그러므로 베르너와 버나드가 보기에—비록 그것이 유익할지라도—이러한 연구는 통계에 기반한 일반화를 허용하지 않는다는 사실이 드러난다. 더욱이, 무엇이, 연구되는 체계('나바호의 주술(Navajo witchcraft)')를 대표하는 것으로 간주될지가 불분명하게 남는다.

이러한 종류의 '되는 대로의(wild) 자료 수집'의 추가적인 사례는 그것이 왜 시작되었는지와는 관계없이 텍스트가 방대한 언어 자료(corpus)로부터 다소 마구잡이식으로 추출되고, 표집되고, 그다음에 분석되는 연구들에 의해 제공된다. 이것의 한 가지 사례는 케플러(Keppler 1994)의 가족들의 식탁대화에 대한 대화 분석연구에서 발견된다. 데이터베이스에 관한 보고(1994: 33)는 "이 연구는 **테이프 녹음**의 풍부한 언어 자료에 기반한다. 상세히는, 우리는 녹음에서 (…중략…) 전체 100시간 이상의 기간 동안, 함께 산 가족과 집단의 **식탁 대화**를 다룬다"(강조는 원문)는 주장으로 시작한다. 우리는 가족의 선택에 관해 어떤 것도 듣지 못한다. (다양한 연구 프로젝트로부터 도출된) 문제가 되는 언어 자료에 관한 어떠한 세부사항도 없다. "이러한 자료는 지명된 프로젝트에서 부분적으로 전사되었고(transcribed), 각 의사소통 장르의 분석을 위해 참조되었다"(1994: 34). 선택이 어떻게 이루어졌는지는 설명되지 않는다. 데이터베이스에 대한 설명은 다음과 같은 진술로 끝난다(1994: 44). "우리는 여기에서 이 모든 것을 충분하고 철저하게 설명할 수 없다. 더욱이, 그렇게 하는 것은 불필요하다. 왜냐하면 그것은 (…중략…) 추가적인 사례를 통해 확인되고, 구별되고, 확대될 수 있는, 유익한 해석에 이르기 위해 유의미한 사례를 사용하는 것의 문제이기 때문이다." 문제는 항상 동일하다. '유의미한' 사례나 '대표적인' 이야기들에 대한 언급이 존재한다면, 궁극적으로 그것에 관해 진술이 이루어지는, '대표적인 것'을 연구자가 어떻게 규정했는지는 이러한 작업 양식에서 항상 불분명하다. 이러한 종류의 연구들은 오로지 귀납적이며, 따라서 과감한 일반화로 이어진다. 그리고 연구가 일반화를 목표로 해야 하기 때문에, 이러한 연구들은 자신을 그러한 사실을 드러내는 사례들의 해석에 제한할 수 없을 뿐만 아니라, "현대 가족들의 응집양식에 관한 특정한 가설적 결과들"(Keppler 1994: 269)을 정식화한다.

어떤 상황에서 '낚시하러 가기'가 적절하고 타당한가? 첫 번째 조건은 연구자가 촘촘하거나 성긴 그물 중 하나를 던지고 있다는 것을 알고 있어야 한다는 것이다. 이러한 이미지를 헴플(Hempel 1952: 36)의 주장과 관련시키면, 이것은 그것이 개념과 가정들에 의해 형성될 수 있는 매듭과 연결줄들로 구성된다는 것을 의미한다. 그러므로 연구자는 이러한 개념들이 무엇을 포착할 수 있을지를 포착한다. '관련 있는(relevant)'(Brown & Kreps 1933)이라는 라벨은 너무나 모호하며, 너무나 성긴 그물을 제공한다. 이러한 종류의 절차를 택하는 두 번째 조건은 연구자가 이러한 종류의 자료 수집을 통해 얻은 결과의 제한적 가치를 인식해야 한다는 것이다. 이로부터 이러한 형태의 수집이 예비적 연구를 하기 위해 연구 분야를 좁히는 타당하고, 아마도 유일하게 가능한 방식이라는 사실이 뒤따른다. 그렇다면, 이것은 추가적인 검증을 기다리는 가정으로 이어지거나 후속연구로 직접 이어질 수 있다. 후자의 경우에, 연구자는 자료가 먼저 수집되고 극히 적은 수의 사전 가정으로 평가되는 그러한 방식으로 진행한다. 어떠한 추가적인 것도 발견되지 않고, 관심 있는 문제에 관한 정보가 고갈되고, 패턴(또는 반복)과 차이(또는 상이한 형태)가 둘 다 나타나기 시작할 때, 자료 수집이 완료된다. 그렇다면, 연구자는 보다 상세한 연구를 촉진시킬 자료와 해석을 갖게된다. 베르너와 버나드(1994)는 자료 수집을 정확히 기록하고, 표의 형태로 그것을 기록하는 것이 얼마나 중요한지를 보여 준다. 오직 이런 식으로 연구자가 자료에 대한 개관을 얻고 그것을 다른 연구자들과 의사소통하고, 연구의 한계를 계속 인식하며, 적어도 어떤 주관적 편향(bias)에 대한 부분적 통제를 유지하는 것이 가능하다.

이러한 절차는 하나의 큰 이점을 갖는다. 연구자는 정교한 연구계획의 개발을 피할 수 있다. 물론, 이러한 이점은 보통 결국 연구자의 발목을 잡으며, 분석 과정 동안 연구자가 텍스트를 평가하는 방법을 모르게 되는 단점으로 전환된다. 연구자가 어떠한 정확한 초기질문과 체계적으로 수집된 자료도 갖지 않는다면, 어떤 평가 절차나 방법이 적합할지의 문제에는 좀처럼 만족할 만한 대답이나—연구자의 관점에서—유용한 대답이 주어질 수 없다. 결국, 이러한 종류의 연구에 적합한 것은 통계적 연구의 특성화를 위해 흔히 사용되는 다음과 같은 은유이다—'자료의 정글, 개념의 사막'.

모든 것이 알파벳 수프 그릇에 나타나기 바로 전에,
그들이 일반화 문제를 해결했다고 그들은 생각한다.

제4장 방법과 이론의 지도

방법은 이론과 사실적 관계에 있고, 과학적 네트워크와 사회적 관계에 있다. 그것은 이론적 토대, 다시 말해, 특정한 분야의 설명패턴에 의해 좌우되고, 보통 특정한 학문분야의 경계 내에서 발전한다. 〈도표 4.1〉은 우리가 선택한 12가지 텍스트 분석 방법의 전반적인 개관을 제공하고, 방법과 이론 사이의 관계를 보여 준다.

〈도표 4.1〉은 다음의 방식으로 독해되어야 한다.

- 이 책에서 논의되는 텍스트 분석 방법들은 그림자가 있는 사각형 안에 있다.
- 다양한 기하학적 모양은 다양한 추상적 수준의 이론유형을 상징한다— (a) 철학적, 인식론적 접근(예를 들어, 현상학, 해석학, 일반기호학), (b) 사회이론(예를 들어, 푸코, 문화인류학, 비판이론, 장이론), (c) 언어학이론(예를 들어, 체계기능언어학, 화행이론(Speech Act Theory), 프라하학파, 구조언어학), (d) 의사소통 개념(예를 들어, 폰 루만(von Luhmann), 뷜러(Bühler), 섀넌과 위버(Shannon & Weaver)). 특정한 접근의 이러한 유형들에의 할당은 종종 문제적이었고, 몇몇 경우에 다르게 행해졌다.
- 이론과 방법 사이의 연결 화살표는 특정한 이론이 방법의 발전을 위한 중요한 레퍼런스가 되며, 방법과 관련된 문헌에서 자주 인용된다는 것을

나타낸다. 화살표나 선의 굵기는 이론과 방법 사이의 유대의 강도에 대한 지표이다. 실선은 이론적 개념의 채택과, 이론의 특정한 부분과 거리를 두는 것의 결여를 나타낸다. 대쉬나 점으로 이루어진 선은 약한 관계나, 이론의 일부로부터 어느 정도 거리를 두는 것을 나타낸다. 하나의 예를 들면, 하임스(Hymes)는 실로 화행이라는 개념을 기반으로 하지만 (예를 들어, Hymes 1962: 24 참조), 궁극적으로 그가 '발화 사건(Speech Events)'을 분석하고, '화자의 의도'를 '문화기술지적 맥락'으로—즉, 문화패턴으로—대체했기 때문에(위의 글: 21), 화행이론과 하임스의 의사소통의 문화기술지 사이의 선은 대쉬로 이루어진다.

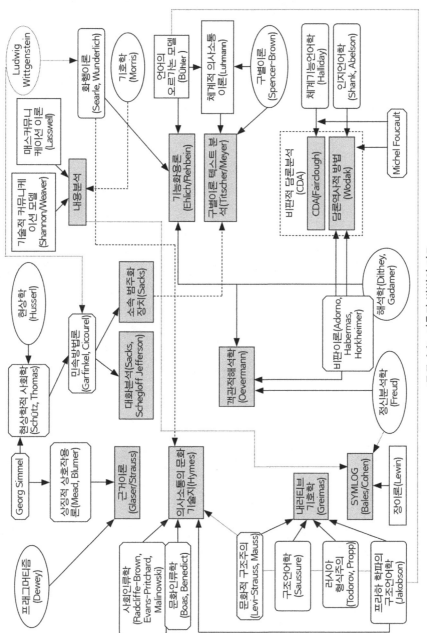

〈도표 4.1〉 이론과 방법의 지도

| 제**2**부 |

텍스트 분석 방법의 개관

제5장 내용 분석

내용 분석(Content analysis)은 일련의 경험적 사회연구방법들 중에서 가장 오랜 전통의 텍스트 분석 방법이다(Holsti 1968; Silbermann 1974; Herkner 1974). 그러나 '내용 분석'에 관한 풍부하고 다양한 문헌 때문에, 하나의 동질적인 방법의 이해에 기반해 진행하는 것은 현재로서는 다소 어렵다. 원래 이 용어는 직접적이고 분명하게 정량화할 수 있는 텍스트의 내용 측면과, 대체로 텍스트 또는 표층 단위(surface unit) 당 단어의 절대적, 상대적 빈도에 관해 집중하는 그러한 방법들을 의미했다. 그 후에 이 개념은, (통사론적, 의미론적, 화용론적) 범주들로 작업하지만, 적어도 범주들의 빈도조사에 의해 이러한 범주들을 수량화하려고 하는 그러한 모든 절차들을 포함하는 것으로 확대되었다.

'질적 내용 분석'(Mayring 1988)의 확립은 다른 텍스트 분석 방법들, 특히 문화기술지적 방법(ethnographic methods)이나 근거이론(grounded theory) 지향의 방법들과 이것을 구분하는 것을 어렵게 만들었다. "내용 분석의 다양한 절차들이 분석 목표와, 그것을 추구하기 위해 개발된 수단이나 과정 모두의 측면에서 방대하다는 점"(Merten 1983: 46)은 분명해졌다. 연구자가 이러한 해석을 받아들인다면, 그것이 더 이상 단지 텍스트의 의사소통 내용만의 문제가 아니라 또한 그것의 (언어적) 형식의 문제이기 때문에, 어떤 식으로든 범주들을 통해 텍스트에 접근하는 그러한 모든 텍스트 분석 방법을 내용 분석의 형태로서 기술할 수 있다. 그러므로 내용 분석에서 그것은 하나의 단일한 텍스트 분석 방법의 문제라기보다는 연구 전략의 문제이다. 우리는 아래에서 고전적, 양적 내용 분석의 기본원칙을 제시하고, 또한 추가적인 발전으로서 '질적 형태'와 함께, 광범위한 의미에서 내용 분석 절차의 유형을 제공하려고 최선의 노력을 다할 것이다.

5.1. 이론적 기원

내용 분석의 발전은 본질적으로 대중매체의 발전과, 국제정치에 의해 영향을 받았다. 연구자가 정신분석의 초기저작(프로이트의 꿈의 해석)을 고려하지 않는다면, 내용 분석은 20세기 전반기에―특히 매스커뮤니케이션의 일약 확장으로―중요성이 증가했다. 베렐슨(Berelson 1952)은, 그의 기조저작 『커뮤니케이션 연구에서의 내용 분석(Content Analysis in Communication Research)』에서, 1921년과 1930년 사이 미국에서 단지 10개 또는 15개의 내용 분석이 수행되었다고 주장한다. 첫 번째 주목할 만한 활동―언론, 영화, 라디오의 급속한 발전에 의해 야기된―은 1930년대 전반기에 나타났다(Silbermann 1974: 254).

　내용 분석을 향한 이러한 첫 움직임의 이론적 기반은 해롤드 D. 라스웰(Harold D. Lasswell)의 매스커뮤니케이션 모델이었다. '누가, 무엇을, 누구에게, 어떤 효과를 가지고 말하는가'라는 라스웰의 공식은 현대 매스커뮤니케이션의 연구 과정을 결정했다. 결과적으로 관심은 분명한 상호 인과관계가 가정되는, 의사소통자, 수신자, 의사소통 효과에 집중된다. 이러한 상호관계를 연구하기 위해 의사소통 내용이 가능한 정확히 수량화되어야 한다. 라스웰은 특히 내용 분석의 정치적 가치를 강조함으로써 이 방법을 확립하는 데 성공한다. (전쟁 프로파간다에 관한 저작에 관해선 Smith et al. 1946을 보라.)

내용 분석의 발전은 세 번의 컨퍼런스에 의해 상당히 본질적으로 특징 지어졌다(Merten 1983: 41ff. 참조). 1941년 8월에 학제적 매스커뮤니케이션 연구에 관한 첫 번째 컨퍼런스가 시카고에서 개최됐고, 그리고—다른 이들 중에서—해롤드 D. 라스웰, 버나드 베렐슨(Bernhard Berelson), 폴 라자스펠드(Paul Lazarsfeld)가 참여했다. 이 컨퍼런스 동안, '내용 분석'이란 용어가 이 새로운 방법을 위해 만들어졌을 뿐 아니라, 라스웰이 기조 연설에서 내용 분석의 접근과 목표를 수립했다. 기호(signs)와 진술이 청중에 대한 그것의 효과를 시험하기 위해 분석된다. 결과는 특정한 기호(symbols)의 빈도, 그것의 강도, 발신자의 평가이다. 두 번째 컨퍼런스는 1955년에 앨러튼 하우스(Monticello, 일리노이)에서 찰스 E. 오스굿(Charles E. Osgood)에 의해 조직되었는데, 이 컨퍼런스 동안 질적, 양적 접근이 제시되었다. 베일스(Bales 1950)의 '상호작용 과정 분석'과 함께—섀넌과 위버(Shannon and Weaver 1949)의 '정보이론' 같은—새로운 이론들과, 세련된 분석기법(오스굿의 '동시발생 분석(contingency analysis)'과 '평가 주장 분석(evaluative assertion analysis)'[Osgood et al. 1954; Osgood 1959])은 내용 분석이 '커뮤니케이션 분석'으로 이해되는 상황으로 이어졌고, 인쇄된 텍스트에 대한 그것의 집착이 점점 줄어들었다. 1967년에 세 번째 내용 분석 컨퍼런스가 필라델피아의 애넌버그 스쿨(Annenberg School)에서 열렸고, 여기서 이 방법의 영역이 논의되었다. 연구자가 특정 내용의 맥락과, 분석의 목표에 의해 정해진 선택 절차에 관해 명시적이지 않는 한, 내용 분석의 결과가 여전히 양가적이라는 이유로, 하나의 이론적 관점에서 이전의 분석은 비판되었다(Krippendorff 1969: 70f.).

메튼(Merten 1983: 45)에 의하면 내용 분석에 대한 추가적인 논의는 다음 특징을 갖는다—커뮤니케이션 과정의 구조와 선택성, 인지지표의 개발과 다변량 분석 기법, 비언어 영역의 포함을 통한 표기체계의 개선, 전용 전자 텍스트 분석 패키지의 개발을 통한 자료분석의 개선. "텍스트 범주화와 텍스트 분석에 대한 그것의 경험의 축적이 내용 분석에 의해 지금까지 완전히 무시된, 언어학과의 오래전에 행해졌어야 할 논쟁이 단지 천천히 나타나고 있다"(Merten 1983: 45).

5.2. 기본적인 이론적 가정

내용 분석 연구의 초기에 의심할 여지없이 발신자, 자극, 수신자 사이의 비대칭적 관계를 설정한 단순한 행동주의 지향의 자극-반응 커뮤니케이션 모델이 존재했다. 내용은 라스웰의 고전 공식—"누가, 무엇을, 어떤 경로로, 누구에게, 어떤 효과를 가지고 말하는가"(Lasswell 1946: 37)—에 따라 구조화된 커뮤니케이션 과정의 결과로 간주됐다. "우리가 여기에서 매스커뮤니케이션 모델을 다루는 것은 우연이 아닌데, 이것은 커뮤니케이션을 '내용'으로 알려진 용기(container)의 전달로 보며, 내용은 특정한 매체를 통해 의사소통자에 의해 수신자에게 전달된다"(Merten 1983: 56ff.).

모리스(Morris 1938, 1946)의 기호학적 저작들은 커뮤니케이션이 자극에 기반해 발생하는 것이 아니라, 구체적인 형태의 자극을 통해 접근될 수 없는, 그것들에 부여된 의미에 기반해 발생한다는 인식을 촉진시켰다. 반면에, 내용 분석은, 이것이 명시적으로 단지 통사론적 수준을 대상으로 했음에도 불구하고, 섀넌과 위버(Shannon & Weaver 1949: 7)의 뉴스 전달 모델에 더 영향을 받았다. 정보원('발신자')은 특정 수신자에게 가고 그것의 목적지에 전달되는 신호로서 특정 뉴스를 전달자(transmitter)를 통해 전달한다. 전달 과정 동안 다양한 가능한 간섭원이 존재한다. 슈람(Schramm 1954)은 이러한 뉴스 전달 모델을 일반적인 커뮤니케이션 모델로 바꾸고, 내용의 통사론적 디코딩(decoding)을 의미론적 디코딩으로 (잘못) 해석했다(Merten 1983: 74). "의미의 부여와, 전체 의사소통 과정의 이러한 단순화는 그야말로 내용 분석을 위해 중요해졌고, 이것이 기호 분석을 위한 객관화된 메커니즘으로서 내용 분석의 이미지에 상당히 기여했다는 것은 당연하다"(Merten 1983: 74; Herkner 1974: 167과 Lisch & Kriz 1978: 32 참조).

5.3. 방법의 목표

내용 분석 방법에 의해 추구될 수 있는 목표는 연대순으로 배열된, 다음 인용 목록을 참고해 이해될 수 있다.

- 내용 분석에서 우리는 진술과 기호를, (1) 청중에 대한 내용의 영향, 또는 (2) 내용에 대한 통제의 영향을 이해하기 쉽게 하기 위해 개괄되어야 할 원료로서 간주한다. (Lasswell 1941; Lasswell 1946: 90으로부터 인용)
- 내용 분석은 명시적인 커뮤니케이션 내용의 객관적, 체계적, 양적 기술을 위한 하나의 연구 기법이다. (Berelson 1952: 18)
- 내용 분석은 명시된 메시지의 특징들을 체계적이고 객관적으로 확인하는 것에 의해 추론을 하는 모든 연구 기법이다. (Holsti 1968: 601)
- 텍스트 자료의 어떤 부분들이 연구도식의 범주들에 속하는지에 관한 절차적 규칙과 명시적인 범주의 도움으로 판단을 내려야 하는 과학적으로 훈련된 관찰자들에 의한 기호 자료의 분류가 이용 가능한 내용 분석의 진정한 특징이다. (Ritsert 1972: 17)

5.4. 방법의 개관

5.4.1. 고전적 내용 분석의 절차, 도구, 규칙

5.4.1.1. 표집(Sampling)
특정한 문제와 관련된 모든 자료를 연구하는 것은 단지 매우 적은 수

의 경우에 가능할 것이다. 전체를 다루는 이상적인 상황에 대한 하나
의 대안으로서, 확률적 방법에 기반해 표본이 사용될 수 있고, 그리고
특정한 환경 아래 할당 표본이 사용될 수 있다(cf. Merten 1983: 280ff.).
홀스티(Holsti 1968: 653ff.)는 다단계 선택 과정을 추천한다. (a) 발신자
의 선택, (b) 문서의 선택, 그리고 (c) 문서의 일부의 선택.

5.4.1.2. 분석단위
분석단위는 그 안에서 변수의 발생과 특성(속성, 범주)이 검토되는 텍
스트의 가장 작은 구성 요소이다. 하나의 텍스트는 '자연 단위(natural
units)'로 구성되지 않기 때문에, 이것들은 모든 구체적인 연구를 위해
통사론적 또는 의미론적 수준에서 규정되어야 한다(Herkner 1974: 173).
(a) 통사론적으로 규정된 단위는 예를 들어, 기호(단어), 문장, 완전한
텍스트, 영역, 시간이다. (b) 의미론적으로 규정된 단위는 예를 들어,
인물, 진술, 의미 단위이다.

  홀스티(1968: 647f.)는 기록 단위와 맥락 단위를 구분한다. (a) 기록
단위는 그 안에서 변수의 발생이 검토되는 가장 작은 텍스트 단위이
다. (b) 맥락 단위는 그것의 긍정적 평가 또는 부정적 평가 같은 변수
의 특성을 밝히기 위해 사용된다.

5.4.1.3. 범주와 코딩
모든 내용 분석의 핵심적이고 중심적인 도구는 그것의 범주 체계이
다. 모든 분석단위가 코딩되어야 하는데, 즉 하나 이상의 범주들에 할
당되어야 한다. 범주들은 다소 변수들의 조작적 정의로서 이해된다.
범주에 대한 어떤 정의든 명시적이고, 완전하고, 적절해야 한다
(Herkner 1974: 174). 코딩 과정 동안, 이후에 주어진 대로 택해지고, 추
가적인 텍스트 단위의 할당을 쉽게 하는, 텍스트 사례들로 모든 범주
가 또한 예시되어야 한다는 점이 권고된다. 분석단위를 코드들에 연
결시키는 프로그램(소위 '코딩-검색(code-and-retrieve)' 프로그램)이 이러

한 과정에서 유용할 수 있다(Weitzman & Miles 1995: 148ff.).

범주 체계는—문화기술지적 또는 GT 지향의 분석과 대조적으로— 코딩이 수행되기 전에 확립되어야 한다. 그러나—일부 범주들이 빠져 있거나 모호하고, 아니면 전혀 사용되지 않기 때문에—수정된 범주 체계가 더 바람직하다는 것이 코딩 과정 동안 분명해진다면, 전체 텍 스트 자료가 새로운 범주들을 사용해 재코딩되어야 한다.

대부분의 경우 범주들은 명목척도로 간주된다. 하나의 분석단위는 이러한 범주에 속하거나 속하지 않거나 둘 중 하나이다. 그러나 원칙 적으로 더 높은 수준의 척도가 가능하다. 하나의 변수의 범주들은 통 상적 요건을 충족시켜야 한다. 그것은 상호 배타적이고 완전해야 한 다(Herkner 1974: 175).

그러므로 범주 체계는 특정한 연구 질문의 변수를 조작화하고, 그 렇게 함으로써 연구 질문이나, 그것으로부터 도출된 가설에 집중하도 록 노력해야 한다. 결과적으로, (예를 들어, 문화기술지적 또는 GT 지향의, 6장, 7장 참조) 사전의 특정한 텍스트 해석을 사용한 귀납적 범주 도식 과, 확립된 이론으로부터 도출된 연역적 도식 모두를 수립하는 것이 가능하다. 통합된 범주 체계에 대한 바람이 종종 표출되었지만(Herkner 1974: 175 참조), 그러한 표준화된 도구를 사용한 방법은 모든 연구 질 문에 적합하지 않다. 특정 영역에서 다음과 같이 잘 확립된 범주 체계 가 존재한다.

- 상호작용 분석을 위해, 베일스(Bales 1950)의 상호작용 과정 분석(IPA)과, 베일스와 코헨(Bales and Cohen 1979)의 SYMLOG 방법(다차원그룹관찰 시스템)
- 태도분석을 위해, 오스굿 등(Osgood et al. 1954)의 평가 주장 분석(evaluative assertion analysis)
- 성취동기의 분석을 위해, 맥클레랜드 등(McClelland et al. 1953)의 방법

베렐슨(1952: 147ff.)을 따라, 홀스티(1968: 645)는 범주 체계 설계의 기반으로 사용될 수 있는 범주 유형의 목록을 만들었다.

- 주제, 테마: 무엇에 관한 것인가?
- 방향: 테마는 어떻게 다루어지는가?
- 규범: 분류와 평가를 위한 기반은 무엇인가?
- 가치: 어떤 태도, 목표, 소망이 나타나는가?
- 수단: 목표를 달성하는 데 어떤 수단이 사용되는가?
- 특성: 인물을 기술하는 데 어떤 특성이 사용되는가?
- 행위자: 누가 특정한 행위를 시작하고, 누가 그것을 수행하는가?
- 권위: 어떤 이름 아래 진술이 이루어지는가?
- 기원: 어디서부터 커뮤니케이션이 발생했는가?
- 목표: 그것이 누구를 향하고 있는가?
- 장소: 어디에서 행위가 일어나고 있는가?
- 갈등: 특정한 갈등의 원인은 무엇인가? 참여자는 누구인가? 갈등이 얼마나 강한가?
- 결과: 갈등의 결말은 행복한가, 비극적인가, 아니면 불확정적인가?
- 시간: 언제 행위가 일어나는가?
- 형태 또는 커뮤니케이션 유형: 어떤 커뮤니케이션 경로가 사용되는가?
- 진술의 형식: 어떤 문법적, 통사론적 형식이 발견될 수 있는가?
- 방법: 어떤 수사적 방법 또는 프로파간다 방법이 사용되는가?

이러한 목록은 문화기술지적 질문 목록과 커다란 유사성을 보여 주고, 심지어 고전적 내용 분석이 자신을 순전히 명시적인 커뮤니케이션 내용에 한정하지 않는다는 것을 보여 준다. 문화기술지적 절차와 달리(7장 참조) 이러한 질문들은 텍스트를 참조해 직접 대답되는 것이 아니라 도구, 즉 범주 도식의 개발의 기반을 형성한다.

5.4.1.4. 코딩과 신뢰도(reliability)

범주 도식이 정확하게 명시되었을 때, 코딩 과정이 시작된다. 여기에서 분석단위가 확인되고, 범주들에 할당된다. 한 명의 코더(coder)가 작업 내내 분석단위의 할당과, 범주들을 위한 동일한 기준을 사용하고 있고, 범주들의 정의를 수정하지 않는다는 것(코더 내(intra-coder) 신뢰도)을 보장하기 위해, 정기적인 작업 회의가 열리는 것이 바람직하다(Herkner 1974: 176). 납득할 만한 수준의 코더 내 신뢰도와 코더 간(inter-coder) 신뢰도(다양한 코더들 사이의 일치)를 성취하기 위해, 또한 분석될 텍스트와 관련된 자료를 사용한 코더 훈련과 많은 사례들에 기반해 범주들이 분명히 정의될 필요가 있다. 코더 간 신뢰도는 두 명의 다른 코더들에 의해 동일한 범주에 할당된 분석단위의 상대적 비율을 나타내는 몇 가지 다양한 측정을 사용해 평가될 수 있다(cf. Herkner 1974: 177f.; Lisch & Kriz 1978: 88ff.; Merten 1983: 320ff.).

5.4.1.5. 분석과 평가(evaluation)

빈도와 지표. 가장 단순한 형태의 평가는 범주 당 발생수를 계산하는 것으로 이루어진다. 여기에서 내용의 빈도와 의미 사이의 특정한 관계가 가정된다. 이러한 가정의 무조건적인 수용은 베렐슨(1952)과, '질적' 관점을 취하는 크라카우어(Kracauer 1952) 사이의 불일치의 주요한 원인들 가운데 하나였다. 두 개의 개별 측정을 연관시키는 다양한 지표들을 사용하는 것이 또한 관습이다(Herkner 1974: 179f.). 순전히 통사론적 지표를 위해 이것은 타입-토큰 비율(type-token ratio, 다른 단어 전체[1]와 전체 단어수[2]의 비율)과 행위지수(action quotient, 동사의 수와 형용사의 수의 비율)에 의해 예시될 수 있다. 의미론적 지표의 사례는 불쾌-완화 지수(discomfort-relief-quotient, 유쾌하거나 불쾌한 조건을 나타내

---

1) (옮긴이) 타입.
2) (옮긴이) 토큰.

는 단어의 총수 중에서 불쾌한 조건을 나타내는 단어의 총수)에 의해 제공된다.

동시 발생(Contingencies). 동시 발생 분석(contingency analysis)에서 연구되는 것은 빈도뿐 아니라 변수들의 상호 의존성이다. 그것은 특정한 종류의 현상(예를 들어, 두 가지 주제)의 확률이 무작위 이상으로 높거나 낮을지의 문제이다.

보다 복잡한 절차들. 여기에서 문법적, 의미론적 측면들이 명시적 규칙들을 위해 검토된다. 이것의 하나의 사례는 평가 주장 분석(evaluative assertion analysis)인데, 여기에서 특정한 사람 또는 사실에 대한 발신자의 태도가 연구된다. 이러한 방법은 표준화된 스칼라(scalar)[3] 형태의 범주 도식과, 코딩과 평가를 위한 정밀한 규칙으로 구성된다(보다 상세한 논의를 위해서는 Herkner 1974: 181f.; Merten 1983: 192ff. 참조).

내용 분석의 결과에 기반해 추가적인 다변량 분석이 가능하며, 이것들은 스칼라 수준의 변수들에 의해 좌우된다. 평가는 선택된 자료로부터 전체자료의 추론의 문제와, 또한 선택된 자료로부터 발신자, 수신자, 의사소통 상황의 추론의 문제를 둘 다 고려해야 한다(cf. Merten 1983: 107ff.; Herkner 1974: 183ff.).

5.4.1.6. 내용 분석 절차의 유형

메튼(Merten 1983: 115ff.)은, '분석 목표'와 '분석 도구' 기준을 사용해, 내용 분석 절차의 유형을 제공하려고 시도한다—여기에서 의사소통자, 수신자, 상황 지향은 분석 목표에 속하고, 기호학적 수준은 (혼동되지만) 분석 방법에 속한다(Merten 1983: 101ff.).

• 이것들이 순전히 형식적인 한, 통사론적 수준에서 우리는 문자, 음절, 단어, 또는 문장 같은 그러한 특징과 그것의 구조의 분석을 발견한다.

---

3) (옮긴이) 크기 값을 갖는 또는 단계적인.

- 통사론-의미론적 수준에서 그것은 의미 형성에 대한 통사적 구조의 영향의 문제이다.
- 의미론적 수준에서 단어, 문장 등의 의미가 분석된다.
- 통사론-화용론적 수준에서 통사론과 텍스트의 효과 사이의 관계를 해명하려는 시도가 존재한다.
- 의미론-화용론적 분석은 이러한 효과를 특정한 의미를 가진 단어나 문장에 결부시키려고 한다.
- 마지막으로, 순전히 화용론적인 분석은 텍스트의 수용을 지배하는 진정한 화용론적 구조를 탐색한다(예를 들어, 수사적 구조).

헤크너(Herkner 1974: 165)는 홀스티(1968)를 따라, 다음 특징들에 따라 내용 분석 절차를 분류한다—연구 목적, 기호학적 수준, 비교 형태, (라스웰의 공식을 사용한) 연구 질문. 연구자가 이러한 두 가지 분류 체계를 결합하려고 시도한다면, 관련 문헌에서 발견되는 내용 분석 절차는 기호학적 수준과 연구 질문에 기반해 분류될 수 있다(〈도표 5.1〉 참조).

5.4.2. 질적 내용 분석

1950년대에 이미 내용 분석의 연구 전략에 관한 하나의 논쟁이 전개되고 있었다. 베렐슨(Berelson 1952)은 그 당시까지 발전된 양적 내용 분석의 방법과 목표를 종합한 첫 인물이었고, 이것들은 빈도분석에 기반한 평가에 집중했다. 크라카우어(Kracauer 1952)는 그것이 텍스트의 특정한 질—그것의 의미 내용—을 무시했기 때문에 이러한 양적지향에 비판적으로 반응했다. 크라카우어는 맥락의 재구성에 특히 주목해야 한다고 생각했다. 텍스트의 '패턴'이나 '총체(wholes)'는 그것의 명시적인 내용을 계산하고 측정하는 것에 의해서가 아니라, '다양한 함축적 의미'의 해석에 대한 다양한 가능성을 보여 주는 것에 의해

기호학적 수준	대상	절차사례	누가?	무엇을?	어떻게?	누구에게?	왜?	어떤 상황? 어떤 효과?
통사론적	메시지의 통사론적 특성	• 저자 분석 (스타일 분석)	O		O			
통사론적	통사론적 특성	• 성격(Personality) 구조 분석	O		O			
통사론적	통사론과 의미	• 단어 종류 분석	O					
의미론적	단어와 문장의 의미	• 통사론적 독창성 분석	O		O			
의미론적		• 주제 분석	O	O	O		O	
의미론적	의미	• 동시발생(Contingency) 분석	O	O				
		• 의미의 장 분석	O	O				
의미론-화용론적	통사론과 메시지의 효과	• 빈도 가독성(readability) 분석	O		O			
통사론-화용론적	통사론과 메시지의 효과	• 구조적 가독성 분석	O		O			
		• 영향 분석	O			O		
의미론-	의미와	• 가치 분석	O	O				O
화용론적	메시지의 효과	• 태도 분석(EAA)	O				O	O
		• 모티프(Motif) 분석	O				O	O
		• 성격 구조 분석	O				O	
		• 이해도(Intelligibility) 분석	O		O	O		O
		• 객관성 분석	O		O	O		
		• 의미론적 구별	O			O		
		• 기호(Symbol) 분석	O					O
		• 현실(Reality) 분석	O				O	O
		• 상호작용 과정 분석	O				O	
화용론적	메시지의 효과	• 귀인(Attribution) 분석	O			O	O	O
		• 공명 분석	O		O			O
		• 인터뷰 분석	O		O			O

<도표 5.1> 내용분석 절차의 유형

102

입증될 수 있다. 크라카우어에게, 범주들은 또한 매우 중요하다. "양적분석에서 유일하게 중요한 것은 적절한 가정과 가설들을 검증하기 위한 하나의 관점을 가지고, 주어진 텍스트의 실질적 의미를 응축한 그러한 범주들을 선택하고 합리적으로 구성하는 것이다"(Kracauer 1952: 637f.). 그러나 그는 잠재적 내용과, 맥락의 재구성을 참고해 이러한 범주들을 구성하고, 특정한 사례의 의미를 고려하는 것을 선호했다. 그럼에도 불구하고, 크라카우어의 제안은 하나의 독립적인 방법이라기보다는 주안점의 변화를 나타낸다(또한 질적 내용 분석과 양적 내용 분석 사이의 논쟁에 대한 논의를 위해 Ritsert 1972: 14ff. 참조).

보다 최근에 마이링(Mayring 1988)의 질적 내용 분석은, 고전적 모델과 비교해 그것의 독립성에 의문이 제기되었음에도 불구하고(Lamneck 1989: 213), 인기를 얻었다(예를 들어, Lamneck 1989: 202ff.; Mayring 1991 참조). 마이링은 순차적 모델을 개발했고, 그것이 목표에 관련되는 한, 특정한 연구 질문에 따라 독립적으로 또는 조합하여 수행될 수 있는 세 가지 뚜렷이 구분되는 분석 절차를 제안한다.

1. 요약(summary)은 본질적 내용을 보존하는 방식에 의해, 그리고 원자료를 여전히 반영하는, 처리 가능한 언어 자료(corpus)를 창출하는 추상화(abstraction)에 의해 자료를 축약하려고 시도한다(Mayring 1988: 53). 이를 위해 텍스트가 (a) 환언되고(paraphrased), (b) 일반화되거나 추상화되고, 그리고 (c) 축약된다.

2. 설명(explication)은 자료를 설명하는 것, 명확하게 하는 것, 주해하는 것을 포함한다(Mayring 1988: 68). 첫 단계로서 (a) 어휘-문법적 정의가 시도되고, 그다음에 (b) 설명을 위한 자료가 결정되고, 이것에는 (c) 협소한 맥락 분석과, (d) 광범위한 맥락 분석이 뒤따른다. 협소한 맥락 분석은 텍스트(코텍스트(cotext))를 포함하고, 이것이 대화 분석에서 사용된 맥락의 의미와 일치하는 반면(8장 참조), 광범위한 분석은 발신자와 상황에 관한 추가적인 정보를 포함한다. (2장, 2.5의 광범위한(broad) 맥

락과 국지적(local) 맥락, 또는 거시맥락과 미시맥락 사이의 구별을 보라.) 마지막으로, (e) 설명적 환언(explicatory paraphrase)은 텍스트의 특정한 부분으로 구성되고, (f) 설명은 전체 맥락을 참고해 검토된다.

3. 구조화(structuring)는 고전적 내용 분석에서 사용된 절차와 다소 일치하고, 또한 마이링(1988: 75)에 의해 내용 분석의 가장 중요한 기법으로서 간주되는데, 이것의 목표는 '자료로부터 특정한 구조를 걸러내는 것'이다. 여기에서 텍스트는 내용, 형식, 척도(scaling)에 따라 구조화될 수 있다. 첫 번째 단계는 (a) 분석단위의 결정이고, 이것 뒤에 (b) 특정한 이론적 기반에 따라 구조화의 차원이 확립되며, (c) 범주 체계의 특징이 정해진다. 다음에 (d) 정의가 이루어지고, 개별 범주들의 코딩 규칙과 함께, 핵심 사례들이 합의된다. (e) 자료의 첫 평가 과정 동안 자료의 위치들이 표시되고, (f) 두 번째 정밀 조사에서 이것들이 처리되고 추출된다. 필요하다면 범주 체계가 재검토되고 수정되고, 이것은 자료의 재평가를 필요로 한다. (h) 마지막 단계로서 결과들이 처리된다. (이 과정의 추가적 논의를 위해서는 Mayring 1988: 68을 보라.)

이 과정의 핵심 부분—구조화—은 고전적 내용 분석으로부터 분명히 유래한다. 여기에서, 또한 코딩과 평가 단위가 범주 도식 안에서 수립되고 마련된다.

그러므로 내용 분석의 과정은 아홉 단계로 구성된다(Mayring 1988: 42ff.).

• 자료의 결정
• 텍스트가 발생한 상황의 분석
• 자료의 형식적 특성화
• 분석방향의 결정
• 대답될 질문들의 이론적 기반에 의한 구별
• 분석기법의 선택(요약, 설명, 구조화)

- 분석단위의 정의
- 자료의 분석(요약, 설명, 구조화)
- 해석

5.5. 질적 기준

'고전적' 내용 분석에 있어, 베렐슨(1952)의 객관성, 체계성, 정량화 기준이 적절하다. 여기에서 자주 추구되는 연구 전략은 전통적인 타당도와 신뢰도 기준에 의해 지배되는데, 여기에서 후자는 전자의 전제 조건이다(그리고 그 역은 성립하지 않는다). 특히, 내용 분석의 두 가지 특수한 문제가 여기에서 논의된다―추론의 문제와, 신뢰도의 문제.

추론의 문제는 한편으로, 텍스트 표본에 기반해 전체 텍스트에 관한 결론을 도출할 가능성과, 다른 한편으로, 텍스트에 기반해 모티브, 태도, 규범 같은 기저하는 (이론적) 개념(constructs)에 관한 결론을 도출할 가능성과 관련 있다. 결과적으로, 내용 분석에서 추론은 자신을 단지 외적, 내적 타당도의 특정한 특징들에 제한한다―조작화가 타당하다면, 개념과 지표 사이의 (내적) 일치가 존재하는가? 측정 과정이 성공적이라면, 표본이 전체를 (외적으로) 대표하는가?

신뢰도의 문제를 고려할 때 코딩의 신뢰성에 특히 주의해야 한다. 다른 코더들(coders)이 동일한 텍스트의 코딩에서 어느 정도로 일치하는가(코더 간 신뢰도)? 동일한 코더들의 코딩이 얼마나 일관적인가(코더 내 신뢰도)? 특히 코더 간 신뢰도의 평가를 위해, 이것들 모두가 전체 코딩에 대해 동일한 코딩의 수를 나타내려고 시도하는, 다양한 측정과 지표가 개발되었다(추가적인 논의를 위해서 Herkner 1974: 177f.; Lisch & Kriz 1978: 88ff.; Merten 1983: 320ff. 참조). 헤크너(1974: 178)는 예를 들어, 신뢰도 지수 π를 추천하는데, 이것은 다음과 같이 계산된다.

여기서

$$(1) \quad \pi = \frac{P - P_e}{1 - P_e}$$

$$(2) \quad P_e = \sum_{l=1}^{k} P_{il}P_{jl}$$

여기서 Pe는 P가 경험적으로 확립된 일치이고, 1이 P의 최대값일 경우에 기반해 기대될 수 있는 일치의 정도를 나타낸다. π는 그러므로 확률 값(chance value)에 대한 코더 간 실제 일치의 우위(superiority)와, 최대 가능한 우위 사이의 비율로서 계산된다. 순전히 우연한 일치(chance agreement) Pe의 측정은 (2)에서 다음과 같이 계산된다. 범주 1로 코더 i가 판단할 상대적 비율 P_{i1}에, 범주 1로 코더 j가 판단할 상대적 비율 P_{j1}을 곱한다. 이러한 확률들은 모든 가능한 판단 k까지 최종적으로 더해진다.

이러한 지수는 우연한 일치를 측정하기에 적합한 형태의 범주들에 판단을 경험적으로 할당하는 것을 고려한다. 그러므로 경험적으로 발견된 일치와 최대 가능한 일치를 비교하는 것뿐 아니라, 이 둘 모두에서 정확히 이러한 '우연한 일치'의 가능성을 빼는 것이 가능해진다.

크리펜도프(Krippendorff 1980: 158)는 내용 분석을 위한 다음의 구체적 질적 기준을 정식화했다.

1. 타당도:
   (a) 자료지향-의미(semantic) 타당도, 표본 타당도
   (b) 결과지향-상관 타당도, 예측 타당도
   (c) 과정지향-구성(construct) 타당도
2. 신뢰도:
   (a) 안정성(stability)
   (b) 반복 가능성(replicability)
   (c) 정확성

의미 타당도는 자료의 의미의 재구성과 관련 있고, 범주 정의, 핵심 사례, 코더 규칙의 타당성으로 표현된다. 표본 타당도는 정확한 표집을 위한 통상적 기준을 말한다. 상관 타당도는 특정한 외적 기준(예를 들어, 다른 방법들의 결과)과의 상관관계를 말한다. 구성 타당도는, 예를 들어, 유사한 개념(constructs), 확립된 모델과 이론, 대표적 해석을 사용한 이전의 성과와 관련 있다. 안정성은 동일한 텍스트에 분석 도구를 다시 적용했을 때 동일한 결과가 얻어지는지를 나타낸다. 반복 가능성은, 예를 들어, 다른 코더 같은 다른 상황 아래 분석이 동일한 결과를 얻는 정도이다. 마지막으로, 정확성은 안정성과 반복 가능성을 가정하며, 분석이 특정한 기능적 기준을 충족시키는 정도를 의미한다(Mayring 1988: 96ff.).

크리펜도프(1980)는 신뢰도의 결여로 이어질 수 있는 네 가지 가능한 오류의 원천을 제안한다. (a) 평가 단위의 특징—코딩에 관해 일부 불일치가 존재하는 문제위치가 다른 자료와 체계적으로 다른가? (b) 개별 범주들의 속성—불일치 사례가 특정 범주에서 특히 흔한가? 이러한 범주들이 불분명한 정의를 갖는가? (c) 범주들의 구별—범주들 사이의 차이가 너무 미세한가? (d) 코더의 속성—신뢰도의 결여가 (a)에서 (c) 때문이 아니라면, 문제는 대개 코더에 있으며, 아마도 더욱 세심한 선택, 더욱 철저한 훈련, 더 짧은 작업 기간 등에 의해 해결될 수 있다.

5.6. 전제 조건과 적용 분야

내용 분석은 의사소통 내용이 가장 중요할 때, 범주들의 조작도식이 사전에 만들어질 수 있을 때, 또는 분석이 단지 텍스트의 어휘 목록(lexicon)을 다룰 때 항상 사용된다. 고전적 절차가 적용되어야 한다면 상당히 정확하게 정식화된 연구 질문과, 이상적으로는, 하나의 가설의 형태로 압축될 수 있는 일련의 관심 변수들이 존재해야 한다. 표준화된 범주 도식과, 그렇게 함으로써 또한 연구 목표를 제공하는 그러한 절차는 예외이다. 자신을 단순한 단어 수 계산에 한정하는 형태를 제외하고, 내용 분석은 양적 형태와 질적 형태 모두에서 미리 결정되어야 하는 범주 도식에 기반한다.

그다음에 전사(transcription) 요건은 연구 중인 변수들에 의해 좌우된다. 그러나 내용 분석은 비언어적 현상이나 준언어적 현상을 연구하지 않는 경향이 존재한다. 코더 간 신뢰도가 텍스트 분석 결과의 중요한 질적 기준이기 때문에, 범주 형성 과정에서 적어도 두 명의 독립적인 코더가 텍스트의 코딩에 참여하는 것이 권고된다.

맥락 정보가 어느 정도로 필요한지는 연구 전략에 의해 좌우된다. 베렐슨(1952)의 고전적 방법론에서는 단지 명시적인 텍스트 내용이 관심사이다. 범주 도식의 기반으로서 홀스티(1968: 645)에 의해 정식화된 질문들은 실로 맥락과 결부되지만, 단지 텍스트 내용으로부터 대답되어야 한다. 그러나 연구자에 대한 맥락 지식의 영향을 피하는 것은 어렵다. 텍스트 사례들이 코딩 과정에서 필수적 도움을 제공한다는 점에서 코텍스트는 하나의 역할을 한다. 마이링(Mayring 1988)의 설명(explicatory) 절차에서 코텍스트(cotext)[4]와 맥락(context) 모두의 분석은 명시적으로 포함된다.

많은 양의 텍스트의 처리를 위해, 컴퓨터 프로그램이 이용 가능하다. 분석단위에 따라 다양한 프로그램들이 사용될 수 있다—단어 수 계산과 지표의 계산(예를 들어, Textpack), 텍스트 검색기(예를 들어 Wordcruncher), 텍스트베이스 관리자(예를 들어, MAX), 코딩과 검색 프로그램(예를 들어, WinMax, AQUAD)(Weitzman & Miles 1995 참조).

텍스트 분석 절차를 사용하는 일련의 다양한 학문분과들은 사회과학의 전체 분야와 인문학의 중요 분야를 아우른다. 이미 1974(163ff.)년에, 헤크너(Herkner)는 심리학, 정신의학, 사회심리학, 사회학, 커뮤니

---

4) (옮긴이) 텍스트 내적 언어 맥락.

케이션 연구, 민족학(ethnology), 문학 연구에서의 적용 사례들을 제공했다. 언어학적 내용 분석의 사례는 보닥(Wodak 1981, 1984)과 보닥과 슐츠(Wodak and Schulz 1986)에서 발견된다.

5.7. 다른 방법들과 비교한 유사점과 차이점

문화기술지적 방법과 근거이론 방법은 또한 분석 틀로 기능하는 범주들로 작업한다. 그러나 이들과 달리, 내용 분석의 범주 형성 과정은 범주들이 미리 설정되고 조작화되어야 한다는 것을 요구한다. 코딩 과정 동안 범주 도식의 변경은 단지 예외적인 경우에만 허용된다. 문화기술지적 방법—그리고 특히 근거이론—은 대조적으로 텍스트 자료에 기반한 범주들(개념과 지표들)의 귀납적인 개발을 가정한다. 더욱이, 이러한 절차는 보통 정량화를 생략하고, 따라서 개별 범주들의 의미는 결코 이러한 범주들의 코딩 빈도에 의해 조작화되지 않는다.

게다가, SYMLOG와, 또한 내러티브 기호학은 의미론-화용론적 내용 분석으로 분류될 수 있다. 이러한 절차들은 구체적인 연구 질문과, 이것으로부터 도출된 범주 도식을 사전에 제공한다. 그리고 만약 우리가 내용 분석의 광의의 정의로 돌아간다면, 심지어 비판적 담론 분석의 절차들도 다차원, 다단계 내용 분석으로 간주될 수 있다. 어쨌든, 내용 분석의 기법은 비판적 담론 분석의 분석 틀 내에서 사용될 수 있다.

민속방법론적 방법(MCD, 대화 분석)은 그것이 자료의 범주화를 완전히 생략하기 때문에 내용 분석과 뚜렷이 구분된다. 내용 분석과 기능화용론 사이의 차이와, 객관적 해석학과 DTA 사이의 차이는 모두 유사한 기반을 갖는다.

5.8. 문헌

내용 분석 같이 잘 확립된 방법에서 주요문헌의 선택은 특히 어려운데, 이것은 몇 십 년 동안 소모적으로 논의되었다. 여기에서 우리는 방법의 발전에서 몇 가지 '이정표'가 되는 저작을 제시하려고 한다.

• Bales, Robert F. (1950). *Interaction Process Analysis*. Cambridge: Addison-Wesley.

베일스(Bales)는 여기에서 광범위한 목표를 가진 의미론-화용론적 내용 분석의 분명한 사례를 발전시킨다. IPA는 집단사회학(group sociology)의 선도적 주창자들 중 하나로서 베일스의 명성에 토대를 놓았으며, SYMLOG(Bales & Cohen 1979와 10장 참조)에서 추가적인 발전을 목격했다.

• Berelson, Bernhard (1952). *Content Analysis in Communication Research*. New York: Hafner.

베렐슨(1952)의 저작은 내용 분석에 배타적으로 전념한 첫 번째 포괄적인 개론서이며, 이 방법의 발전에서 하나의 중요한 이정표를 이룬다.

• Holsti, Ole R. (1969). *Content Analysis for the Social Science and Humanities*. Reading. MS: Addison-Wesley.

베렐슨(1952)이 성취한 것은 또한 홀스티에게도 적용될 수 있다. 아넨버그 컨퍼런스를 따라, 1970년대 초의 내용 분석의 최신 기술이 여기에 요약되어 있다.

• Kracauer, Siegfried (1952). "The Challenge of Qualitative Content Analysis". *Public Opinion Quarterly* 16. 631~642.

크라카우어-베렐슨의 논쟁은 내용 분석의 역사적 발전에서 하나의 이정표이다. 도화선은 지크프리트 크라카우어(Siegfried Kracauer)에 의한 이 짧은 논문이었는데, 여기에서 그는 내용 분석의 순전한 계산과 측정 지향에 몇 가지 중요한 반대를 제시한다.

• Krippendorff, Klaus (1969). "Models of Messages: Three Prototypes". in George Gerbner, Ole Holsti, Klaus Krippendorff, William J. Paisley & Philip J. Stone (eds.). *The Analysis of Communication Content. Development in Scientific Theories and Computer Techniques*. New York: Wiley. 69~106.

아넨버그 컨퍼런스의 결과를 요약한 이 모음집의 그의 논문(contribution)에서 크리펜도프(Krippendorff)는 내용 분석의 커뮤니케이션 모델에 관해 근본적인 질문들을 하고, 정보처리의 선택성을 밝힌다.

• Krippendorff, Klaus (1980). *Content Analysis. An Introduction to its Methodology*. Beverly Hills, CA: Sage.

크리펜도프(1980)는 방법에 대한 첫 총괄적 설명들 가운데 하나를 제공하는데, 여기에서 내용 분석의 질적 기준에 대한 그의 논의가 특히 중요하다.

• Lasswell, Harold D. (1941). *Describing the Contents of Communication. Experimental Division for the Study of Wartime Communication*. Doc. No. 9. Washington, DC: Library of Congress.
• Lasswell, Harold D. (1946). "Describing the Contents of Communication".

in Bruce L. Smith, Harold D. Lasswell and Ralph D. Casey (eds.). *Propaganda, Communication and Public Opinion*. Princeton, NJ: Princeton University Press. 74~94.

해롤드 D. 라스웰의 이 논문(1941년 처음 출간, 1946년에 일부 수정되어 재판)은 내용 분석의 개척자들의 목표에 대한 훌륭한 통찰을 제공한다.

• Lazarsfeld, Paul, Berelson, Bernhard & Gauder, Hazel (1955). *The People's Choice. How the Voter Makes up his Mind in a Presidential Campaign*. 2nd (edn.). New York: Columbia University Press.

'2단계 흐름(two-step-flow)' 커뮤니케이션 모델을 또한 정식화한, 선거행동에 대한 이 핵심 연구는 내용 분석을 적용한 첫 모범 사례들 가운데 하나를 포함한다.

• McClelland, David C., Atkinson, John W., Clark, Russell A. & Lowell, Edgar L. (1953). *The Achievement Motive*. New York: Appleton Century Crofts.

맥클레랜드와 그의 공동 연구자들은 성취동기에 대한 하나의 이론을 개발하고, 동기 연구에서 사용되는 내용 분석의 범주 도식을 설계했다.

• Osgood, Charles E. (1959). "The Representational Model and Relevant Research Methods". in Ithiel de Sola Pool (ed.). *Trends in Content Analysis*. Urbana, IL: University of Illinois Press. 33~88.
• Osgood, Charles E., Saporta, Sol & Nunnally, Jum (1954). *Evaluation Assertive Analysis*. Chicago, IL: University of Chicago Press.

'평가 주장 분석(evaluation assertive analysis)'이라는 구상에서 오스굿과 그의 팀은, 앨러튼 하우스 컨퍼런스를 따라, 다양한 연구 질문에 매우 유익한 것으로 증명된, 내용 분석의 범주 도식을 제시한다.

- Schramm, Wilbur (1954). *The Process and Effects of Mass Communication*. Urbana, IL: University of Illinois Press.

슈람(Schramm)의 저작은 고전적 내용 분석에서 광범위하게 수용되는 커뮤니케이션 이론의 기반을 제시한다. 슈람은 여기에서 섀넌과 위버(Shannon & Weaver 1949)의 매스커뮤니케이션 영역에 대한 기술 정보 모델을 재정식화한다.

- Shannon, Claude E. & Weaver, Warren (1949). *The Mathematical Theory of Communication*. Urbana, IL: University of Illinois Press.

5.9. 2차 문헌

5.9.1. 매뉴얼

내용 분석이 거의 모든 방법 매뉴얼에 포함되어 있지만, 인정하건대 그것은 보다 최근의 판에서 그것의 특별한 위치를 잃고 있다. 예를 들어, 『사회심리학 핸드북(Handbook of Social Psychology)』(Lindzey & Aronson 1985)의 가장 최신판에는 내용 분석이 빠져 있다. 이 대신에 저자들은 또한 (발화 행위분석과 대화 분석 같은) 언어학적 이론과 방법들을 개괄하는, 클라크(Clark 1985)에 의한 보다 일반적인 설명, 즉 「언어 사용과 언어 사용자들(Language Use and Language Users)」을 포함시켰다. 심지어 내용 분석의 2차 출판의 전성기—1970년대와 1980년대 초

—를 미루어 볼 때 이 방법의 생애 주기가 그 정점을 지났으며, 이제 다른 국면이 시작됐다는 것을 알 수 있다.

• Herkner, Werner (1974). "Inhaltsanalyse". in Jürgen von Koolwijk & Maria Wieken-Mayser (eds.). *Techniken der empirischen Sozialforschung*. Vol. 3. München: Oldenbourg. 158~191.

이 매뉴얼의 헤크너의 논문은 내용 분석 연구의 주안점, 이론적 토대, 사용되는 절차에 대한 하나의 포괄적인 개관을 제공한다.

• Holsti, Ole R. (1968). "Content Analysis". in Gardner Lindzey & Elliot Aronson (eds.). *The Handbook of Social Psychology*. 2nd (edn.). Vol. 2: *Research Methods*. Reading: Addison-Wesley. 596~692.

홀스티는 그의 방법론적 저작(1969)의 거의 요약으로서, 내용 분석에서 사용되는 필수적 질문과 절차에 대한 하나의 개관을 제공한다.

• Mayring, Philip (1991). "Qualitative Inhaltsanalyse". in Uwe Flick, Ernst von Kardorff, Heiner Keupp, Lutz von Rosenstiel and Stefan Wolff (eds.). *Handbuch Qualitative Sozialforschung*. München: Psychologie-Verlags-Union. 209~213.

그의 '질적 내용 분석'을 간략히 개괄한 필립 마이링(Philip Mayring)의 논문은 질적 사회연구에 대한 이 독일어 매뉴얼에 포함되어 있다.

• Silbermann, Alphons (1974). "Systematische Inhaltsanalyse". in René König (ed.). *Handbuch der empirischen Sozialforschung*. Vol. 4: Komplexe Forschungsansätze, Stuttgart: Enke. 253~339.

알폰스 질버만(Alphons Silbermann)의 논문은 이 방법의 역사적 발전에 대한 그것의 빈틈없는 설명 때문에 특히 인상적이다. 적용 분야로서, 질버만은 문화적, 사회적 사고체계에 대한 분석, 문학 분석, 정형(stereotypes)과 상징적 재현에 대한 분석, 전쟁과 정치 분야에서 내용 분석의 사용을 기술한다. 매스커뮤니케이션에서의 내용 분석에 대한 개관 뒤에는 이 방법의 추가적인 발전에 관한 섹션과, 기법에 대한 간략한 설명이 이어진다.

5.9.2. 다른 방법 설명

• Lamneck, Siegfried (1989). *Qualitative Sozialforschung*. Vol. 2: Methoden und Techniken. München: Psychologie-Verlags-Union. 202~213.

람넥(Lamnek)은 마이링(Mayring 1988)의 질적 내용 분석에 대한 간략한 설명을 제공하고, 진정한 질적 방법으로써 이것을 객관적 해석학과 대조한다.

• Lisch, Ralf & Kriz, Jürgen (1978). *Grundlagen und Modelle der Inhaltsanalyse*. Reinbek: Rowohlt.

랄프 리슈(Ralf Lisch)와 위르겐 크리츠(Jürgen Kriz)는 그 안에서 그들이 타당도와 신뢰도의 문제와 함께 표집과 범주화의 문제와 방법론적 토대에 집중하는, 최신의 설명과 비판을 시도한다. 추가적인 섹션들은 내용 분석 및 계산과, 방향과 강도의 측정과, 경향, 연관 구조, 가독성 연구의 통계적 분석을 다룬다.

• Mayring, Philip (1988). *Qualitative Inhaltsanalyse. Grundlagen und Techniken*. Weinhein: Deutscher Studienverlag.

이 저작에서 마이링은 그의 질적 내용 분석의 일반적 개념에 대한 가장 명료한 설명을 제공한다. (그가 '목표'라고 부른) 질적 내용 분석의 '기법'이 중심적이다—요약, 설명, 구조화.

• Merten, Klaus (1983). *Inhaltsanalyse. Einführung in Theorie, Methode und Praxis*. Opladen: Westdeutscher Verlag.

클라우스 메튼(Klaus Merten)은 이 책에서 아마도 내용 분석에 대한 가장 완전하고 상세한 독일어 설명을 제공하는 데 성공한다. 다른 방법 설명에서 다룬 문제들에 더해(역사와 발전, 이론적 원칙, 추론의 문제), 이 책은 매우 다양한 절차들의 유형에 의해, 그리고 커뮤니케이션 이론의 기반을 갱신하고, 보다 최근의 특정한 사회과학적 접근들(니클라스 루만(Niklas Luhmann))을 통합하려는 시도에 의해 특징지어진다.

• Ritsert, Jürgen (1972). *Inhaltsanalyse und Ideologiekritik. Ein Versuch über Kritische Sozialforschung*. Frankfurt: Athenäum.

위르겐 리처트(Jürgen Ritsert)는 프랑크푸르트학파의 비판이론에 기반한 이데올로기 비판 연구 프로그램에서 내용 분석의 위치 값(place value)의 문제를 다룬다.

• Weber, Robert Philip (1990). *Basic Content Analysis*. 2nd (edn.). Newbury Park, CA: Sage(Quantitative Application in Social Sciences Series).

웨버(Weber)는 정교한 컴퓨터 지원 내용 분석의 단순 코딩 도식 형성의 문제를 다룬다. 그는 정선된 많은 텍스트들로 그의 주장을 입증한다—미국 정당의 강령, 미국 신문들의 한국전쟁 관련 사설. 각 장의 끝에, 그는 최신문헌에 대한 유용한 논의를 제공한다. 그는 측정, 지표, 대표, 해석에서 해결되지 않은 문제들에 대한 민감한 논의로 끝마친다.

- Wersig, Gernot (1968). *Inhaltsanalyse. Einführung in ihre Systematik und Literatur. Schriftenreihe zur Publizistikwissenschaft* Vol. 5. Berlin: Volker Spiess.

게노트 베어지히(Gernot Wersig)의 출판물은 내용 분석 연구에 대한 포괄적이고 체계적인 서지학적 개관 때문에 주목할 만하다.

5.9.3. 연구 사례

1968년에 게노트 베어지히는 이미 내용 분석에 관한 1,400편의 출판물을 목록화할 수 있었다. 연구자가 커뮤니케이션 이론이나 방법론에 초점을 둔 논문들을 제외한다 해도, 여전히 천편 이상의 내용 분석 적용 사례들이 남는다. 적어도 우리는 그것이 매스커뮤니케이션 연구 방법이라고 주장할 수 있다. 그러므로 개별 연구들을 특히 모범 사례로서 강조하는 것은 더욱 어렵다. 더욱이, 이러한 과제는 내용 분석 절차의 복잡성에 의해 훨씬 더 어려워진다. 유일하게 남은 가능성은 이미 논의된 몇 가지 고전적 연구들을 다시 언급하는 것이다(예를 들어 Lazarsfeld et al. 1955; Osgood et al. 1954).

'고전적' 내용 분석의 교육 지향의 적용 사례들은 메튼(Merten 1983: 312~328)에서 찾을 수 있는 반면, 질적 내용 분석의 사례들은 마이링(Mayring 1988)에 주어진다.

제6장 근거이론

우리 자신의 계량서지학적 결과(15장 참조)와 다른 결과들(Coffey et al. 1996; Lee & Fielding 1996)은 근거이론이 자료분석에 대한 소위 '질적' 접근들 중에서 가장 현저하다는 사실을 보여 준다. 이것은 반드시 안 셀름 스트라우스(Anselm Strauss)와 바니 글레이저(Barney Glaser)에 의해 개발된 방법론들이 많이 사용된다는 것을 의미하지는 않는다. "질적 연구자들이 그들의 접근을 기술하도록 요구될 때, '근거이론'을 언급 하는 것이 가장 높은 인지도를 갖는다"(Lee & Fielding 1996: 3.1).

6.1. 이론적 기원

근거이론(grounded theory, 이후 GT)의 뿌리 중 하나는 미국의 프래그머 티즘(pragmatism)이며, 특히 "행위와 문제 상황에 대한 그것의 강조들 과, 문제해결의 맥락에서 방법을 구상할 필요성을 포함한"(Strauss 1987: 5) 존 듀이의 작업이다. 진리는 그러므로 '프래그머티즘적' 개념 이다. 유용성, 가치, 성공이 그 기준이다. 실제로 작동하는 것이 참이 다. 추가적인 근원으로서, 스트라우스는 자료 수집 방법으로써 현장 관찰과 심층인터뷰를 매우 중요시하고, 연구 대상으로서 사회적 상호작용과 과정을 매우 중요시하는 시카고학파를 가리킨다. "게다가, 시카고학파는 그 시작부터 상호작용, 과정, 사회변화를 이해하는 데 행위자의 관점을 파악할 필요성을 강조했다"(Strauss 1987: 6).

시카고의 한 학생으로서, 안셀름 스트라우스는―GT의 창시자인 바니 글레이저와 함께―'상징적 상호작용론'이란 용어를 만든 허버트 블루머(Herbert Blumer)를 알게 되었다. 그러나 스트라우스는 자신에게 상징적 상호작용론자라는 딱지를 붙이도록 하는 것을 거부했다. 반면에, 바니 글레이저는 폴 라자스펠드(Paul Lazarsfeld)와 함께 연구했고, 그렇게 함으로써 GT에 자신의 경험들과, 표준화된 방법과 다변량분석에 대한 그의 불만을 가져왔다. GT의 배경에 대한 더 나은 이해를 위해서, 스트라우스는 듀이(Dewey 1937)와 휴즈(Hughes 1993)의 저작들을 추천한다.

6.2. 기본적인 이론적 가정

GT는 상징적 상호작용론과, 의사소통과 상호작용에 관한 몇 가지 기본 가정들을 공유한다. 듀이처럼 시카고에서 가르친 조지 H. 미드(George H. Mead 1938a, 1938b)는 이미 상호작용 과정의 주관적이고, 언어와 관련된 요소들에 사회학이론의 주의를 끌게 했다. 이런 식으로, 행위자는 그들이 그것에 부여한 의미들에 기반해 사회적 대상에 반응한다. 이러한 의미들은 상호작용 가운데 발생하고, 상호작용 과정 동안 발전하고 영속적으로 변경된다. 그러나 그것은 '객관화'되고, 인간의 행동을 위한 조건의 틀이나 틀들이 된다. 언어와 의사소통은 물론 GT의 명시적인 주제가 아니지만, 상호작용이 주로 언어적 의사소통과 관련해 연구되는 많은 징후들이 존재한다.

GT의 절차가 비텍스트 자료에 동일하게 적용될 수 있음에도 불구하고, 자료물로서 인터뷰의 전사(transcripts), 관찰자의 기록, 책, 신문기사 등의 형태의 텍스트에 큰 중요성이 부여된다(Strauss 1987: 26f.; Strauss & Corbin 1990: 46 참조). 그러므로 GT의 가장 현저한 적용은 아마도 텍스트 분석이다. 그러나 연구자는 GT의 분석 틀 내에서 텍스트 이론과, 텍스트란 용어에 대한 어떠한 보다 명시적인 이해를 찾지 못했을 것이다.

GT는 그 경계를 분명히 정할 수 있는 방법은 아니지만, 그것의 연구 전략이 다음과 같이 개괄될 수 있는 사회과학 방법론의 한 학파이다.

- 연구의 독립적 단위로서 개별 사례: 하나의 역사를 갖는 자율적인 행위 단위들이 특정한 이론적 목적과 함께 그 자신의 논리에 따라 재구성되어야 한다—즉, 특정한 사례의 상황을 설명할 수 있는 하나의 사례에 기반해 개념들이 형성되어야 한다.
- '기술론(Kunstlehre)'[1]으로서 사회학적 해석: 이론 생성의 과정은 기술활동(artistic activity)과 유사한데, 여기에서 두 개의 상충하는 접근들—하나는 공평한 관점, 다른 하나는 실재의 과학적 처리—이 통합되어야 한다.
- 일상적 사고와 과학적 사고의 연속성: 일상적 지식은 과학적 지식과 구조적으로 다르지 않다. 그것은 과학적 과정에 없어서는 안 될 재료이고, 그것에 유용하게 사용되어야 한다.
- 사회과학 용어의 개방성: GT는 이론의 여지가 없는 이론들을 내놓지 않는다. 용어, 개념, 범주, 그것이 세운 가설은 실재의 과학적 디코딩(decoding)에 대한 그것의 적합성을 반복해서 증명해야 한다.

---

1) (옮긴이) 슐라이어마허의 이해의 기술론(a doctrine of art)으로서 해석학 개념.

6.3. 방법의 목표

GT를 사용한 텍스트 분석은 항상 자료에 기반한 가정들을 개념화하려고 한다. 초점은 가설의 탐구와 생성에 있고, 가설의 검증은 덜 주목받는다.

- 근거이론은 보통 현장기록, 인터뷰, 또는 다른 문서의 문장단위나 구(phrase)단위로 체계적이고 철저하게 분석된 자료에 상세하게 근거한다. 지속적인 비교에 의해, 자료는 광범위하게 수집되고, 코딩되며 (…중략…) 따라서 잘 구성된 이론을 만든다. 분석의 초점은 단지 자료들을 수집하고 정리하는 데 있지 않고, 자료의 분석으로부터 발생한 많은 아이디어들을 조직화하는 것에 있다. (Strauss 1987: 22; Glaser 1978 참조)
- 근거이론은 그것이 나타내는 현상에 대한 연구로부터 귀납적으로 도출된 이론이다. 즉, 그것은 그 현상에 관계된 체계적인 자료 수집과 자료분석을 통해 발견되고, 개발되고, 잠정적으로 입증된다. 그러므로 자료의 수집, 분석, 이론은 서로 상호관계에 있다. 연구자는 하나의 이론으로 시작한 다음 그것을 입증하지 않는다. 오히려, 연구자는 하나의 연구 영역으로 시작해, 그 영역에 관련된 것이 드러나도록 한다. (Strauss & Corbin 1990: 23)

6.4. 방법의 개관

GT의 개관은 스트라우스(Strauss 1987)와, 스트라우스와 코빈(Strauss & Corbin 1990)에 의한 두 권의 책에 의존한다. 이것들에 의하면, GT는 연구 설계, 실행, 분석을 통합하는 하나의 연구 프로그램이다. 다음의 설명의 주요 초점은 물론 텍스트 분석에서 그것의 적용에 있다. 이를 위해, GT는 다시 텍스트 자료에 기반한 개념이나 범주의 개발에 초점을 둔다. 그럼에도 불구하고 우리는 GT의 규칙과 핵심절차에 대한 간략한 개관을 제공하려고 해야 한다(예를 들어, Strauss 1987: 23 참조).

6.4.1. 자료 수집

GT의 적용은 자료 수집에 대한 어떠한 특수한 방법도 필요로 하지 않는다. 관찰과 인터뷰가 자주 언급되지만(Strauss 1987: 26; Strauss & Corbin 1990: 30f. 참조), 자료는 또한 다른 방식으로 수집될 수 있다(예를 들어 문서로부터). 어떤 경우든, GT의 기준 내에서, 자료 수집은 분석이 시작되기 전에 완료되어야 하는 특정한 단계로 간주되지 않는다. 그것은 첫 번째 수집 실행 뒤에 첫 번째 분석을 실행하고, 특정한 개념들을 발견하고, 개념들을 범주들로 확대하고, 이러한 결과에 기반해 추가적인 자료를 수집하는 것의 문제이다(**이론적 표집**(theoretical sampling)). 이러한 절차 양식에서, 코딩과 메모 기록(이론의 개발과 관련된 글로 쓰인 분석보고서의 준비, Strauss & Corbin 1990, 197f. 참조) 과정을 통해 새로운 자료가 수집되거나 처음의 자료가 재검토된다면 처리될 수밖에 없는 새로운 문제들이 항상 발생하기 때문에, 자료 수집은 결코 완전히 배제되지 않는다(Strauss 1987: 56).

6.4.2. 개념과 지표

GT는 그것의 의해 경험적 지표들(empirical indicators)이 개념에 따라 코딩되는 개념-지표 모델에 기반한다(Strauss 1987: 25). 개념은 개별 사건들(지표)에 붙여지는 명칭 또는 라벨이다(Strauss & Corbin 1990: 61 참조). 이점에서 그것은 (예를 들어, 고전적 내용 분석에서처럼) 이론적 개념의 선험적(a priori) 조작화가 아니라, 자료에서 잠정적 개념의 지표를 찾는 것의 문제이다. 스트라우스(Strauss 1987: 14ff.)는 한 병원의 입원 환자 치료에 대한 연구 사례를 제공하는데, 여기서 '의료 기구에 대한 의존성'이란 개념이 중요한 것으로 확인된다. 연구자는 많은 지표들 (행동 양식, 사건)을 연구하고—그리고 다른 것과 비교하고—그다음에 그것들을 한 종류의 사건들에 대한 지표들로서 '코딩'하고 분류한다.

개념들에 있어 그것은 주로, 잠정적인 연구 질문으로 전환되는 소위 **감응적 개념**(sensitizing concepts)[2]이나 핵심 아이디어의 문제이다. 다음 단계는 관련 있는 대상의 분야를 다루기 위해 연구자의 예비 이해를 정교화 시키는 것이다. 이를 위해 '브레인스토밍' 절차, 연구자들 사이의 그룹토론, 적절한 문헌연구가 추천된다.

이제 코딩 과정에 대한 자극으로 간주되는 (이론적) 개념 틀이 주어진다. 글레이저(Glaser 1978)가 **코딩 군**(coding families)이라고 부른 이러한 종류의 개념 틀은 다음을 포함할 수 있다.

- c군(c-families)-원인(causes), 결과(consequences), 상관(correlations), 제약(constraints)
- 과정군-단계(stages), 국면(phases), 기간(durations), 경과(passages), 시퀀스(sequences), 경력(careers)
- 정도군-정도(measure), 정도(degree), 강도, 수준, 경계 값, 임계 값
- 유형군-유형(types), 종류(classes), 장르, 범주(classifications)
- 전략군-전략, 전술, 기술, 메커니즘, 관리
- 상호작용군-관계, 상호작용, 대칭, 의례
- 동일성군-동일성, 자아 이미지(self-image), 동일성의 변화, 타자 이미지 (alien images)
- 문화군-규범, 가치, 사회적으로 공유된 태도

---

2) (옮긴이) 이것은 상징적 상호작용론의 창시자 허버트 블루머의 방법론 저작에서 사용된 개념으로, 그가 규정적(definitive) 개념이라고 부른 것과 대조되는 감응적(sensitizing) 개념은 일련의 현상을 확인하기 위한 고정된, 특수한 절차를 사용하는 것과 관련 있는 것이 아니라, 대신에 경험적 사례에 접근하는 데 있어 일반적 의미의 레퍼런스와 가이드를 제공한다. 따라서 규정적 개념이 무엇을 확인할 것인가에 대한 규정을 제공하는 반면, 감응적 개념은 단지 관찰할 방향만을 시사한다.

- 합의(consensus)군-계약, 합의(agreement), 상황 정의, 순응(conformity), 동질성
- 주요 경로(mainline)군-사회적 통제, 합의(agreement), 사회화, 조직, 제도

그러므로 이것은 가장 다양한 연구 분야와 문제유형에 적절할 수 있는 집합적이고 추상적인 개념들(원인, 결과, 국면 등)에 대한 하나의 요약이다. 이러한 코딩 군에 기반해―그리고 어떠한 구체적인 사례에는 단지 몇 가지만 적절하고 관련 있을 것이다―지표들에 대한 지속적인 참고와 함께 감응적 개념으로부터 그다음에 이론적 개념 틀이 개발될 것이다. 이러한 과정 동안 다양한 지표들이 연구되고 서로 비교되며, 유사점과 차이점이 고려된다. 이러한 지표들의 분석에 기반해, 개념은 마침내 명시화된다―근거이론에 핵심적인 절차. 여기에서 이론적 개념은 차원화되는데, 즉 개념들의 어떤 차이―또는 변별적 특징―가 밝혀진다. "지표들을 바꾸는 것, 그렇게 함으로써 하나의 코드의 새로운 속성들을 생성하는 것은 분석자가 **지표들의 호환성**(interchangeability of indicators)을 통해 개념의 포화를 발견할 때까지만 진행될 것이다"(Strauss 1987: 26). 하나의 개념에 대해 동등한 중요성을 갖는 지표들이 더 많을수록, 이론의 출현을 위한 그 개념의 속성의 포화도가 더 높다.

6.4.3. 코딩 절차

코딩 절차는 의심할 여지없이 GT에 핵심적이며, 이점에서 그것은 자신을 고전적 내용 분석과 분명하게 구별한다. 텍스트와 맥락적 지식에 기반해, 개념이 개발되고, 범주화되고, 차원화된다. 동시에 그것은 지표(텍스트 사례들)에 의해 풍부해진다. 코딩을 위한 기반은 첫 발견적 단서들로 간주되는, 위에서 언급한 코딩 군에 의해 주어진다. 스트라우스는 모든 코딩 절차가 명심해야 하는, 그의 '코딩 패러다임'(Strauss 1987: 27)의 주요 구성 요소로서 이러한 **코딩 군**의 한 부분(섹션 6.4.2

참조)을 지정한다 —결과와 함께, 조건, 상호작용, 전략, 전술.

관련된 텍스트 단위들을 사용한, 개념들의 영속적인 비교에 의해, 그것은 성공적으로 **범주화**되고(즉, 서로 연관되고 정리되며 예를 들어, 하나의 위계에 놓이게 되고), **차원화**(dimensionalized), 즉 차원들로 분해되는 반면, 변수들은 다양한 스칼라(scalar) 수준에서 확립된다.

코딩 과정 동안 연구자는 귀납적 사고와 연역적 사고 사이에서 영속적으로 전환하며(Strauss 1987: 11ff.), 개념과 가설을 세우는 것과 검증하는 것 사이의 지속적인 교대가 GT의 본질적 특징들 중 하나이다. 이러한 목적으로 GT는 몇 가지 코딩 절차를 제안하는데(Strauss & Corbin 1990: 57ff.), 이에 관해선 아래를 보라.

6.4.3.1. 개방 코딩(Open coding)

GT는 개방 코딩을 자료를 분해하고, 검토하고, 비교하고, 개념화하고, 범주화하는 과정으로서 이해한다(Strauss & Corbin 1990: 62). 이것은 텍스트 해석절차의 첫 번째 단계이다. 그러므로 목표는 자료와, 연구자의 맥락 지식 모두에 기반한 개념들을 개발하는 것이다(Strauss 1987: 28). 이러한 과정 동안 비교가 이루어져야 하고 질문들이 만들어져야 하는데(Strauss & Corbin 1990: 62), 이 동안 개방 코딩은 텍스트의 한 구절(passages)과, 구(phrases)에 대한 분석으로 시작한다(즉, 섬세한 분석 수준에서). 다음의 질문들이 코딩 과정의 초기 단계를 차지한다. (a) 텍스트에서 실제로 어떤 일이 일어났는가? (b) 텍스트의 구절이 어떤 범주를 나타내는가?

이것 뒤에 **인 비보**(*in vivo*) 코드들(텍스트 자체에서 인식할 수 있는 해석)[3]과 나이, 젠더, 사회적 신분 같은 전통적 범주들에 대한 탐색이 있을 것이다. 스트라우스는 중요한 범주들을 간과할 위험을 최소화하기 위해 개방 코딩은 미세한 정밀성으로 텍스트를 연구하고, 매우 정

---

3) (옮긴이) 텍스트로부터 직접 취해지는 코드.

확하게 분석해야 한다고 권고한다(Strauss 1987: 30). 동시에, 그는 가능한 분석단위에 대한 어떠한 권고도 피한다. 그러나 그는 '기초적인 줄단위 분석'을 보여 준다(Strauss 1987: 82ff.). 코딩 과정 동안, 이론 메모가 개념, 범주, 차원을 기록하기 위해 쓰여야 한다.

질문을 하는 것, 그리고 (체계적으로 뿐만 아니라 아마도 뜯어 맞추어 양극단의 상반되는 것을 사용한) 지속적인 비교 과정과 함께, 단어, 구, 문장에 대한 정밀한 분석, 이것들은 모두 '이론적 민감성'과 코딩 과정의 창조성을 증가시키는 것을 도울 것이다(Strauss & Corbin 1990: 75).

6.4.3.2. 축 코딩(Axial coding)

GT는 이 용어를 위에서 언급한 '코딩 패러다임'에 기반해 개념들 사이의 새로운 관계를 형성시키는 것에 의해 개방 코딩의 결과들을 재조합하는 절차를 나타내기 위해 사용한다(Strauss & Corbin 1990: 96ff.). 그러므로 그것은 이미 이용 가능한 개념들의 세련화와 분화를 돕는데, 이에 의해 이것들은 범주의 지위를 처음 획득한다. 그것은 그다음에 이러한 범주들의 '축'을 따라 작동한다. 개방 코딩 뒤에 하나의 특정한 개념이 조건, 전략, 또는 결과와 관련이 있을지는 보통 아직 불분명하다. 그러므로 하나하나의 개념은 그것의 지표들과 함께 다음과 같은 '코딩 패러다임'의 요점에 따라 분석되고 할당된다(Strauss 1987: 32; Strauss & Corbin 1990: 99ff.).

(a) 개념에 포함된 사건의 조건은 무엇인가?
(b) 행위자들 사이의 상호작용이 어떻게 기술될 수 있는가?
(c) 어떠한 전략과 전술이 결정될 수 있는가?
(d) 사건의 결과는 무엇인가?

개방 코딩으로 시작한 코딩 과정 동안, 축 코딩은 점점 두드러진다. 각각의 텍스트 위치들이 '축을 따라서' 추출되고 해석되거나, 몇 개의 텍스트 위치들이 서로 비교되어 해석된다. 이러한 경우에 이러한 절차는 개방 코딩과 유사하다—질문을 만들고(위 참조), 차원화하는 등 (Böhm 1994: 130).

축 코딩에서 범주의 속성들은 처음 정교화되는데, 이것은 범주가 명시적이거나 암묵적으로 차원화된다는 것을 의미한다. 그다음에, 조건, 상호작용, 전략, 결과에 관한 가정들이 명시화되고 검증되는데, 이것은 다른 범주들과의 관련성을 증가시킨다(Strauss 1987: 64). 범주들 간의 관련성은 네트워크를 재현해 기록되어야 하고, 연구자는 이러한 과정 동안 발생한 생각들을 가능한 많이 코딩 노트와 이론 메모의 형태로 포착해야 한다.

6.4.3.3. 선택 코딩(Selective coding)

GT는 이 용어를 핵심 범주를 선택하는 과정을 나타내기 위해 사용하는데, 이것은 이러한 핵심 범주를 다른 범주들에 체계적으로 연결시키고, 이러한 연결 과정을 입증시키며, 추가적인 세련화와 발전을 필요로 하는 다른 범주들을 보충하는 것이다. 핵심 범주는 그것을 중심으로 모든 다른 범주들이 통합되는 그러한 중심 현상이다(Strauss & Corbin 1990: 116). 이러한 마지막 단계의 출발점으로서, 코딩 목록, 메모, 네트워크 모델이 재검토되고 이론적으로 분류되어야 한다.

게다가, 스트라우스와 코빈(Strauss & Corbin 1990: 116)은 자료에 포함된 '이야기'를 묻는 것을 추천한다. 본질적 사건들이 다음 질문들에 대답함으로써 종합되어야 한다.

- 연구 분야의 가장 현저한 특징은 무엇인가?
- 내가 무엇을 주요문제로서 고려해야 되는가?
- 이야기의 중심 주제는 무엇인가?
- 어떤 현상이 자료에서 반복되어 재현되는가?

이러한 방식으로 추출된 중심 이야기가 핵심 범주 주위를 회전하며, 다른 범주들과 그것의 관계를 보여 준다. 가장 단순한 사례에서 핵심 범주는 이미 네트워크 모델로부터 인식될 수 있고, 이미 확인되는 반면에, 가장 복잡한 사례에서 그것은 관계의 네트워크에서 확립된 그것의 위치와, 그것의 속성들과 관련해 완전히 새롭게 확인되고 세련화된다. (잠정적) 결과는 텍스트 자료와 관련해 지속적으로 검토되어야 한다. 이런 식으로, 단계적으로, 근거이론이 출현할 것이다.

6.4.4. 근거이론의 추가적인 절차와 규칙

이론적 표집(Theoretical sampling)은 개발 중인 이론의 개념들에 기반해 표본 또는 텍스트와 텍스트의 부분을 선택하는 것을 의미한다. 이것은 텍스트의 지표들에 대한 원하는 탐색과 인식을 쉽게 하는 비교분석의 한 측면이다. 이것의 기반은 비교하는 동안 반복해서 출현하거나, 상당히 분명하게 부재하는 관련 개념들에 의해 주어진다. 이론적 표집은 모든 세 가지 코딩 절차 내에서 적용될 수 있다.

- 개방 코딩에서, 개방성에 의해, 그리고 보다 적게 특수성에 의해 특징지어지는 '개방 표집'
- 축 코딩에서, 차원적 수준에서 가장 극단적인 차이점을 찾을 목적으로 관계와 변이(variations)의 표집
- 선택 코딩에서, 중심 주제를 확인하고, 범주들 간의 관계를 최대화하고, 저개발된 범주들을 보충할 목적으로 '구별 표집' (Strauss & Corbin 1990: 176)

조건 매트릭스(conditional matrix)는 다양한 수준(예를 들어 사회적 응집 (social aggregation) 수준)에서 각각의 개념이나 범주들의 조건과 결과를 기록하기 위해 스트라우스와 코빈(1990: 158ff.)에 의해 제안된 하나의

도구이다. 보완을 위해, 스트라우스와 코빈(1990: 195ff.)은 특히 메모
(코딩 노트, 이론 노트)와, 범주들 간의 관계를 시각적으로 나타내기 위
한 도표(diagrams)를 추천한다.

6.4.5. 근거이론에 관한 논쟁

GT 연구 프로그램의 발전은 의견 차이에 둘러싸였다. 현재 바니 글레
이저(Barney Glaser 1978, 1992)와, 안셀름 스트라우스와 줄리엣 코빈
(Anselm Strauss and Juliet Corbin 1990)의 입장 사이에 몇 가지 근본적인
차이가 존재한다. 당시의 상당히 열띤 논의는 켈레(Kelle 1994: 333ff.)에
요약되어 있다.

- 스트라우스와 코빈이 '개방적' 질문을 가지고 연구 대상을 다룰 것을 주
장하는 반면, 글레이저는 연구자들이 그들의 현장에 연구 문제나 질문
없이 접근하는 것을 선호한다.
- 글레이저는 하나의 경험적 분야가 어떠한 과학 문헌과의 사전 접촉 없
이 다루어져야 한다고 요구한다. 모든 배경 지식은 해로운 것으로 보인
다. 반면에, 스트라우스와 코빈은 경험적 작업이 시작되기 전에 관련 문
헌에 대한 자세한 연구를 허용한다—심지어 추천한다.
- 스트라우스와 코빈에 의해 제안된 다단계 개방 코딩 절차는 글레이저에
의해 강하게 비판된다. 스트라우스와 코빈은 처음부터 모든 사건에 하나
의 코드를 할당하고, 그다음에 범주들과의 비교에 기반해 이러한 코드들
을 요약하는 것을 제안한다. 글레이저는 코딩이 일어나는 동안 비교 과
정이 진행되는 것을 찬성하는 입장이다. 그러나 그는 이를 위해 비교
차원이 가능해야 한다는 것을 인식하고 있다. 글레이저는 그의 '코딩 군'
을 유일한 비교 차원으로서 제안한다.
- 코빈과 스트라우스(1990)가 결과의 검증을 위한 기준을 개발하기 위한
몇 가지 신중한 시도를 하는 반면, 글레이저(1992: 106)는 이것을 불필요

한 것으로 여긴다. 그는 가설의 개발에서 GT의 가치를 보고, 이것들이 단지 타당성 기준을 지켜야 한다고 주장한다.

• 코딩된 사건들이 일련의 행위의 구성 요소(맥락적 조건, 행위전략, 중재적 조건, 결과 등)로서 체계적으로 정리되는, 축 코딩은 이것이 자료에 연구자의 개념들을 중첩시킨다는 이유로 글레이저에 의해 단호히 거부된다(Glaser 1992: 82; Kelle 1994: 338 참조).

대체로, 이러한 논쟁은 어떠한 종류의 이론적 개념 없이 귀납론적 연구 전략을 가지고 경험적 작업에 착수하는 것이 어떤 식으로든 가능할 것인가라는 질문에 대한 몇 가지 다른 대답을 제공한다(Kelle 1994: 338ff.).

6.5. 질적 기준

근거이론은 자신을 자료에 기반해 이론을 생성하는 하나의 방법론으로서 본다. 가설검증 측면은 따라서 뒷전이다. "'훌륭한 과학'의 통상적 기준 (…중략…) 유의성, 이론-관찰, 호환성(compatibility), 일반화 가능성, 일관성, 재현성(reproducibility), 정확성, 검증"은 "질적 연구의 현실과, 사회적 현상의 복잡성에 맞추기 위하여" 재규정되어야 한다 (Strauss & Corbin 1990: 250).

코빈과 스트라우스(1990)는 GT 지향의 연구들을 위한 구체적 평가 기준을 개발하려고 하는데, 그러나 그 안에서 이 방법론의 정전화 (canonization)가 중심적이고, 제시된 기준은 GT의 연구 전략 쪽으로 기운다. 이러한 '기준'은 질문 형태로 다음을 평가하려고 한다―(a) 연구 과정의 타당성(adequacy), (b) 결과의 경험적 근거(Corbin & Strauss 1990: 16ff.).

첫 번째 질문 모음은 선택된 방법론과, 개발된 이론이 연구 목적에 타당한지를 독자가 판단하도록 설계된다. 잘 입증된 GT 연구는 어떤 경우든 이러한 질문들에 대답하는 것을 가능하도록 만들어야 한다.

- 기준 #1. 최초의 표본은 어떻게 선택되었는가? 어떤 근거로(선택적 표집)?
- 기준 #2. 어떠한 주요 범주들이 드러났는가?
- 기준 #3. 이러한 주요 범주들을 나타내는 사건(events), 일(incidents), 행위 등은 무엇이었는가?
- 기준 #4. 어떤 범주들에 기반해 이론적 표집이 진행되었는가? 즉, 이론적 정식화는 어떻게 자료 수집의 일부를 안내했는가? 이론적 표집이 수행된 뒤에, 이러한 범주들은 얼마나 대표적인 것으로 증명되었는가?
- 기준 #5. 범주들 사이의 관계와 관련 있는 일부 가설은 무엇인가? 어떤 근거로 그것들이 만들어지고 검증되었는가?
- 기준 #6. 가설이 실제 나타난 것과 반대되는 사례가 존재했는가? 이러한 불일치는 어떻게 설명되었는가? 그것이 가설에 영향을 주었는가?
- 기준 #7. 어떻게 그리고 왜 핵심 범주가 선택되었는가? 선택은 갑작스러웠는가 점진적이었는가, 어려웠는가 쉬웠는가? 어떤 근거로 마지막 분석의 결정이 이루어졌는가? 앞에서 논의된, 연구 중인 현상에 관한 광범위한 '설명력'과 '관련성(relevance)'이 이러한 결정에서 얼마나 중요했는가?

두 번째 질문 모음은 최종적으로 도출된 이론의 경험적 토대를 검증하려고 한다(Corbin & Strauss 1990: 17ff.).

- 개념들이 생성되는가?
- 개념들이 체계적으로 관련되는가?
- 많은 개념적 연결이 존재하고, 범주들이 잘 개발되었는가? 범주들이 개념적 밀도를 갖는가?
- 이론으로 종합된 많은 변이(variation)가 존재하는가?

• 연구 중인 현상에 영향을 준 광범위한 조건들이 그것의 설명에 반영되는가?
• '과정'이 고려되었는가?
• 이론적 결과가 어느 정도로 유의미해 보이는가?

이러한 질문들 외에 스트라우스와 코빈(1990: 247f.)은 또한 '관습적인' 질적 기준을 수정한다.

(a) 재현성(Reproducibility)은 "원 연구자의 동일한 이론적 관점이 주어지고, 자료 수집과 분석에 대한 동일한 일반적 규칙들과, 유사한 조건들을 따를 때, 또 다른 연구자는 주어진 현상에 대한 동일한 이론적 설명을 제시할 수 있어야 한다"는 것을 의미할 수 있다(Strauss & Corbin 1990: 251).

(b) GT의 **일반화 가능성**(Generalizability)은 그것에 따라 특정한 상호작용이 어떤 현상과 관련되는, 조건과 결과가 명시화되어야 하고, 그다음에 결과가 이러한 전제 조건과 일치하는 모든 그러한 상황에 적용될 수 있다는 것을 의미한다. "당연히, 이론적 표집이 보다 체계적이고 광범위할수록, 더 많은 조건과 변이들(variations)이 발견되고 이론으로 종합될 것이고, 그것의 일반화 가능성(그러므로 또한 그것의 정확성과 예측능력)이 더 커질 것이다"(Strauss & Corbin 1990: 251).

어떤 경우든, GT 지향의 연구는 연구 과정의 적절성(appropriateness)뿐 아니라, 이론의 타당성(plausibility)과 가치, 자료의 신뢰성(credibility), 신뢰도(reliability), 타당도(validity) 기준을 충족시켜야 한다.

6.6. 전제 조건과 적용 분야

스트라우스(1987: xii, 3)에게, 사회과학과 인문학의 전체 분야가 GT의 적용에 적합하다. "많은 양의 텍스트에 대한 이해나, 이해의 심화가 요구될 때, 또는 한 주제 분야에 대한 새로운 아이디어, 맥락, 결과, 행동 권고가 텍스트들로부터 도출되어야 할 때, GT가 적합하다" (Böhm 1994: 123).

하나의 이론을 생성하는 것을 지향하는 연구 목적은 의심할 여지없이 GT의 절차 양식의 적용을 위한 전제 조건이다. 방대한 GT 방법론이 합당해 보이는 것은 오직 특정한 주제 분야의 현상이 기존 이론이나 모델로 충분하고 만족스럽게 설명될 수 없을 때이다. 시간과 인력의 많은 투자는 한편으로 개방 코딩의 상세한 분석요건의 결과이고, 다른 한편으로 새로운 개념과 범주들이 발견되고 이름 붙여질 때마다 이전에 코딩된 텍스트들을 완전히 재분석할 필요성의 결과이다.

자료물은 대개 텍스트, 전사된(transcribed) 인터뷰, 현장 기록, 관찰 보고서로 이루어진다. 전사 규칙은 GT 문헌에서 주어지지 않는다. 정보의 내용 그리고/또는 형식과, 언어(verbal), 준언어, 비언어 현상이 분석에 반영되어야 하는 정도는 궁극적으로, 개발된 개념과, 그것에 속한 지표에 의해 좌우될 것이다.

현재 질적 자료분석을 위한 다양한 컴퓨터 프로그램들이 존재한다 (개관을 위해 Weitzman & Miles 1995 참조). 이것들 중에서, QSR(NUDIST QSR NVivo 프로그램과 ATLAS/ti, Muhr 1994 참조)은 GT의 기본전제를 특히 참고한다.[4] 그것들은 분석자에게 그들이 개발하는 범주들의 체계에 대한 개관을 유지하도록 지원하는 것과, 범주들에 텍스트의 위치들을 할당하는 것을 보여 주는 것과, 메모(범주들의 정의와, 이것에

---

4) 이것들에 관한 보다 상세한 정보와 추가적인 프로그램들은 인터넷 http://www.scolari.com에서 찾을 수 있다.

대한 단평)의 관리를 단순화하는 것에 의해 방대한 코딩 절차를 지원한다. 많은 양의 텍스트의 코딩의 일관성에 대한 확인은 오직 이러한 종류의 컴퓨터의 지원에 의해 이루어질 수 있다. 이러한 프로그램들의 두 번째 업적은 그것들이—재코딩 없이—높은 수준의 범주들과, 범주들의 요약을 창출할 수 있다는 것이다. 셋째로 프로그램들은 단순한 양적측정을 수행할 가능성을 제공한다. 예를 들어, 텍스트의 전체 줄 수의 몇 퍼센트가 코딩 과정에서 다루어졌는지, 텍스트의 어떤 부분이 어떤 코드에 할당되었는지를 계산하는 것이 가능하다.

텍스트 분석에서 이러한 소프트웨어 패키지들의 사용은 더 이상 이의 없이 수용되지 않는다. 예를 들어, 코피 등(Coffey et al. 1996: 7.4~7.5)은 코딩측면이 지나치게 강조되는 것을 우려한다. "근거이론화는 코딩하는 것 이상이고, 소프트웨어는 코딩하고 검색하는 텍스트 분석 이상을 하는 데 사용될 수 있다."

6.7. 다른 방법들과 비교한 유사점과 차이점

근거이론을 다른 방법들과 비교하기 전에 근거이론에 있어 그것은 하나의 특수한 분석 방법의 문제라기보다는 (텍스트자료에 기반한) 개념들과 (중소범위) 이론들의 개발에 대한 접근의 문제라는 점이 다시 한 번 지적되어야만 한다. 그러므로 그것은 연구 전략의 문제이다.

문화기술지적(ethnographic) 방법은 유사한 목표를 추구하지만, GT처럼 신중하게 정교화된 코딩 규칙 모음을 자유롭게 사용하지 않는다. 그러나 결코 차이가 뚜렷하지는 않다.[5] 아마도 이것은 또한 다양한 질적 연구들이 GT의 원칙에 따라 진행하는 것을 추천하지만, 종종

---

5) 유동적인 경계에 대한 하나의 징후: 자료분석의 문제일 때, Hammersley & Atkinson (1995, 특히 216ff.)은 그들의 문화기술지 입문서에서 Glaser & Strauss(1967)를 자주 언급한다.

단지 그것의 레퍼토리의 적은 부분만을 사용하는 이유를 설명한다. GT를 참고로 하여, 이미 만들어진 개념들을 사용해 텍스트에 접근하지 않아야 하고, 오히려 이것들은 자료 자체에 기반해 개발되어야 한다는 점이 강조된다. 문화기술지가 자료 수집에 초점을 두는 반면 GT는 자료분석에 초점을 두는 점을 고려하면 문화기술지와 GT는 잘 어울리는 한 쌍이다.

민속방법론적 접근들과의 주요한 차이는 일반적으로 연구 목표와 관련된다. GT는 확실히 연구 자료에 기반해, 행위자가 인식하지 못하는(또는 인식할 필요가 없는) 설명과 이론적 개념들을 찾기 시작하는 반면, 민속방법론적 접근들은 '구성원들'의 설명과 의미 패턴을 재구성하려고 한다. MCD와 대화 분석에 있어 그것은 참여자들과 관련된 질서형성 원칙의 문제인 반면에, GT에 있어 관심 있는 것은 (텍스트를 분석하는) 관찰자들의 개념들이다.

내용 분석 방법과 비교해, GT는 개념과 범주들의 적용보다는 그것의 개발을 강조한다. GT와 달리, SYMLOG와 내러티브 기호학은 미리 고정되고, 이론적으로 지지되는 범주들의 도식(schemata)을 사용한다. 그러나 GT 지향의 방법들은 그것의 주초점이 가설의 검증보다는 발견에 있기 때문에, 내용 분석 연구 과정의 중간 단계로서 사용될 수 있다.

보다 강한 해석학적인 방법들(기능화용론, 담론 분석)과 대조적으로, GT의 적용은 완전히 대상 또는 텍스트 지향적인 것으로 분류될 수 있다. GT의 기본원칙들은 한편으로 텍스트와 필요한 거리를 형성하고, 다른 한편으로 그것들은 그것을 전면으로 가져오고, '해석하는 주체'의 영향을 통제한다. 전자가 텍스트 요소들의 어떠한 범주화도 의도적으로 생략하는 반면, GT는 개념과 범주들의 개발에 분명히 관심 있다는 점에서, GT는 해석학적 방법들뿐 아니라 구별이론 텍스트 분석과도 자신을 구별한다.

GT 지향의 텍스트 분석이 (예를 들어, 개념들의 지표들처럼) 언어학적

범주들을 연구할 수 있음에도 불구하고, 응집성(cohesion)과 일관성
(coherence) 사이의 관계가 주요 관심사가 아니기 때문에 그것은 (의사
소통의 문화기술지, 기능화용론, 담론 분석과 비교해) 명시적인 언어학적
접근이 아니다.

6.8. 문헌

GT에 관한 추천문헌에서 다음의 구별이 이루어질 수 있다. (a) 바니
글레이저와 안셀름 스트라우스가 참고한 철학 저작이나 과학이론
(Dewey 1937; Mead 1938a, 1938b; Hughes 1993), (b) 근거이론의 첫 번째
방법확립 저작(Glaser & Strauss 1967), (c) 추가적인 발전과, 방법론적
논쟁(Glaser 1978, 1992; Corbin & Strauss 1990), (d) 소개와 교육용 설명
(Strauss 1987; Strauss & Corbin 1990).

- Corbin, Juliet & Strauss, Anselm (1990). "Grounded Theory Research:
  Procedures, Canons and Evaluative Criteria", *Qualitative Sociology* 13.
  3~21.
- Dewey, John (1937). *Logic. The Theory of Inquiry*. New York: Wiley.
- Glaser, Barney G. (1978). *Theoretical Sensitivity. Advances in the
  Methodology of Grounded Theory*. Mill Valley, CA: Sociology Press.
- Glaser, Barney G. (1992). *Basics of Grounded Theory Analysis. Emergence
  vs. Forcing*. Mill Valley, CA: Sociology Press; 김인숙·장혜경 역 (2014),
  『근거이론 분석의 기초: 글레이저의 방법』, 학지사.
- Glaser, Barney G. & Strauss, Anselm L. (1967). *The Discovery of Grounded
  Theory. Strategies for Qualitative Research*. Chicago, IL: Aldine; 이병식·박
  상욱·김사훈 역 (2011), 『근거이론의 발견: 질적연구 전략』, 학지사.
- Hughes, Everett C. (1993). *The Sociological Eyes*. 2nd (edn.). New

Brunswick, NJ: Transaction Books.

• Mead, George H. (1938a, German edition 1968). *The Philosophy of the Act*. Chicago, IL: University of Chicago Press; German title: *Geist, Identität und Gesellschaft*. Frankfurt: Suhrkamp; 나은영 역 (2010), 『정신, 자아, 사회』, 한길사.

• Strauss, Anselm (1987, German edition 1994). *Qualitative Analysis for Social Scientists*. Cambridge: Cambridge University Press; German title: *Grundlagen qualitativer Sozialforschung*. München: W. Fink UTB.

• Strauss, Anselm & Corbin, Juliet (1990, German edition 1996). *Basics of Qualitative Research*. Newbury Park, CA: Sage; German title: *Grundlagen Qualitative Sozialforschung*. Weinheim: Psychologie-Verlags-Union; 김수지·신경림 역 (2008), 『근거이론의 이해』, 한울; 신경림 역 (2001), 『근거이론의 단계』, 현문사.

6.9. 2차 문헌

6.9.1. 핸드북

• Strauss, Anselm & Corbin, Juliet (1994). "Grounded Theory Methodology: An Overview". in Norman K. Denzin & Yvonna S. Lincoln (eds.). *Handbook of Qualitative Research*. Thousand Oaks, CA: Sage. 273~285.

이 핸드북의 논문(contribution)에서, 저자들은 근거이론의 입장에 집중하고, 다른 질적 사회연구의 전략과 관련한 유사점과 차이점을 논의한다. 하나의 핵심차이로서 그들은 이론 개발 측면에 대한 강조를 확인한다. 그다음에 GT의 발전이 개괄되고, 그것의 이론적 기반이 명시화되며, 이론과 해석 사이의 관계가 논의된다.

- Wiedemann, Peter (1991). "Gegenstandbezogene Theoriebildung". in Uwe Flick, Ernst von Kardorff, Heiner Keupp, Lutz von Rostenstiel & Stephan Wolff (eds.). *Handbuch Qualitative Sozialforschung*. München: Psychologie -Verlags-Union. 440~445.

이 독일어 핸드북에서 GT에 관한 논문이 '검증과 일반화(Überprüfung und Verallgemeinerung)'에 관한 섹션에서 발견된다. 비더만(Wiedemann)은 그것의 짧은 길이 때문에 설명이 개략적임에도 불구하고, GT의 핵심 개념과 절차를 제시한다.

6.9.2. 다른 방법 설명

- Böhm, Andreas (1994). "Grounded Theory – Wie aus Testen Modelle und Theorie gemacht werden". in Andreas Böhm, Andreas Mengel & Thomas Muhr (eds.). *Texte verstehen: Konzepte, Methoden, Werkzeug. Schriften zur Informationwissenschaft* 14. Konstanz: Universitätsverlag. 121~140.

여타 논문들 속에서 GT가 현저한 이 모음집에서, 붐(Böhm)은 코딩 절차(개방, 축, 선택)의 차이를 강조하는, GT의 기반에 대한 소개적 설명을 제공해 낸다.

- Kelle, Udo (1994). *Empirisch begründete Theoriebildung: zur Logik und Methodologie interpretativer Sozialforschung*. Weinheim: Deutscher Studienverlag. 283~349.

이 방법론 논문에서—제목이 시사하는 대로—방법론적 세부사항에 덜 초점을 두고, GT의 연구 소개에 더 초점을 두며 근거이론은 중요한 위치를 차지한다. 저자는 한 편으로 바니 글레이저와, 다른 한편으

Practice. Thousand Oaks, CA: Sage.

마지막으로, 텍스트 분석에 관한 붐(Böhm)의 모음집(위 참조)에는 대형 연구 프로젝트의 결과를 요약한, GT의 적용에 대한 몇 가지 개관이 있다.

제7장 **문화기술지적 방법**

문화기술지(ethnography) 내에서, 한편으로, (많은 저자들의 견해에 의하면, 근거이론을 포함한) 텍스트에 적용될 수 있는 다양한 문화기술지 지향의 다소 정교화된 분석 방법과, 다른 한편으로, 델 하임스(Dell Hymes 1962)의 '말하기의 문화기술지(The ethnography of speaking)' 사이에 구분이 이루어질 수 있다.

7.1. 이론적 기원

문화기술지적 방법의 이론적 뿌리는 브로니슬라프 말리노프스키 (Bronislaw Malinowski)와 프란츠 보아스(Franz Boas)의 인류학적, 민족학적(ethnological) 저작들과, 에드워드 사피어(Edward Sapir)의 언어학 연구들에서 찾을 수 있다. 문화기술지적 방법론의 핵심은 그것의 '근본적 성찰성'이다. 모든 사회연구는 참여 관찰을 하는 인간의 능력과, 그것을 성찰하는 능력에 기반한다. "우리는 사회적 세계에서 행위하지만, 그 세계의 대상들로서 우리자신과 우리의 행위들을 성찰할 수 있다"(Hammersley & Atkinson 1995: 21). 많은 문화기술지적 방법의 인식론적 기반은 알프레드 슈츠(Alfred Schütz)의 사회 현상학적 접근과, 피터 버거와 토마스 루크만(Peter Berger and Thomas Luckmann 1967)의 저작에 제시되어 있다.

언어학에서 존 검퍼스(John Gumperz)와 델 하임스는 『미국 인류학회지(American Anthropologist)』의 특별호에서 의사소통 패턴을 문화적 지식과 행동의 일부로 간주하는 하나의 방법이자 하나의 이론으로서 그들의 '의사소통의 문화기술지' 또는 '말하기의 문화기술지'를 제시했다. 하임스는 그의 저작에서 문화적 맥락에서 인간의 행동을 해석하기 위해 언어학의 형식 모델들을 이용하려고 시도한다. 그가 문화기술지의 기술적 측면을 강조하는 한, 그는 말리노프스키와 사피어를 따르고, 레비-스트로스와 촘스키를 의식적으로 반대한다. 하임스는 비교적 관점을 지나치게 강조하는 것에 대해 레비-스트로스를 비판한다. 촘스키는 "보편적 특질을 가정하는 그의 생득주의 경향"뿐 아니라, "의사소통을 참고하지 않고 언어를 분석하며, 여기에서 단지 문법성만이 설명되어야 하는 것"에 대해 비판된다(Hymes 1979: 14에 대한 서문에서 Coulmas).

7.2. 기본적인 이론적 가정

문화기술지는 문화적 맥락에서 언어와 텍스트를 분석한다. 문화는 "상징으로 구현된 의미들의 역사적으로 전승된 패턴, 즉 그것에 의해 인간이 삶에 대한 그들의 지식과 태도를 의사소통하고, 영속화하고, 발전시키는, 상징적 형태로 표현된, 계승된 개념들의 체계를 의미한다"(Geertz 1973: 89). "따라서 문화의 패턴은 일반인의 행동을 형성하는 사회적, 심리적 과정의 제도에 이러한 프로그램들을 제공한다"(Geertz 1973: 92). 그러므로 그것은 또한 언어와 텍스트에 프로그램들을 제공한다.

문화와 언어 사이의 관계에 대한 질문은 '말하기의 문화기술지'의 출발점이다. 언어가 하나의 문화적 맥락 속에 존재한다는 것은 이론의 여지가 없지만, 그 관계가 어떻게 명시화될 것인지의 문제는 열려진 채 남는다. 언어가 문화의 표출로서 기능하고, 그것이 (래드클리프-브라운(Radcliffe-Brown)적 의미에서) 문화의 비언어적 특징들에 의해 결정되는가? 문화의 언어적 요소와 비언어적 요소는 원칙적으로 서로 다른가? 아니면 언어는 물질세계의 조직 원리로서 문화에 결정적 영향을 주는가(사피어-워프(Sapir-Whorf) 가설)? 마지막에 언급된 관점은 모호함 없이 지지되는 것으로 보이지 않지만(Coulmas 1979: 18; Coulmas 1997), 사피어-워프 가설의 부흥에 관한 작업이 현재 이루어지고 있다 (Lucy 1992; Gumperz & Levinson 1996; Lee 1996).

말하기의 문화기술지는 그들이 특정한 발화 공동체 내에서 사회적 삶을 구성하고 성찰하는 방식에 따라 발화 양식을 기술하려고 한다 (Fitch & Philipsen 1995: 263). 델 하임스는 촘스키가 설명하려고 한 문법성을 수용성과 대조하고(Coulmas 1979: 14), 화자들의 의사소통 능력에 초점을 둔다. "필요한 단계는 말하기를 포괄성의 위계 내에 위치시키는 것이다. 참여자의 관점에서 모든 행동이 의사소통적인 것은 아니다. 모든 의사소통이 언어적인 것은 아니다. 그리고 언어적 수단은 발화 이상을 포함한다"(Hymes 1962).

말하기의 문화기술지는 의사소통에 대한 인류학적 연구와 언어학적 연구가 동시에 수행될 수 있는 하나의 분석 틀을 제공하려고 한다. 그것은 전통적 문화기술지적 접근들과, 가치, 행위, 규범의 광범위한 구조에 배태되어 있는 의미와 행동에 대한 완전한 설명에 관한 관심을 공유한다(Schiffrin 1994: 140).

7.3. 방법의 목표

문화구조를 배경으로 텍스트를 해석하는 것 또는 그러한 문화구조를 재구성하기 위해 텍스트를 사용하는 것이 아마도 모든 문화기술지적 방법들의 공통 특징이다.

문화기술지를 한다는 것은—외국적이고, 바래고, 생략, 모순, 의심스러운 교정, 편향적인 논평들로 가득차 있지만, 관습화된 소리의 기호(graphs)가 아니라, 순간적인 형태의 행동 사례들로 쓰인—하나의 원고를 ('하나의 이해(reading)를 구성한다'는 의미에서) 읽으려고 시도하는 것과 같다. (Geertz 1973: 10)

따라서, 문화기술지적 기술의 세 가지 특징이 존재한다. 그것은 해석적이다. 그것이 해석하는 것은 사회적 담론의 흐름이다. 그리고 수반되는 해석은 이러한 담론에서 '말해진 것'을 그것이 소멸하는 경우로부터 구하고, 추적할 수 있는 용어로 그것을 고정시키려고 하는 것에 있다. (Geertz 1973: 20)

그것의 가장 특정적인 형태에서 그것은 문화기술자가 명시적으로 그리고 암암리에 장기간 동안 사람들의 일상생활에 참여하고, 무슨 일이 일어나는지 지켜보고, 말해지는 것을 듣고, 질문하는 것—실제로, 연구의 초점이 되는 문제에 실마리를 제시하는 데 이용 가능한 어떠한 자료든지 수집하는 것—을 수반한다. (Hammersley & Atkinson 1995: 1)

문화기술지적 분석의 핵심 문제는, 하임스가 언급한 대로, "우리는 어떠한 패턴이 어떠한 맥락에서 이용 가능한지와, 어떻게, 어디에서, 언제 그것들이 작동하기 시작하는지를 알아야만 한다"(1962: 20)는 것이다. 하임스는 레비-스트로스의 구조주의를 완전히 수용하지만, 구조주의 분석의 목표를 확장시킨다.

구조주의 분석은 자료를 일련의 연결된 범주들에 배치시키는 것 이상을 의미한다. 이러한 배치는 개별적으로 분석되던 체계들이 비교하여 연구될 때, 필수적인 출발점이고, 또한 바라던 결과이다. 그러나 개별 체계에 있어, 구조주의 분석은 체계 자체의 측면에서 유효한, 단위, 기준, 패턴의 귀납적인 발견에 대한 과학적이고 도덕적인 전념을 의미한다. (…중략…) 말하기의 문화기술지를 위해 여기서 제시된 범주들은 음성학(phonetics)과, 아마도 실용음소론(practical phonemics)의 일부와 유사한, 개별 체계들에 이르는 방식으로서 간주되어야 한다. 의도는 선험적(*a priori*)이 아니라 발견적이다. (Hymes 1962: 22)

7.4. 방법의 개관

우선, 문화기술지적 방법의 몇 가지 구체적 특징들이 확립되어야 한다. 첫째로, 문화기술지적 방법의 주안점은 **자료 수집**에 있는데, 이것에서 참여 관찰이 가장 중요한 수집 방법이다—'왕도'. 텍스트 분석은 단지 주변 분야(문서)에서 발견되거나, 그렇지 않으면 관찰보고서의 분석에서 보조 기능을 한다(Silverman 1993: 30f.; Schlobinski 1996: 218f. 참조).

둘째로, 자료분석은 연구 과정에서 분리될 수 있는 단계가 아니다. 자료 수집과 자료분석의 변증법적 상호작용이 가정된다(Hammersley & Atkinson 1995: 205).

셋째로, 텍스트 분석은 텍스트에 관한 질문의 형태로 수행된다. 시쿠렐(Cicourel)은 정신의학 인터뷰들의 분석(Pittenger et al. 1960: 210)을 후속질문들이 발생하는 하나의 사례로서 사용한다.

각 참여자가 무엇을 말하는가? 그가 왜 그것을 말하는가? 그가 어떻게 그 것을 말하는가? 그것이 다른 참여자에게 어떤 영향을 주는가? 새로운 자료가 언제, 어떻게, 그리고 누구에 의해 묘사되는가? 무의식중에 무엇이 의사소통되고 있는가? 교류가 계속되면서 각 참여자의 지향은 어떻게 변하는가? 그리고 왜 변하는가? 그리고 우리는 어떻게 알 수 있는가? 그리고 그가 그렇다면, 어떤 증거에 의해 그러한가? (Cicourel 1964: 172)

넷째로, 해머슬리와 앳킨슨(Hammersley & Atkinson)은 분석되는 문서에 관해 유사한 질문을 한다.

문서는 어떻게 쓰이는가? 그것은 어떻게 읽히는가? 누가 그것을 쓰는가? 누가 그것을 읽는가? 어떤 목적으로? 어떤 경우에? 어떤 결과로? 무엇이 기록되는가? 무엇이 생략되는가? 저자는 독자(들)에 관해 무엇을 당연하게 여기는 것으로 보이는가? 그것을 이해하기 위해 독자들은 무엇을 알아야 할 필요가 있는가? (1995: 173)

다섯째로, 문화기술지적 관점의 언어구조의 연구에서 맥락의 개입은 매우 중요한데, 여기에서 맥락은 단지 언어적 맥락과, 보다 협소하게 정의된 상황 맥락뿐 아니라, "집단의 전체 사람들이 발화를 주고받는 동안, 그리고 이러한 사람들이 참여하고 있는 일부 상황 동안 표현한 얼굴표정, 몸짓, 신체행위"(Malinowski 1966: 22)를 의미한다.

마지막으로, 모든 문화기술지적 분석은 문화적, 언어적 패턴과 핵심사건을 발견하는 것과 관련 있다. 이러한 패턴의 시각화를 위해 보통 "지도, 흐름도(flowcharts), 매트릭스 모두에 의해, 확립된 정보를 구체화하고 제시하도록 돕는 것"(Fetterman 1989: 95)이 제안된다.

문화기술지적 텍스트 분석 방법에 대한 하나의 압축된 개관을 제공하려는 시도는 이러한 이름 아래 다뤄지는 분석 방법들의 이질성 때문에 나눠진다. 이를 위해 우선 현행 교과서(Hammersley & Atkinson

1995)에 포함된 분석 과정에 대한 요약된 소개를 검토하고, 그다음에 특히 사회언어학적인 '말하기의 문화기술지'를 고려하는 것이 필요할 것이다.

7.4.1. 일반적인 문화기술지적 텍스트 분석

해머슬리와 앳킨슨(1995: 205f.)의 자료분석에서 근거이론(6장 참조)과의 유사점이 나타나지만, 근거이론은 그것의 규칙과 코딩 절차와 관련해 상당히 매우 상세히 수행된다. 문화기술지적 분석의 하나의 중요한 도구는 '분석 범주들'로 구성되는데(Hammersley & Atkinson 1995: 208f.), 이것은 어떤 적용도 가능하도록 개발되어야 한다. 첫 번째 단계는 "자료로 기록되는 상황에서 무슨 일이 일어나는지를 이해하도록"(Hammersley & Atkinson 1995: 209) 연구자를 돕는 개념들을 개발하는 것의 문제이다. 이러한 개념들은 "민속 어휘(folk terms)" 또는 "관찰자가 확인한 것"(Hammersley & Atkinson 1995: 211)이 될 수 있다. "자료의 언어 자료(corpus)를 읽어내려 가고 그것을 이해할 수 있는 개념들을 생성하는 것은 문화기술지적 분석의 초기 단계들이다"(Hammersley & Atkinson 1995: 212).

이러한 개념들을 이용해 그다음에 텍스트가 코딩된다. "말할 필요도 없이, 자료를 코딩하는 과정은 하나의 반복 과정이다. 새로운 범주들이 출현함에 따라, 이전에 코딩된 자료는 그것이 어떤 새로운 코드 사례들을 포함하는지 확인하기 위해 재코딩 되어야 한다"(Hammersley & Atkinson 1995: 212f.). 자료분석의 목적은 우선 일련의 일관된 범주들을 개발하고, 그다음에 이러한 범주들을 이용해 전체 자료를 코딩하는 것이다.

다음으로, 하나의 특정한 분석에서 핵심적이고 가장 중요한 개념들을 반영하는 그러한 범주들이 그것의 정확한 의미와, 다른 범주들과 그것의 관계를 탐색하기 위해 상세히 분석되어야 한다(Hammersley &

Atkinson 1995: 213 참조).

'지속적인 비교방법'(Glaser & Strauss 1967)은 근거이론으로부터 빌려온 또 다른 방법이다. 코딩되고 그렇게 함으로써 하나의 범주에 할당된 각 분석단위에서, 연구자는 동일한 범주로 코딩된 다른 단위들과의 유사점과 차이점을 결정한다. 이런 식으로, 한편으로 기존 범주들에 보다 정확한 의미가 부여되고, 다른 한편으로 하위범주들이 구별된다(Hammersley & Atkinson 1995: 213). 결과의 타당도를 증가시키기 위해, 삼각 측정(triangulation measures)이 몇몇 곳에서 제안된다(Fetterman 1989: 89ff.). 삼각 측정—항해술로부터 빌려온 용어—은 일반적으로 다양한 자료(예를 들어 질적, 양적)와, 다양한 방법을 사용하는 것에 기반해 결과를 비교하는 것을 의미한다. '이론적 삼각 측정'(Denzin 1970)은 자료가 다양한 관점과 다양한 가설들로 접근되어야 한다는 것을 요구한다. 질문은 다음과 같다. '각각의 이론들에서 자료를 이해하는 것을 가능하게 만드는 것은 무엇인가?' 여기에서 이론들은 분석을 위한 다양한 초점들을 제공하기 위해 사용된다.

이러한 이론적 삼각 측정 개념은 많이 비판되었고(Fielding & Fielding 1986; Silverman 1993: 157ff. 참조), 덴진(Denzin)은 절충주의와 이론적 모호함에 대해 비난받았다. 비판자들이 말한 것처럼, 하나의 특정한 이론적 관점으로부터 진행해, 선택된 이론적 관점 내에서 가정된, 의미와 구조들에 관한 정보를 제공하는 방법과 자료원을 선택하는 것이 더 나을 것이다. "타당도 검증으로서 삼각 측정의 주요 문제는, 다양한 맥락을 대치시키는 것에 의해, 그것이 사회적 상호작용의 맥락 결부적(context-bound)이고 능숙한 성격을 무시하고, 구성원들을 그들의 환상을 깨트릴 사회학자를 필요로 하는 '문화적 얼간이(cultural dopes)'로 가정한다는 점이다"(Silverman 1993: 158; Garfinkel 1967; Bloor 1978 참조).

7.4.2. 말하기의 문화기술지(The ethnography of speaking)

그것의 주요 구성 요소가 야콥슨(Jakobson 1960)으로부터 유래한, 하임스(1962, 1972)의 접근의 핵심 개념은 **발화 공동체**(specch community), **발화 상황**(specch situation), **발화 사건**(specch event), **발화 행위**(specch act), **환경**(setting)이다. 말하기의 문화기술지는 문화적으로 특수한 발화 사건들 내의 발화 행위를 연구하며, 이 방법의 핵심은 그 안에서 특정한 형식이 특정한 기능들을 수행하는, 일반적인 분석 틀로서 맥락에 대한 체계적인 분석으로 구성된다. 이것은 형식 자체로는 하나의 발화 행위의 발화수반력(illocutionary force)[1]을 설명하지 못하기 때문이다(Schiffrin 1994: 145). 그러므로 분석단위는 발화 상황, 발화 사건, 발화 행위이다(Saville-Troike 1989: 26).

발화 사건의 범주화를 위해, 하임스(1962: 24)는 다음 질문들을 제안한다.

- 발화 사건의 사례는 무엇인가?
- 어떤 종류의 발화 사건이 인식되거나 추론될 수 있는가?
- 그것들을 구별하는, 대조 차원, 즉 변별 특징들은 무엇인가? (이것은 어떻게 요인들이 제시되고, 어떻게 기능이 작동되는지에 대한 언급을 포함할 것이다.)
- 그것의 발생 패턴, 즉 (특정한 전체 행동의 측면에서 또는 선택된 측면에서) 서로 그리고 외부와 비교한 그것의 분포는 무엇인가?

여기에서 발화 사건을 나타내는 단어들의 분석은 또한 대조의 분석 틀 내에서 유용할 수 있다. 'speaking 격자(grid)'(〈표 7.1〉 참조)는 발화 사건을 위한 대강의 분석 틀을 제공한다.

---

1) (옮긴이) 화자에 의해 의도되는 발화 행위가 갖는 효과.

결과적인 연구 질문은 다음과 같다. 누가, 누구와, 언제, 어디서, 어떤 코드로, 무엇에 관해 말하는가? 하나의 발화 사건 내의 '요소들'을 지정하고, speaking 격자로서 확실한 명성을 얻은, 하임스(1962: 26; 1972: 58)에 의해 열거된 요인들은 '단지 초기의 발견적 분석 틀'로서 이해되어야 한다.

<표 7.1> SPEAKING 격자

S	Setting(환경), scene(상황)	물리적 환경, 상황의 주관적 정의
P	Participants(참여자)	화자, 발신자, 발신인(addressor), 청자, 수신자, 청중, 수신인(addressee)
E	Ends(목적)	목적과 목표, 결과
A	Act sequence(행위시퀀스)	메시지의 형식과 내용
K	Key(어조)	어조, 방식
I	Instrumentalities(수단)	경로(언어적, 비언어적, 신체적), 공동체의 레퍼토리에서 비롯된 발화형식
N	Norms(규범)	상호작용과 해석의 규범, 말하기에 부여된 구체적 속성, 문화적 신념체계 내의 규범의 해석
G	Genre(장르)	텍스트의 범주들

speaking 격자의 도움으로, 대강의 분석 도식에도 불구하고, 국지적 (즉, 문화적으로 특수한) 의사소통 단위가 확인되어야 한다—발화 상황 (예를 들어 컨퍼런스), 발화 사건(예를 들어 질문과 대답 시퀀스), 발화 행위. "어떤 집단이든, 고유의 범주들은 수와 종류에서 다양할 것이고, 그것의 사례와 종류는 경험적으로 확인되어야 한다"(Hymes 1962: 25).
발화 사건과 발화 행위는 그것의 기능과 관련해 분석되어야 하며, 이를 위해 하임스(1962: 31)는 가능한 의사소통 기능의 확장된 목록을 제공한다.[2]

---

2) (옮긴이) 발화 사건의 기능은 발화 사건의 요인(발신자, 수신자, 메시지 형식, 경로, 코드, 주제, 환경)에 각각 상응한다(Hymes 1962 참조).

- 표현적(expressive), 감정적(emotive)
- 명령적(directive, 능동적, 화용론적, 설득적, 의견에 영향을 주는)
- 시적(poetic)
- 교감적(contact) 기능(매개 교감과 관련된)
- 메타언어적(metalinguistic)
- 재현적(representational) 또는 지시적(reference) 기능(주제 내용과 관련된)
- 맥락적(contextual) 기능.

여기에서 분석단위는 개별 발화 행위이다. 발화 사건 내에서 특정한 발화 행위(예를 들어 질문)가 사용될 수 있는 방식에 대한 분석은 언어 구조와 언어기능에 대한 문화적 지식과, 사회적 상호작용과 사회적 역할의 조직을 보여 준다(Schiffrin 1994: 181).

7.5. 질적 기준

어떤 질적 기준이 문화기술지적 연구의 평가에 적절한지는 문화기술 지적 전통 내에서 논쟁의 주제가 되어 왔다(Hammersley & Atkinson 1995: 227ff.; Silverman 1993: 145 참조). 본질적으로 이러한 논쟁에 뚜렷 이 구별되는 두 가지 긴장이 존재한다—첫째, 타당도, 신뢰도, 객관성, 또는 상호주관성 같은 '실증주의 과학'의 질적 기준에 대한 완전한 거부, 그리고 둘째, 비록 그것이 연구 대상(문화적 또는 사회적 구조)과 질적 연구 전략에 맞게 수정된 형태일지라도, 이러한 질적 기준의 원 칙적인 수용.

논쟁의 첫 번째 노선의 지지자들은 강력한 개인적 개입을 지지하며 타당도와 신뢰도 기준의 거부를 주장한다. 그들은 또한 전통적인 과 학적 통제의 폐기, 연구자의 영향을 받지 않은 상황에 대면할 수 있는 즉흥적인 스타일의 연구, 반복되는 오류로부터 배우는 능력을 주장한다(cf. Agar 1986: 12). 그다음에 이러한 입장의 비판자들은 문화기술지와 특정한 형태의 저널리즘 사이의 차이에 관해 묻고, 이러한 연구지향에서 그 기원을 추적할 수 있는 문화기술지적 연구들의 결점에 주목한다(cf. Silverman 1993: 153). (a) 자료는 이상화된 (선)개념에 맞추는 그러한 방식으로 선택되어 왔다. 그리고 (b) 자료 선택의 기준은 주로 그것의 이국적인 성질 또는 극적인 성질이다. 따라서 문화기술지는 논의의 기반을 보장하기 위해 그것의 발언의 질에 주의를 기울여야 하고, 편견, 비합리성, 또는 19세기의 낭만적인 사고방식에 기대지 않아야 한다(cf. Silverman 1993: 154).

해머슬리(1992: 50f.)는 '미묘한 형태의 실재론'이라는 제목 아래 타당성(validity) 개념의 조정을 제안한다.

- 타당성은 절대적 확실성보다는 결과에 대한 신뢰를 의미한다.
- 실재는 연구자의 견해와 독립적인 것으로 간주된다.
- 실재는 자주 다양한 관점으로부터 밝혀진다.

진술의 타당성은 그리므로 세 가지 기준에 의해 지배된다—(a) 타당성(plausibility), (b) 신뢰성(credibility), 그리고 (c) 경험적 증거. 그러나 (a)와 (b)가 보수성과, '상식적 지식'의 수용을 조장할 수 있기 때문에, 타당성(validity)은 주로 세 번째 기준 (c)에 기반해 결정된다. 가설을 수립하는 것과 그것을 반증하려고 하는 것에 관한 포퍼(Popper)의 가정은 또한, 실버맨(Silverman 1993: 153f.)이 보기에, 그것이 좀처럼 실행되지 않음에도 불구하고, 문화기술지적 연구에서 매우 중요한 것으로 보인다.

가정의 검증을 위해, 보통 두 개의 다른 접근이 제안된다(Hammersley & Atkinson 1995: 227ff.; Silverman 1993: 156ff.를 비판적으로 참조하라). 첫 번째는 **자료와 방법에 대한 삼각 측정**이다. 이러한 접근을 사용해 잠정적인 연구 결과가 다양한 자료(텍스트 형태)와 방법(예를 들어 양적 내용 분석)의 도움으로 검증된다. 또한 다양한 이론적 접근으로 부터의 결과에 대한 조명이 제안된다(cf. Denzin 1970). 그러나 사회적 상호작용의 맥락 결부적인 성격이 충분히 고려되지 않는다는 점에서 삼각 측정은 문제가 되는 것으로 보인다(cf. Silverman 1993). 두 번째 접근은 **응답자 타당성 검증**(respondent validation)이다. 이러한 절차는, 그들의 상호작용이 연구 주제인, '구성원들'이나 연구 대상이 결과와 대면되도록 한다. 그러나 그들의 수용이 타당성의 전제 조건일지의 여부는 여전히 매우 논쟁적이다. 개방적 '응답자 타당성 검증'은 단지 결과가 연구되는 사람들의 자아 이미지와 양립 가능한 경우에만 가능하다.

또한 이러한 방법/접근들이 현저한 취약성을 갖고 있기 때문에, 실버맨(1993: 160)이 보기에 유일하게 남은 가능성은 최소한 진술의 일부 일반화를 보장하기 위한, 연구 단위의 매우 세심한 선택이다. 대표성의 문제는 모든 질적 사회연구의 관심사이다. 무작위 표집 절차에 비교할 만한 어떠한 해결책도 가능하지 않기 때문에, 다음의 대안들이 논의된다(Silverman 1993: 160).

- 더 큰 모집단의 관련 측면과 사례의 관련 측면과의 비교
- 무작위 표본에 대한 추가적인 양적 분석
- 몇 가지 문화기술지적 연구들의 조합(co-ordination)

실버맨(1993: 160)은 이론적 개념에 관한 일반화가, 개별 사례들로부터 더 큰 모집단에 관해 추론하려고 하는 것보다 보다 적절하다는 견해를 갖고 있다. 그러므로 '이론적 표집(theoretical sampling)'이 수행되어야 하고, 관심 있는 개념들을 배경으로 사례들이 선택되어야 한다(또한 3장을 보라).

신뢰도(reliability)의 기준 또한 논의되어 왔다. 해머슬리(1992: 67)는 이것을 "사례들이 각각의 경우에 다른 관찰자들 또는 동일한 관찰자에 의해 동일한 범주에 할당되는 일관성의 정도"로 이해한다. 이것을 따

라 실버맨(1993: 45)은 통시적 신뢰도와 공시적 신뢰도를 구분한다. 사회 현상의 '무한한 변화'에 기반한 신뢰도 기준의 근본적 거부에 직면해, 실버맨은 사회 현상의 적어도 일시적으로 안정적인 어떤 성질의 수용 없이는 체계적인 사회연구의 토대는 존재하지 않을 것이라고 지적한다. 텍스트 분석 영역에서, 자료물의 준비를 위해 전사(transcription) 관례가 제안된다. 분석 자체를 위해, 그는 신뢰도를 보장할 다중 코딩(multiple codings)과, 그것을 측정할 코더 내 계수(intra-coder coefficients)와 코더 간(inter-coder) 계수의 사용을 제안한다.

사회언어학적 '의사소통의 문화기술지'가 질적 기준에 대한 어떠한 비교논의도 수행하지 않는다는 점이 여전히 언급되어야 한다. 하임스(1976)는 이러한 기준에 대한 추가적인 설명 없이 단지 '현장 연구의 경험적 타당성'에 대해 언급한다. 그러나 이러한 방법은 현행 질적 기준으로부터 그 지향을 취하는 것으로 보인다.

> 바로 문화적 동물로서 우리의 성격 때문에 주관성으로부터의 완전한 도피는 절대 불가능하다. 그러나 방법론의 제약과 가이드라인은 우리의 지각적, 분석적 편향을 최소화하도록 의도된다. 참여 관찰의 전통은 여전히 모든 문화기술지에 기본적이지만, 그것에 다양한 여타 자료 수집과 타당성 검증 절차가 부가될 수 있다. (Saville-Troike 1989: 4)

7.6. 조건과 적용 분야

문화기술지적 분석은 텍스트의 패턴뿐만 아니라, 그것의 문화적 제약과의 관계가 관심사일 때 항상 적절한 것으로 보인다. 이점에서 모든 형태의 문화기술지적 분석은 상당한 정도의 맥락 지식을 전제한다. 맥락의 분석은 텍스트 분석의 필수요소이다. 특정한 환경의 사회적 행위의 구조를 이해하기 위해, 자료 수집 방법으로써 ('명시적(overt)'

또는 '비밀(covert)') 참여 관찰의 상응하는 중요성이 존재한다(Silverman 1993: 60). 어떤 경우든, 이러한 맥락 정보는 또한 텍스트 분석 동안 수집되어야 한다.

문화기술지적 텍스트 분석을 위해 다양한 컴퓨터 프로그램이 현재 개발되어 오고 있는데(Hammersley & Atkinson 1995: 193ff.), 이것은 특히 특정하게 코딩된 텍스트 부분들의 저장과 위치 설정을 단순화하고, 수동적인 '복사와 붙여넣기(cut and paste)' 작업을 대체하도록 의도되었다. 이러한 '코딩-검색(code-and-retrieve)' 절차(Weitzman & Miles 1995: 148ff.)는, 예를 들어, The Ethnograph, Kwalitan, MAX뿐 아니라, NUDIST와 ATLAS/ti 같은 소위 '코드 기반 이론 형성기(code-based theory-builders)'(Weitzman & Miles 1995: 204ff.)에 의해 제공되는데, 이것은 또한 '근거이론'을 사용해 코드와 개념을 연결시키는 것을 가능하게 한다(또한 ATLAS, The Ethnograph, NUDIST, QSR NVvivo, Am Mex에 관한 추가적인 정보를 위해 http://www.scolari.com/products.htm 참조).

말하기의 문화기술지는 보통 텍스트 분석에 대한 통합적이지만 방대한 접근으로 이해된다(Schiffrin 1994: 181 참조). 'speaking 격자'는 부분적으로 상호작용 패턴의 주관적 관찰과 관련되고, 아마도 단지 잠정적이고 가정적으로 대답될 수 있는 광범위한 질문을 제시한다. 발화 사건들을 구별하는 과정에서 '참여자(participants)', '목적(ends)', '행위 시퀀스(act sequence)' 요인에 가장 큰 선택성이 부여됨에도 불구하고, 또한 '어조(key)'와 '수단(instrumentalities)'의 분석에서 준언어 사건과 비언어 사건을 또한 포착할 수 있는 매우 섬세한 녹음과 전사 체계가 요구된다.

7.7. 다른 방법들과 비교한 유사점과 차이점

일반적인 문화기술지적 방법은 근거이론과 민속 방법론(ethnomethodology)에 기반한 방법들과 유사성을 보여 준다. 그러나 개념들의 발견에 관련되는 한, 근거이론이 더 세밀하게 정교화된 방법이다. 그것은 코딩 절차에 집중하고, 따라서 문화기술지적 텍스트 분석의 하나의 보완 방법으로써 간주될 수 있다. 민속방법론적 방법은 그것의 목표에서 문화기술지와 다르다. 전자의 경우 그것이 사회적 단위들의 '구성원들'의 일반적인 설명과 합리화 패턴을 발견하는 것의 문제인 반면, 문화기술지는 행위자들 자신에 의해 사용되지 않는 개념들을 이용해 문화적 패턴을 설명하는 것을 목표로 한다.

사전에 고정된 개념들을 사용해 텍스트에 접근하는 그러한 모든 방법들(내용 분석 등)과의 분명한 차이가 존재한다. 문화기술지적 방법은 또한 실로 범주들을 사용해 작업하지만, 이것들은 잠정적인 성격을 갖는 경향이 있다. 정확한 조작화, 선택성, 독립성, 명료성은 문화기술지의 범주들이 충족시켜야 하는 기준이 아니고, 정량화에 거의 가치가 부여되지 않는다.

해석학적 방법들과 달리, 문화기술지적 접근은 완전히 대상지향적인 것으로 특징지어질 수 있다. 연구자의 해석력보다는 자료가 가장 중요하다. 구별이론에 기반한 텍스트 분석과 달리, 문화기술지적 방법은 또한 텍스트에 대한 실험적 접근으로부터 발생하는 모든 가능성들, 특히 해체와 재구성을 필요로 하지 않는다.

'의사소통의 문화기술지'의 speaking 분석 틀, 근거이론의 분석 틀 개념들(6장 6.4.2 참조), 모든 텍스트 분석에 적절한 홀스티(Holsti 1968: 645)와 베렐슨(Berelson 1952: 147ff.)에 의해 제안된 내용 분석의 범주들(5장 5.4.1.3 참조) 사이의 두드러진 유사점이 발견된다.

의사소통의 문화기술지는 주로 그것이 언어학적 범주들(응집성 (cohesion))에 부여한 상대적으로 낮은 가치 때문에 담론 분석과 기능화용론 같은 언어학적 방법들과 다르다. 이점에서 의사소통의 문화기술지가 대화 분석과 유사함에도 불구하고, 문화기술지적 분석에서 사용된 맥락에 대한 광범위한 이해에서 분명한 차이가 존재한다.

7.8. 문헌

7.8.1. 문화기술지

여기서 주어진 참고문헌은 엄청난 양의 문화기술지적 문헌에서 단지 하나의 선택으로서 이해되어야 한다. 또한 언어적 분석에 명시적 주의를 기울이는, 많이 인용되는 고전 출처에 더해(Malinowski 1966), 그것이 문화기술지적 방법과 방법론의 일반적인 문제를 다루고(Geertz 1987), 문화기술지적 지향의 사회연구(Denzin 1970; Hammersley 1992)이기 때문에, 확실한 명성을 얻은 세 가지 저작이 소개된다. 마지막으로, 우리의 선택은 또한 문화기술지적 텍스트 분석을 다루는 문화기술지적 방법에 대한 몇 가지 소개적 설명을 포함한다(Agar 1986; Fetterman 1989; Hammersley & Atkinson 1996).

- Agar, Michael (1986). *Speaking of Ethnography*. Qualitative Research Methods Series No. 2. London: Sage; 대한질적연구간호학회·최경숙·박영례 역 (2007), 『문화기술지에 대한 언어적 고찰』, 군자출판사.
- Denzin, Norman (1970). *The Research Act in Sociology*. London: Butterworth.
- Fetterman, David M. (1989). *Ethnography Step by Step*. Newbury Park, CA: Sage.
- Geertz, Clifford (1973). *The Interpretation of Cultures*. New York: Basic Books; 문옥표 역 (2009), 『문화의 해석』, 까치.

- Hammersley, Martyn (1992). *What's Wrong with Ethnography. Methodological Explanations*. London: Routledge.
- Hammersley, Martyn & Atkinson, Paul (1995). *Ethnography, Principles in Practice*. 2nd (edn.). London: Routledge.
- Malinowski, Bronislaw (1966[1935]). *Coral Gardens and their Magic*. Vol. II. The Language of Magic and Gardening, London: Bloomington [New York: American]; 유기쁨 역 (2012), 『산호섬의 경작지와 주술』, 아카넷.

7.8.2. '의사소통의 문화기술지'

의사소통의 문화기술지에 관한 광범위한 문헌에 관해서는, 존 검퍼스와 델 하임스(1964)에 의한 『미국 인류학회지(American Anthropologist)』의 특별호, 그들의 논문 모음집(Gumperz & Hymes 1972), 사빌-트로이케(Saville-Troike)의 입문 저작(1989)에 주목해야 한다.

- Gumperz, John J. & Hymes, Dell (1964) (eds.). "The Ethnography of Communication". *American Anthropologist* 66(6).
- Gumperz, John J. & Hymes, Dell (1972) (eds.). *Directions in Sociolinguistics. The Ethnography of Communication*. New York: Holt, Rinehart and Winston.
- Hymes, Dell (1962). "The Ethnography of Speaking". in Thomas Gladwin & William C. Sturtevant (eds.). *Anthropology and Human Behavior*. 13~53.
- Hymes, Dell (1972). "Models of Interaction of Language and Social Life". in Gumperz, John J. & Hymes, Dell (eds.). *Directions in Sociolinguistics. The Ethnography of Communication*. New York: Holt, Rinehart and Winston. 35~71.
- Hymes, Dell (1976). "The State of Art in Linguistic Anthropology". in Anthony F. C. Wallace (ed.). *Perspectives on Anthropology*. Washington:

American Anthropological Association.

• Hymes, Dell (1979). *Soziolinguistik: zur Ethnographie der Kommunikation* (ed. Florian Coulmas). Frankfurt: Suhrkamp.

• Saville-Troike, Muriel (1989). *The Ethnography of Communication. An Introduction*. 2nd (edn.). Oxford: blackwell; 왕한석·백경숙·이진성·김혜숙 역 (2009), 『언어와 사회, 의사소통의 민족지학 입문』, 한국문화사.

7.9. 2차 문헌

7.9.1. 핸드북의 논문(contributions)

• Atkinson, Paul & Hammersley, Martyn (1994). "Ethnography and Participant Observation". in Norman K. Denzin & Yvonna S. Lincoln (eds.). *Handbook of Qualitative Research*. Thousand Oaks, CA: Sage. 248~61.

덴진과 링컨(Denzin & Lincoln)의 핸드북의 이 논문에서, 앳킨슨과 해머슬리는 문화기술지의 의제와 이론적 입장을 다룬다. 가장 의미 있는 문화기술지적 자료 수집 방법—참여 관찰—이 그들에게 가장 중요하다.

• Fitch, Kristine & Philipsen, Gerry (1995). "Ethnography of Speaking". in Jef Verschueren, Jan-Ola Östman & Jan Blommaert (eds.). *Handbook of Pragmatics. Manual*. Amsterdam: Benjamins. 236~239.

그들의 논문에서 피치(Fitch)와 필립슨(Philipsen)은 델 하임스의 필수 개념들과, 현재 논쟁의 요약에 집중한다. 구체적인 연구 프로젝트에 대한 하나의 개관을 제공하려는 그들의 시도는 특별히 주목할 만하다.

• Saville-Troike, Muriel (1987). "The Ethnography of Speaking". in Ulrich Ammon, N. Dittmar & K. J. Mattheier (eds.). *Sociolinguistics. An International Handbook of Science of Language*. Vol. 1. Berlin and New York: de Gruyter. 660~671.

사빌-트로이케는 또한 델 하임스의 '말하기의 문화기술지'의 목표, 이론적 가정, 근본적 관심을 개괄한다. 이러한 방법론을 사용한 연구들의 선택에 대한 하나의 개관을 제공한 뒤에, 그녀는 이 방법의 '기술적 분석 틀'을 보다 충분히 다룬다.

7.9.2. 다른 방법설명

• Schlobinski, Peter (1996). *Empirische Sprachwissenschaft*. Opladen: Westdeutscher Verlag. 218~233.

이 입문 저작에서, 내용 분석, 담론 분석, 대화 분석에 더해, 슐로빈스키(Schlobinski)는 문화기술지적 분석을 하나의 '질적' 언어 자료분석으로서 제시한다. 여기에서 그는 자신을 그가 사례 분석으로 예시한 델 하임스의 접근에 제한한다.

• Schiffrin, Deborah (1994). *Approaches to Discourse*. Oxford: Blackwell. 137~189.

쉬프랑(Schiffrin)은 또한 자신을 '의사소통의 문화기술지'에 제한한다. 그러나 그녀는 인터뷰 텍스트로 충분히 예시된, 이 방법에 대한 매우 상세한 설명을 제공한다. 이것은 심지어 하임스의 분석 틀 내에서조차 어떠한 상세한 절차도 제공되지 않지만, 그러한 절차가 항상 구체적인 연구 질문으로부터 발생한다는 점을 분명하게 만든다.

- Atkinson, Paul & Coffey, Amanda (1997). "Analysing Documentary Realities". in David Silverman (ed.). *Qualitative Research*. London: Sage. 45~62.
- Baszanger, Isabelle & Dodier, Nicolas (1997). "Ethnography: Relating the Part to the Whole". in David Silverman (ed.). *Qualitative Research*. London: Sage. 8~23.

바장어와 도지에(Baszanger & Dodier)가 일반적인 문화기술지적 방법론과 관찰 기술에 집중하는 반면, 앳킨슨과 코피(Atkinson & Coffey)는 문서의 분석을 다룬다.

- Silverman, David (1993). *Interpreting Qualitative Data. Methods for Analysing Talk, Text and Interaction*. London: Sage. 60~71.

실버맨은 가치 있는 보충자료(예를 들어, 데이터베이스, 통계적 자료, 공공기록)를 제공할 수 있는 텍스트 형태에 특히 주목하면서, 문화기술지적 텍스트 분석에 대한 하나의 일반적인 개관을 제공한다. 여기서 그것은 통계적 모수(statistical parameters)의 문제가 아니라, 왜 다른 형태가 아니고 이러한 형태의 자료가 수집되었는지의 문제이다.

7.9.3. 사례 적용

'의사소통의 문화기술지'의 절차를 예시하는 적용 사례들은 다음의 방법 기술에서 발견된다.

- Saville-Troike, Muriel (1989). *The Ethnography of Communication. An*

Introduction. 2nd (edn.). Oxford: Blackwell. 161~180; 왕한석·백경숙·이진성·김혜숙 역 (2009) 『언어와 사회, 의사소통의 민족지학 입문』, 한국문화사.

사빌-트로이케는 말리(Mali)의 전통적 부락 회의로부터의 자료를 사용해, 'speaking' 지향적인 발화 사건 분석의 사용에 대한 매우 상세한 예시를 제공한다.

- Schiffrin, Deborah (1994). *Approaches to Discourse*. Oxford: Blackwell. 149~185.

'speaking'을 사용해, 쉬프랑은 문헌 조사(book research)와 사회과학 인터뷰 동안 공공도서관의 사서들에게 행해진 질문들을 분석하려고 한다. 목적(ends), 참여자(participants), 행위시퀀스(act sequence)에 관한 질문들이 특히 유익한 결과로 이어지고, 이것이 연구 중인 발화 사건에 대한 가장 명료한 구분을 제공한다는 점을 그녀는 발견한다.

이것들 외에 매우 교육적으로 동기화된 분석 사례, 즉 '의사소통의 문화기술지'의 적용은 특히 비교 문화 연구와 문화 연구 분야에서 발견된다. 사례들은 다음 문헌에 있다.

- Blom, Jan-Petter & Gumperz, John J. (1972). "Social Meaning in Linguistic Structure: Code-Switching in Norway". in John J. Gumperz & Dell Hymes (eds.). *Directions in Sociolinguistics. The Ethnography of Communication*. New York: Holt, Rinehart and Winston. 407~437.
- Blum-Kulka, Shoshana (1990). "You Don't Touch Lettuce with your Fingers", *Journal of Pragmatics* 14. 259~288.
- Phillipsen, Gerry (1992). *Speaking Culturally*. New York: State University Press.

• Willis, Paul (1977). *Learning to Labour*. Columbia: Columbia University Press; 김찬호 역 (2004), 『학교와 계급재생산: 반학교문화, 일상, 저항』, 이매진.

제8장

두 가지 민속방법론 지향의 텍스트 분석 방법

: 소속 범주화 장치 분석과 대화 분석

8.1. 이론적 기원

다른 사회학 분과들과 달리—알프레드 슈츠(Alfred Schütz)의 '현상학 (phenomenology)'(그리고 그의 일상세계 또는 일상생활세계 개념)의 영향을 받은—가핑클(Garfinkel)의 '민속방법론(ethnomethodology)'은 사회질서 그 자체를 연구하지 않는다. 대신에 그것은 한 사회의 구성원들이 그들 자신의 사회질서를 형성하기 위해 사용하는 그러한 일상의 절차들을 확인하려고 한다.

사회학의 이러한 지향의 철학적 뿌리는 후설(Husserl)의 현상학뿐 아니라, 비트겐슈타인(Wittgenstein)의 철학, 특히 그의 언어게임 개념에서 찾을 수 있다. 비트겐슈타인은 그의 철학 연구에서 말하기와 생활 양식 사이의 관련성에 주목한다. "'언어 게임'이라는 단어는 여기에서 하나의 언어를 말하는 것이 특정한 활동 또는 생활 양식의 일부라는 사실을 강조하기 위해 사용된다"(Wittgenstein 1984: 250; Kenny 1974: 186ff. 참조).

민속방법론은 하나의 상호작용의 참여자들이 어떤 현행 상황에서, 다시 말해 '국지적으로(locally)' 사회질서를 형성한다는 사실에 기반해 진행된다. 사회적 사실의 세계는 그 구성원들의 지속적인 실천을 통해 형성된다. 민속방법론은 일상의 합리성, 일상 대화의 언어, 일상의 사건들에 대한 연구와 관련 있다. "그러므로 민속방법론은 의사소통을 이해하고, 의사 결정을 하고, 합리적으로 판단하고, 행위를 설명하는 것 등을 위해 하나의 집단의 구성원들에 의해 사용되는 방법들에 대한 연구이다"(Mullins 1973: 182).

해롤드 가핑클(Harold Garfinkel)—빈 출신의 망명자인 사회과학자 알프레드 슈츠의 한 학생—은 아롱 시쿠렐(Aaron Cicourel)과 함께 민속방법론적 이론의 창시자였다. 가핑클(1974)은 그가 베일스(Bales 1950)에 의해 창시된 시스템을 사용해 테이프에 녹음된 배심원 숙의 보고서를 연구하도록 설계된 한 프로젝트에서 민속방법론의 기본 개념들을 발전시켰다고 보고한다. 그러나 이러한 상호작용과정의 분석(5장 5.4.1과 10장 참조)은 자료의 풍부함을 다루기에 불충분했는데, 이것의 결과로서 민속방법론이 발전되었다. 가핑클이 UCLA로 옮긴 뒤에—캘리포니아의 다양한 대학들 도처에서—여기에 하비 색스(Harvey Sacks) 또한 속한, 사회학자, 민족학자(ethnologists), 언어학자들의 한 모임이 출현했다. 소속 범주화 장치 분석(Membership categorization device analysis, MCD)은 첫 번째 민속방법론 방법들 중 하나이며, 이로부터 대화 분석이 뒤이어 발전했다(Mullins 1973). 민속방법론과 그것의 강한 관련성은 '민속방법론적 대화 분석'이라는 그것의 일반명칭에서 드러난다.

> 나는 어떤 다른 기존과학의 부분이 아닌 하나의 연구영역이 존재한다는 것을 제안하고 싶다. 그 영역은 그것을 추구하고 있는 이들이 민속방법론/ 대화 분석이라고 부르게 된 것이다. 그 영역은 사람들이 사회생활을 하는 가운데 사용하는 방법들을 기술하려고 한다. (Sacks 1984: 21)

이것은 많은 독일의 출처들에서 자연발생적 텍스트들을 경험적으로 분석하는 접근들을 언급하기 위해 선택되는 비민속방법론적 대화 분석과 분명한 차이를 확립한다.

1960년대와 1970년대에 대화 분석은 하비 색스가 이끈 집단에서 하나의 독립적인 연구 지향으로서 발전했고, 이 방법의 토대를 세운 것은 이매뉴얼 A. 셰글로프(Emanuel A. Schegloff)와 게일 제퍼슨(Gail Jefferson)의 고전적 연구들과 함께, 그의 '강의들' 이었다(Jefferson 1972; Sacks 1972a; Schegloff et al. 1977; Sacks et al. 1978; Sacks & Schegloff 1979). 이러한 대화 분석의 초기 저작은 차례 취하기(turn-taking)—화자 변화의 기저를 이루는 원칙—또는 수정 전략, 즉 의사소통 장애를 극복하고, 상호주관적 이해를 달성하기 위해 참여자들이 사용하는 메커니즘 같은, 사회적 상호작용의 시퀀스 형성(sequencing)에 대한 통제 원칙을 주요 연구초점으로서 이미 다뤘다.

1970년대에 대화 분석의 성장은 언어학의 두 가지 발전과 동시에 일어났고, 그것들에 상당한 영향을 주었다(Streeck 1983; Bergmann 1994 참조). 이러한 발전은 첫째 촘스키(Chomsky)의 이상화된 화자-청자 모델에서 탈피하려는 움직임과, 실제 언어에 대한 관심이었다. 그리고, 둘째, 화용론, 담론 분석, 화행이론(speech act theory)에 자극받은 발화 행위에 대한 연구였다.

8.2. 기본적인 이론적 가정

MCD와 대화 분석이 민속방법론으로 인해 그것의 특성을 얻었기 때문에, 이론적 가정은 오직 민속방법론의 원칙과 관련해 이해될 수 있다. 여기에서 민속방법론의 네 가지 본질적 가정이 영향력 있는 것으로 제시될 것이다—(a) 사회적 현실의 수행적 성격, (b) 지표성, (c) 재귀성, (d) 행위의 설명 가능성.

사회적 현실의 수행적 성격(The performative nature of social reality): 탈콧 파슨스(Talcott Parsons)에게 지도받은 학위논문에서, 해롤드 가핑클은 "그 아래서 한 개인이 그를 둘러싼 세계를 지속적으로 이해하는, 조건"에 관심 있었다(Garfinkel 1952: 1; Bergmann 1994: 5에서 인용). 그는 사회적 현실을 하나의 '수행 현실'로 보는데, 이것은 객관적으로 결정되는 것이 아니라, 참여자들에 의해 끊임없이 '국지적으로(locally)' 생산되고, 상호주관적으로 승인된다. 여기에서, 가핑클은 (심지어 그의 이후 저작에서도) 자신을 알프레드 슈츠의 현상학, 특히 '일상'생활 개념과 명시적으로 연관 짓는다(Garfinkel 1972). 그는 참여자들이 국지적으로 그리고 상호작용에 의해 현실을 협상할 때, 그들이 참조하는 "보이지만 눈에 띄지 않는(seen but unnoticed) 일상 활동의 배경"(Garfinkel 1972: 3)에 관심 있었다. 민속방법론자들의 주장에 따르면 연구자들은 참여자들 자신에게 중요한 그러한 지표들을 발견하려고 해야 한다. 아롱 시쿠렐은 심지어 연구 결과의 타당성이 '보통 사람'이 사용한 지표와 사회과학자의 지표 사이의 암묵적 일치에 의해 좌우되게 만든다. 이것의 결과는 민속방법론 분석자들이 참여자들 자신이 상호작용에서 형성하는 범주화를 포착하기 위해 처음부터 모든 일반화와, 고정 관념의 형성을 회피한다는 사실이다(Heritage 1984: 292). "상식적 지식과 상식적 행위에 대한 연구는, 전문지식이 없건 전문적이건, 사회학을 하는 한 사회의 구성원들이 일상 활동의 사회 구조를 관찰 가능하게 만들기 위해 사용하는 실제 방법들을 문제 현상으로서 다루는 것으로 이루어진다"(Garfinkel 1972: 30). MCD와 대화 분석은 모두 대화의 의미와 질서가 현재 진행 중인 상호작용에서 형성된다는 현실의 수행적 성격으로부터 결론 내린다. 모든 다른 행위들처럼, 언어는 규칙과 제도의 상황적 산물이다.

지표성(indexicality)은 모든 관찰된 현상이 그것이 생산된 상황적 조건에 결부되어 있다는 것을 의미한다. 언어 표현의 의미는 또한 지표적인데, 그러므로 이것은 그것이 상당히 특수한 맥락의 특정한 사람에 의한 언어 사용에 속한다는 것을 의미한다. 그러므로 언어 발화의 의미는 주로 항상 구체적인 사용 맥락을 참고해 이해할 수 있다. 심지어 그러한 맥락은 민속방법론자들에게 객관적으로 결정되는 것으로 보이지 않는다. 그것 자체가 상호작용 과정의 일부이다.

재귀성(reflexivity)은 이것과 관련 있다. 그것은 행위와 맥락이 상호적으로 구성된다는 사실과 관련 있다. 대화 분석에서 이러한 맥락 개념은 오직 현행 의사소통 상황의 참여자들에게 의미 있는 것이 맥락의 일부로 간주되어야 한다는 것을 의미한다. 발화는 그것의 생산과 해석의 맥락에서 발생할 뿐 아니라, 동시에 다음 발화의 맥락에 기여하기 때문에, 언어는 두 가지 방식으로 맥락 결부적(context-bound)이다 (Heritage 1984: 242). 이러한 재귀적 맥락 지향은 발화들의 연결을 특징 짓고, 질서의 국지적 형성에 중요하다.

설명 가능성(demonstrability)은 재귀성과 관련 있다. 이것은 참여자들이 행위를 설명 가능하고 인식 가능하게 만들기 위해 사용한 규칙과 관련 있다(Schiffrin 1994: 234).

이러한 이론적 가정에 기반해, 민속방법론은 그것의 특정한 적용 분야가 일상의 대화와 일상의 이야기인, 구체적인 텍스트 분석 방법을 발전시켰다. MCD 분석은 기술과 범주화를 위해 참여자들이 사용한 도구를 재구성하려고 한다. 대화 분석은 "간단히 말해, 특정 상황의 언어적, 비언어적 상호작용에서 **사회질서의 (재)생산**의 의사소통적 원칙"(Bergmann 1994: 3; 강조는 원문)을 다룬다.

8.3. 방법의 목표

8.3.1. MCD 분석의 목표

MCD의 목표는 적절하고 적합한 기술을 하기 위해 사용된 메커니즘을 이후에 재현하기 위해, 사회의 구성원들이 언제 그리고 어떻게 기술을 하는지를 이해하는 것이다(Silverman 1993: 80).

연구자가 추구해야 할 것은 구성원들이 구성원들에게 그렇게 인식될 수 있도록 하기 위해 그러한 방식으로 행하는 어떤 행위들이 완전히 인식되는 것이 어떻게 가능한지를 규정할 하나의 장치를 만드는 것이다. (Sacks 1992b: 236)

8.3.2. 대화 분석의 목표

대화 분석은 참여자들이 하나의 의사소통 상황의 특징적 구조와 질서를 만들어 내기 위해 사용한 그러한 생성 원칙과 절차들을 발견하려고 한다(Bergmann 1994: 7).

우리가 다루려고 하는 현상의 종류는 항상 그것의 실제 시퀀스(sequence)에서 실제 발생한 것에 대한 전사(transcriptions)이다. 그리고 내가 보기에 우리의 작업은 그러한 발화들을 만들어 내는 장치를 구성하려고 시도하는 것이다. 즉, 우리는 어떤 대상들을 발견해 이름붙이고, 그러한 대상들을 사용하는 규칙을 발견해 이름붙일 것인데, 여기에서 그러한 대상들을 사용하는 규칙은 그러한 발생들을 만들어 낼 것이다. (Sacks 1985: 13)

그러므로 목표는 참여자들이 행하는 것을 재생산할 수 있는 '장치'를 발견하는 것이다. 이런 식으로 민속방법론을 통한 일상 현상의 발견은 또한 대화 분석에도 존재한다. 그들 자신의 일상 환경에 대한 참여자들의 지식을 찾는 것에서, 대화 분석은 대화의 특정한 측면이 화자 자신에게 어떻게 보이는지를 발견하려고 한다. 그러므로 행동이 분석되고, 이러한 분석단위로부터, 패턴과 규칙이 도출되고 형성된다(Schiffrin 1994: 236). 관찰 가능한 현상의 기저 메커니즘이 대화 분석의 근본적 관심인데, 관찰 가능한 현상의 하나의 사례는 화자 변화(speaker change)이다. 참여자들은 따로따로, 그리고 드물게 동시에 말하고, 한 명의 화자는 다음 화자를 지명할 수 있거나, 다음 화자는 스스로 지명할 수 있다 등. 이러한 일상 행동에 기저하는 규칙은 하비 색스, 이매뉴얼 셰글로프, 게일 제퍼슨에 의해 하나의 간단한 시스템으로 제시되었고, 이것은 아래에서 보다 상세하게 기술될 것이다(Sacks et al. 1978; 섹션 8.4.2 참조).

대화 분석이 실험적 상황보다는 자연 발생적인 상황으로부터 발생한 텍스트에 대한 분석과 관련 있다는 것 또한 이것의 이론적 기반의 일부이다. 이 방법은 맥락 결부적이고, 텍스트 개념은 민속방법론적 전통과 밀접히 관련된다. 텍스트는 하나의 대화에서 상대방에 대한 상호 해석의 결과와, 상호작용의 산물로서 이해된다. 상호작용은 구조화되어 있다. 이러한 구조화의 한 가지 사례는 인접쌍(adjacency pairs)에서 찾을 수 있다. 이것은 서로 다른 화자들에 의해 만들어지고, 첫 번째와 두 번째 부분으로 배열된, 두 개의 발화로 이루어진 하나의 시퀀스이며, 따라서 예를 들어 질문-대답 시퀀스에서처럼, 첫 번째 부분이 두 번째 부분을 암시한다.

유사하게 민속방법론적 지향을 갖고 있는, 맥락 개념은 이것과 관련 있다. 이러한 의미의 미래-과거적 귀인 가정은 각각의 발화를 이전 발화의 맥락에 결부시키고, 동시에 그것을 다음 발화의 맥락으로 본다. "어떤 화자의 의사소통 행위의 의미는 **맥락에 의해 형성되는** 동시에 **맥락을 갱신시킨다**는 점에서 이중적으로 맥락적이다"(Heritage 1984: 242). 텍스트 자체의 이러한 맥락 형성 요인 외의 요인들은 가장 중요한 요인이 아니다. "그들이 '실제로' 각기 의사와 환자라는 사실은 그 **사실 때문에** 그러한 특성화를 관련 있는(relevant)[1] 것으로 만들지 않는다"(Schegloff 1987: 219). 맥락으로 간주되는 유일한 것은 텍스트에서 참여자들에게 분명히 나타난 것이다. 그러므로 대화 분석에서 사용된 맥락 개념은 텍스트에 근거한다.

---

1) (옮긴이) 알프레드 슈츠의 관련성(relevance) 개념 참조.

8.4. 방법의 개관

8.4.1. MCD 분석의 개관

MCD 분석의 출발점은 작은 텍스트 단위들, 즉 주로 단 하나의 진술이나 문장들로 구성된다. 다음의 두 문장이 색스의 저작(1972b)을 통해 어느 정도의 명성을 얻었다.

> 아기가 울었다. 엄마가 아기를 안았다.

MCD 분석은 이러한 작은 단위들에 대한 특정한 집단의 구성원들의 이해 뒤에 놓인 것을 확인하려고 한다. 우리의 일상적 이해를 검토한다면, 아기가 울고 있기 때문에, 아기를 안은 것은 그 특정한 아기의 어머니라고 우리가 이해하는 것은 명백해진다. 아기를 안는 일은 그녀에게 할당된다. 다음 질문들이 명백하게 대답되지 않을지라도, 텍스트는 이런 식으로 이해된다.

- 이 사람은 정말로 문제가 되고 있는 그 아이의 어머니인가?
- 아기가 안기기 전에 울었는가?
- 아기가 울었기 때문에 안아졌는가?

그러나 분명히, 어떤 아기와 어떤 어머니가 언급되는지, 아기가 안기기 전에 울었는지, 어머니의 동기는 무엇이었는지를 그들이 정확히 알지 못해도, 두 문장의 시퀀스는 모든 잠재적 청자들에 의해 동일한 방식으로 이해된다.

MCD 분석은 그다음에, 청자들이 어떻게 이러한 단편을 대부분 동일한 방식으로 이해하는 것이 가능한지를 보여 주는 '장치'를 구성하려고 한다. 이러한 메커니즘—소속 범주화 장치—은 색스(1972b)에 의하면, 다음의 요소들로 구성된다(Sacks 1972a 참조).

(a) **범주**, 이것은 대상이나 사람의 기술을 위해 사용된다. 예를 들어 '어머니'.
(b) **집합**(collections), 즉 함께 속하는 것으로 여겨지는 범주들—예를 들어 '어머니', '아버지', '아기' 범주들은 '가족' 집합에 속한다.
(c) 범주에 **결부된 행위**, 이것은 보통 하나의 범주의 구성원에게 속하는 그러한 행위이다—따라서 '울기'는 '아기'에게 속하고, '아기를 안는 것'은 그 어머니에게 속한다.

이러한 요소들을 적용할 때 구성원들은 보통 두 가지 규칙에 의해 안내된다(Sacks, 1972a, 1972b).

(a) **일관성 규칙**. 한 명의 화자가 두 개 이상의 범주들을 사용하고, 이러한 범주들이 하나의 집합에 속하는 것으로 이해할 수 있을 때, 그것들은 이러한 방식으로 이해될 것이다. 이러한 방식에서 '어머니'와 '아기'는 동일한 가족에 속한다. 일단 하나의 특정한 **집합**의 하나의 범주가 사용되면, 이전에 범주화되지 않은 다른 구성원들을 동일한 집합의 범주들에 연관시키는 것을 선호하게 된다.
(b) **효율성 규칙**. 각 개인은 단지 하나의 범주에 할당되며, 모든 사람들이 할당되었을 때 해석은 완료된다.

MCD 분석의 과제는, 그렇다면 그것에 의해 집단들(또는 구성원들)의 관찰도식과 평가도식이 발견될 수 있는, 텍스트의 이러한 메커니즘을 재구성하는 것이다.

8.4.2. 대화 분석의 개관

8.4.2.1. 분석의 규칙과 과정

대화 분석에 관한 고전적 논문 모음집의 서론에서 짐 셴케인(Jim Schenkein)은 이 책에 포함된 연구들에서 하나의 공통적인 '분석적 사고'에 대해 말한다(Schenkein 1978a: 1). 민속방법론적 지향은 그것이 상호작용 참여자들의 관점에서 현실을 재구성하는 것의 문제임을 의미한다. 대상을 만드는 데 참여자들 자신이 사용한 그러한 방법들을 발견하기 위한 요건은 이것과 관련 있다. 그러므로 분석에서 사용된 특정한 절차는 연구의 특정한 대상에 맞추어져야 한다. 이러한 이유 때문에 대화 분석은 어떤 일반적이고 의무적인 방법론을 형성하지 않는다. 그러나 그것의 분석은 체계적이고 규칙 지배적이다. 모든 대화 분석의 일반적으로 의무적인 기본 규칙의 사례로서 우리는 하비 색스가 만든 요건을 취할 수 있다.

> 분석절차의 첫 번째 규칙, 즉 당신이 절대 지켜야 하거나 당신이 바꿀 수 없는 하나의 규칙은 이것이다. 문제해결의 준비로서, 일어났을 것 같은 것을 정할 때, 일어날 수 있을 것으로 생각되는 것에 대한 당신의 개념이, 당신에게 유리하게, 일어났어야 할 것을 결정하도록 하지 말라. (Sacks 1985: 15)

> 당신이 특정 대상을 구성하기 위해 필요한 장치의 복잡성이나 단순성과, 그 대상의 액면 그대로의 복잡성이나 단순성 사이의 필연적 일치는 존재하지 않는다. (Sacks 1985: 15~16)

이것은 어떤 분석에서든 참여자들의 관점으로부터의 현실의 재구성은 연구자들의 개념에 의해 가려져서는 안 되고, 단순한 일상의 문제들이 반드시 동일한 단순성으로 기술될 필요는 없다는 것을 의미한다. 이것의 하나의 사례로서, 하비 색스는 영어문법을 드는데, 여기에서 6살짜리 아이가 일상적으로 만들 수 있는 바로 그러한 문장들은 평범하게 설명될 수 없다(Sacks 1985: 16).

이러한 기본 규칙들에 더해, 그것이 참여자들의 행동으로부터 비롯되고, 특정대상의 구조가 발견되면서 단지 점진적으로 형성되기 때문에, 분석단계는 단지 매우 일반적으로 기술될 수 있다. 베르너 칼마이어(Werner Kallmeyer 1988: 1101)에 의하면, 순차적(sequential) 절차, 질서 정연한(ordered) 성격의 행위들에 대한 정밀한 관찰, 상호 해석의 정교화가 이 방법의 특징이다.

대화 분석에서 사용된 기술형태는 소리와 시각 자료에 단계적으로 —즉, 순차적으로(sequentially)—접근한다. 베크만(Bergmann 1994: 11)은, 첫 단계로서, 전사(transcript)에서 뒤 또는 앞으로 건너뛰지 않고, 자료의 상대적으로 작은 부분이 하나의 해석 집단에 의해 분석되어야 한다고 권고한다. 해석 가설이 공동으로 개발되고, 기각되거나 입증된다. 해석 작업은 단지 대상들(즉, 언어적, 비언어적 발화)을 확인하고, 그것들을 참여자들에 의해 형성된 질서 정연한 사건의 구성 요소로서 이해하는 것으로 이루어진다. 대화 분석은 질서 정연한 성격의 활동들을 상호작용의 사회적 조직에서 어떤 구조적 문제에 대한 방법론적 해결(methodical solving)의 결과, 다시 말해 선행질문에 대한 대답으로서 이해한다. 기저하는 구조적 문제에 관한 가설에 근거해 진행하기 때문에, 그것은 특정한 문제를 해결하기 위해, 그리고 그렇게 함으로써 행위들의 관찰 가능한 질서를 만들어 내기 위해 참여자들이 사용한 그러한 일상의 방법들을 재구성한다. 해석의 타당성을 검증하기 위해, 일련의 사례들이 최종적으로 검토된다. 출발점은 항상 참여자들의 관련성(relevance) 개념이다. 그러므로 그것은 화자가 특정한 발화에 의해 의도한 것의 문제가 아니라, 이러한 발화가 대화에서 어떻게 다루어지는지의 문제이다. 끝으로, 상호작용 참여자들에 의해 대화에서 사용된 기법이 분류된다. 그러므로 범주화는 일반적으로 단지 마지막 단계로서 수행된다.

동사, 형용사, 문장들이 어떻게 작동하는지 우리가 아는 것처럼, 우리는 그러한 대상들에 이름붙이고, 그것들이 어떻게 작동하는지 알고 싶어 한다. 그러므로 우리가 하나의 동사, 하나의 술어 등으로 조합된 하나의 문장을 알듯이, 하나의 행위가 어떻게 조합되는지 알게 될 수 있다. 물론, 이상적으로는, 하나의 문장의 조합이 형식적으로 기술될 수 있는 것처럼, 우리는 하나의 형식적으로 기술될 수 있는 방법을 가질 수 있다. 이러한 기술은 보통 시퀀스들뿐 아니라, 특정한 문장들을 다룰 수 있다. 그다음에 우리가 할 수 있는 것은 또 다른 문법을 개발하는 것이다. 그리고 물론, 문법은 일상적으로 관찰 가능한, 단단히 질서정연한 사회적 행위들의 모델이다. (Sacks 1984: 24f.)

이런 식으로 대화 분석은 사회학과 언어학의 접경지역에 자신을 위치시킨다. 언어가 연구됨에도 불구하고, 현재 대화의 화자와 관련 없는 범주들은 만들어지지 않기 때문에, 문법적 범주와 구조들은 분석의 관심대상이 아니다(Schiffrin 1994: 239 참조).

사회적 상호작용 과정을 조직하는 것에 대한 통제 메커니즘이 중심 관심이다. 고전적 연구 대상은 두 개의 연속적인 발화를 하나의 상호작용 시퀀스로 연결하는 대화의 순차적 조직(sequential organization)과, 화자 변화의 조직(organization of speaker change)이다. 상호작용 시스템의 핵심 요소로서 화자 변화의 조직은 대화 분석이 따르는 절차의 사례를 제공한다(Sacks et al. 1978: 7~55 참조). 그들의 고전적 논문에서, 색스, 셰글로프, 제퍼슨은 여기에서 맥락으로부터 자유롭고(context-free), 맥락에 민감한(context-sensitive) 하나의 대화 참여 구조 체계를 발견했다고 주장한다(Sacks et al. 1978: 10 참조). 모든 가능한 대화 상황에 적용할 수 있는 형식 체계가 가능하기 때문에 맥락으로부터 자유롭고, 동시에 그것이 맥락적 요인에 대처한다는 점에서 맥락에 민감하다(〈도표 8.1〉

참조). 체계는 두 개의 요소, 즉 차례 구성 요소(turn-construction component) 와 차례 할당 요소(turn-allocation component)로 구성되며, 이에 더해 이 것들을 결합하는 규칙이 존재한다. '차례(turn)'란 단어는 대화 분석에 서 말할 권리를 넘겨받은 때부터 그것이 다음 화자에게 넘겨질 때까지 하나의 단일한 화자의 발화(또는 일련의 발화들)를 나타내기 위해 사용 된다. 차례 구성 요소는 예를 들어 문장일 수 있다. 그것은 청자에게 그렇게 인식되고, 그들이 추가적인 참여(contribution)의 전개를 평가하 는 것을 가능하게 만든다. 구성 형태의 첫 번째 가능한 결론은 소위 '이행적정 지점(transition-relevance place, TRP)'이다. 차례 할당 요소에 의해, 현재 화자가 다음 화자를 선택하는 방법과, 다음 참여가 자기선 택을 통해 발생하는 방법 사이의 구분이 이루어진다. 게다가, 두 개의 규칙이 만들어진다. 첫 번째 규칙은 세 부분으로 나뉜다. (a) 참여가 화자선택 장치를 포함한다면, 그렇게 함으로써 선택된 화자는 다음 참여를 넘겨받을 권리를 가진다. (b) 차례가 '다른 사람에 의한 선택' 장치를 포함하지 않는다면, 자기선택이 가능하고, 처음 말하기 시작한 사람이 다음 차례를 얻는다. (c) 차례가 '다른 사람에 의한 선택' 장치를 포함하지 않는다면, 어떤 다른 사람이 대화를 넘겨받을 때를 제외하면 현재 화자가 계속될 수 있다. 두 번째 규칙은 다음과 같다. 첫 번째 이행적정 지점에서 현재 화자가 아무도 선택하지 않았고, 아무도 차례 를 넘겨받지 않았으며, 현재 화자가 계속된다면, (위의) 첫 번째 규칙에 서 기술된 규칙이 다음 이행적정지점에서 회귀적으로 적용될 것이다. 화자 변화 시스템은 〈도표 8.1〉에 설명된다.

슐로빈스키(Schlobinski)는 하나의 구매 대화의 시퀀스 사례로 이러 한 기저 시스템을 예시한다.

(1) 판매자: 사과 1파운드, 맞죠 (.)
(2) 구매자: 배 네 개도 주세요.

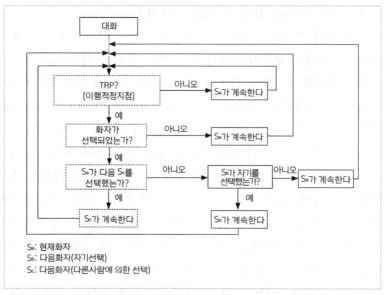

다음 다이어그램의 텍스트:

대화

TRP?
(이행적정지점)

아니오 → S_a가 계속한다

예

화자가
선택되었는가?

아니오 → S_a가 계속한다

예

S_a가 다음 S_c를
선택했는가?

아니오 → S_a가 자기를
선택했는가?

아니오 → S_a가 계속한다

예

S_c가 계속한다

예

S_b가 계속한다

S_a: 현재화자
S_b: 다음화자(자기선택)
S_c: 다음화자(다른사람에 의한 선택)

<도표 8.1> 화자 변화 시스템(출처: Schlobinski, 1996: 209)

여기서 휴지는 판매자의 차례의 끝에 이행적정지점을 나타낸다. 다음
화자는 이것을 자신에게 TRP와 자기선택으로서 해석한다.

(1) 판매자: 사과 1파운드, 맞죠 (.) 그밖에 다른 것은요?
(2) 구매자: 배 네 개도 주세요.

여기서 현재 화자는 다음 화자에게 말할 권리를 넘겨주며, 여기에서
억양은 결정적인 역할을 한다. 다음 화자는 그 자신의 차례를 시작함
으로써 '다른 사람에 의한 선택'을 받아들인다.

대화 분석은 화자 변화의 조직보다 순차적 조직의 원칙을 상위레벨
에 놓는데, 이것은 두 개의 인접한 발화가 하나의 상호작용 시퀀스로
결합되는 것이며, 그것은 또한 이것을 넘어서는 다양한 상호작용 시퀀
스들의 형태를 분석한다. 이것을 다루기 위해, 조건 관련성(conditional

relevance)과 선호 구조(preference organization) 개념이 개발되었다. 조건 관련성은 두 개의 차례 사이의 의존 관계를 의미한다. 예를 들어, 하나의 질문은 하나의 대답을 기대하고, 하나의 인사는 하나의 답인사를 기대한다. 조건 관련성을 통해 소위 인접쌍이 형성된다(Schegloff & Sacks 1973 참조).

대화 분석은 하나의 언어 행위에 대한 가능한 반응이 모두 동일한 가치를 갖지 않고, 선호되는 행위와 덜 선호되는 행위 사이의 구분이 이루어진다는 사실을 기술하기 위해 선호 구조라는 용어를 사용한다. 하나의 질문 뒤에 선호되는 구조는 하나의 대답이지만, 동일하게 맞질문이라는 덜 선호되는 선택지가 선택될 수 있다. 선호 구조에 대한 초기의 연구는 셰글로프 등(1977)의 연구인데, 이것은 다른 화자에 의한 수정보다 자기 수정(즉, 화자에 의한 자기수정)에 대한 선호를 분석한다. 조건 관련성과 선호 구조의 범주에 의해, 대화 분석은 복잡하고 광범위한 맥락을 분명히 다룰 수 있다(또한 Kallmeyer 1988: 1099 참조).

8.4.2.2. 비판적 논의

대화 분석에 대한 비판은 특히 맥락에 대한 그것의 이해에 의해 자극되었다(cf. Cicourel 1992; Kotthoff 1996; Gruber 1996; Mey 1993). 셰글로프의 강의 '누구의 텍스트인가? 누구의 맥락인가?'(Schegloff 1998 참조)에 대한 반응에서, 튼 판 데이크(Teun van Dijk)[2]는 왜 그가 대화 분석이 가정한 '텍스트 자체'에 대한 무조건적인 연구를 환상에 불과한 것으로 생각하는지를 설명한다. 연구자들은 단순히 그것을 이해할 수 있게 하기 위해 항상 텍스트에 자신의 범주들을 투사한다. 상호작용의 참여자들은 젠더 같은 특정한 범주들을 암묵적으로 택할 수 있다. 게다가 판 데이크는 하나의 텍스트에는 많은 것이 함축되고 내포되어 있기 때문에 텍스트 자체에 속한 것과, 다른 모든 영향 사이의 경계가

---

2) 개인적 의사소통.

분명히 규정될 수 없다고 믿는다. 마지막으로, 인지 과정에서의 풍부한 사회 문화적 지식의 전달이 또한 고려되어야만 한다. 판 데이크가 보기에 그러한 관계는 단순히 주어지거나 명백한 것으로 간주될 수 없기 때문에, 그것은 이제 텍스트 자체의 속성과, 다양한 사회적, 문화적, 인지적 맥락 사이의 관계를 포착할 명시적인 이론을 개발하는 것의 문제이다.

코트호프(Kotthoff 1996)의 비판은 대체적으로 동일한 방향 속에 있다. 대화 분석이 하나의 단일한 대화에서 사회적 신분, 나이 등 같은 모든 관련 있는(relevant) 거시 현상을 발견한다고 주장할 때(Schegloff 1987), 그들은 하나의 대화에서 문화와 권력 차이 등을 관련 있는 것으로 만드는 그러한 절차에 대한 지식을 연구자에게 전제한다. 오직 대화들의 체계적인 비교만이, 예를 들어 권력 차이로 인한 차이를 드러낼 수 있기 때문에, 코트호프는 이러한 주장을 순환적인 것으로 본다(Kotthoff 1996: 187). 그루버(Gruber 1996)와 시쿠렐(Cicourel 1992)은 그것의 문화적, 조직적 조건과 함께 참여자들의 공유된 배경지식이 대화의 이해에서 드러나고 있다는 것을 보여 준다. 이러한 비판과, 또한 해롤드 가핑클과, (그의 '강의들'에서의) 하비 색스 같은 고전적 민속방법론자들이 참여자들의 배경지식을 언급했다는 사실은 대화 분석 자체 내에서 광범위한 맥락 개념으로 이어졌다(특히 Atkinson & Heritage 1984; Bilmes 1993 참조).

'지금 여기(here and now)'에 대한 민속방법론적 제약으로부터, 플래더와 폰 트로타(Flader and von Trotha 1988)는 심각한 학문적 한계를 도출한다. 만약 연구자가 문제를 해결하는 데 참여자들이 사용한 절차들을 검토하고 있다면, 결과들은 대화의 참여자들에게 제한되고, 개별 사례를 넘어서는 설명력을 갖지 못한다(cf. Wodak et al. 1990: 43; Rehbein 1988: 1183).

또한 언어학적 구조와, 상호작용 구조 사이의 관계와, 분석에서 언어학적 단위에 부여된 의미에 대한 비판적 논의가 존재해 왔다

(Kallmeyer 1988: 1100). 언어를 상호작용 구조의 객체로서 취급하는 것에 의해 언어학적 구조의 역할은 심각하게 저평가된다. 보다 언어학적 지향의 연구들에서 이러한 비판을 고려한 하나의 시도가 이루어지고 있다(예를 들어 Gülich & Kotschi 1987 참조).

8.5. 질적 기준

연구자가 멀린스(Mullins 1973: 190)의 판단을 받아들인다면, 민속방법론에 대한 가장 중요한 프로그램적 자극은 아롱 시쿠렐(1964)의 『사회학에서의 방법과 측정(Method and Measurement in Sociology)』으로부터 비롯됐는데, 여기서 그는 다음과 같이 주장한다.

> 일상생활의 방법은 일련의 유추들로 이루어지는데, 이것은 상호작용 과정 동안 끊임없이 감춰지고, 변경되고, 형성되는 것이다. 불변적인 속성과 혁신적인 속성을 가진 문화적 의미들에 대한 연구는 경험적으로 열려진 채 남는다. 우리의 방법들은 보통 우리가 사용하고자 하는 측정체계의 가정을 따르며, 연구 중인 사건들의 구조 때문에, 대안적인 측정방식이 가능하거나 심지어 요구되는지를 묻지 않고 우리는 그것들을 적용하게 된다. (Cicourel 1964: 224)

물론 시쿠렐은 '고전적' 질적 기준을 논의하거나 새로운 질적 기준을 만드는 것을 피했지만, 그럼에도 불구하고 현장 연구를 위한 그의 권고(1964: 68ff.)는 민속방법론 지향의 텍스트 분석을 위한 몇 가지 '기준'을 도출하는 데 사용될 수 있다.

- 연구 목표들이 가능한 명시적으로 형성되어야 하고, 이론적 주장들이 연구되어야 하며, 가설들이 검증되어야 한다.

- 연구상황에 대한 모든 추가적인 지식이 획득되어야 한다. 연구 목표를 위해 필요한 모든 형태의 정보가 명시적이 되어야 한다. 시쿠렐이 일반적인 민속방법론적 연구를 위해 만든 이러한 규칙은 대화 분석에 의해 채택되지 않았다.
- 모든 연구 단계들과 관련된 세심한 기록은 "(1) 명시적인 설계와 암묵적인 설계, (2) 이론과 방법론, (3) 시간이 흐르는 동안 입장의 변화들" 사이의 어떠한 불일치도 명료하게 만들어야 한다.
- "한 연구자가 연구 중인 문제에 관한 모호한 개념과, 매우 빈약한 연구 설계로 시작했을지라도, 환경조건이 허락한다면, 그것의 한계뿐 아니라, 그의 방법론적 절차에 대한 상세한 설명에 의해, 그는 몇 가지 매우 특정한 가설들을 검증하게 될 수 있다"(Cicourel 1964: 69).

연구자가 이러한 규칙들을 받아들인다면, 연구자는 또한 민속방법론에서 타당도, 신뢰도, 그리고 특히 결과의 반복 가능성에 대한 기준의 혼적들을 발견할 수 있다. 색스(1972a: 33)는 '참여자들의 타당성 (adequacy)'을 민속방법론적 분석들의 하나의 핵심기준으로서 규정한다. 셰글로프(1992: 107ff.)는 '실증주의적인' 형태와 '대안적인' 형태를 비교하며, 이러한 '관련성(relevance)' 기준을 논의한다. 전자의 측면에서, 참여자들의 범주화의 성공은 특정한 '기법'에 달려 있다—그것이 통계적으로 유의미하든, 역사적 증거이든 관계없이. '대안적인' 해결책은 참여자들의 특성화가 개인들 자신과 분명히 관련 있지 않은 측면들에 의해 좌우된다는 사실에 기반한다. 이러한 타당도 개념은—색스와 셰글로프가 그것을 그렇게 명시적으로 확인하지 않았을 지라도—일종의 '참여자 타당성 검증'을 나타내는 것으로 보인다(cf. 7장 7.5).

8.6. 적용 분야와 전제 조건

8.6.1. MCD 분석

민속방법론은 언제나 일상 현실에 대한 탐색에 자신을 전념하는 것을 의미한다. 그러므로 그것은 '일반인(enthno)'의 개념들로 사회적 현상을 설명하는 것과 관련된다. 원래 MCD는 일상의 상황, 대화, 상호작용의 분석을 위해 개발되었다. 그러나 분석 틀이 다른 텍스트들에 적용되지 않아야 할 이유는 없다. 그러나 색스에 의해 제안된 형태에서, MCD 분석은 오직 적은 분량의 텍스트에 적용 가능하다. 이것이 실제 방법론에서 예견되지 않았음에도 불구하고, 분석에서 발견된 범주화 메커니즘 뒤에 어떤 사회 구조가 존재하는지에 대한 질문에 전념함으로써, MCD 분석의 결과는 (이론적으로 지지되는) 해석을 위한 출발점으로서 기능할 수 있다.

8.6.2. 대화 분석

베크만(Bergmann 1994)은 대화 분석을 그것이 단지 비공식적 일상 대화 측면의 '대화'에 대한 분석을 다룬다는 오해의 희생자로서 본다. 실제로, 미리 구조화되어 있지 않고, 차례(turn)의 분배, 주제의 순서 (sequence), 참여의 길이가 정해지지 않은, 기본적 형태의 언어적 상호작용으로서 일상의 대화 형태가 주요 관심이다(Heritage 1984). 그것은 또한 다른 모든 텍스트들의 분석을 위한 기반을 형성한다(Silverman 1993: 134 참조). 광범위한 적용 영역의 토대는 짐 셴케인(Jim Schenkein 1978a)의 모음집에 이미 제시되어 있다.

전화와 인터컴을 통해 이루어진 대화들이 존재한다. 숨겨진 녹음장치와 공개된 마이크를 통해, 거실과 공장에서, 실외와 배위에서, 식사 중과 구급

중에, 낯선 사람들, 동료, 친한 친구들 사이에서, 뉴스를 전하고, 업무를 수행하고, 칭찬을 하고, 불만을 접수하고, 보험을 판매하고, 수업을 하고, 경찰을 부르고, 이야기를 하고, 변명을 하고, 치료를 받고, 한담을 나누는 등. 분명한 한계 내에서, 그것은 자료물들의 매우 다양한 언어 자료 (corpus)이다. (Schenkein 1978b: 2)

이것의 결과로, 제도적 의사소통의 분석이 이내 개발되었다(예를 들어 Atkinson & Drew 1979; Drew & Heritage 1992 참조).

잠재적 적용 영역의 이질성은 자료물이 충족시켜야 하는 엄격한 전제 조건을 시사한다(Kallmeyer 1988: 1102ff.). 예비적 문화기술지 연구들은 연구 분야를 이해하기 쉽게 만들어야 하고, 관련 현상의 발견과—가능하다면—선별을 도와야 한다. 연구 분야가 연구자들의 생활경험의 부분이 아니고, 일반적 메커니즘 보다는 법원 조정(court dealing) 같은 특정한 상황이 다루어지고 있다면, 이것은 특히 중요하다. 문화기술지 연구들 자체가 분석에 영향을 미치는 정도는 기저하는 맥락 개념에 의해 좌우된다. 자료물은 실험적인 것이 아니라 자연발생적 상호작용으로부터 비롯된다. 가능한 한 작업은 축소되고 해석된 자료보다는 전사된 텍스트와 영상물을 가지고 수행된다. 이것들이 보통 순차적으로(sequentially) 질서를 이룬 특정한 일관성(coherence)을 재구성하는 데 중요하기 때문에, 연구되고 있는 의사소통 현상은 시작과 결말을 포함해 전체가 기록되어야 한다. 원칙적으로, 여기에서 연구되고 있는 것이 치료 대화 같은 특정한 의사소통적 사건들이 아니라, 수정 장치들이나, 질문과 대답 시퀀스들의 모음인, 소위 표본 분석에서도 이것은 또한 사실이다. 여기에서 또한, 하나의 특정한 표본으로부터 나온 모든 사례는 하나의 개별 사례로서 재구성되어야 한다.

마지막으로, 기록된 자료는 주로 게일 제퍼슨에 의해 개발된 특수한 전사 체계를 사용한 분석을 위해 준비된다(Schenkein 1978a: xi 참조). 음성과 비언어 현상에 가능한 최대히 주의를 기울이는 게 중요한데,

대화 분석의 관점에서 어떤 것도 무관한 것으로 예단될 수 없기 때문이다. 예를 들어, 꺾쇠괄호는 중첩을 나타내고, 대시는 소리를 길게 하는 것을 나타낸다. 구두점은 어조현상을 나타내기 위해 사용된다. 마침표는 하강조를 나타내고, 쉼표는 연속조(평조)를 나타내며, 물음표는 상승조를 나타낸다. 갑작스런 중단은 하이픈에 의해 나타내지고, 강세 어조는 느낌표에 의해 나타내진다. 화살표는 상승조나 하강조의 특히 현저한 변화를 나타낸다. 밑줄은 강조를 나타내기 위해 사용되고, 기타 코멘트들은 둥근 괄호 안에 삽입된다. 짐 셴케인의 모음집(1978a: xi)에서 이러한 전사 체계는 몇 가지 예시와 함께 첫머리에서 설명된다.

> 톰: 내가 젊었을 때 나는 담배를 많이 피우곤 했어
>   [[
> 밥: 나는 카멜(Camels)을 피우곤 했어

이중 꺾쇠괄호는 두 개의 발화가 동시에 일어났다는 것을 나타낸다.

> 톰: 나는 이것보다 더 많이 담배를 피우곤 했어=
>   [
> 밥: 너는 담배를 피우곤 했지
> 톰: =하지만 나는 결코 담배연기를 들이마시진 않았어

일반 꺾쇠괄호는 두 개 이상의 발화가 중첩되기 시작한 곳을 나타내고, '='는 전사에서 발화가 계속되는 곳을 나타낸다.

> 앤: 그건 내 거가 되어버렸어
> 벤: 그건 네 거도 아냐 그건 내 거야
> 앤: **그런데 나는 네가 이것에 왜 그렇게 엄격한지 모르겠어**

강조는 고딕체[3])에 의해 나타내지고, 볼드 활자체나 대문자에 의해 강화된다. '나는 (기침) 담배를 많이 피우곤 했어'—코멘트들은 텍스트에서 둥근 괄호 안에 삽입된다.

8.7. 다른 방법들과 비교한 유사점과 차이점

8.7.1. MCD 분석

MCD 분석을 다른 텍스트 분석 방법과 구분하는 핵심은 그것의 특수한 연구 질문, 즉 그들이 사회적 단위의 구성원으로서 기능하는 가운데 개인들에 의해 사용된 범주화 메커니즘에 대한 그것의 탐색이다. 예를 들어, 인지 도식은 또한 구별이론을 사용한 텍스트 분석의 연구 목표에서 하나의 주요 초점이다.

강한 텍스트와 해석 지향을 가진 MCD와, 내용 분석의 범주화 절차의 차이는 언뜻 보기에 분명하다. 물론, MCD 분석은 양적 방식의 내용 분석으로 보일 수 있다. 집합, 범주, 행위 개념들이 (연역적으로 또는 귀납적으로) 수립되는데, 이것은 양적 평가를 가능하게 만든다. 이러한 목적으로 강력한 '맥락 내 키워드' 기능을 가진 텍스트 검색 프로그램 (예를 들어, 워드크런처(WordCruncher))이 사용될 수 있다.

8.7.2. 대화 분석

(음성과 영상자료 같은 다른 형태가 보완적으로 사용될 수 있고 사용되어야 함에도 불구하고) 가장 중요한 자료원은 글로 쓰인 형태의 텍스트, 특히

---

3) (옮긴이) 원문에는 '이탤릭체'라고 되어 있으나, 국문에서 강조는 일반적으로 고딕체에 의해 나타내지므로 고딕체로 번역하였음.

구두 의사소통(oral communication)의 전사로 구성된다. 이 방법이 다른 텍스트 형태에 적용될 수 있다는 일부 개별 의견 또한 존재한다 (Knauth et al. 1990, 1991). 이런 식으로 대화 분석은 적용 분야가 구두 의사소통에 제한되지 않는 다른 방법들과 원칙적으로 구별된다. 이외에, 대화 분석은 대부분의 다른 방법들과 달리 오직 한 사람 이상에 의해 만들어지는 그러한 텍스트들을 분석한다. 비판적 담론 분석과 기능화용론과 마찬가지로—중첩, 준언어현상, 비언어현상을 고려한—매우 정확한 전사가 분석의 절대적인 전제 조건이다.

추가적인 차이는 맥락에 대한 이해에서 찾을 수 있는데, 이것은 다른 방법들의 맥락에 대한 이해와 매우 다르고, 민속방법론적 전통에 속한다. 재귀적 맥락지향은 모든 발화가 선행 발화의 맥락에 의해 형성되는 동시에 다음 발화의 맥락을 제공한다는 것을 의미한다. 그러므로 하나의 발화는 맥락에 의해 형성될 뿐 아니라 맥락을 변경시킨다. 고전적 형태의 대화 분석은 맥락을 텍스트 자체의 부분으로서 본다. 그러므로 그것은 맥락 분석에서 화자와 상황의 특징, 역사적 사실, 거시사회적 관계를 포함하는 다른 방법들보다 맥락에 대한 훨씬 더 협소한 이해에 기반해 진행된다. (문화기술지적 측면에서 이것은 '어떠한 자료든지 이용 가능하다'고 기술될 수 있다, cf. Hammersley & Atkinson 1995: 1.) 그러나 우리는 대화 분석에서 맥락에 대한 이러한 정의에 대한 비판이 추가적인 발전과, 일부 대화 분석 연구들에서 맥락에 대한 광범위한 개념으로 이어졌다는 것을 관찰할 수 있다(Gruber 1996; Kotthoff 1996; Cicourel 1992).

더욱이, 대화 분석에서 국지적(local) 맥락 지향은, 신분, 나이 등 같은 거시사회적 현상이 그것이 하나의 특정한 대화에서 관련 있을 (relevant) 때 기록된다는 것을 의미한다. 이러한 직접적인 국지성에 대한 집중은 다른 방법들과 달리, 대화 분석이 언어와 사회 사이의 어떠한 이론적 연관성도 개념화하지 않는다는 것을 의미한다. 페어클러프 (Fairclough)의 비판적 담론 분석은 푸코를 따라 그의 소위 담론 질서에서 이러한 연관성을 사용한다(예를 들어, Fairclough 1995a). 그리고 담론 역사적 방법은 사회심리언어학적 텍스트 설계 이론에 사회적 틀을 포함시킬 수 있다(예를 들어, Wodak et al. 1990). 기능화용론은 모든 발화 행위의 기저를 이루는 언어 외적 목적과, 제도에 의한 그것의 전달과 관련해 이러한 연관성을 설명한다(Ehlich & Rehbein 1986).

대화 분석이 미리 규정된 개념들에 의존하지 않는다는 사실에서 이론적 배경에 대한 유사한 관계가 나타난다. 이러한 측면에서 그것은 문화기술지와 근거이론과 대체로 동일하게 작업한다. 이 둘은 모두 그것의 자료물에 가능한 편견 없이 접근하려고 하고, 미리 규정된 개념과 이론들의 사용을 거부한다. 대화 분석의 중립성은 현재대화에서 화자 자신과 관련 없는 어떠한 언어학적 범주들도 사용하지 않을 정도로 문화기술지적 원칙들을 취한다.

우리는 (텍스트)언어학적 출발점과 이론들을 포함하는 모든 '언어학적' 방법들 사이에 구별이 존재해야 한다는 점을 제안한다. 페어클러프는 할리데이(Halliday)의 다기능 언어 이론으로 시작한다. 그의 분석 모델은 또한 내용과, '형식(form)' 또는 '구조(texture)'에 대한 분석을 포함한다. 보닥(Wodak)은 그녀의 담론 역사적 방법을 사회심리언어학적 텍스트설계 이론에 기반하게 한다. 그녀의 분석 모델은 또한 언어적 실현 형태에서 텍스트 수준을 포함한다. 기능화용론은 또한 '절차'를 위한 그것의 '표현수단'에서 문법적 범주들에 의존한다.

다양한 방법들의 실천적 관련성에 있어서 한편으로 대화 분석과, 다른 한편으로 기능화용론과 비판적 담론 분석 사이에 분명하게 규정된 경계가 존재한다. 두 후자가 그것의 결과가 참여자들의 행동의 다소 분명한 변화로 이어지는 것을 기대하는 반면, 대화 분석은 단지 참여자들에 의해 사용된 생성절차를 발견하려고 하고, 그러한 절차에 영향을 주거나 변화시키려고 하지 않는다.

8.8. 문헌

8.8.1. 민속방법론

민속방법론적 사회학에 있어 우리는 우선 니콜라스 멀린스(Nicholas Mullins 1981, 1973)의 논문(contribution)에 주의를 기울여야 하는데, 그는 역사적이고 사회학적인 관점에서 이 학문의 기원과 성장을 기술했다. 가핑클의 『민속방법론연구』(1967)와 시쿠렐의 『사회학에서의 방법과 측정』(1964) 또한 기초저작으로서 언급되어야 한다. 또한 터너 (Turner 1974)의 모음집에서 민속방법론에 대한 몇 가지 다양한 논문들을 발견할 수 있다.

- Cicourel, Aaron V. (1964). *Method and Measurement in Sociology*. Glencoe, IL: The Free Press.
- Garfinkel, Harold (1967). *Studies in Ethnomethodology*. Englewood Cliffs, NJ: Prentice Hall.
- Mullins, Nicholas C. (1973). *Theory and Theory Groups in Contemporary American Sociology*. New York: Harper & Row.
- Mullins, Nicholas C. (1981). "Ethnomethodologie: Das Spezialgebiet, das aus der Kälte kam". in Wolf Lepenies (ed.). *Geschichte der Soziologie: Studien zur kognitiven, sozialen und historischen Identität einer Disziplin*. Frankfurt: Suhrkamp.
- Turner, Roy (ed.) (1974). *Ethnomethodology*. Harmondsworth: Penguin.

8.8.2. MCD 분석

MCD 분석과, 이 방법에서 사용된 절차에 배타적으로 전념한 어떠한 단일저작도 존재하지 않는다. 대신에 색스는 보통 또한 대화 분석과 관련해, 몇몇 다양한 곳에서 '소속 범주화 장치'를 언급하며, 이것들 각각에서 그는 이 방법의 개별 측면을 소개한다.

- Sacks, Harvey (1972a). "An Initial Investigation of the Usability of Conversation Data for Doing Sociology". in David Sudnow (ed.). *Studies in Social Interaction*. New York: The Free Press. 31~73.

이러한 논문에서 색스는 자살할 위험이 있는 사람들과의 상담 대화로부터 발생한 자료를 설명하기 위한 기본 개념들 중 하나로서 '소속 범주들의 집합'을 기술한다. 그는 '범주화 장치'가 사용하는 규칙들을 체계적으로 발전시킨다.

- Sacks, Harvey (1972b). "On the Analysability of Stories by Children". in John J. Gumperz and Dell Hymes (eds.). *Directions in Sociolinguistics*. New York: Holt, Rinehart and Winston. 325~345.

여기서 색스는 자주 인용되는 예시 '아기가 울었다. 엄마가 아기를 안았다'로 MCDs의 기능을 예시한다. 그는 집합, 범주, 범주에 결부된 행위들의 확인에 주목한다. 대화의 순차적 조직(sequential organization)에 관한 섹션에서 그는 대화 분석으로 넘어간다.

- Sacks, Harvey (1992a, 1992b). *Lectures on Conversation*. 2 Vols. Gail Jefferson (ed.). Cambridge, MA: Blackwell.

색스가 1964년과 1979년 사이에 한 강의가 사후에 출간된 이 두 권의 책에서, MCD는 또한 몇몇 곳에서 언급되며(Sacks 1992a: 40ff.·169ff.·175ff.·568ff.·578ff.·584ff.·589ff. 참조), 색스가 그의 초기 강의들에서 MCD에 전념한 반면, 후기 강의들에서는 그가 순차적 조직(sequential organization)의 문제들, 따라서 대화 분석에 보다 주의를 기울였다는 것이 분명해진다.

8.8.3. 대화 분석

민속방법론적 대화 분석의 출발점은 게일 제퍼슨이 편집한 하비 색스의 강의들(1992a, 1992b)에서 찾을 수 있다. 게다가, 목표와 방법론에 대한 일반적인 연구(Sacks 1984, 1985)와, 대화 분석 방법을 적용한 사례의 고전적 모음집(Drew & Heritage 1992; Atkinson & Heritage 1984; Psathas 1979; Schenkein 1978a; Sudnow 1972) 사이의 구분이 이루어질 수 있다. 이것들은 또한 (Sacks et al. (1978). "A simplest systematics for the organization of turn taking for conversation". in J. Schenkein (ed.). (1978a). *Studies in the Organization of Conversational Interaction*. New York: Academic Press. 7~55 같은) 가장 저명한 연구들을 포함한다. 많은 언어학자들은 레빈슨(Levinson 1983)에 의해 처음 대화 분석을 접하게 되었다.

- Atkinson, J. Maxwell & Heritage, John C. (eds.) (1984). *Structures of Social Action: Studies in Conversation Analysis*. Cambridge: Cambridge University Press.
- Levinson, Stephen C. (1983). *Pragmatics*. Cambridge: Cambridge University Press.
- Sacks, Harvey (1984). "Notes on Methodology". in J.M. Atkinson & J.C. Heritage (eds.). *Structures of Social Action: Studies in Conversation Analysis*. Cambridge: Cambridge University Press. 21~27.
- Sacks, Harvey (1985). "The Interference-Making Machine: Notes on Observability". in Teun A. van Dijk (ed.). *Handbook of Discourse Analysis* Vol. 3: Discourse and Dialogue, London: Academic Press. 13~23.
- Sacks, Harvey (1992a, 1992b). *Lectures on Conversation*. 2 Vols. Gail

Jefferson (ed.). Cambridge, MA: Blackwell.

• Schegloff, Emanuel A. (1992). "On Talk and its Institutional Occasions". in Paul Drew & John Heritage. *Talk at Work. Interaction in Institutional Settings.* Cambridge: Cambridge University Press. 101~134.

• Schenkein, Jim (ed.) (1978a). *Studies in the Organization of Conversational Interaction.* New York: Academic Press.

• Sudnow, David (ed.) (1972). *Studies in Social Interaction.* New York: The Free Press.

8.9. 2차 문헌

8.9.1. 핸드북

핸드북의 다양한 장들은 민속방법론의 배경을 다루며, 세 가지 대표적 사례들이 언급될 수 있다.

• Firth, Alan (1995). "Ethnomethodology". in Jef Verschueren. Jan-Ola Östman & Jan Blommaert (eds.). *Handbook of Pragmatics: Manual.* Amsterdam: Benjamins. 269~278.

• Holstein, James & Gubrium, Jaber F. (1994). "Phenomenology, Ethnomethodology and Interpretative Practice". in Norman K. Denzin & Yvonna S. Lincoln (eds.). *Handbook of Qualitative Research.* Thousand Oaks, CA: Sage. 262~272.

• Streeck, Jürgen (1987). "Ethnomethodolgie". in Ulrich Ammon. Norbert Dittmar & Klaus Mattheier (eds.). *Soziolinguistik: ein internationales Handbuch zur Wissenschaft von Sprache und Gesellschaft.* Vol. 1. Berlin: de Gruyter. 672~679.

바로 앞에 언급된 장에서 홀슈타인(Holstein)과 구브리엄(Gubrium)은
현상학적이고 민속방법론적 지향을 가진 질적 사회연구의 발전을 개
괄한다. 이 장은 민속방법론에 의해 연구된 '사회질서의 다양한 측면'
에 대한 하나의 개관을 제공하려고 한다. 대화 분석의 토대와 가정이
기술되지만, ('집합표상'과 '일상생활의 레토릭' 같은) 보다 최근의 발전과
연구의 주안점 또한 논의된다.

다음 논문들은 대화 분석에 집중한다.

• Hutchby, Ian and Drew, Paul (1995). "Conversation Analysis". in Jef
Verschueren, Jan-Ola Östman & Jan Blommaert (eds.). *Handbook of
Pragmatics: Manual*. Amsterdam: Benjamins. 269~278.

이 논문은 대화 분석의 적용 영역과, 이론적 기원의 간략한 개관을
제공하고, 사례와 함께, 차례 취하기(turn-taking) 시스템, 의미의 상호
작용적 생산, 조건 관련성을 기술한다.

• Kallmeyer, Werner (1988). "Konversationanalytische Beschreibung". in
Ulrich Ammon, Norbert Dittmar & Klaus Mattheier (eds.). *Soziolinguistik:
ein internationales Handbuch zur Wissenschaft von Sprache und Gesellschaft*.
Vol. 1. Berlin: de Gruyter. 1095~1108.

베르너 칼마이어(Werner Kallmeyer)는 민속방법론의 각각의 이론적,
방법론적 원칙들이 어떻게 대화 분석으로 표출되는지를 상세히 기술
하고, 분석 과정과 그것의 전제 조건을 입증한다.

• Bergmann, Jörg R. (1994). "Ethnomethodologische Konversationanalyse".
in Gerd Fritz & Franz Hundsnurscher (eds.). *Handbuch der Dialoganalyse*.
Tübingen: Niemeyer. 3~16.

요크 베크만(Jörg Bergmann)은 역사적, 이론적 배경에 더해 대화 분석의 핵심주제를 제시한다.

8.9.2. 다른 방법설명

· Silverman, David (1993). *Interpreting Qualitative Data. Methods for Analysing Talk, Text and Interaction*. London: Sage. 80~89·125~133.

실버맨(Silverman)은 MCD와 대화 분석을 모두 개괄하고, 전자를 텍스트 분석에, 후자를 전사(transcripts)의 분석에 관련시킨다. 여기서 그는 대화 분석의 주요 적용 영역을 고려한다. 그는 MCD 분석을 신문 헤드라인, 접촉 광고, 대화의 단편들로 예시한다. 후자는 대화 분석을 보여 주기 위해 사용되고, 여기서 그는 대화의 순차적(sequential) 질서 형성, 대화의 개시자, 차례 취하기(turn-taking) 구조를 더욱 깊이 검토한다. 대화 분석의 이러한 일반적 주제 영역에 더해, 실버맨은 제도적 대화의 연구에 특별한 주의를 기울인다. 전반적으로, 실버맨은 분명하고, 이해하기 쉽지만, 간략한 소개를 제공하는 데 성공한다.

· Schlobinski, Peter (1996). *Empirische Sprachwissenschaft*. Oplanden: Westdeutscher Verlag. 207~217.

대화 분석에 관한 이 장에서 화자 변화, 대화의 시퀀스 형성(sequencing), 기본구조의 체계가 사례와 함께 대화 분석에서 가장 관심 있는 세 가지 주제로서 제시된다.

· Malmkjaer, Kirsten (1991b). "Discourse and Conversation Analysis". in Kirsten Malmkjaer (ed.). *The Linguistics Encyclopedia*. London: Routledge. 100~110.

이 논문에서 대화 분석은 버밍엄(Birmingham) 대학에서 개발된 담론 분석 시스템과 함께 제시된다. 이러한 설명은 대화 분석의 관심의 한 가지 주요초점, 즉 인접쌍(adjacency pairs) 체계에 제한된다.

마지막으로, 크나우트 등(Knauth et al. 1990, 1991)의 논문이 언급할 가치가 있다. 이것은 대화 분석의 방법론적 지향을 개괄할 뿐만 아니라, 텍스트 분석에서 그것의 유용성을 논의하고, 정신의학 전문가의 견해와 함께 이것을 예시한다.

- Knauth, Bettina, Kroner, Wolfgang & Wolff, Stephen (1990, 1991). "Konversationanalyse von Texten". *Angewandte Sozialforschung* 16(1~2). 31~43.

8.9.3. 연구 사례

MCD에 관한 모든 하비 색스의 저작들은 이 방법을 예시하는 사례들을 포함한다.

- Sacks, Harvey (1972b). "On the Analysability of Stories by Children". in John J. Gumperz and Dell Hymes (eds.). *Directions in Sociolinguistics*. New York: Holt, Rinehart and Winston. 325~345.
- Sacks, Harvey (1992a, 1992b). *Lectures on Conversation*. 2 Vols. Gail Jefferson (ed.). Cambridge, MA: Blackwell.

이미 지적한대로, 실버맨은 신문 헤드라인, 접촉 광고, 짧은 대화 시퀀스들로 MCD 분석을 예시한다.

- Silverman, David (1993). *Interpreting Qualitative Data. Methods for Analysing Talk, Text and Interaction*. London: Sage. 80~89.

모든 이러한 사례들은 대부분 교육적인 목표를 추구한다. MCD 분석을 사용한 보다 포괄적인 적용 사례들은 문헌에서 발견되지 않는다.

대화 분석에 관해서는, 이것들이 다양한 사례들을 포함하고 있기 때문에, 우리는 (위의) 8.9.2에서 논의된 모음집을 참조할 수 있다. 다른 적용 사례들은 담론 분석에 관한 판 데이크의 핸드북 3권에서 발견할 수 있다(van Dijk 1985c).

- Heritage, John (1985). "Analysing News Interviews: Aspects of the Production of Talk for an Overhearing Audience". in Teun A. van Dijk (ed.). *Handbook of Discourse Analysis*. Vol. 3: Discourse and Dialogue, London: Academic Press. 95~131.
- Atkinson, J. Maxwell (1985). "Refusing Invited Applause: Preliminary Observation from a Case Study of Charismatic Oratory". in Teun A. van Dijk (ed.). *Handbook of Discourse Analysis*. Vol. 3: Discourse and Dialogue, London: Academic Press. 161~181.

쉬프랑(Schiffrin 1994)에는 교육적 배경을 가진 하나의 대화 분석 적용 사례가 포함되어 있다.

- Schiffrin, Deborah (1994). *Approaches to Discourse*. Oxford: Blackwell. 149~185.

방법에 대한 간략한 전반적인 개관 뒤에, 저자는 하나의 구체적인 사례('there + be + ITEM')를 가지고 대화 분석의 방법론을 실증한다.

주요 방법으로써 대화 분석을 사용한 보다 포괄적인 사례는 빌케(Wilke, 1992)에서 발견된다. 이 저자는 다양한 형태의 대화 개시를 보여 주기 위해 대화 분석을 사용해 정신 분석의 초기 대화를 분석한다. 이어서 그녀는 또한 환자에 의해 소개된 주제들을 내용 분석의 기반으로서 사용한다.

• Wilke, Stefanie (1992). *Die erste Begegnung: eine konversations-und inhaltsanalytische Untersuchung der Interaktion im psychoanalytischen Erstgespräch*. Heidelberg: Asanger.

제9장 내러티브 기호학

서사(Narrations)는 스토리텔러의 특정한 경험이나 결론을 포함하는, 시작, 중간, 결말을 가진 이야기들로 이해될 수 있다. 이야기를 말하는 것은 보통 묘사된 사건 동안의 특정한 이례적인 사건과, 특정한 복잡한 문제와 관련된다. 내러티브(narrative) 장르는 시간적 순서원칙들에 의해 좌우된다(Labov & Waletzy 1967; Gülich & Quasthoff 1985).

내러티브 분석은 다양한 방법론적 형태로 존재하는데, 이것은 그것의 형식화 정도와, 그것의 연역적, 귀납적 절차와 관련해 서로 구분된다. 연역적 형태는 일련의 규칙과 원칙들에 기반해 진행하며, 텍스트의 의미를 명확히 하는 데 이것들을 사용하려고 한다. 귀납적 형태는 주로 문화기술지적(ethnographic) 기원을 갖고, 텍스트에서 맥락 의존적 단위를 확인하고, 이야기의 효과뿐 아니라 구조를 재구성하려고 한다. 대다수의 내러티브 방법들은 "상당히 느슨하게 만들어지고, 거의 직관적이며, 분석자에 의해 정의된 용어들을 사용한다"(Manning & Cullum-Swan 1994: 464f.). 이러한 견해는 여기에서 보다 상세히 제시될, 프랑스의 기호학자이자 구조주의자인 알기르다스 줄리앙 그레이마스(Algirdas Julien Greimas)의 내러티브 기호학에서는 사실이 아니다.

9.1. 이론적 기원

내러티브 기호학의 이론적 기반은 찰스 S. 퍼스(Charles S. Peirce)와, 찰스 모리스(Charles Morris)의 기호학 연구들과, 페르디낭 드 소쉬르(Ferdinand de Saussure)의 구조언어학에서 찾을 수 있다. 기호학은 상이한 기준, 적용가능성, 복잡성을 가진 많은 가능한 기호체계들 중 단지 하나로서 언어를 본다. 한편으로, 소쉬르의 언어학은 언어의 관계적 측면을 강조한다. 기호들 사이의 관계가 의미의 원천이다. 다른 한편으로, 소쉬르는 **랑그**(langue)와 **파롤**(parole) 사이, 즉 기저하는 규칙과 관습(**랑그**)과, 실현된 구체적 언어 행위(**파롤**) 사이의 구분을 도입한다.

그레이마스의 방법의 내러티브 요소는 러시아 형식주의(로만 야콥슨(Roman Jakobson), 빅토르 쉬클로프스키(Viktor Sklovskij))와, 특히 블라디미르 프로프(Vladimir Propp 1958)의 러시아 동화에 대한 분석으로부터 유래하는데, 여기에서 의미의 전달에서의 형식의 역할이 강조된다. 동화는 모든 이야기에 핵심적인 내러티브 구조를 수립한다. 백 개 이상의 동화의 분석에서 프로프는 (피해, 방해 같은) 31가지 '기능'을 확인하는데, 이것은 다양한 수행자들에 의해 맡아질 수 있다. 이러한 기능들은 서로 특정한 관계에 있고, 따라서 7가지 행동 영역을 구성하는데(예를 들어, 악당, 후원자, 진짜 주인공, 가짜 주인공), 이것들의 존재나 부재는 동화에서 단지 전체 네 가지의 플롯을 산출한다(Silverman 1993: 74). 그레이마스는 전체 가능한 기능과 행동 영역을 축소시킨다. 서사를 이끄는 역할이나 세력들을 차지하는 그의 **행위항들**(actants)의 구성에서, 그레이마스(1983: 215ff.)는 또한 정신분석학적 개념과 심리극적 개념을 포함시킨다.

9.2. 기본적인 이론적 가정

그레이마스의 방법은 의사소통에 대한 기호학적 이해에 기반해 진행한다. 그러므로 의사소통은 기호학적 과정, 즉 의미를 통한 기호(sign)와 기의(signified)의 연결로 이루어진다.

- 퍼스에 의하면, 기호 작용(semiosis)은 "하나의 기호(sign), 그것의 대상(object), 그것의 해석항(interpretant) 같은, 세 가지 주체들의 협력작용이거나 이것들을 포함하는 행동, 즉 영향을 의미하는데, 이러한 삼자관계적 영향은 어떤 식으로든 쌍들 사이의 행동으로 분해될 수 없다."(Charles S. Peirce. *Collected Papers*. 1934, 5: 484; Eco 1991: 29에서 인용). 그러므로 '의미'(또는 '해석항') 요소는 기의(signified, 대상)와 기표(signifier, 기호) 사이를 매개하며, 여기에서 또한 관습 또는 사회적 관습(sociality)에 대한 참조가 이루어진다(Eco 1991: 29f.). 기호는 기의와 어떠한 '자연적' 연관성도 갖지 않는다. 이러한 관계는 관습적이다.
- 기호들은 자율적인 독립체들이 아니라, 오직 기호체계에서의 그것의 위치를 통해, 그리고 다른 기호들과 그것의 변별을 통해 그것의 의미를 획득한다. 소쉬르주의 언어학에서, 기호들은 두 가지 다른 차원에서 서로 관련된다. 한편으로, 예를 들어 사슬처럼, 그것에 의해 특정한 의미를 갖는 전체에 따라 기호들이 배열될 수 있는, 결합가능성이 존재한다. 이것은 **통합적 관계**(syntagmatic relations)라고 불린다. 다른 한편으로, 그러나 어떤 의미에서 하나의 범주의 다른 표현이며, 예를 들어, 하나의 반대쌍(예/아니오)으로 배열될 수 있는, 상호배타적인 기호들이 존재한다. 이것은 **계열적 관계**(paradigmatic relations)라고 불린다.

기호학에서, 텍스트는 항상 두 가지 요소로 이루어진 기호들의 체계이다―통사론과 단어 수준의 표층 구조와, 기저의미. 내러티브 기호학에서, 이러한 모델은 항상 다음과 같이 나타난다(Greimas & Rastier

1968; Fiol 1990: 380 참조).

- **표층 구조**(surface structure)는 직접 인식 가능하고 쉽게 접근할 수 있는 텍스트 형태로 여겨진다. 이것은 주로 전통적 텍스트 분석과 내용 분석에서 연구되는 구조이다.
- **심층 구조**(deep structure)는 텍스트에 배태된 근본 가치체계를 의미하며, 그것이 특정한 사회체계의 가치와 규범을 텍스트에 반영한다는 점에서 이것은 보편적인 규범, 가치, 태도로 구성된다.

이러한 두 가지 수준의 연결 고리로서, 내러티브 기호학은 세 번째 수준, 즉 발현(manifestation) 구조를 구성시키는데, 이것은 내러티브 구조와 관련된다. "의미의 생성은 처음에 발화의 생산과, 담론에서의 그것들의 결합의 형태를 띠지 않는다. 그것은 그것의 궤적 동안 내러티브 구조에 의해 전달되며, 발화로 표현된 의미 있는 담론을 생산하는 것은 이것들이다"(Greimas 1987: 64f.). 내러티브 구조는 표층 구조의 의미를 생산하고 조직하기 위해 이것들을 사용한다. 그것은 텍스트에서 발생할 수 있는 일련의 선택, 기본 조건, 역할로부터 비롯된다.

9.3. 방법의 목표

내러티브 기호학은 텍스트의 내러티브 구조와, 의미를 함축한 심층 구조를 재구성하는 것과 관련된다.

우리는 그것에 의해, 담론의 생산과 분화를 통제할 수 있고, 특정한 조건 아래 서사성(narrativity)의 발현을 조직할 수 있는 그러한 방식으로 그러한 내용들을 다룰 수 있고 그것들을 처리할 수 있는 그러한 형식 모델을 수립해야 한다. (Greimas 1987: 65)

따라서, 내러티브 기호학은, 첫 단계로서, 표층 구조와 심층 구조 사이를 매개하는 텍스트의 내러티브 구조를 확인하려고 한다. 오직 이러한 매개구조를 이해하는 것만이 심층 구조를 이해하는 것을 가능하게 만든다(Fiol 1990: 380).

9.4. 방법의 개관[1]

내러티브 기호학은 내러티브 구조와 심층 구조 둘 다의 분석을 위한 도구로서 범주들을 사용하며, 그것의 절차는 미리 정해진 단계와 지시의 제공에 의해 지배된다.

9.4.1. 내러티브 구조

텍스트의 내러티브 구조는 그레이마스(1983: 202ff., 1987: 106ff.)가 **행위항**(actants)이라고 부른, 이야기를 이끄는, 여섯 가지 역할에 의해 특징지어진다.

(a) **예정자**(Destinator). 이것은 규칙과 가치를 행동으로 옮기고, 텍스트의 이데올로기를 재현하는 특정한 세력을 의미한다.

(b) **수신자**(Receiver). 이것은 (a)의 가치들을 지닌다. 그러므로 그것은 (a)가 가치를 부여한 대상을 의미한다.

(c) **주체**(Subject). 주체는 서사(narration)에서 주요한 역할을 차지한다.

(d) **대상**(Object). 서사의 대상은 주체가 열망하는 것이다. 그것은 주체의 관심이 향하는 목표를 대표한다.

---

1) Cf. 장르(genres), 스키마(schemas), 또는 프레임(frames) 체계에 관해선, Sandig & Rothkegel 1984; Swales 1991; Wodak 1986. 보통 내러티브, 논증적, 기술적, 교육적 텍스트 형태 사이에 구분이 이루어진다.

(e) **조력자**(Adjuvant). 이러한 지원 세력은 대상과 관련된 그것의 노력에서 주체를 돕는다.

(f) **배신자**(Traitor). 이러한 방해 세력은 그 목표로부터 주체를 저지하려고 하는 모든 것을 대표한다.

이러한 **행위항들**이 반드시 행위자일 필요는 없다. 이러한 다양한 세력들 사이에 단지 매우 특정한 관계들이 가능하다. **주체**는 자신을 **대상**에 향하게 하고, 여기에서 **조력자**에 의해 지원되며, **배신자**에 의해 방해된다. 이 모든 것은 **예정자**의 가치구조 내에서 발생하는데, 이것은 **수신자**에 의해 전해진다. **예정자**의 이데올로기는 보통 서술자(narrator)에 의해 재현된다.

플롯을 결정하는 두 가지 다른 영향은 공간과 시간이다. 그레이마스는 이러한 영향을 **동위소**(isotopes)로서 특징화한다(1983: 78ff., 1974).

- 공간의 **동위소**는 이야기가 발생하는 환경을 범주화한다. 주체가 행위하는 내적 공간은 유토피아적(utopian)이라고 불리는 반면, 모호하고 부정확하게 규정된 환경은 헤테로토피아적(heterotopian)이라고 불린다.
- 시간의 **동위소**는 시간축 상의 변위를 특징짓는데, 이것은 과거, 현재, 미래를 향한 내러티브의 지향을 의미한다.

서사 과정 동안의 이러한 여섯 가지 **행위항**과 두 가지 동위소를 기술하는 것이 내러티브 구조분석의 과제이다.

9.4.2. 심층 구조

텍스트의 심층 구조의 분석은 기저하는 가치와 규범을 확인하려고 한다. 다양한 내러티브 구조가 하나의 공통적인 심층 구조에 기반할 수 있다. 심층 구조의 요소는 (a) 텍스트를 적절히 재현할 만큼 충분히 복잡하고, 논리적으로 일관되고, 충분히 안정적이어야 하고, (b) 텍스트와 분석자 사이를 효과적으로 매개하고 객관화하는 기능을 수행하며, (c) 충분히 정확해야 한다. 이것에 적합한 모델은 기호 사각형 (semiotic square)이다(〈도표 9.1〉 참조).

사랑함 (+) S1	미워함 (-) S2
미워하지 않음 (+) S-2	사랑하지 않음 (-) S-1

<도표 9.1> 기호 사각형

〈도표 9.1〉의 기호 사각형에 배열된 개념들은 하나의 텍스트에서 긍정(+) 또는 부정(-)의 둘 중 하나로서 표시된다. 이 사각형은 두 가지 종류의 논리적 관계를 포함한다. S1과 S2 사이의(그리고 또한 S-1과 S-2 사이의) 관계는 **반대** 관계인 반면, S1과 S-1 사이의, 그리고 또한 S2와 S-2 사이의 관계는 **모순** 관계이다. 정적인 관점에서 이 사각형은 서사(narration)에서 특정한 순간의 규범적 조건을 나타낸다. 역동적인 관점에서 그것은 가치와 규범의 다양한 전개를 예시하기 위해 사용될 수 있다.

서사(narration)의 모든 부분의 정적인 구조를 확인하기 위해, 텍스트의 내용이 표층 구조부터 내러티브 구조까지 연속적으로 환원되어야 (reduced) 한다. 일련의 규칙들이 이러한 목적을 위해 제공된다(Fiol 1990: 383).

9.4.3. 분석절차

첫 번째 국면. 분석의 첫 번째 국면은 텍스트의 세 가지 수준에 대한 전반적인 느낌을 제공해야 한다. 이러한 과정 동안 텍스트는 우선 주제 블록으로 분해되어야 하는데, 이러한 과정 동안 주제나 지향의 변화가 인식되어야 한다. 그다음에 이야기의 필수세력들이 확인되고 **행위항들**로 분류되어야 한다. 마지막으로, 그것은 공간적, 시간적 동위소들을 특징지을 기회이다.

두 번째 국면. 이제 각 주제 블록에 대한 보다 정밀한 분석이 뒤따른다. 각 블록에 적용되어야 하는 형식적 규칙들에 의해, 심층 구조에 이르는 것이 가능해야 한다.

- 첫째, 시간과 공간뿐 아니라 **행위항들**이 각 부분에 대해 별도로 분석된다.
- 그다음에, 각 부분에 대해, **행위항들** 사이의 분위기(mood)와 관계가 밝혀진다—그것들이 보다 능동적인가 아니면 보다 수동적인가, 그것들이 서로 관련되는가 아니면 관련되지 않는가?
- 세 번째 단계로서, 행위항들의 움직임들이 분석된다. 이러한 움직임들이 어떻게 특징지어질 수 있는가? 가능한 움직임들의 목록은 습득, 대립, 억압, 인지, 확장, 수정을 포함한다. 이것들은 **행위항들** 사이의 관계를 명시하기 위해 사용된다.
- 다음으로, 특정한 부분의 목표와 목적이 밝혀져야 한다. 여기에서 인지적 포함(즉, 지식과 기술의 습득)과 실용적 포함(즉, 지식과 기술의 검증이나 적용) 사이의 구분이 이루어진다.
- 이러한 마지막 단계에서, 원래의 주제 부분들이 첫 네 단계의 결과들과 대조된다. 여기에서 첫 단계에서 주제적으로 규정된 블록들이 이제 결과에 기반해 내러티브 프로그램으로서 기술되어야 한다. 이러한 부분들 내에, **행위항들** 사이의 관계의 어떤 단절이 존재하는가? 행위항들의 분위기가 변하는가? 이것이 실로 사실이라면, 블록이 재규정되어야 하고, 첫

네 단계가 반복되어야 한다.

세 번째 국면. 이제 연구자는 내러티브 구조에서 텍스트의 심층 구조로 나아가야 한다. 이런 식으로 표층 구조가 완전히 배제되고, 그 결과 분석자와 텍스트 사이의 거리가 확보될 수 있고, 작업은 형식화된 내러티브 프로그램—즉, 두 번째 국면의 결과—에 기반해 진행할 수 있다. 그렇다면, 세 번째 국면은 앞선 국면들보다 훨씬 덜 규칙 지배적이다.

그러나 그 안에서 공간, 시간, **행위항**, 분위기(moods), 그것들의 상호 관계와 움직임, 그리고 또한 이러한 프로그램의 목적이 밝혀지는, 내러티브 프로그램에 기반해, 기저가치를 강조하고, 그것들을 기호 사각형에 위치시키는 것이 가능해야 한다. 이러한 과정에서, 주체(subject)에 속하는 가치와, **예정자**(destinator)와 **수신자**(receiver)에 의해 재현되는 실제 가치 사이의 구분이 항상 이루어져야 하는데, 이를 위해 추가적인 기호 사각형—소위 **참진술의 사각형**(carré de veridiction)—이 제공된다 (Greimas & Rastier, 1968; 〈도표 9.2〉 참조).

이런 식으로 관찰된 가치와 '실제' 가치의 전개가 재현될 수 있다. 관찰된 가치와 '실제' 가치 사이의 갈등은 주체와 다른 **행위항들** 사이의 연계와 분리의 정도와 관련된다.

비밀	참		착각
	존재함 (+)	존재하는 것으로 보임 (−)	
	존재하는 것으로 보이지 않음 (+)	존재하지 않음 (−)	
	거짓		

<도표 9.2> 참진술의 사각형(Carré de veridiction)

모든 내러티브 프로그램을 위해 기호 사각형에 제시된 대로, 내러 티브 기호분석의 결과는 적어도 텍스트의 심층 구조에 대한 어떤 통찰력을 제공해야 한다. 주체에 의한 가치의 관찰이 전개되고, '실제' 가치와의 갈등이 해결되는 방식은 서사(narration)의 기저를 이루는 목적에 대한 궁극적인 통찰력을 제공한다.

9.5. 질적 기준

예상할 수 있듯이, 그레이마스(1983)에서 전통적 질적 기준에 대한 어떠한 명시적인 언급은 없다. 그러나 의미론은 또한

> 그때까지 다소 무시되거나 간과된, 다양한 미시세계에서 인식되는 체계와 알고리즘의 요소들 사이의 상관관계를 수립하는 것을 상상할 권리를 갖는데, 이것은 부분적인 구조적 수반(concomitances)으로부터 가설의 수립과 기술모델의 구성을 재가한다. (Greimas 1983: 162)

따라서, 내러티브 기호학은 또한 모델에서 구조를 재현할 수 있도록 하기 위해, 가설을 수립하고 검증하려고 한다.

그레이마스(1983: 163ff.)는 언어 자료(corpus)에 부과되는 요건을 정식화한다. 이것은 언어학적 모델에 의해 구성되는 일련의 메시지로서 이해된다(Greimas 1983: 163 참조). 그러므로 그것은 언어 자료를 해석하는 분석이다. 언어 자료는 다음 요건들을 충족시켜야 한다.

• 그것은 대표적이어야 하는데, 이것은 그레이마스에게 어떤 통계적 기준을 의미하는 것이 아니라, 오히려 하나의 담론의 구성 요소들과 전체 사이의 종속관계를 의미한다.
• 그것은 철저해야(exhaustive) 하는데, 그것이 암묵적으로 이러한 모델의

모든 요소들을 망라해야 한다는 점에서 그렇다.

• 그것은 동질적이어야 한다. 이것은 변이들(variations)이 화자 또는 의사
소통의 전체범위 둘 중 하나의 수준에서 이해되어야 하는, 상황적 한계
(parameters)에 의해 좌우된다.

이러한 의도적으로 추상적인 기준을 보충하기 위해, 그레이마스
(1983: 163f.)는 '언어 자료의 충실한 기술에 대한, 철저함이 제공하는
것으로 보이는 것과, 동일한 보장을 우리가 얻도록 하는 다음과 같은
보다 경제적인 방법'을 제안한다.

• 첫 번째 국면에서 기술은 오직 언어 자료의 (대표적) 부분을 사용해야
하고, 이러한 기반에서 하나의 모델을 해석해야 한다.
• 두 번째 국면은 '그러한 일시적 모델의 검증'과 관련되고, 이를 위해 그
레이마스는 두 가지 절차를 제공한다. (a) '모델의 포화(saturation)를 통
한 검증(블라디미르 프로프, 클로드 레비-스트로스)'. 여기에서 지금까
지 처리되지 않은 채 남은 언어 자료의 부분이 이러한 모델과 체계적으
로 비교되거나, 이러한 모델을 사용해 처리되며, 모든 구조적 변이들이
소진되고, 그것이 더 이상 변화될 수 없을 때까지 이러한 모델이 추가적
요소들로 풍부해진다. (b) '조사(soundings)를 통한 검증(장 뒤부아, Jean
Dubois)'. 여기에서 처리되지 않은 언어 자료의 부분으로부터 표본들이
선택되고, 이것들이 모델을 검증하기 위해 사용된다. 이것은 모델의 기
각, 확정, 또는 완성으로 이어질 수 있다.

그러므로 그것을 명시적으로 언급하지 않고, 그레이마스는 또한 타
당성과 신뢰성 개념을 가지며, 그리고 여기에서 그는, 그가 제시하는
검증 방법에서, 주로 통계적 절차에 의해 안내된다.

9.6. 적용 분야와 전제 조건

그것의 기저구조와 가치를 밝히기 위해 이야기들이 연구되는 모든 곳에 내러티브 기호학을 적용하는 것이 적절한 것으로 보인다. 그러므로 내러티브 기호학의 사용을 위한 전제 조건은 텍스트가 내러티브 요소들을 보여줄 수 있어야 한다는 것이다. 사례들은 항상 '전형적인' 이야기들(특히 동화)과 관련되고, 이러한 방법은 확실히 비내러티브 텍스트에 적용될 수 없다. 연구자가 순수한 문학적 형태 이상으로 이 방법을 적용하려고 한다면, 내러티브와 전기적 인터뷰가 적합한 적용 분야가 될 것으로 보인다.

연구가 가장 작은 의미론적 단위보다는 텍스트의 부분에 집중하기 때문에, 연구자가 예를 들어 해석학적 방법들과 내러티브 기호학을 비교한다면, 분석범위는 제한된다. 하나의 이야기의 내러티브 구조의 발견에 초점을 둔다면, 이 방법이 극히 다루기 쉬운 반면, 심층 구조에 다가서기 위해서는 해석기술방법을 필요로 한다.

9.7. 다른 방법들과 비교한 유사점과 차이점

내러티브 구조에 대한 그것의 집중 때문에, 다른 텍스트 분석 방법들과의 비교는 어려운 것으로 보인다. 특수한 연구 질문이 이 책에 제시된 다른 모든 방법들과 내러티브 기호학을 구분한다. 오직 연구자가 비교를 위해 보다 추상적인 기준을 사용할 경우에만 유사점이 발견될 수 있다.

이 방법은 연역적이며, 텍스트와 언어에 대한 기호학적 내러티브 이론에 기반해 진행한다. 그것은 이것으로부터 도출된 유형이나 범주들을 연구 도구로서 사용한다. 이러한 연역적 절차를 고려할 때 SYMLOG뿐 아니라 내용 분석에서 사용되는 (다른) 의미론적 절차들과의 유사점이 존재한다.

그것이 텍스트의 표층 구조로부터 자신을 자유롭게 하고, 분석의 첫 두 국면의 범주적 환원의 결과를 사용해 연구를 계속하려고 할 때, 이 방법은 환원적이다. 이점에서 우리는 SYMLOG와의 추가적인 유사점을 보게 된다.

기능화용론과 객관적 해석학처럼, 그것은 텍스트에서 심층 구조를 확인하려고 한다. 기능화용론이 이것을 언어 행동의 목표 지향성으로 보고, 객관적 해석학이 그것을 잠재적 의미로 보는 반면, 내러티브 기호학은 심층 구조를 하나의 이야기의 기저를 이루는 근본 가치와 규범으로 이해한다.

9.8. 문헌

주요문헌으로서 우리는 블라디미르 프로프의 러시아 동화에 대한 이정표적 연구(1958), 알기르다스 그레이마스의 기초저작 『구조 의미론(*Structural Semantics*)』(1983), 그레이마스와 라스티에(Rastier)의 저작(1968)을 언급할 수 있다.

• Greimas, Algirdas J. (1974). "Die Isotopie der Rede". in Werner Kallmeyer, Wolfgang Klein, Reinhard Meyer-Hermann, Klaus Netzer & Hans-Jürgen Siebert (eds.). *Lektürekolleg zur Textlinguistik*. Frankfurt: Athenäum. 126~152.
• Greimas, Algirdas J. (1983)[1966]. *Structural Semantics. An Attempt at a Method*. Lincoln: University of Nebraska Press[Original: *Sémantique structurale: Recherche de méthode*. Paris: Larousse].
• Greimas, Algirdas J. (1987). *On Meaning. Selected Writings in Semiotic Theory*. London: Frances Pinter; 김성도 역 (1997), 『의미에 관하여』, 인간

사랑.

- Greimas, Algirdas J. & Rastier François (1968). *The Interaction of Semiotic Constraints*. Yale French Studies: Game Play and Literature, New Haven, CT: Eastern Press.
- Propp, Vladimir I. (1958)[1928]. *Morphology of Folktale*. The Hague: Mouton.

9.9. 2차 문헌

9.9.1. 핸드북

사회학과 언어학의 핸드북에서 그레이마스의 방법이 현저하게 눈에 띄진 않지만, 이것은 때때로 내러티브 분석과 관련해 논의된다.

- Gülich, Elisabeth & Quasthoff, Uta M. (1985). "Narrative Analysis". in Teun A. van Dijk (ed.). *Handbook of Discourse Analysis*. Vol. 2: Dimensions of Discourse, London: Academic Press. 169~197.
- Manning, Peter K. & Cullum-Swan, Betsy (1994). "Narrative, Content and Semiotic Analysis". in Norman K. Denzin & Yvonna S. Lincoln (eds.). *Handbook of Qualitative Research*. Thousand Oak, CA: Sage. 463~477.

9.9.2. 다른 방법설명

- Fiol, C. Marlene (1990). "Narrative Semiotics: Theory, Procedure and Illustration". in Anne Sigismund Huff (ed.). *Mapping Strategic Thought*. Chichester: Wiley. 377~402.

이 논문에서 마를린 피올(Marlene Fiol)은 그것의 이론적 배경을 덜 강조하고, 상세한 예시와 함께 이 방법의 간략한 기술에 더 강조점을 두면서, 내러티브 기호학에 대한 명료한 설명을 제공하는 데 성공한다.

• Silverman, David (1993). *Interpreting Qualitative Data. Methods for Analysing Talk, Text and Interaction*. London: Sage. 71~80.

'내러티브 구조'라는 주제에 관해, 실버맨(Silverman)은 프로프와 그레이마스 둘 다의 접근들을 논의한다. 그러나 포함된 분석 방법들은 단지 단편적으로 개괄된다('기능', '행동 영역', '구조'). 마지막으로, 실버맨은 프로프와 그레이마스에 대략적으로 기반해, 노조지도자들에 의해 제시된 영국노동당의 과거와 미래의 시나리오에 대한 내러티브 분석을 보여 준다.

9.9.3. 연구 사례

피올(1990)과 실버맨(1993)에 의해 언급된 두 가지 설명은 모두 적용사례를 포함한다. 피올은 동화 텍스트에 대한 정밀하고 점진적인 내러티브 분석을 제시한다. 이러한 사례는 의도상 교육적이고, 이 방법에 대한 이해노(intelligibility)를 보장한다. 실버맨(1993: 76ff.)은 출간되지 않은 그 자신의 연구를 사용해, 광범위한 의미의 내러티브 분석이 순수하게 문학적이지 않은 텍스트에 어떻게 적용될 수 있는지를 보여준다.

제10장 텍스트 분석 방법으로써 SYMLOG

SYMLOG는 '다차원그룹관찰시스템(A System for Multiple Level Observation of Group)'(Bales & Cohen 1979: 3)을 의미한다. 그것의 원래형태에서 그것은 집단의 관찰을 위한 분석 틀을 포함한다.[1] 다른 저자들은 또한 사회적 상호작용의 일상적 기술(descriptions)에 대한 내용 분석을 위해 이러한 도식을 추천한다(Schneider 1989 참조). 메튼(Merten 1983)이 제안한 내용 분석 절차의 분류 체계를 따른다면, 그것은—상호작용 과정 분석처럼—'상황'에 초점을 둔 의미론-화용론적 절차이다.

10.1. 이론적 기원

베일스와 코헨(Bales & Cohen 1979: 11)은 그들의 '체계적 다차원 장이론(systematic multi-level field theory)'의 다수의 이론적 배경을 언급한다—다양한 사회 인지이론(예를 들어, Fritz Heider의 **균형이론**, Leon Festinger의 **부조화이론**, Harold H. Kelley의 **귀인이론**), 상징적 상호작용론, 사회 교

---

1) SYMLOG가 집단의 관찰을 위한 방법이라는 것은 이론의 여지가 없다(Cf. Titscher 1995a).

환이론(Thibaut & Kelley, Blau and Homans), 탈콧 파슨스(Talcott Parsons 1951a, 1951b)의 행위이론, 가족 치료적 접근(Murray Bowen, Salvador Minuchin). 또한 정신 분석이론과 커트 레빈(Kurt Lewin)의 장이론(field theory)이 특히 중요하다.

로버트 F. 베일스(Robert F. Bales)는 사회학적 소집단 연구의 가장 저명한 주창자들 중 하나이며, 1950년 이후 이 분과를 형성하는 것을 도와왔다(예를 들어, Bales 1950 참조). 1950년대 초의 그들의 공동 작업 동안, 베일스와 탈콧 파슨스는 소집단 상호작용의 분석을 위한 그의 도구에서 베일스에 의해 개발된 범주들이 파슨스에 의해 만들어진 '유형 변수(pattern variables)'와 밀접하다는 것을 발견했다. 다시 말해, 두 가지 범주 모음이 서로 독립적으로 개발되었음에도 불구하고, 그것들은 동일한 차원들로 구성됐다. 파슨스의 도식이 사회 체계의 일반적 특징의 목록을 필요로 한 반면, 베일스의 범주들은 소집단의 미시 세계에 대해 동일한 것을 필요로 한다. 시작 질문은 다음과 같았다. 그들의 균형 또는 심지어 생존을 보장하기 위해 어떤 문제를 하나의 집단이 극복해야 하는가? 이러한 문제는 두 가지 수준에 귀속될 수 있다—사회정서적 영역과, 문제 해결 영역. 사회정서적 수준에서 모든 집단은 (a) 그들의 구성원들을 정서적으로 통합시켜야 하고, (b) 발생하는 긴장을 극복해야 하며, (c) 결정을 내려야 한다. 이러한 세 가지 범주들 각각은 긍정적 또는 부정적 반응의 형태로 나타날 수 있다. 예를 들어, 연대 또는 적대의 둘 중 하나가 나타날 수 있다. 두 번째 수준—문제 해결 수준—에서 또한 세 가지 범주들이 존재한다. 특정한 과제를 달성하기 위해, 집단은 (a) 지향(orientation), (b) 평가(evaluation), (c) 감독(monitoring)의 문제를 극복해야 한다. 이러한 범주들에서 항상 질문(예를 들어, 의견 요구)과, (의견 표명에서처럼) 응답하려는 시도가 존재한다. 이것으로부터 12가지 범주를 가진 잘 알려진 관찰도식이 나왔다.

10.2. 기본적인 이론적 가정

그것이 광범위한 집단 과정의 관찰에 기반해 만들어졌기 때문에, 베일스와 코헨(1979: 13)은 '체계적 다차원 장이론'을 글레이저와 스트라우스(Glaser & Strauss 1967)적 측면의 '근거이론(grounded theory)'으로서 특징짓는다. 그것이 집단의 역학과, 개인의 역학을 둘 다 고려하고, 개인의 역학과 사회적 장의 역학 사이의 관계에 대한 체계적 통찰을 촉진시키기 때문에, 그것은 다차원적이다. 커트 레빈(1951)의 장이론과 달리, 그것은 다양한 장들을 구분한다. 즉, (a) 개인적 지각의 장, (b) 특정한 시점의, 모든 개인들 스스로의 다차원적 행동, (c) 시간과 관계없는, 개인들 사이의 상호작용 과정, (d) 집단의 개인들의 모든 쌍들 사이의 상호 관계의 발전, (e) 주변집단의 전체 내부 구조, 즉 특정한 시간 동안의 사회적 상호작용의 장, (f) 한 시기 동안 사회적 상호작용의 장에서의 동적 변화(Bales & Cohen 1979: 53).

SYMLOG 접근은 다른 무엇보다도 다음 세 가지 수준을 연구한다 (Schneider 1989: 10).

- 언어와 비언어 행동
- 의사소통 동안 전해진 아이디어의 내용
- 가치(찬성과 반대)

그러나 세 가지 수준 모두는 공통적인, 세 가지 차원의 관찰과 평가 공간, 즉 SYMLOG 공간 모델에 배치될 수 있다. 요인 분석에 의해 확인되는 세 가지 차원은 다음과 같이 특징지어질 수 있다.

- 영향력의 행사 대 영향력의 자제(*Upward-Downward*(상향적-하향적)).
- 정서적 성향 대 정서적 거리두기(*Positive-Negative*(긍정적-부정적)).
- 협력과 목표 지향성 대 충동성과 감정성(*Forward-Backward*(진보적-퇴보적)).

세 가지 가능한 형태가 이러한 차원들 각각에 상정된다면, 26가지 공간 위치가 얻어지는데, 이것은 항상 이러한 여섯 가지 문자들의 조합에 의해 특징지어진다(Bales & Cohen 1979: 23). 이러한 26가지 위치는 (가운데 위치가 표시되지 않은) 각각 두 가지 형태의 세 가지 차원의 모든 가능한 조합으로부터 비롯되며, 그것들은 SYMLOG-입방체(cube)의 형태로 시각화될 수 있다(〈도표 10.1〉 참조).

사회적 상호작용의 장을 분석하기 위해, 집단의 참여 구성원들 각각의 장 다이어그램(field diagrams)이 집단 평균 다이어그램에 요약될 수 있다. 여기에서 집단 이론으로부터 유래한 중요한 개념들로서 **극화**(polarization)와 **통합**(unification)이 작동한다(Bales & Cohen 1979: 32). 극화는 한 집단이 특정한 불균형 상황 아래 하위 집단을 형성하는 경향이 있다는 것을 의미한다. 이러한 하위 집단의 구성원들은 그다음에 희생양이나 중재자의 역할이 강제된 개인들에 역할을 할당함으로써 극

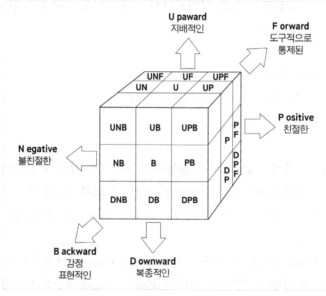

<도표 10.1> SYMLOG-공간 모델(출처: Bales & Cohen, 1979: 23)

화와 관련된 불균형을 제거할 수 있다. 반면에, 통합은 한 집단 내의 인식이나 아이디어를 '통합하는 것'을 의미한다.

10.3. 방법의 목표

그것[SYMLOG]은 집단—여러 종류의 집단을 의미하지만, 기본적으로 가족, 팀, 또는 교실집단 같은 소규모 자연적 집단—의 연구를 위한 일련의 방법인데, 여기에서, 포함된 특정한 개인들의 성격과 그들 서로간의 관계가 관심의 초점이다. (Bales & Cohen 1979: 3)

10.4. 방법의 개관

SYMLOG는 하나의 코딩 양식(coding-form)에 '메시지' 형태로 행동, 내용, 가치를 포함시키는 코딩 절차를 제공하는데, 이것은 다음의 변수들을 기록한다.

1. 상호작용의 시간
2. 행위자의 이름
3. 수신자의 이름
4. 행동에 대한 단순한 언어적 단평, 또는 언어로 표현된 아이디어의 요약
5. 행위자에 의해 아이디어에 대해 표현된 가치(찬성–반대)
6. SYMLOG 공간 내의 행동 지향의 코딩, 또는 SYMLOG 공간 내의 아이디어의 지향의 코딩(평가)
7. 여섯 가지 내용 범주 중 하나에 아이디어의 할당(자신, 타인, 집단, 상황, 사회, 공상)

6단계는 '평가(rating)'라 불리며, 다른 단계들은 표기(signing)로서 특징 지어진다. 평가는 이후의 기술(description)을 위해 주어지며, 표준화된 방식으로 얻어진다. 표기의 기능은 각 참여자들에 대한 상세한 관찰과 기술을 제공하는 것이다(Bales & Cohen 1979: 4). 분석 도구로서 베일스와 코헨은 표준화된 '표기 양식(Signing Form)'(1979: 411)과 '형용사 평가 양식(Adjective Rating Form)'(1979: 21)을 제공한다. 평가 절차의 결과는 보통 수평 축으로서 P-N 차원과, 수직 축의 F-B 차원을 가진, 소위 장 다이어그램(field diagrams)에 제시된다. 영향력 행사(U-D)의 정도는 다양한 지름을 가진 원에 의해 제시된다(cf. Bales & Cohen 1979: 20; Orlik & Schario 1989: 24).

SYMLOG의 텍스트 분석에의 적용을 보여 주기 위해, 오를릭(Orlik 1987; 또한 Orlik & Schario 1989: 47ff. 참조)은 '의미 지도(semantic atlas)'를 제공하는데, 이것은 글로 쓰인 또는 구두의 일상 언어의 코딩을 돕기 위해 사용되어야 한다. 여기에서 첫 단계는 네 가지 기본 행동 유형(후퇴, 갈등, 동조, 성취) 중 하나에 분석단위를 할당하는 것으로 구성된다. 26가지 SYMLOG 공간 범주들은 그다음에 이러한 네 가지 기본 유형에 배분된다.

- 후퇴: D, DB, DNF, DN, DNB
- 갈등: NF, N, NB, UNF, UN, UNB
- 동조: UB, B, UBP, PB, DPB, UP, P, DP
- 성취: UPF, PF, DPF, U, UF, F, DF

의미 지도는 하나의 공간 지향(spatial orientation)에 분석단위를 정확히 할당하게 하는, 각 공간 지향에 대한 형용사들을 명시한다.

오를릭과 샤리오(Orlik & Schario 1989: 21ff.)는 SYMLOG 텍스트 분석을 위해 다음의 절차를 제안한다.

1. 코딩되어야 하는 행동 정보는 가능하다면 주체로서 행위자를 포함한 완전한 문장이어야 한다.
2. SYMLOG 지도를 사용해, 문장에 제시된 행동은 적합한 언어적 특성으로 전환된다.
3. 그다음에 문장은 26가지의 지향코드들 중 하나에 할당된다.
4. 문제가 되는 상황의 각 행위자의 SYMLOG-공간에서의 여섯 가지 지향 각각의 빈도를 제공하는 점검 목록에 따라 평가가 이루어진다.
5. 베일스와 코헨(1979: 462)에 의해 제공된 공식을 사용해, 빈도가 좌표로 전환된다.

$$L_i = 5 \cdot \left(\frac{m(p_i - n_i)}{P + N} + \frac{p_i - n_i}{p_i + n_i} \right)$$

L_i $P - N$ 차원의 행위자 i의 위치

m 행위자들의 수

p_i 행위자 i의 P-코딩의 수

n_i 행위자 i의 N-코딩의 수

P 전체 P-코딩의 수

N 전체 N-코딩의 수

6. 계산된 좌표값을 사용해, 그다음에 SYMLOG 장 다이어그램이 도출될 수 있는데, 이것은 텍스트에 나타난 모든 행위자들을 위치시킨다.

10.5. 질적 기준

SYMLOG 접근은 전통적인 타당도와 신뢰도 기준에 의존하지만, 그것의 내용 분석적 적용 형태를 고려해, 이 방법에 특징적인 특수한 기준을 사용한다(5장 5.5 참조).

베일스와 코헨(1979: 241ff.)은 그들의 절차 양식, 특히 SYMLOG 접근

의 주요 절차―형용사 평가(adjective-rating)와 상호작용 표기(interaction-signing)―의 신뢰도와 타당도를 검증하는 데 상당하고 명시적인 주의를 기울인다. 그것의 관찰 절차에 관련되는 한, 그들은 다음의 결론에 이른다.

> 3차원 SYMLOG 공간의 이론적 구성은 두 방법의 결과에 의해 강하게 지지되며, 두 가지 방법은 수렴하는 경향이 있는데, 이것은 각 방법이 일부 독립적인 정보를 생산함에도 불구하고, 타당한 측정을 낳는다는 것을 의미한다. 관찰자 팀들을 교대시키기에 알맞은 크기의 집단이 만족할 만한 신뢰도를 가진 결과를 줄 수 있다는 것을 각 두 가지 방법이 우리에게 보장할 만큼 관찰자 간 신뢰도는 충분히 높다. (Bales & Cohen 1979: 299)

신뢰도와 타당도에 대한 이러한 낙관적인 평가가 텍스트 분석, 즉 SYMLOG 도식의 내용 분석적 실행에 대해서도 또한 사실일지는 여전히 열려진 문제로 남는다. 오를릭(1987)의 SYMLOG-지도는 의심할 여지없이 코더 간 신뢰도(inter-coder reliability)의 개선에 의미 있는 기여를 한다.

10.6. 적용 분야와 전제 조건

SYMLOG의 주초점이 상호작용의 분석에 있기 때문에, 다음이 적합한 적용 분야이다.

- 특히 소집단(예를 들어 그룹 토론)의 전사된(transcribed) 상호작용의 분석
- (상호작용의 관찰로부터의) 관찰 프로토콜의 분석
- 소설과 동화 같은 내러티브(Orlik & Schario 1989)뿐 아니라, 내러티브 인터뷰의 분석
- 정형(stereotypes, Lobel 1989), 개인의 개념(constructs) 체계(Sturm 1989),

개인의 자유기술(Becker-Beck 1989)의 분석

SYMLOG 방법의 사용은 특히 코더들(coders)의 철저한 훈련을 필요로 한다(Schneider 1989: 12). 예를 들어, 슈투엄(Sturm 1989: 106)은 "이러한 모델을 가지고 신뢰할 만한 작업을 할 수 있도록 하기 위해, 우선 SYMLOG 언어를 배우는 데 상당한 에너지를 헌신해야 할" 필요성 때문에 처음 사용자에게 상당한 장애물이 존재한다고 보고한다.

10.7. 다른 방법들과 비교한 유사점과 차이점

SYMLOG가 텍스트 분석을 위해 사용될 때, 그것은—메튼(Merten 1983)의 분류 체계에서—의미론-화용론적 수준을 연구하고, 그 과정에서 수신자와 상황 둘 다에 초점을 두는, 특정한 형태의 내용 분석의 문제이다. 사용된 도구(범주 도식, 사례 레퍼토리)는 또한 내용 분석 지향을 나타낸다.

베일스와 코헨(1979: 15f.)은 그들의 접근과, 문화기술지적(ethnographic) 방법과 민속방법론적(ethnomethodological) 방법 사이를 분명히 구분한다.

그러나 현재의 접근은, 어떤 체계적인 방법, 즉 어떤 표준화된 접근을 사용하려고 하는 것이나, 어떤 일반적인 경향을 찾으려고 하는 것이 가망 없어 보일 정도로, 각 개인들의 지각과 행동에서 의미의 주관성, 특이성, 다양성을 강조하는 경향이 있는 상징적 상호작용론자들의 보다 극단적인 현상학으로부터 벗어난다.

문화기술지적 방법과 민속방법론적 방법과 달리, SYMLOG는 표준화된 이론 중심의 도구를 가지고—다시 말해, 연역적으로—작업한다.
우리가 베일스와 코헨(1979: 13)의 정식화를 받아들인다면, SYMLOG

의 기저를 이루는 이론은 근거이론의 형태이다—다시 말해, 자료에 기초하고, 자료로부터 개발된 이론. 그러나 SYMLOG는 이론을 확장하는 것이 아니라, 그것을 (연역적으로) 경험적 영역에 적용하는 것과 관련된다.

SYMLOG와 내러티브 기호학이 완전히 다른 이론적 전통으로부터 유래함에도 불구하고—SYMLOG는 장과 소집단 사회학으로부터, 내러티브 기호학은 구조주의로부터—두 방법 사이에 분명한 유사점이 존재한다. 둘 다 이론 중심의 연역적 지향을 가질 뿐 아니라, 둘 다 행위자나 역할 사이의 구조를 명시하려고 하며, 따라서 특히 내러티브 형태의 텍스트에 매우 적합하다. 행위자의 분류를 위해, SYMLOG에서 보다 상세한 분석 틀이 이용 가능한 반면, 심층 구조의 분석은 SYMLOG에서 완전히 빠져 있다.

10.8. 문헌

• Bales, Robert F. (1950). *Interaction Process Analysis*. Cambridge: Addison -Wesley.
• Bales, Robert F. & Cohen, Stephen P. (1979). *Symlog: A System for the Multiple Level Observation of Groups*. New York: The Free Press.
• Bales, Robert F. (1980). *Symlog Case Study Kit*. New York: The Free Press.

상호작용 과정 분석에 관한 베일스의 저작은 소집단의 상호작용에 대한 방법론적이고 체계적인 관찰의 초기 시도로서 간주되어야 한다. 두 번째 저작에서 베일스와 코헨은 다차원 그룹 관찰에 대한 SYMLOG 접근에 관한 광범위한 소개를 제공한다. 1부에서 그들은 그들의 '체계적 다차원 장이론'을 개관한다. 그다음에 그들은 SYMLOG의 상호작용 표기(interaction signing) 체계에 대한 가이드라인을 제공하고, 상호작용 표기와 형용사 평가(adjective rating)를 비교하며, 관찰 훈련과 집단의 참여자들에 대한 보고에서 SYMLOG의 사용을 보여 준다. 이 책은 절차 기법의 광범위한 사례들로 끝마친다. 그들의 설명은 사례연구로부터의 사례들로 예시된다.

- Orlik, Peter (1987). "Ein Semantischer Atlas zur Codierung Alltagssprachlicher Beschreibungen nach dem SYMLOG-Raummodell", *International Journal of Small Group Research* 3. 88~111.

그의 '의미 지도(semantic atlas)'에서 피터 오를릭(Peter Orlik)은 (독일어) 텍스트 분석 또는 내용 분석에 대한 SYMLOG-모델의 적용을 위한 도구를 이용 가능하게 만들며, 이것은 그것의 구체적인 코딩 사례에 관한 가치 있는 안내를 제공한다.

- Schneider, Johannes F. (ed.) (1989). *Inhaltsanalyse alltagssprachlicher Beschreibungen sozialer Interaktionen: Beiträge zur SYMLOG-Kodierung von Texten.* Saarbrücken-Scheidt: Dadder.

요하네스 슈나이더(Johannes Schneider)가 편집한 이 책에서, SYMLOG 텍스트 코딩에 대한 몇 가지 다양한 논문들(contributions)이 종합된다.

10.9. 2차 문헌

여기에 열거된 논문들은 요하네스 슈나이더가 편집한 모음집에 포함되어 있다. 그것은 매우 다양한 연구 분야에서의 SYMLOG 텍스트 분석의 적용 사례들을 제공한다.

• Becker-Beck, Ulrich (1989). "Freie Personenbeschreibungen als interaktionsdiagnostische Methode". in Johannes F. Schneider (ed.). *Inhaltsanalyse alltagssprachlicher Beschreibungen sozialer Interaktionen: Beiträge zur SYMLOG-Kodierung von Texten.* Saarbrücken-Scheidt: Dadder. 109~139.

• Lobel, Sharon A. (1989). "Inhaltsanalyse von Tiefeninterviews". in Johannes F. Schneider (ed.). *Inhaltsanalyse alltagssprachlicher Beschreibungen sozialer Interaktionen: Beiträge zur SYMLOG-Kodierung von Texten.* Saarbrücken-Scheidt: Dadder. 67~87.

• Orlik, Peter & Schario, Reinhild (1989). "Die Analyse sozialer Interaktionsfelder in der Romanliteratur". in Johannes F. Schneider (ed.). *Inhaltsanalyse alltagssprachlicher Beschreibungen sozialer Interaktionen: Beiträge zur SYMLOG-Kodierung von Texten.* Saarbrücken-Scheidt: Dadder. 19~51.

• Sturm, Gabriele (1989). "Strukturanalyse persönlicher Konstruktsysteme von Erstgebärenden". in Johannes F. Schneider (ed.). *Inhaltsanalyse alltagssprachlicher Beschreibungen sozialer Interaktionen: Beiträge zur SYMLOG-Kodierung von Texten.* Saarbrücken-Scheidt: Dadder. 89~108.

• Hare, A. Paul & Naveh, David (1986). "Conformity and Creativity: Camp David 1978". *Small-Group-Behavior* 17(3). 243~268.

해어와 나베(Hare & Naveh)의 이 연구는, 방법의 설명이 매우 이해하기 어려움에도 불구하고, SYMLOG를 텍스트 분석에 적용한 영어로 출간된 유일한 연구인 것으로 보인다. 동조(conformity)에 대한 압력 형태와, 창의성의 차원이 포함된 정도를 예시하기 위해, 1978년 캠프 데이비드(Camp David)에서 이집트의 사다트(Sadat) 대통령과 이스라엘의 베긴(Begin) 총리와의 카터(Carter) 대통령의 협상에 대한 그의 기술이 코딩됐다. 하나의 범주 모음은 동조, 사회적 권력, 사회적 교환에 관한 사회심리학적 문헌에 기반했다. 두 번째 범주 모음은 3차원 SYMLOG 시스템이었다.

제11장 비판적 담론 분석의 두 가지 접근

11.1. 이론적 기원

담론 분석이란 용어는 관련 문헌에서 다양한 방식으로 사용된다(cf. Ehlich 1993: 145, 1994; Schlobinski 1996; Widdowson 1995). 유사하게 비판적 담론 분석(critical discourse analysis, 이후 CDA)은 결코 담론 분석 내의 하나의 동질적인 방법을 의미하지 않는다. 그러므로 그것의 일반적인 이론적 배경, 기본 가정, 전반적인 목표는 개관될 수 있지만, 그것의 방법론은 오직 특정한 접근들과 관련해서, 그리고 그것의 특수한 이론적 배경과 관련해서만 제시될 수 있다. 따라서 두 가지 접근이 선택됐다—노먼 페어클러프(Norman Fairclough)에 의해 발전된 형태의 비판적 담론 분석과, 루트 보닥(Ruth Wodak)의 담론 역사적 방법(discourse-historical method).

이론적 프레임은—비록 이것이 명시적으로 언급되지 않을 때에도—루이 알튀세르의 이데올로기 이론, 미하일 바흐친(Mikhail Bakhtin)의 장르 이론, 안토니오 그람시와 프랑크푸르트학파의 철학적 전통으로부터 유래한다. 미셸 푸코 역시 노먼 페어클러프를 포함한 일부 주창자들에게 주요 영향을 주었다. 게다가, 페어클러프의 CDA는 마이클 할리데이(Michael Halliday)의 체계기능언어학과 관련 있고(Fairclough

226

1992a; Halliday 1978), 반면에 루트 보닥이나 튼 판 데이크(Teun van Dijk)
는 텍스트 설계 인지모델의 영향을 더 받았다(Wodak et al. 1990; van Dijk 1984 참조).

CDA는 두 가지 의미에서 '비판적'이다. 한 가지 의미는 프랑크푸르트학파의 사상(특히 위르겐 하버마스의 저작)에 기반하며, 다른 한 가지 의미는 소위 비판적 언어학의 공유된 전통에 기반한다. 하버마스에 의하면 비판적 과학은 자기 반성적(self-reflective)이어야 하며—즉, 그것은 그것이 기반하고 있는 관심(interests)을 반영해야 한다—그리고 그것은 상호작용의 역사적 맥락을 고려해야 한다. 하버마스의 이상적 담화 상황 개념은 상호작용이나 권력관계의 유토피아적 전망이다. 합리적 담론을 통해, 이데올로기적으로 손상된 담론이 극복될 수 있고, 이상적 담화 상황에 근접하는 것이 달성될 수 있다(Habermas 1970, 1971).

'비판적 언어학'이란 용어는 조직의 언어 사용에 관한 할리데이주의의 연구들과 관련해 처음 나타났다(Fowler et al. 1979; Kress & Hodge 1979 참조). 언어학 내의 비판적 관점의 출현은 당대의 화용론(예를 들어, 화행이론(speech act theory))과 윌리엄 라보프(William Labov)의 양적 상관관계 사회언어학에 대한 반작용으로서 이해되어야 한다(cf. Wodak 1995: 205). 야콥 메이(Jacob Mey 1985)는 언어 화용론의 비판적 지향을 격렬하게 지지했다. 담론이 사회적 의미 없이는 존재할 수 없으며, 언어 구조와 사회 구조 사이에 틀림없이 강한 관련성이 존재한다는 크레스와 하지(Kress & Hodge)의 견해는 이후에 사회언어학, 형식언어학, 사회심리학, 또는 문학 비평 같은 다양한 전통의 연구자들에 의해 수용되었다. 이것은 종종 학제적 성격의 접근에 대한 강조와 함께 발전되었다.

CDA는 신생학문이며—특히 우리가 선택한 페어클러프와 보닥의 방법의—대다수의 참고문헌은 1990년대부터 시작된다(Fairclough 1989, 1992a, 1993, 1994, 1995a; Wodak et al. 1990, 1994, 1998; Wodak &

Matouschek 1993; Matouschek & Wodak 1995, 1996; Wodak 1996; Wodak & Reisigl 1999; Weiss & Wodak 1999a, 1999b; Straehle et al. 1999; Iedema & Wodak 1999; van Leeuwen & Wodak 1999).

11.2. 기본적인 이론적 가정

미셸 푸코의 사상의 유일한 예외를 제외하면, 이론적 기반은 네오 맑스주의로서 기술될 수 있다. 권력관계의 형성과 유지에서 단순한 경제적 차원보다는 문화적 차원이 중요하다고 주장된다. 더욱이, 하부 구조와 상부 구조 사이에 엄격한 구분이 존재하지 않는다.

안토니오 그람시에 의하면 한 사회의 정치구조는 정치/제도 사회와 시민사회의 특정한 조합에 의해 좌우된다. 정치사회에 의해 가해진 압력에 대한 대다수의 동의를 얻기 위해, 집합 의지가 형성되어야만 한다. 이것은 이데올로기라는 수단에 의해 얻어진다(또한 Matouschek & Wodak 1995, 1996: 42f.; Fairclough & Wodak 1997 참조). 이데올로기는 담론 속에서 '언어 기호의 실재적 물질성'을 획득한다(Demirovic 1992: 38). 인식은 대화 과정의 참여자들이 특정한 기호에 부여하는 의미의 한 형태이다. 그것은 "담론 형성의 복잡한 과정의 일부"이다(Demirovic 1992: 38). 의미들은 협상의 변증법적 과정 속에서 생산되고 재생산된다. '메커니즘 개념'(Gramsci 1983; Althusser 1971)은 사회라는 완전한 메커니즘과 상호작용이라는 현상 사이의 매개 장치를 제도 또는 사회적 메커니즘 속에서 찾는다. 이데올로기는 이러한 제도에 배태된 (embedded) 실천과 밀접하다. 그러므로 그것은 또한 사회적 실천의 한 형태로 이해될 수 있는 담론과 밀접하다. 이데올로기는 인간을 구체적인 방식으로 사회적 주체로 위치시킨다.

CDA는 러시아 이론가들인 미하일 M. 바흐친과 발렌틴 N. 볼로쉬노프(Valentin N. Volosinov)에 의해 더욱 영향을 받았다. 그들의 언어학

적 이데올로기 이론은 모든 언어 사용사례를 이데올로기적인 것으로
본다. 언어 기호는 계급투쟁의 영역이며, 그것은 또한 기호의 의미와
관련된 투쟁이다(Volosinov 1975). 바흐친은 모든 텍스트를 그것이 반응
하고, 참조하고, 수정하는 일련의 텍스트들의 부분으로서 본다는 점
에서 텍스트의 대화적 속성—줄리아 크리스테바(Julia Kristeva, Moi
1986)에 의해 일컬어진 대로 그것의 '상호 텍스트성(intertextuality)'—을
강조한다. 바흐친의 장르 이론은 또한 CDA에 의해 채택되었다. 이것
은 모든 텍스트를 사회적으로 미리 결정된 장르 레퍼토리에 의해 좌
우되는 것으로 보는 것을 포함하고(예를 들어 과학논문), 예를 들어 광
고에서처럼, 상이한 장르가 창조적인 방식으로 혼합될 수 있다는 것
을 의미한다.

　　CDA의 일반적 원칙들은 다음과 같이 요약될 수 있다(Wodak 1996:
17~20).

- CDA는 사회문제와 관련 있다. 그것은 언어나 언어 사용 자체와 관련
  있는 게 아니라, 사회적, 문화적 과정과 구조의 언어적 성격과 관련 있
  다. 따라서 CDA는 본질적으로 학제적이다.
- 권력관계는 담론과 관련 있고(Foucault 1990; Bourdieu 1987), CDA는 담론
  내의 권력(power in discourse)과 담론 배후의 권력(power behind discourse)
  둘 다를 연구한다.
- 사회와 문화는 담론과 변증법적인 관계에 있다. 사회와 문화는 담론에
  의해 형성되며, 동시에 담론을 구성한다. 단 하나의 언어 사용사례도 권
  력관계를 포함해 사회와 문화를 재생산하거나 변화시킨다.
- 언어 사용은 이데올로기적일 수 있다. 이것을 밝히기 위해 그것의 해석,
  수용, 사회적 효과를 조사해 텍스트를 분석하는 것이 필요하다.
- 담론은 역사적이며 오직 그것의 맥락과 관련해서만 이해될 수 있다. 메
  타이론적 수준에서 이것은 비트겐슈타인(1984: §7)의 접근과 일치하는
  데, 이것에 따르면 발화의 의미는 특정한 상황에서 그것의 용법에 달려

있다. 담론은 특정한 문화, 이데올로기, 또는 역사에 배태될 뿐만 아니라, 다른 담론에 상호 텍스트적으로 연결되어 있다.

- 텍스트와 사회의 연관성은 직접적이진 않지만, 이것은 텍스트 이해에 대한 사회심리학적 모델에서 발전된 사회인지적 매개 같은 특정한 매개를 통해 분명해진다(Wodak 1986).

- 담론 분석은 해석적이고 설명적이다. 비판적 분석은 텍스트와 그것의 사회적 조건과, 이데올로기와 권력관계 사이의 관계와, 체계적 방법론을 의미한다. 해석은 항상 역동적이며, 새로운 맥락과 새로운 정보에 열려 있다.

- 담론은 사회적 행동의 한 형태이다. CDA는 그것의 관심(interests)을 분명히 하고, 그것의 발견들을 실천적 문제에 적용하는 것을 선호하는 사회과학 학문으로서 이해된다.

11.3. 방법의 목표

CDA는 사회적 실천의 한 형태로서 언어를 개념화하며, 그들이 보통 인식하지 못하는 언어와 사회 구조의 상호 영향을 인간이 인식하게 하려고 한다(Fairclough 1989; van Dijk 1993; Wodak 1989 참조).
목표는 이론적 토대로부터 도출될 수 있다.

다양한 측면과 다양한 관점에도 불구하고 우리의 대부분은 권력, 지배, 헤게모니, 불평등, 그리고 그것의 행사, 은폐, 정당화, 재생산의 담론적 과정을 다룬다. 그리고 우리의 대다수는 텍스트와 대화가 한편으로 정신을 관장하고 동의를 생산하며, 다른 한편으로 저항과 도전을 표명하고 지속시키는 미묘한 방식에 관심을 갖는다. (van Dijk 1993: 132)

CDA는 그 자신을 해방적 요구를 가진 정치 참여적 연구로서 본다. 그것은 예를 들어 교사 발달에서, 비성차별주의적 언어 사용을 위한 가이드라인의 정교화에서, 또는 뉴스와 법률문서의 이해도(intelligibility)를 증진시키려는 제안에서 사회적 실천과 사회적 관계에 영향을 주려고 한다. 이러한 목표를 추구하는 것에서 발생한 연구의 주안점은 조직의 언어 용법과, 일반적으로 편견, 특히 인종주의, 반유태주의, 성차별주의에 대한 연구를 포함한다.

분석은 보통 그 안에서 텍스트와 담론 사이의 구별이 이루어지는 이질적인 자료에 기반한다(2장 참조). "나는 글로 쓰인 텍스트와, 구술 대화의 전사(transcipts) 모두에 대해 '텍스트'란 용어를 사용한다"(Fairclough 1993: 166). '텍스트'는 텍스트 형성 과정의 산물을 나타내기 위해 사용되는 반면, CDA가 텍스트가 아니라 담론을 분석하기 때문에, '담론' 개념은 '텍스트'란 용어보다 보다 유용한 정보를 주고 보다 적절하다. 담론은 텍스트보다 보다 광범위하게 적용된다. "그러나 나는 텍스트는 단지 그것의 일부인, 전체 사회적 상호작용 과정을 나타내기 위해 **담론**이란 용어를 사용할 것이다"(Fairclough 1989: 24).

> 비판적 담론 분석은 담론—발화와 저술에서의 언어 사용—을 '사회적 실천'의 한 형태로서 본다. 담론을 사회적 실천으로서 기술하는 것은 특정한 담론적 사건과, 그것을 틀 지우는 상황(들), 제도(들), 사회 구조(들) 사이의 변증법적 관계를 의미한다. 변증법적 관계는 양방향적 관계이다. 담론적 사건이 상황, 제도, 사회 구조에 의해 형성되지만, 그것은 또한 그것들을 형성한다. (Fairclough & Wodak 1997: 55)

권력관계의 영향뿐 아니라 언어 사용의 빈번하게 불분명하고 숨겨진 이데올로기적 효과는 이러한 언어와 사회적 사실의 복잡한 그물로부터 발생한다. 담론적 실천에서 구조와 이데올로기는 대개 분석되거나 질문되지 않은 채 표현된다. CDA는 이제 면밀하고 상세한 분석에 의해 정확히 이러한 측면들을 밝히려 하고 있다.

이러한 용어가 민속방법론적 텍스트 분석에서 사용되는 방식과 대조적으로, 맥락(context)은 상호 텍스트성과 사회 문화적 지식 모두를 포함한다. 담론은 항상 이전에, 동시에, 그리고 이후에 생산된 것들과 관련 있고, 이것은 (담론 역사적 방법에서의 그것의 역사적 맥락과 함께) 기저하는 관습과 규칙들의 측면에서만 오직 이해될 수 있다.

11.4. 비판적 담론 분석의 개관(FAIRCLOUGH)

11.4.1. 구체적 이론적 배경

페어클러프는 몇 가지 개념들에 대한 상당히 구체적인 정의에 그의 이론적 고찰과 분석 도식의 기반을 두었다. 다음의 핵심 용어들이 그의 접근을 이해하는 데 유용할 것이다(Fairclough 1993: 138).

- 담론(Discourse, 추상 명사)-'사회적 실천으로 간주되는 언어 사용'.
- 담론적 사건(Discursive event)-'텍스트, 담론적 실천, 사회적 실천으로 분해되는 언어 사용사례'.
- 텍스트(Text)-'담론적 사건에서 생산된, 글로 쓰이거나 구술된 언어'. 나중에 페어클러프는 텍스트의 복수 기호적 성격을 강조하며—텔레비전 언어의 사례를 사용해—텍스트에 동시에 나타날 수 있는 다른 기호 형태로서 시각적 이미지와 소리를 추가했다(Fairclough 1995b: 4).
- 상호 담론성(Interdiscursivity)-'다양한 담론과 장르로부터의 텍스트의 구성'.
- 담론(Discourse, 가산 명사)-'특정한 관점에서 경험을 의미화하는 방식'.
- 장르(Genre)-'특정한 사회적 행위와 관련된 언어 사용'.
- 담론 질서(Order of discourse)-'하나의 제도의 담론적 실천들 전체와 그들 사이의 관계'.

페어클러프는 CDA가 언어 사용에 관한 두 가지 가정 사이의 긴장에 대한 연구와 관련 있는 것으로 이해한다—언어가 사회를 구성하는 동시에 사회적으로 결정된다는 것. 그는 할리데이의 체계 기능 언어학에 구현된 다기능 언어학에 그의 사상의 기반을 둔다(Halliday 1978, 1985). 모든 텍스트는 경험과 세계의 재현을 통해 '관념화(ideational)' 기능을 가진다. 게다가, 텍스트는 담론의 참여자들 사이에 사회적 상호작용을 발생시키며, 따라서 또한 '인간 관계적(interpersonal)' 기능을 보여 준다. 마지막으로, 텍스트는 또한 그것이 별개의 구성 요소들을 하나의 전체로 통합시키고, 예를 들어 상황적 직시어(deixis)의 사용에 의해 이것을 상황적 맥락과 결합시키는 한에 있어서 '텍스트적(textual)' 기능을 가진다(Fairclough 1995a: 6).

텍스트에서의 언어의 다기능성 개념을 통해, 페어클러프는 텍스트와 담론이 사회를 구성한다는 이론적 가정을 조작화한다. "언어 사용은 항상 (i) 사회적 동일성, (ii) 사회적 관계, (iii) 지식과 신념체계를 동시에 구성한다"(Fairclough 1993: 134). 언어의 관념화 기능은 지식체계를 구성한다. 인간 관계적 기능은 사회적 주체나 동일성 또는 그들 사이의 관계를 형성시킨다. 그것은 모든 텍스트가—비록 적을지라도—사회와 문화의 이러한 세 가지 측면의 구성에 기여한다는 것을 의미한다. 페어클러프는 나아가 비록 한 측면이 다른 측면들에 선행할 수 있을지라도, 동일성, 관계, 지식이 항상 동시에 나타난다고 주장한다(Fairclough 1995a: 55).

페어클러프에게 언어 사용은 관습적인 의미와 창조적인 의미 모두에서 이중적으로 구성적이다. 그에게, 동일성, 관계, 지식의 관습적 구성은 언어에서 이러한 현상의 재생산을 의미한다. 이러한 맥락에서, 창조성은 그 반대를 의미한다. 그것은 사회 변화를 의미한다. 언어 사용이 재생산적인 기능을 갖는지 변화적 기능을 갖는지의 여부는 지배적인 사회 환경에 의해—예를 들어, 권력관계의 유연성의 정도에 따라—좌우된다.

언어는 사회를 구성할 뿐만 아니라, 사회적으로 결정된다고 볼 수 있다. 페어클러프에 의하면 이것은 매우 복잡한 관계를 갖는다. 한편으로 매우 다양한 형태의 담론이 동일한 제도 내에 동시에 존재할 수 있는 반면, 다른 한편으로 실제 언어 사용과, 기저하는 관습과 규범 사이의 관계는 단순 선형 관계가 아니다(Fairclough 1993: 135). 페어클러프는 푸코(1981)를 참고해 정의된 '담론 질서' 개념을 사용해 이러한 복잡한 관계에 접근한다. 사회 영역의 '담론 질서'는 담론 유형(discourse types) 전체와, 이러한 영역에서 그들 사이의 관계를 의미한다. '학교'라는 사회 영역에서 이것은 교실, 운동장, 교무실의 담론 유형을 포함한다. 하나의 담론 질서 또는 다양한 담론 질서 내에서 발견된 다양한 담론 유형이 서로 엄격하게 구분되는지, 아니면 그것들이 빈번하게 중첩되는지에 대한 연구는 갈등과 권력 투쟁이나 사회적, 문화적 변화에 대한 실마리를 줄 수 있다(Fairclough 1995a: 56). 담론 질서 내에서 페어클러프는 담론 유형의 두 가지 범주를 구분한다—담론과 장르. '담론'은 특정한 분야의 경험과 지식에 기반해 형성된다. '장르'는 구직 면접, 언론 인터뷰, 또는 광고 같은 특정한 형태의 행위와 관련된다.

담론 분석은 그러므로 구체적인 언어 사용과, 광범위한 사회적, 문화적 구조 사이의 관계에 대한 분석을 의미한다. 페어클러프의 용어로 이것은 텔레비전 다큐멘터리 같은 구체적 의사소통적 사건과, 하나의 담론 질서의 전체 구조 사이의 관계에 더해, 담론 질서와 그것의 구성 요소인 장르와 담론의 변화들(modifications) 사이의 관계가 된다(Fairclough 1995a: 56).

11.4.2. 방법

11.4.2.1. 분석 틀
페어클러프는 이론적 고찰의 조작화를 위해 분석 틀을 개발하고(Fairclough 1993, 1995a), 이것에 **상호 담론성**(즉, 텍스트에서의 장르와 담론의 조합)과 **헤게모니**(한 사회의 정치적, 이데올로기적, 문화적 영역에서의 우위와 이것의 지배) 개념을 결부시켰다(Fairclough 1995b: 76). 그는 모든 담론적 사건에 세 가지 차원을 부여한다. 그것은 동시에 텍스트, 담론적 실천—이것은 또한 텍스트의 생산과 해석을 포함한다—그리고 사회적 실천이다. 분석은 이러한 세 가지 차원에 따라 수행된다.

텍스트 수준에서 내용과 형식(form)이 분석된다. 형식 대신에, 페어클러프는 할리데이와 하산(Halliday and Hasan 1976)의 저작과 관련된, 텍스트 구조(textual organization)와, 구조(texture)라는 용어를 사용한다. 이러한 텍스트의 두 가지 측면—내용과 형식/구조—은 페어클러프에게 불가분하다. 내용은 특정한 형식에 의해 구체화된다. 다른 내용은 또한 다른 형식을 의미하며 그 반대도 성립한다. 형식은 그러므로 내용의 일부이다(Fairclough 1992b: 193). 페어클러프에게 텍스트에 대한 언어학적 분석은 음운론, 문법, 어휘, 의미론뿐 아니라, 응집성(cohesion)과 차례 취하기(turn-taking) 같은 텍스트 구조의 문장 외적 측면을 의미한다.

담론적 실천 수준은 텍스트와 사회적 실천 사이의 연결고리이다. 그것은 텍스트 생산과 해석의 사회 인지적 측면과 관련 있다. 이것들은 한편으로 사회적 실천에 의해 형성되고, 그것의 형성을 도우며, 다른 한편으로 텍스트 수준과 밀접하다. 텍스트 생산은 텍스트에 소위 **단서들**(cues)을 남기며, 해석은 텍스트 요소에 기반해 발생한다. 담론적 실천의 분석은 그러므로 상호작용의 참여자들이 텍스트를 어떻게 해석하고 생산하는지에 대한 정밀한 설명뿐 아니라, 담론적 사건과 담론 질서와의 관계, 즉 **상호 담론성**의 문제를 포함한다(Fairclough 1993: 136). 그가 역사적 사실과 사회적 사실을 포함시킨다는 점에서, 페어클러프의 작업은, 이러한 텍스트 분석의 상호 텍스트적 또는 상호 담론적 요소를 통해, 미하일 바흐친(1986)의 상호 담론성 개념과 줄리아 크리스테바(Moi 1986)의 상호 텍스트성 개념과 관련된다. 상호 텍스트적 분석은 이러한 사회적 토대와 역사적 토대가 텍스트에 의해 어떻게 결합되거나 변경되는지와, 담론과 장르가 어떻게 혼합되는지를 묻는다. 페어클러프(1995a: 61)는 그 안에서 정보, 설득, 오락 장르들이 결합된, 널리 알려진 다큐멘터리 사례를 제공한다. 텍스트가 언어적으로 동질적일 필요가 없다는 생각은 담론과 장르의 역동성으로부터 비롯된다. 그것들은 사실 매우 이질적일 수 있고, 언어학적 분석의 관심사인 모순적인 문체론적, 의미론적 속성을 보여줄 수 있다(Maingueneau 1987; Kress & Threadgold 1998). 텍스트와, 담론적 실천의 사회적 레퍼토리 사이의 관계의 형성에 관심을 둔 그러한 연구자들이 사회적, 문화적 통찰력에 의해 보다 좌우되기 때문에, 페어클러프의 상호 텍스트적 또는 상호 담론적 분석은 기술언어학적 분석과는 대조적으로 보다 강하게 해석적이다(Fairclough 1992b, 1995a: 61f.).

페어클러프에게 텍스트 분석 내의 상호 담론성은 텍스트와 맥락 사이의 가교기능을 한다. 그것은 장르와 담론의 레퍼토리가 텍스트 생산과 해석을 위해 담론 질서 내에서 어떻게 이용될 것인지와 관련 있다. 담론과 장르가 어떻게 결합하는가 또는 텍스트가 궁극적으로 어떻게 생산되고 해석되는가는 사회적 맥락에 의해 좌우된다. 일련의 안정된 사회적 관계와 동일성은 사회적 관습에 대한 존중과 함께 상대적으로 정통적이고 규범적인 담론과 장르가 사용되는 것을 의미한다. 예를 들어, 사회적 관계가 안정된 곳에서 텍스트는 의미론적으로 보다 동질적이다. 불안정한 관계의 사례로 페어클러프는 현대 유럽과 미국 사회에서 남녀 사이의 관계를 든다. 관습적인 젠더 간 상호작용에 의문을 제기하는 것은 담론 질서의 사용에서 창조성과 혁신으로 이어지고, 상대적으로 이질적인 텍스트를 발생시킨다(Fairclough 1992b: 215).

담론적 사건의 세 번째 차원에 대한 분석—**사회적 실천**에 대한 분석—은 사회조직의 다양한 수준과 관련 있다—상황, 제도적 맥락, 광범위한 집단, 또는 사회적 맥락. 권력에 대한 질문이 주요 관심이다. 권력과 이데올로기는 맥락 수준 각각에 영향을 미칠 수 있다. 페어클러프는 안토니오 그람시(1971)의 헤게모니 개념을 참조한다. 그는 담론과 헤게모니 사이의 본질적 관련성에 기반해 진행하며, 담론적 실천에 대한 통제를 담론 질서에 대한 지배를 위한 투쟁으로 본다. 헤게모니는 일시적이고 불안정한 것으로 이해되며, 담론 질서는 잠재적인 문화적 헤게모니의 영역이다. 이것을 예시하기 위해 페어클러프는 담론적 실천과 그것들의 조합을 통제하는 데 상당히 익숙했던, 영국의 마거릿 대처의 정치적 지배 사례를 든다.

여기에서 페어클러프는 주로 정치적 지도자로서 대처의 동일성의 구성, '대중(public)' 또는 '국민(people)'의 구성, 지도자인 그녀 자신과 국민 사이의 관계에 의존한다. 새로운 정치적 신조로서 대처리즘은 먼저 지지자들의 정치적 기반을 스스로 형성해야만 했고, 이것은 정치인들에 의해 구성되고 재구성되었다. 이러한 종류의 담론적 구성은 그것이 국민에 의해 수용되고 시행되는 정도에 의해 측정된다. 1985년의 한 라디오 인터뷰에서, 대처는 '영국 국민'에 대해 말하면서, 가족, 공동체, 법과 질서라는 주제로 연설하는 것에 의해 개인적 자립에 대한 자유주의적 담론을 보수주의적 담론과 혼합시켰다. "영국은 그 국민이 스스로 생각하고, 스스로 행동하며, 자발적으로 행동할 수 있는 국가이고, 그들은 남의 이야기를 들을 필요가 없고, 이래라저래라 하는 것을 원하지 않으며, 즉 그들은 자립적이다"(Fairclough 1989: 173).

담론 유형들의 연관성은 암묵적인 채 남으며, 청중들 자신에 의해 구성되는 것임에 틀림없다. 대처 자신의 동일성은 남성적 권위와, 그녀의 헤어스타일 같은 다양한 장치에 의해 강조된 여성성 사이의 긴장으로 특징지어진다. 대중이나 청자에게는 다른 형태의 긴장이 존재한다―권위와 연대의 관계 사이의 긴장. 페어클러프의 견해에 의하면 이것은 전통적인 정치적 담론과 일상 경험의 담론의 혼합에서 목격될 수 있다. 페어클러프는 대명사의 사용에서 나타난 대중과의 관계를 분석한다. '우리(we)'는 때때로 정당과 일반 대중 둘 다를 포함하고, 때때로 그것은 단지 보수당만을 의미하며, 종종 그것은 의도적으로 양가적인 방식으로 사용된다. 포괄적인 **우리**는 한편으로 연대를 시사하지만, 대처가 일반 대중을 대변할 권리를 가진다는 점에서, 다른 한편으로—그리고 동시에—권위를 시사한다. '여러분(you)'은 대처에게 일반적으로 대중을 의미하고, 이것이 권위주의적 연대를 주장하는 것은 아니다. '여러분'은 문어체의 '사람들(one)'의 구어체 대응물이 되는 경향이 있으며, 그러므로 대처가 공유된 삶과 경험의 세계를 전달하기 위해 사용한 형식이다. 그러므로 그녀의 **여러분**과 **우리**의 사용을 통해, 대처는 정치적 담론과 일상적 담론의 혼합을 시사한다.

페어클러프는 담론 분석에서 텍스트 수준의 중요성을 강조하고, 소위 '언어학적 전환(linguistic turn)'의 현저함에도 불구하고, 사회과학에서 텍스트 분석에 주어진 불충분한 주목을 비판한다(1992b: 212). 그는 텍스트 분석을 지지하는 네 가지 논증을 발전시킨다—이론적, 방법론적, 역사적, 정치적.

그의 이론적 토대는 사회학의 주요 관심사인 계급 관계 같은 사회 구조가 사회적 행위와 변증법적 관계에 있으며, 텍스트가 사회적 행위의 중요한 형태라는 것이다. 텍스트 분석의 커다란 중요성에 대한 방법론적 이유로서, 페어클러프는 자료원으로서 텍스트 사용의 증가를 든다. 그의 역사적 토대는 텍스트가 사회 변화의 좋은 지표라는 것이다. 이러한 생각은 텍스트의 언어적 이질성과 상호 텍스트성을 참조한다. 텍스트는 사회적 관계의 재정의와, 동일성과 지식의 재구성 같은 지속적인 과정의 형적을 나타낸다. 페어클러프에게 텍스트 분석—즉, 내용과 구조(texture)의 분석—에 대한 이해는 변화 메커니즘을 거의 고려하지 않는 매우 도식적인 형태의 사회적 분석에 평형추를 제공한다. 이러한 맥락에서 그는 푸코의 역사적 담론 연구에 대해 비판적이다(Fairclough 1992a). 그의 네 번째 토대는 정치적인 것으로, 담론 분석의 비판적 지향과 관련 있다. 텍스트에 의해 사회적 통제와 권력이 행사되는 빈도가 증가하며 따라서 텍스트 분석은 비판적 담론 분석의 중요한 부분이 된다.

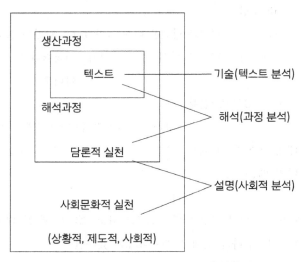

생산과정

텍스트 ——————————— 기술(텍스트 분석)

해석과정

⟩ 해석(과정 분석)

담론적 실천

⟩ 설명(사회적 분석)

사회문화적 실천

(상황적, 제도적, 사회적)

<도표 11.1> 담론과 담론 분석의 차원

11.4.2.2. 절차

페어클러프의 방법은 **기술, 해석, 설명**의 세 가지 요소에 기반한다. 언어적 속성이 기술되고, 담론적 실천의 생산 과정과 해석 과정과, 텍스트 사이의 관계가 해석되고, 담론적 실천과 사회적 실천 사이의 관계가 설명된다(Fairclough 1995b: 97). 방법이 기반하고 있는 차원들은 〈도표 11.1〉에 제시된다.

절차는 의사-환자의 대화를 통해 예시될 수 있다(Fairclough 1995b: 98~101).

환자: 하지만 그녀는 정말로 나에게 매우 부당했어요 .┌전혀
의사: └음
환자: 나를 존중하지 ┌않았고 내 생각에 . 그것이
의사: └음
환자: 내가 엄┌청 술을 많이 마신 이유들 중 하나예요 ┌알잖아요 ——
의사: └음   └음   음

환자: 그 ┌리고 음 ┌
의사: └음   └당신은 당신은 다시 돌아갔나요 당신은 그것으로 다
시 돌아갔나요 당신은 다시 술을 마시기 ┌ 시작했나요
환자: └ 아니오
의사: 오 안 그랬군요 (불분 ┌ 명)
환자: └ 아니오 . 하지만 음 화요일에 그 여자분이
내게 말한 한 가지는 ┌ 우리 어머니가 내가 사는 방식을 좋아하지
않기 때문에 .   │
의사: └ 음
환자: 우리 어머니가 그렇게 할지도 모른다고 그녀가 생각한대로 . 우리
어머니가 ┌ 나를 집에서 쫓아내려고 했다면
의사: └ 맞아요
환자: 그녀가 그 이 ┌전에 나를 ┌쫓아냈을 거라는 것이었어요 . 그리고 음 .
의사: └ 음   └음
환자: 내가 그럴 수 있었다고 그녀는 말했어요 . 내가 공영아파트에 가는
것이 가능할지도 모른다고 그녀는 ┌ 생각했어요
의사: └ 맞아요 그래요 ┌ 그래요
환자: └ 하지만 그것
은 매우 음
환자: 우리 어머니가 수 ┌많은 ┌것들에 사인해야 했기 때문에 . 그녀가
그것을   │   │
의사: └ 음 └ 음
환자: ┌밀어붙이지 않았다고 그녀는 말했어요 그리고 어: . 그것은 어려울
│것이고
의사: └ 음
환자: ┌그리고 음 . 그것이 서둘러 처리되지는 않을 것이라고 그녀는 말했어요 .
의사: └ 음
환자: 나는 어떨지 모르겠어요 . 내 말은 AA[1]에서 그들이 말한 한 가지는

당신이 어떤 것도 바꾸지 못할 거라는 거예요 .

환자: ┌ 일 년으로는
의사: └ 음

의사: 음 맞아요 내 생각에 내 생각에 그게 좋겠어요 . 내 생각에 그게 좋겠어요 (5초간 휴지) 자 보세요 나는 그러니까 계속 당신을 보고 싶네요 . 그러니까 가능하다면 가끔 어떻게 되어 가는지 계속 듣고 싶네요

텍스트 수준에서 페어클러프는 그가 '사실'—내용과 화용론 측면—과 '방식'—언어적 실현의 방식—사이의 차이를 지적하는 것에 의해 예시한 모순을 언급한다. 한편으로 의사는 예를 들어 그의 알콜 중독 환자의 재발 가능성에 관한 질문을 하고, 그에게 검진을 위해 다시 올 것을 요청한다. 하지만 다른 한편으로 그는 모호하게 하기, 다르게 표현하기, 말하는 속도를 증가시키기(페어클러프가 언급했지만 전사에 나타나지 않은 것) 같은 다양한 언어 장치에 의해 그렇게 함으로써 표현된 권위를 누그러뜨리고, 재발에 대한 중요한 의료적 질문을 부차적인 문제로 보이게 만든다.

담론적 실천(할리데이의 용어로 **인간 관계적 기능**) 수준에서 페어클러프는 두 가지 다른 담론, 즉 전통적 의료 담론과 상담 담론을 밝혀낸다. 전통적으로 의사는 상호작용을 지배하지만, 여기서는 특정한 언어적 실현에 의해, 의사는 환자와의 대화를 대부분 통제하는 동시에 공감을 나타낸다. 그는 그렇게 함으로써 전통적 의료 대화에 상담 담론을 첨가한다.

사회 문화적 실천(할리데이의 **관념화 기능**)과 관련해 의사가 공식 의료의 구성원보다 다른 실천들에 보다 수용적이고, 환자에게 반권위주의적인 방식으로 행동하는 집단의 구성원이라는 사실이 제도적 수준

---

1) (옮긴이) 알콜 중독자 모임.

에서 설명될 수 있다.

이 사례에서 분석된 두 가지 담론의 특수한 혼합은 페어클러프에 의해 당대의 담론 질서의 일반적 특징의 표출로서 해석된다. 그는 그 것을 '담론의 대화화(conversationalization of discourse)'라고 부른다. 이것은 사적 영역 요소의 제도적 담론에의 침투를 의미한다. 이러한 변화는 제도적 담론에 현저하게 비공식적인 성격을 부여한다. 상호작용은 전통적 제도적 담론에서처럼 더 이상 역할이나 지위 사이에 일어나지 않지만, 뚜렷이 구분된 대화 통제와, 비대칭의 감소 때문에, 그것은 보다 비공식적이고 민주적이 된다. 페어클러프에 의하면, '대화화'는 사회적, 문화적 변화의 담론적 요소이다.

11.5. 담론 역사적 방법의 개관

11.5.1. 구체적 이론적 배경

담론 역사적 방법은 사회언어학과 텍스트언어학을 자신의 연구 배경의 일부로 본다(Wodak et al. 1990: 33). 그것은 인터뷰, 토론 등의 내용과 관계 수준을 다루기 위해 언어 행위이론을 사용한다. 한 가지 상당히 특별한 이본적 기반은 텍스트 설계 이론인데, 이것을 통해 화자의 의도와, 텍스트 생산의 언어 외적 요인이 확인된다.

텍스트 설계 이론의 출발점은 언어 외적 요인을 고려하지 않는 언어 행위이론의 단점을 인지하는 것이다. 그러나 발화 상황, 참여자의 지위, 시간과 장소는 사회학적 변수(소속집단, 나이, 직업적 사회화)와 심리학적 결정 요인(경험, 일상 등)과 함께 텍스트 생산에서 핵심적 역할을 한다. 이러한 범주들은 루트 보닥에 의해 개발된 사회심리언어학적 '텍스트 설계 이론'에 포함된다(Wodak 1981, 1984, 1986).

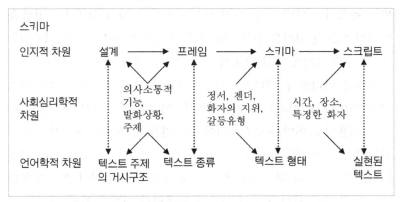

<도표 11.2> 텍스트 설계 (출처: Wodak et al. 1990: 47)

보닥 등(1990: 46~49)은 텍스트 생산의 사회심리학적, 인지적, 언어
학적 차원이 고려되어야 한다고 가정한다(<도표 11.2> 참조). 사회심리
학적 차원은 사회화 과정의 일부로서 학습된, 현실과 타협하기 위한
다양한 전략으로 구성된다. 이것들은 개별적 결정 요인으로서 성격이
나 심리적 질병과 함께, 문화, 젠더, 소속 계급, 발화 상황을 포함한다.
현실의 인식과 구조화를 위한 '프레임(frames, 틀)'과 '스키마(schemata,
도식)'는 이러한 사회심리학적 전제 조건으로부터 비롯된다. 프레임은
하나의 강의처럼, 특정 상황에 대한 우리의 일반적인 지식을 개괄하
는 전체적인 패턴으로서 이해된다. 그러므로 그것은 하나의 특정한
상황에 대한 저장된 이미지이다. 스키마는 상황이나 텍스트의 구체적
실현을 위한 정확한 패턴이다. 텍스트 생산에서 '설계(plans)' 또한 대
단히 중요하다. 이것은 의도된 목표로 이어지는 패턴이다. '스크립트
(script, 원고)' 또한 중요한데, 이것은—빈번한 사용 뒤에—의사소통자
들의 역할과 기대되는 행동을 결정하는 안정화된 설계이다(Beaugrande
& Dressler 1981: 95~96).
　이러한 이론의 적용은 외교 분야와 관련해 예시될 수 있다. 한 외교
관이 현지국과의 양자 관계에 관해 자신의 정부에 제출할 보고서를

만들 필요가 있다면, 그는 그가 쓰고자 하는 요지의 설계를 구성한다. 이러한 의도의 실현은 우선 외교관의 인지적 스키마에 의해 좌우되는데, 이것은 그에게 중앙 당국에 제출할 보고서가 어떤 형식을 취해야 하는지를 알려준다. 게다가, 그는 이러한 성격의 보고서에 대한 일반적 지식이나 프레임을 따르게 되는데, 이것은 보고서가 무엇을 말하도록 허용되고 어떠한 형식이어야 하는지를 나타낸다. 보고서의 스크립트가 궁극적으로 어떨지는 저자의 성격, 시간, 장소 등에 의해 좌우된다. 이것은 양자 관계 분야의 노력에 대한 장관의 인정 같은 동일한 텍스트 주제의 거시 구조가 설계와 프레임의 영향을 통해 다양한 텍스트 형태로 실현된다는 것을 의미한다. 이것은 결국 직접적인 결정 요인들에 의해 다양한 텍스트 형태로 전환된다.

전략 개념은 프레임, 스키마, 스크립트 개념과 밀접하다. 원칙적으로 전략은 목표를 달성하기 위해 사용된다. 보닥 등(1998; Projektteam 1989: 93)은 전략을 근본적이고 이성적으로 이해 가능한 어떤 것으로 정의하지 않는다. 그들은 그것을 오히려 주관적인 평가와 가능성들에 의해 좌우되는 것으로서 제시한다. 전략은 분명히 목표 지향적이지만, 이것이 상호작용의 참여자들이 항상 그것을 의식한다는 것을 의미하지는 않는다. 그것은 종종 무의식적이고, 비이성적이고, 감정적인 방식으로 작동한다. 화자가 인종차별주의적 사고를 말로 표현한다면, 텍스트 생산 이론에 의하면 그들은 이러한 사고의 의식적인 표현에 대해 비난받을 수는 없다. (이것은 물론 그들 자신의 발언에 대한 책임을 축소시키지는 않는다.)

통합적 이해 모델(Lutz & Wodak 1987; Wodak 1996)은 이와 유사하지만, 그것은 텍스트 설계 이론의 단순한 '역(reversal)'으로서 이해되지 않아야 한다. 텍스트 이해는 또한 텍스트 생산에서 중요한 사회심리학적 영향에 의해 좌우된다. 청자와 독자는 먼저 프레임에 따라 텍스트를 분류하고, 원 텍스트에 '전략적으로' 접근한다. 그리하여 그들은 그것의 텍스트 기반을 구성하고 궁극적으로 그것을 이해하기 위해 텍스트를 해석한다. 보닥은 모든 청자와 독자에게 유효한 일반적인 텍스트 기반은 존재하지 않는다고 가정한다. 청자와 독자가 텍스트뿐 아니라 사회적 맥락을 구성하며, 텍스트와 맥락이 서로 상호작용한다는 사실에 의해 차이가 결정된다. 이러한 모델에서 텍스트 이해는 순환적이고 해석적인 과정으로 이해된다.

텍스트 설계와 이해 이론을 통해 동일한 주제, 맥락에 의존한 텍스트 형태의 형성에서 체계적 차이를 재현하는 것이 가능하다. 또한 구술과 서술 방식 사이의 차이와, 텍스트 수용에서의 체계적 차이를 포착하는 것이 가능하다. 이런 식으로 보닥은 담론을 사회적 실천으로 봐야 한다는 이론적 주장을 경험적으로 예시한다.

최근의 연구는 **비판 개념, 담론과 행위의 장**(field of action) **개념, 재맥락화 개념, 맥락 개념** 같은 추가적인 발전과 세련화로 이어졌다(추가적인 논의를 위해서 특히 Wodak & Reisigl 1999; Weiss and Wodak 1999a and 1999b 참조). **사회적 비판 개념**은 세 가지 상호 연결된 측면, 즉 '텍스트' 또는 '내재적 담론 비판' 측면, 담론적 실천의 '조종적' 성격을 폭로하는 것과 관련 있는 '사회 진단적 비판' 측면, 마지막으로 윤리적, 실천적 차원과 관련 있고, 인권과 관련된 보편주의적이고 규범적인 신념에 기반한 정의감에 의해 윤리적으로 양성되는 '전망적 비판'을 포함한다.

보닥과 라이지글의 가장 최근의 저작(Wodak & Reisigl 1999)에서 **담론 개념**은 사회적 행위의 장 내에서 그리고 이것을 가로질러, 특정한 기호 타입(semiotic types, 장르)에 속하는 주제적으로 밀접한 기호 토큰(semiotic tokens, 즉 텍스트)으로서 자신을 나타내는, 동시적이고 연속적인 밀접한 언어 행위의 복잡한 묶음으로서 이해할 수 있다. **행위의 장** (cf. Girnth 1996)은 담론의 '프레임'을 형성하고 구성하는 데 기여하는 각각의 사회적 '실재'의 부분들로서 이해될 수 있다(또한 Reisigl 1999; Reisigl and Wodak 1999 참조).

〈도표 11.3〉에는, 상호 담론성(예를 들어, 담론 A와 담론 B의 교차)이 두 개의 중첩되는 큰 타원에 의해 나타내진다. 일반적인 상호 텍스

적 관계—명시적인 참조형태, 형식적이거나 구조적인 도상적(iconic, diagrammatical) 형태, 또는 주제(topic)의 상관, 환기(evocations), 암시(allusions), (직접적이거나 간접적인) 인용 등의 형태—는 두 개의 굵은 화살표에 의해 표현된다. 텍스트의 장르 할당은 일반 화살표에 의해 표시된다. 텍스트가 참조하는 주제는 점선으로 된 일반 화살표가 가리키는 작은 타원에 의해 나타내지고, 서로 다른 텍스트의 주제의 교차는 중첩되는 작은 타원에 의해 표시된다. 마지막으로, 하나의 텍스트가 또 다른 텍스트의 주제를 참조한 특정한 상호 텍스트적 관계는 부러진 일반 화살표에 의해 나타내진다.

재맥락화 개념은 **상호 텍스트성**과 **상호 담론성** 둘 다에 연결된다(위의 11.4.2.1 참조). 그것은—글로 쓰인 특정한 텍스트의 다양한 버전에서처럼—단일한 장르 내의 또는 기호적 차원을 가로지르는 의미의 변화를 기록하기 위해 사용된다. 예를 들어, 조직적 맥락에서 하나의 텍스트는 토론에서 독백으로, 그 뒤에 심지어 다른 기호 양식에 속할 수 있는 행동으로 발전될 수 있다.

담론 역사적 접근은 현재, 담론적 실천과, 여타 사회적 실천이나 구조의 상호 관련성에 대한 탐구를 가능하게 하는 시쿠렐(Cicourel 1964)의 삼각 측정(triangulation) 원칙을 또한 구현한다. 이것은 다음을 고려

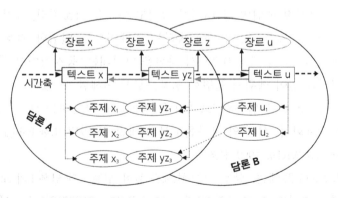

<도표 11.3> 담론, 담론의 주제, 장르, 텍스트 사이의 상호 담론적, 상호 텍스트적 관계

하는 **맥락 개념**에 기반한다—ⓐ 직접적, 언어적, 또는 텍스트 내적 코텍스트(cotext)와, 협상과 갈등 관리의 국지적 상호작용 과정, ⓑ 발화, 텍스트, 장르, 담론 사이의 상호 텍스트적이고 상호 담론적인 관계, ⓒ 언어 외적인 사회적/사회학적 변수와, 특정한 '상황 맥락'(즉, 형식, 장소, 시간, 사건, 집단, 참여자의 역할 등)의 제도적 틀, ⓓ 담론적 실천이 배태되고 관련된 광범위한 사회정치적, 역사적 맥락, 다시 말해, 담론의 주제와 관련된 역사뿐 아니라 담론적 사건의 역사와 행위의 장.

이러한 맥락 개념은 빈(Vienna)학파의 목표를 특징짓는 비판적 문화기술지적 접근에서 매우 중요하다. 조직이나 정치적 담론의 탐구에서, 논증과 **토포이**(topoi, 즉 하나의 논증의 필수적 부분)[2]의 재맥락화는 한 장르에서 다음 장르로, 또는 하나의 공적 영역에서 다음의 공적 영역으로 계속된다(Wodak et al. 1998, 1999: Wodak 1996). 특정한 견해, 신념, 또는 이데올로기에 관한 권력투쟁은 이러한 '논증의 생명'을 예시한다. 예를 들어, 유럽연합과, 실업에 관한 담론 연구에서(Weiss and Wodak 1999a, 1999b; Straehle et al. 1999; Iedema and Wodak 1999), 인터뷰, 글로 쓰인 텍스트, 의회 토론과 회담이 서로 대조되었다. 그러므로 많은 여타 CDA 접근들과 비교해 빈학파 접근의 차이점은 특별히 세 가지 측면에 있다—학제적 성격에 대한 강조, 삼각 측정 원칙, 자료원에 대한 문화기술지적 접근.

---

2) (옮긴이) 토포이는 장소를 뜻하는 그리스어 토포스(topos)의 복수형으로, 일반적으로 논증의 주제(topic)를 의미하며, 보다 명확한 정의는 논자(rhetor)가 생각이나 아이디어들을 서로 관련지을 수 있는 범주나 논리적 방법이다.

11.5.2. 방법

11.5.2.1. 분석 장치

위에서 기술한 모델을 따르는 담론 역사적 방법은 세 가지 차원의 분석 장치를 사용해 작업한다(〈도표 11.4〉 참조).

분석 수준으로서 내용, 논증 전략, 언어적 실현 형태 사이의 근본적

우리-여러분-담론	
차이의 담론 1. 범주화와 평가 2. 우리-담론 　- '우리'의 구성 　- 긍정적 자기묘사	언어적 실현 1. 집단의 내용·정의 2.1 문법적 응집 요소 2.2 단서, 자기평가, 　　규범 준수
논증전략/기법 (정당화)	
책임의 귀인	책임의 부인
흑백논리	
책임의 거부	왜곡을 통한 평가절하 또는 중상모략
희생양 전략	
피해자-가해자 전환	a) 과장: 예를 들어, 음모이론
위의 전략과 부인은 또한 왜곡에 관한 특정한 논증 '기법'에 의해 실현된다 목표: '상대방' 관점의 평가절하와 중상모략 ➞	b) 폄하: 　균형잡기/합리화
	c) 거부, 부인
언어적 실현(linguistic realization) 형태		

• 비현실적인 시나리오	• 수사적 질문	모호함:
• 비교	• 도입 문구	• 언급의 일반화
• 비유	• 암시, 환기 　(또한 텍스트와 단어 수준 　에서)	• 화자의 관점
• 환기		• 문체론/상황성
• 동일시/일반화	• 주장	• 완곡어법
• 담론 재현	• 은유	• 텍스트 일관성
• 인용	• 서술	• 은유적 어휘소

(출처: Matouschek, Wodak & Januschek, 1995: 60)

〈도표 11.4〉 담론 역사적 방법의 분석 도식

구분이 이루어진다. 언어적 실현 하에서 텍스트, 문장, 단어 수준 사이에 구분이 도출된다. 의사소통의 다양한 수준에서 의식적으로 또는 무의식적으로 작동하는 일련의 과정들로서 전략을 이해하는 것이 중요하다(Projektteam 1989: 3). 다소 자동적인 또는 의식적인 행동 계획으로서 전략은 다양한 의사소통자들의 목표와, 그것의 실현 사이를 매개한다(Heinemann & Viehweger 1991: 215). 그다음에, 이러한 세 가지 분석차원은 범주를 가진 어떤 특정한 연구 대상과 관계없이 완성된다. 단지 내용 수준에서만 범주들이 명시적이고 다른 연구 대상에 적용 불가능하다. 대조적으로, 전략과 언어적 실현은, 일단 확인되면, 원칙적으로 또한 다른 담론들에 적용될 수 있다.

1989~1990년의 오스트리아 대중매체에서의 이주자들에 관한 담론의 맥락에서, 마투셱 등(Matouschek et al. 1995: 60)은 소위 차이의 담론을 설명하기 위해 〈도표 11.4〉에 제시된 분석 장치를 만들었다.

11.5.2.2. 절차

담론 역사적 방법의 절차는 인지과학의 일부 영향으로 해석적이고 설명적인 것으로 보인다(Wodak et al. 1990: 53; Wodak 1996). 그러므로 그것은 연속적인 별개의 작동 단계가 아니라, 그 안에서 세 가지 분석차원이 맥락 지식 전체와 체계적이고 재귀적으로 관련된 하나의 순환으로서 이해되어야 한다. 각각의 텍스트에 대한 정확한 기술과 더 많은 언어 자료에 대한 분석은 담론 맥락의 재구성에 관한 진술이 미시와 거시 수준 모두에서 이루어지도록 만든다. 담론 역사적 방법의 일반적 원칙은 다음과 같이 요약될 수 있다(Wodak et al. 1990: 57).

- 담론은 오직 그것의 특수한 맥락에서 기술되고, 이해되고, 해석될 수 있기 때문에, 배경과 맥락이 가능한 정확하게 기록되어야 한다.
- 발화의 내용은 제시된 보고서뿐 아니라 역사적 사건과 사실과 대면되어야 한다(상호 텍스트성).

- 텍스트는 다른 학문의 전문가들에 의해 해석되어야 한다(사회학, 역사학, 심리학). 모든 단계는 담론 역사적 방법의 중요한 특징으로서 학제적 접근을 시사한다.
- 텍스트는 모든 언어학적 수준에서 가능한 정확히 기술되어야 한다.

다양한 과학적 접근들의 유익한 네트워크 형성 덕분에, 담론 역사적 방법의 대표자들은 그들의 접근과, 다른 텍스트와 사회언어학적 연구들의 접근 사이의 차이를 인식한다.

텍스트 분석의 첫 번째 단계는 특정한 일반화를 하는 것인데, 이것은 그다음에 분석 장치에 따라 분류된다. 그다음에 이것에는 재개된 텍스트 분석 등이 뒤따른다. 담론 역사적 절차는 오스트리아의 난민 정책에 대한 통속적인 보도를 참고해 쉽게 예시될 수 있다.

수상: 동유럽 주민들에 대한 경제적 지원 /

하이더(Haider): 망명신청자들의 수용에 관한 정상회의

11년간: 난민들에게 75억

머리기사: (6줄, 2단)

재무부의 새로운 지출에서 오스트리아가 난민들을 지원하는 인도주의적 의무를 이행하기 위해 치르고 있는 재정적 희생을 볼 수 있다. 1980년부터 1990년 말까지 난민들의 관리(수용과 복지)를 위해 75억 실링이 풀렸다.

텍스트: (3단, 82줄)

우리나라는 지난 34년 동안 3차례의 난민들의 거대한 물결에 대처해야만 했다. (§1)

1956년에, 상당한 유혈사태로 진압된 헝가리 혁명 뒤에, 182,432명이 우리의 국경을 넘었다. (§2)

1968년에, 프라하의 봄의 진압 뒤에 162,000명의 체코슬로바키아인이 우리의 영토로 도망쳤다. (§3)

1981년에, 폴란드에서 계엄령의 시행 뒤에 33,142명의 난민들이 정치적

망명을 요청했다. (§4)

다음주에, 내무장관 뢰슈나크(Löschnak)가 어제 『크로네(Krone)』[3]와 확인한대로, 오스트리아는 비상브레이크를 밟아야 할 것이다. (§5)

내각은 루마니아인들에 대한 의무 비자를 결정할 것인데, 이들의 대부분은 경제적 이주자로 간주된다. (§6)

그러나 우리의 국경은 정치적, 인종차별주의적, 종교적 이유로 그들의 조국에서 쫓기고 있는 이들에게 여전히 열려 있을 것이다. (§7)

동유럽으로부터의 난민들이 오스트리아의 범죄증가에 대해 책임이 있다는 사실이 계속 주장되고 있다. 그 주제에 관해선 내무장관이 어제 『크로네』에 공지했다. (§8)

합법적으로 고용된 이주노동자들 사이의 범죄율은 오스트리아인보다 낮다. (§9)

반면에 불법적으로 일하는 동유럽 난민들은 우리 시민들보다 평균적으로 범죄를 저지를 가능성이 높다. (§10)

오스트리아의 범죄율 상승(볼드체의 헤드라인)

오스트리아의 범죄율은 실로 1987년에서 1988년에 2.5~3퍼센트까지, 1988년에서 1989년에 3.5~4퍼센트까지 상승했다. 이러한 놀라운 발전은 내무부에 의하면 세 가지 요인의 결과이다. (§11)

국제적으로 두드러진 범죄행위의 증가, 오스트리아인이 관련된 조직폭력의 급격한 증가, 동유럽으로부터의 난민들. (§12)

두 명의 고위 정치인들이 어제 난민문제에 관해 언급했다.

브라니츠키(Vranitzky) 수상은 오스트리아가 계속 난민과 망명 국가로 남을 것이라고 보장했지만, 정치적 이주자와 경제적 이주자 사이에 구별이 있어야 할 것이라고 말했다. 브라니츠키는 최선의 난민 정책은 동유럽 주민의 경제를 지원하는 것이었다고 말했다. (§13)

FPÖ(자유당) 지도자 하이더는 난민들의 수용에 관해 주지사의 협의를 요청

---

3) (옮긴이) 오스트리아의 일간지.

하도록 내무장관 뢰슈나크에게 요구했다. 사회복지부장관 게퍼트(Geppert)
는 난민들이 일하도록 보장해야 했다. (§14)

(끝)

(Matouschek & Wodak 1995, 1996: 57의 텍스트 사례)

배경과 맥락. 텍스트는 카이저슈타인브루(Kaisersteinbruch) 지역에서 800
명의 루마니아 난민들에게 주거를 제공하는 것과 관련된 논쟁으로부
터 발생한다—이전의 동구권으로부터의 난민들과 이주민에 대한 오
스트리아의 책임에 관한 18개월간의 긴 논쟁의 정점. 루마니아 국민
의 고통에 대한 친혁명적 보도로부터 일부 시행 의지와 동정 담론이
존재했다. 이것은 이미 골칫거리인 망명 신청자들의 추방과 관련된
담론이 되었다. 이 때문에 동정을 일으킨 고통을 가진 이들이 이제
폭력, 범죄, 사회적 기생 문제 때문에 거부될 것이라는 점에서 정당화
담론이 발생했다.

　　주제와 내용, 상호 텍스트성. 이 한 보도의 주제는 국제적 수준에서
편향된 이주논쟁의 주제를 반영한다—난민들의 수에 대한 강조, 위협
에 대한 은유('흐름', '쇄도', '무리'), 위법성, 범죄성, 불성실, '경제적 이
주자' 지위의 부여. '난민들의 범죄성'이라는 주제에 대한 강조는 이
기사에서 새롭게 소개된다. 이러한 짧은 표본 텍스트를 넘어서는, 완
전한 텍스트 언어 자료는 다양한 매체의 다양한 텍스트 형태에서 외
국인 혐오적 태도를 보여 준다. 차이는 단지 외국인 혐오의 명시성의
정도에 있다. 심지어 보다 진보적인 언론기관조차 이러한 추방담론으
로부터 자신을 분명하게 거리 둘 수 없었다. 집단들이 형성되고 서로
반대편에 섰다. 난민들의 수와 그들의 범죄성에 의해 과중한 부담을
진, 도움을 주려는 오스트리아인의 우리집단은 긍정적인 시각으로 제
시된다. 그들의 반대편에 **난민들, 동유럽 난민들, 경제적 이주자들** 등은
분명하게 부정적인 내용으로 특징지어진다.

　　자료와 보도된 사실과의 대립. 다른 전문가들의 상세한 맥락 지식은

텍스트의 왜곡에 대한 정보를 준다.

전략과 언어적 실현 사이의 구별에 의한 모든 언어학적 수준에서 텍스트에 대한 가능한 가장 정확한 기술. 외국인 집단에 대한 편향된 부정적 태도는 매우 다양한 전략들에 의해 정당화된다. 처음에는 익명의 정보원으로부터의, 난민들의 해악에 대한 의사 객관적인 사실을 제공하는 것에 의해, 모호한 문구(동유럽 주민, 망명 신청자, 난민들)와 합리화가 거부를 정당화하기 위해 머리기사와 헤드라인에서 이미 사용된다. 오스트리아는 나아가 난민들의 물결의 피해자(피해자-가해자 전환)로서 재현된다. 루마니아로부터 난민들의 수용은 1956년, 1968년, 1981년의 난민들의 물결 뒤에 즉시 위치지어진다. 난민들의 유입의 부담은 위협에 대한 은유('비상 브레이크')와, '경제적 이주자'로서 집단의 개념화에 의해, 저자의 견해와, 다른 정보원 사이의 유동적인 경계와 함께, 의도적으로 모호한 담론 재현에 의해 전달된다. 외국인 집단과 범죄성 사이의 관련성의 구성은 동일한 방식으로 보다 정확하게 연구될 수 있다.

요약. 루마니아인의 거부와 추방은 의사 객관적인 방식으로 텍스트에서 정당화된다. 담론에 관한 맥락 지식을 포함시킴으로써, 텍스트를 전체 담론 속에 위치시킬 수 있다. 어쨌든 루마니아인에 관한 담론은 오직 보다 먼 과거 또는 가까운 과거의 차이에 관한 이전의 담론을 참조해 이해될 수 있다. 텍스트의 맥락 지식과 상호 텍스트성을 고려함으로써, 마투섹과 보닥은 "(언론과 정치의 전체 담론에서) 루마니아인에 관한 담론이 일종의 사례로 간주될 수 있으며, 일반적으로 '외국인', 특히 동유럽인의 추가적인 유입을 막기 위해 루마니아인으로 하나의 사례가 구성된다"고 결론짓는다(Matouschek & Wodak 1995: 62).

11.6. 비판적 논의

CDA에 대한 비판은 대화 분석으로부터 비롯된다—대화 분석(Schegloff 1998)과 CDA(van Dijk) 사이의 논쟁(개인적 의사소통, 이메일)의 '이면'. 셰글로프는 비록 그것이 국지적 상호작용의 구성보다는 다른 목표와 관심을 갖고 있을지라도 CDA가 그것의 자료를 신중하게 다뤄야 한다고 주장한다. "그러나 그것이 담론 자료와 연결된 권력, 지배 등의 문제를 의미한다면, 그것은 그러한 자료의 신중한 처리가 되어야 한다." 이것은 그것이 적어도 상호작용의 참여자들의 행동과 명백히 관련 있는(relevant) 것과 양립될 수 있어야 한다는 것을 의미한다. 오직 참여자의 젠더 같은 그러한 범주들이 관련될 때만—예를 들어, 명시적 언급('Ladies last')에 의해—그것들이 분석에 중요하다. CDA가 이런 식으로 이해된다면, 셰글로프의 견해에 의하면, 그것은 대화 분석의 대안이 될 수 없고 대화 분석이 먼저 수행되는 것을 필요로 한다. "그렇지 않으면 비판적 분석은 자료와 '묶이지(bind)' 않을 것이고 결국 단지 이데올로기적이 될 위험이 있다." 판 데이크는 대화 분석에 대한 비판적 평가(cf. 8장)에서 그가 보기에 셰글로프가 '텍스트 자체'에 요구하는 종류의 분석은 환상이라고 설명한다.

  CDA의 전체 기획에 관한 이러한 일반적인 논쟁을 따라, 보다 구체적인 논의가 노먼 페어클러프와 헨리 위도슨(Henry Widdowson) 사이에서 발전되었다. 위도슨은 담론이라는 용어가 그것이 유행하는 만큼 모호하다는 사실을 비판한다. "담론은 모두가 이야기 하지만 정확히 그것이 무엇인지 확실히 알지 못하는 무엇이다—유행(vogue)과 모호함(vague) 속의"(Widdowson 1995: 158). 그는 또한 텍스트와 담론 사이의 분명한 경계의 결여를 비판한다. 더욱이—그리고 여기에서 그의 비판은 셰글로프의 비판에 접근한다—CDA는 이데올로기적 해석이고, 그러므로 분석이 아니다. 비판적 담론 분석이란 용어는 용어상 모순이다. 위도슨은 CDA가 이중적 의미에서 편향된 해석이라고 믿는다. 먼저 그것은 특정 이데올로기적 정향(commitment)에 기반해 편향되고, 그다음에 그것은 선호되는 해석을 지지해줄 그러한 텍스트를 분석을 위해 선택한다(Widdowson 1995: 169). 분석은 몇 가지 해석의 검토를 의미해야 하는데, CDA의 경우에 사전판단 때문에 이것이 불가능하다. 페어클러프(1996)는 이러한 비판에 대한 반응에서 CDA의 원칙에서 요구되는 결과의 개방성에 주목한다. 그는 또한 CDA가 대부분의 다른 접근들과 달리 자신의 입장과 정향에 대해 항상 명시적이라는 점을 지적한다.

11.7. 질적 기준

비판적 담론 분석은 그것의 해석과 설명이 쉽게 이해될 수 있어야 한다. 연구자들이 그들의 결과에 이르는 방식이 알아볼 수 있어야 한다. 게다가, CDA의 결과의 타당성은 절대적이고 불변적이지 않고, 결과를 변화시킬 수 있는 새로운 맥락과 정보에 항상 열려 있다. 개방성과 이해성(intelligibility)과, 그것의 분석의 해석적 성격과 설명적 성격의 상호작용은 CDA의 중요한 기준이다. 결과가 충족시켜야 하는 한 가지 추가적인 특징요건은 실천적 관련성 요건이다. CDA는 사회 문제와 관련 있다. 그것의 결과의 유용성이 전제 조건이다.

11.8. 적용 분야와 전제 조건

CDA의 적용 분야는 1960년대 이후 이데올로기적, 정치적 운동의 특수한 정치적 맥락으로부터 그것의 발전과 밀접하다. CDA는 매우 일반적으로 사회적 실체들(social entities)과 계급들 사이의, 여성과 남성 사이의, 민족적, 인종적, 종교적, 성적, 정치적, 문화적, 하위 문화적 집단들 사이의 지배와 권력관계에 관심 있다. 그것의 잠재적 적용 분야는 그러므로 사회적 권력의 분석과 관련된 모든 관계와 주제들이다—여성 연구(Wodak & Benke 1997), 반유태주의(Wodak et al. 1990), 파시즘(Maas, 1984), 외국인 혐오(Matouschek and Wodak 1995, 1996), 정치에서의 언어(Wodak & Menz 1990; Fairclough 1989, 1992a), 또는 조직에서의 언어(Wodak 1996). 그것의 출발점은 항상 불평등과 부정의가 언어에서 반복적으로 재생산되고 언어에 의해 정당화된다는 가정이다.

맥락적 의미와 상호 텍스트성의 가정 때문에 CDA는—모든 적용에 대한 전제 조건으로서—지배적인 사회적, 역사적 조건과, 역사적 사슬에 관한 포괄적인 정보를 필요로 한다.

여기에서 기술된 접근들에 대해 구체적 적용 분야가 발전했다. 페어클러프의 모델은 사회적, 담론적 변화 맥락에 대한 분석에 적합하다. 이것은 제도 내와 너머의 다양한 담론적 실천들 사이의 관계의 재조정으로 이어진, 텍스트에서 담론과 장르의 조합에 관해 분석되고, 또한 '담론 질서들' 내와 사이의 경계의 변화에 관해 분석된다. 담론적 변화의 한 가지 사례로서, 페어클러프는 잉글랜드의 대학들이 마케팅되는 방식의 변화를 분석한다(Fairclough 1993). 회의 보고서, 아카데믹 CVs, 구인 광고를 포함한 다양한 텍스트에서, 그는 현대 대학들의 담론적 실천에서의 변화, 안정적인 제도적 동일성의 종료, 기업가적 동일성을 구성하는 것에 대한 더욱 강력한 투자를 발견한다(Fairclough 1993: 157). 담론적 변화의 추가적인 사례는 공적 담론의 '대화화'인데, 이것은 담론적 실천의 변화를 통한 공적인 삶과 사적인 삶 사이의 경계의 재조정을 의미한다. 페어클러프는 의사-환자 대화에서 이것을 예시한다(Fairclough 1995b). 그의 연구는 또한 언론인터뷰와 언어교육에 초점을 둔다.

루트 보닥은 조직의 의사소통과, 법원, 학교, 병원의 언어장벽에 담론 역사적 방법을 적용시키는 것으로 시작한다. 이후의 연구는 공공 접근성(public accessibility)의 정도의 차이를 가진 환경들에서의 성차별주의, 반유태주의, 인종차별주의에 초점을 둔다. 특히 그녀는 공적 담론에서의 적 개념의 구성을 검토한다. 담론 역사적 접근은 암묵적으로 편향된 발화의 분석을 쉽게 하고, 배경 지식을 참조하는 것에 의해 이러한 발화에 일반적으로 숨겨진 암시(allusions)를 디코딩(decoding)하는 것을 도우려고 한다. 이것의 사례는 오스트리아의 전후 반유태주의(Wodak et al. 1990), 이주민에 관한 담론(Matouschek et al. 1995), 중부와 동부 유럽 주민에 대한 태도(Projektteam 1996)에 대한 연구들에서 발견된다. 이러한 접근의 한 가지 중요한 목적은 그것의 결과의 실천적 관련성이다. 보다 최근의 연구들은 민족 동일성의 담론적 구성(Wodak et al. 1998)과, 유럽연합의 복잡한 조직(Straehle et al. 1999; Iedema & Wodak 1999)과 관련 있다.

11.9. 다른 방법들과 비교한 유사점과 차이점

이러한 두 가지 접근이 속한 CDA와 다른 방법들 사이의 차이는 CDA의 일반적 원칙과 관련해 가장 분명하게 확립될 수 있다. 우선 CDA가 다루는 문제들의 성격은 내용 분석이나 근거이론 같이 그것의 관심을 미리 결정하지 않은 그러한 모든 방법들뿐 아니라, 그것의 연구 목적에 대해 명시적인 다른 방법들과도 원칙적으로 다르다. 여기에서 우리는 민속방법론 지향의 텍스트 분석, 특히 대화 분석과 비교를 할 수 있다. CDA가 사회 문제에 관심 있는 반면, 대화 분석은 대화의 조직에서의 구조적 문제를 다룬다.

　그것이 흔히 숨겨진 권력관계를 명시적으로 만들고, 그로부터 실천적 관련성을 가진 결과를 도출하려고 노력하기 때문에, CDA가 문제들에 대한 다른 비판적 접근을 따른다는 사실은 연구의 목적과 관련된다. 이러한 측면에서 그것은 기능화용론 같은 여타 비판적 접근들에 근접한다. CDA처럼 후자는 결과의 실천적 관련성과 관련 있지만,

이것을 방법의 목적으로서 덜 명시적으로 표현한다. 더욱이, 기능화 용론에서 권력관계의 분석과 발견은 분명한 듯 보이는 것이 더 이상 당연하게 여겨지지 않는 상황으로 이어질 수 있는 일상 활동의 조건에 대한 통찰보다 덜 중요하다. 이것은 보통 당연하게 여겨지는 그러한 권력관계를 포함하지만, 그것들은 CDA에서처럼 동일한 핵심적 위치를 차지하지 않는다. 이러한 종류의 비판적 지향은 참여자들의 일상 행동의 재구성과 기술을 일차적으로 다루는 민속방법론적 텍스트 분석에서 결여되어 있다. 담론 분석의 비판적 주장들은 그것의 이론적 배경으로부터 비롯된다.

한 가지 더욱 중요한 차이는 모든 담론은 역사적이고, 따라서 그것이 맥락과 관련해서만 이해될 수 있다는 CDA의 가정으로부터 발생한다. 다른 방법들은 유사한 기반에 근거해 진행된다. 문화기술지는 그것의 문화적 맥락에서 언어에 관심 있다. 기능화용론은 맥락이 아니라 일반적인 사회적 배경을 다루고, 모든 언어 행동의 특정한 기저목적에 대한 그것의 가정에 의해 이것들을 연구한다. CDA에서 또한 중요한, 문화, 사회, 또는 이데올로기 같은 그러한 언어 외적 요인들을 참조하기 위해 그들이 맥락이나 배경을 다룬다는 사실은 이러한 모든 접근들에서 공통적이다. 강한 형태의 대화 분석은 이러한 영향들을 수용하지 않고, 텍스트 내에 맥락을 위치시키지 않는다. 그러나 대화 분석에 대한 우리의 개관에서, 현재, 맥락에 대한 광범위한 이해의 방향으로 발전이 존재한다는 사실이 이미 제시되었다. 어쨌든, 이것이 명시적으로 사회심리학적, 정치적, 이데올로기적 요소들을 포함하고, 그렇게 함으로써 학제적 절차를 가정하기 때문에, 맥락 개념은 CDA에서 가장 일반적이다. 그러나 자료가 자주 대표적이지 않기 때문에, 이러한 학제적 절차는 종종 절충적으로 남는다.

이것 외에—상호 텍스트성과 상호 담론성 개념을 사용하는—CDA는 다른 텍스트들과의 관계를 분석하는데, 이것은 다른 방법들에서 발달되지 않았다. 담론 개념에 대한 그것의 기본적 이해로부터, CDA

는 텍스트들에 영향을 행사하는 가장 광범위한 요인들에 열려 있다고 결론내릴 수 있다.

맥락 개념으로부터, 언어와 사회 사이의 관계에 대한 가정과 관련한 추가적인 차이가 발생한다. CDA는 이러한 관계를 단순히 결정적인 것으로 취급하지 않고, 매개라는 개념을 언급한다. 여기에 위에서 기술된 담론에 대한 접근들 사이의 차이가 존재한다. 노먼 페어클러프는 할리데이의 다기능 언어이론4)과, 푸코에 의한 담론 질서 개념을 따라 이러한 관계를 정의하는 반면, 루트 보닥은 튼 판 데이크처럼 사회인지적 수준을 도입한다. 이러한 종류의 언어와 사회 사이의 매개는 민속방법론적 텍스트 분석에서 부재한다.

다양한 방법들의 추가적인 변별 특징은 그것의 분석에 언어학적 범주들을 포함시키는 것과 관련된다. 원칙적으로 직시어(deixis)와 대명사 같은 범주가 (따라서, 내용 분석이나 근거이론을 포함한) 각 방법들에서 분석될 수 있지만, 그것들은 단지 소수의 방법에서만 중요하다고 우리는 가정할 수 있다. 이러한 진짜 '언어학적' 방법들의 사례는 기능화용론과 CDA이다. 기능화용론에서 언어학적 범주들은 소위 언어 표층에서 발견되는 반면, CDA는 텍스트 수준에서 **형식**과 **구조**(texture)에 대해 말하거나(페어클러프), **언어적 실현의 형태**에 대해 말한다(보닥). 반면에, 대화 분석은 이러한 설익은 범주화와 일반화를 거부하고, 언어학적

---

4) 마이클 할리데이(Michael A. K. Halliday)는 1960년대에, 하나의 언어의 문법을 체계들의 체계로 해석하고, 그것을 하나의 네트워크 체계로 상징화한, 기술 문법 모델을 개발했다. 네트워크는 기술적 수준의 단위들의 결합가능성을 나타내고, 따라서 모든 언어단위는 선택들의 하위체계로서 설명될 수 있다. 영어 문장에 대한 단순화된 네트워크는 먼저 명령문과 직설문 사이의 선택을 구분한다. 직설문에는 의문문과 평서문 사이의 선택이 존재할 수 있다 등등(Malmkjaer 1991c: 448). 할리데이는 문법을 기능적으로 조직화된 것으로 보고, 여기에서 '기능'은 '언어는 왜 그러한가?'라는 일반적 질문에 대한 하나의 응답으로서 이해된다(Halliday 1970: 141). "한 언어의 문법 체계에 의해 선택된 특정한 형태는 언어가 기능하도록 요구되는 사회적, 개인적 요구와 밀접하다"(Halliday 1970: 142). 할리데이는 선택의 네트워크를 세 가지 메타기능에 결부시킴으로써 언어기능을 언어구조와 연결시키려고 한다―관념화(ideational), 인간관계적(interpersonal), 텍스트적(textual) 기능. 보다 정확한 설명을 위해서는 원문이 참조되어야 한다(Halliday 1970, 1985).

범주들에 우선적 중요성을 부여하지 않는다. 그러므로 하나의 언어학적 방법으로써 CDA는 의미의 언어학적 특징들을 통해서 다른 모든 보다 사회학적인 경향의 텍스트 분석 방법들과 자신을 구분한다.

텍스트 분석 방법들의 추가적인 변별 특징은 그것의 분석절차에서 발견된다. 페어클러프와 보닥 둘 다 그들의 절차를 하나의 해석적 과정으로 본다. 기능화용론에서도 마찬가지다. 대화 분석의 순차적 절차는 이 둘과 다르다. 분석과 자료 수집 사이의 그것의 지속적인 피드백뿐 아니라, 그것의 학제적 절차와, 매우 상이한 관점으로부터 연구 대상에 대한 그것의 기술을 통해, 비판적 담론 분석의 두 방법은 근거 이론의 요건을 충족시킨다.

'텍스트 확장적' 분석 방법과 '텍스트 축소적' 분석 방법 사이의 대강의 구분이 이루어져야 한다면, CDA는 매우 분명한 형식적 속성에 대한 그것의 집중과, 분석 동안 이와 관련된 텍스트의 응축 때문에 '텍스트 축소적'인 것으로서 특징지어질 수 있다. 이러한 측면에서 그것은 '텍스트 확장적인' 구별이론과 객관적 해석학(Oevermann et al. 1979)과 대조된다. 구별이론 방법은 그것이 텍스트의 실험적 변이(variation)를 허용하지 않는다는 사실에 의해 CDA와 구별될 수 있다.

11.10. 문헌

• Fairclough, Norman (1989). *Language and Power*. London: Longman; 김지홍 역 (2011), 『언어와 권력』, 도서출판 경진.

이데올로기, 권력, 텍스트, 담론 같은 핵심 개념들을 정의한 후에, 노먼 페어클러프는 그의 비판적 담론 분석 방법을 기술하고, 7장에서 이것을 마거릿 대처의 정치 담론에 적용시킨다.

• Fairlough, Norman (1995b). *Critical Discourse Analysis. The Critical Study of language.* London: Longman.

이 책은 저자가 1983년과 1992년 사이에 쓴 에세이들의 모음이며, 그것은 저자의 접근에 대한 개관과, 그의 추가적인 발전을 제공한다. 언어와 권력, 이데올로기와 언어, 사회 문화적 변화라는 주제들이 핵심 중요성을 갖는다.

• Wodak, R., Nowak, P., Pelikan, J., Gruber, H., de Cillia, R. & Mitten, R. (1990). "Wir sind alle unschuldige Täter". *Diskurs-historische Studien zum Nachkriegsantisemitismus.* Frankfurt: Suhrkamp.

공공 접근성의 정도의 차이를 가진 환경들로부터의 자료를 사용해 담론 역사적 방법이 반유태주의 담론에 적용된다. 분석은 특히 정당화 담론에 집중한다.

• Wodak, Ruth (1996). *Disorders of Discourse.* London: Longman.

이것은 비판적 담론 분석에 대한 일반적인 소개와 함께, 조직의 의사소통에 관한 저자의 이전의 비판적 담론 연구들의 모음이다. CDA의 원칙들이 의료, 교육, 언론, 치료적 의사소통 사례들을 통해 예시된다.

11.11. 2차 문헌

11.11.1. 핸드북

『화용론 핸드북(Handbook of Pragmatics)』(Verschueren et al. 1995)을 제외하고, 언어학 핸드북에서 비판적 담론 분석에 관한 어떤 특별한 수록은 없다. 비판적 접근은 보통 담론 분석 내의 새로운 발전으로서 간략히 언급된다.

- Wodak, Ruth (1995). "Critical linguistics and critical discourse analysis". in Jef Verschueren, Jan-Ola Östman & Jan Blommaert (eds.). *Handbook of Pragmatics. Manual.* Amsterdam: Benjamins. 204~210.

11.11.2. 다른 방법설명과 교과서

Discourse & Society 4(2), 1993은 비판적 담론 분석에 관한 특별호이다. 그것은 노먼 페어클러프, 루트 보닥, 벤드 마투섹(Bernd Matouschek)에 의한 경험적 분석뿐 아니라, (Gunther Kress, Theo van Leeuwen, Teun van Dijk에 의한) 이론적, 방법론적 에세이들을 포함한다(11.11.3 참조).

- Fowler, Roger (1991). "Critical linguistics". in Kirsten Malmkjaer (ed.). *The Linguistics Encyclopedia.* London: Routledge. 89~93.

이것은 그것의 과학적 전통의 주요 특징들과 함께, 비판적 담론 분석에 또한 유효한, 비판적 언어학의 일반적 특징들에 대한 설명이다. 할리데이의 기능적 접근에 집중함으로써, 저자는 페어클러프의 담론 분석의 중요한 본질에 대해 면밀히 기술한다. 이러한 설명은 여기서 기술된 접근들에 대한 분석 틀을 제공한다.

11.11.3. 일반적 적용

원칙적으로 (위의) 11.10에서 언급된 모든 연구들은 다양한 방법들의
적용 사례들을 포함한다. 추가적인 사례들은 다음 저작들에서 찾을
수 있다.

- Fairclough, Norman (1993). "Critical discourse analysis and the marketization
  of public discourse: the universities". *Discourse & Society* 4(2). 133~168.

노먼 페어클러프는 고등교육의 텍스트 사례(구인 광고, CVs 등)를 가
지고 공적 담론의 시장화의 담론적 측면을 분석한다.

- Fairclough, Norman (1995a). *Media Discourse*. London: Arnold; 이원표
  역 (2004), 『대중매체 담화 분석』, 한국문화사.

이것은 언론에서 담론적 실천의 변화와, 보다 큰 사회적, 문화적
변화 사이의 관계에 대한 묘사이다. 일련의 사례들과 함께 페어클러
프는 공적 영역과 사적 영역, 정보와 오락 사이의 긴장을 예시한다.

- Lutz, Benedikt & Wodak, Ruth (1987). *Information für Informierte. Linguistische
  Studien zu Verständlichkeit und Verstehen von Hörfunknachrichten.* Wien:
  Akademie der Wissenschaften.

이것은 뉴스방송의 텍스트에 적용되는, 사회심리학적 텍스트 이해
이론의 정교화를 포함한다.

- Matouschek, B., Wodak, R., & Januschek, F. (1995). *Notwendige Maßnahmen
  gegen Fremde? Genese und Formen von rassistischen Diskursen der Differenz.*

Wien: Passagen.

1989년 이후 동유럽 국가들로부터의 이주자들에 대한 오스트리아
의 담론에 대한 연구는 배경과 맥락 특수적인 차이와 함께, 미묘한
형태의 편견 담론을 보여 준다.

"알파벳 수프 한 그릇이 그들이 10대 담론을 연구하는 데 필요한
모든 자료를 그들에게 줄 것이라고 그들은 생각한다"

제12장 기능화용론

12.1. 이론적 기원

기능화용론(functional pragmatics)이 자신에게 부여한 특징으로부터 가장 일반적인, 그리고 아마도 가장 타당한 간략한 기술(description)이 도출될 수 있다. 다른 화용론적 접근들과 달리, 기능화용론은 모리스(Morris)의 기호학적 개념이나, 카르납(Carnap)의 언어학적 **화용론**의 논리학적 개념으로부터 유래하지 않는다. 그것은 오히려 뷜러(Bühler)의 저작에 기반한 디터 분더리히(Dieter Wunderlich)의 연구집단(Wunderlich 1972 참조)의 행위 중심적 화용론에서 1970년대에 개발된 개념들로부터 유래한다. 이러한 화용론의 개념은 뷜러의 적용과 함께, 기호학적, 논리학적 개념, 화행이론(speech act theory)에 대한 비판적 관점, 직시어(deixis) 분석의 통합에 기반한다. 그러므로 기능화용론은 이 용어에 대한 행위 중심적 이해에 따라 조직된다. 이것은 화용론적 측면이 단순히 비화용론적으로 이해되는 언어 형태에 추가되는 것이 아니라, 언어체계 사용의 행위기반과 언어체계 자체에 관한 질문이 제기된다는 것을 의미한다(Ehlich & Rehbein 1986: 46f.; Ehlich 1993, 1991: 131f. 참조). 이런 식으로 기능화용론은 또한 **화용 언어학**(pragmalinguistics), **사회 언어학**, 또는 **심리 언어학** 같은 그러한 용어들의 조어에서 자신을 드러내는,

언어학의 '손실보상'의 추가과정에 대한 하나의 반응으로서 자신을 본다. 이러한 사례들에서처럼, 언어학의 '핵심'에 빠져 있는 것을 추가하는 대신에, 기능화용론은 자신을 완전히 수행적인 언어 이론과 그것의 사용 방식과 관련시킨다. **기능**(functional)이라는 말은 그것이 언어 형태의 기능과 관련 있다는 것을 의미한다.

기능화용론은 특수한 행위이론에 기반해 그 자신의 분석 도구를 발전시켜 온 하나의 접근이다. 레바인(Rehbein)은 상세하고 빈번하게 사용되는 기능화용론의 하나의 도구—언어 패턴—를 기술하고, "이러한 종류의 개념적, 방법론적 장치(즉, 패턴 분석)를 갖춘 이론이 기능**화용론**으로 알려져 있다"(Rehbein 1988: 1183)는 결론에 이른다. 기능화용론 학파가 이미 발전했는지는 최근의 연구들이 답하지 못한 채 남겨놓은 문제이다. 브루너와 그래픈(Brünner & Graefen 1994b: 9)은 단지 "언어학의 과학적 절차의 근본적 쇄신에 대한 공유된 관심에 의해, 그리고 심각한 경험적, 분석적 결함과 왜곡으로 이어져 온 흔한 연구 관행에 대한 비판에 의해" 통합된 "특수한 분석 양식"(Brünner & Graefen 1994b: 9f.)에 대해 말한다.

기능화용론은 주로 콘라트 엘리히(Konrad Ehlich)와 요헨 레바인(Jochen Rehbein)에 의해 발전되고 정교화되었다. 그것의 이론적 기반에 대한 상세한 설명은 레바인(1977)의 박사학위 논문에 있다. 자주 인용되는 분석 사례는 엘리히와 레바인의 '레스토랑'이다. 여기에서 저자들은, 의사소통 행위에서, 화자가, 목적에 의해 결정되는 사회적으로 정교화된 의사소통 형식을 참조한다는 것을 처음으로 보여 준다. 구체적 경험 분석을 사용한 추가적인 이론적 발전은 엘리히와 레바인(1979, 1986)에서 찾을 수 있다. 제도적 의사소통에 대한 기능화용론의 분석은 레더(Redder 1983)로 출간되었고, 최근의 적용 사례들은 브루너(1994)에 있다.

12.2. 기본적인 이론적 가정

출발점은 수행적 이론에 기반한 언어관이다. "언어는 사용의 대상이며, 말을 통해 화자는 무언가를 할 수 있다"(Elich & Rehbein 1972: 209). 추가적인 이론적 발전은 설(Searle)과 오스틴(Austin)에 대한 비판에 기반하는데, 이들의 접근은—기능화용론의 관점에서—행위로서 발화에 대한 체계적 이론으로 이어지는 것이 아니라, 이것은 다시 체계로서 언어에 대한 이론에 제한된다(Ehlich & Rehbein 1972: 210). 구체적으로 말해서, 화행이론의 한계에 대한 이러한 비판은 문장수준에 적용되는데, 이것은 수신자나 청자에 대한 불충분한 대우에 대해 책임이 있는 것으로 여겨진다. 발화 행위의 적절함(felicity)에 대한 이러한 문장기반의 분석은 발화 효과 행위(perlocutionary act)라는 개념의 형성으로 이어지는데, 엘리히는 이것을 "화행이론의 범주들 중 부적절한(infelicitous) 요소"(Ehlich 1991: 130)라고 부른다. 화행이론에 대한 이러한 비판으로부터, 분더리히(1972)의 저작에서, '발화 행동(speech actions)'이라는 개념에 의해 화자와 청자를 동등하게 포함시키는 사회적 언어 개념이 발전됐다. 이것은 기능화용론에 핵심적이다. '발화 행동'과 '발화 행위(speech acts)' 사이에 이루어진 구분을 통해, 기능화용론 자신을 화행이론과 구분한다.

  발화 행위(speech acts)는 화자 지향적이며, 개별 문장들에 집중한다. **발화 행동**(speech actions)은 언어에 의해 수행되는 행동이며, 사회적으로 합의된 의무적 형식의 위상을 갖는다(Ehlich 1972). 그것은 화자와 청자 사이의 상호작용의 복잡한 구조를 다루도록 의도된다. 발화 행동은 세 가지 구성 행위를 갖는다—(a) 발화(utterance), (b) 진술 행위(propositional act), (c) 발화 수반 행위(illocutionary act). 발화 행동은 사슬이나 발화 행동시퀀스(speech-action-sequence)로 서로 연결될 수 있다(Brünner & Craefen 1994b: 11). **발화 효과 행위**(perlocutionary act)라는 개념은 근본적으로 잘못된 범주화로서 비판된다. 그 자리에 **목적**이라는 범주가 핵심적으로 나타난다. "둘 이상의 참여자들 사이의 진정한 상호 행동과 행동 시퀀스로서 화자와 청자 사이의 상호작용은 결국 **언어 행동의 목적**(또는 언어 행동 시퀀스의 목적)에 이른다"(Ehlich 1991: 131).

그러므로 목적의 분석적 정의는 언어 행동의 재구성에서 핵심 역할을 맡는다. (Rehbein 1977: 135f. 이후) **목적**(purpose)은 **목표**(goal)와 구분된다. 하나의 단일한 행위자는 하나의 목표를 지향하며, 목표의 추구와 실현에서 행위자들은 목적에 속하는 사회적으로 합의된 패턴을 사용한다. 개별 목표의 사회적으로 발전된 목적으로의 전환은 '행위 과정의 단계들'을 통해 발생한다.

언어 행동의 기능 분석이 행동에서 그것을 지배하는 목적까지의 역경로(back-channelling)를 의미한다는 점에서, **목적**은 언어 행동의 재구성에 있어 핵심적이다. "연구자가 사회적 삶의 기저를 이루는 힘과 구조를 발견할 수 있는 경우에만, 기능 분석이 이루어질 수 있다. 표층 현상에 대한 설명이 발전될 수 있는 것은 오직 그것을 통해서이다"(Ehlich & Rehbein 1972: 215). 여기에서 **표층**(surface, 단일한 특수 사례)과 **구조**(structure, 사회적의로 합의된 형식)의 엄격한 방법론적 구분이 이미 다뤄진다. 이것은 가장 유명한 기능화용론의 도구—언어 **패턴**—의 특징이다.

그러므로 기능 분석은 표층 현상의 설명을 허용하는 그러한 힘과 구조의 발견을 의미한다. 패턴이라는 개념을 통해 언어 표층과 심층 구조의 구분을 다룰 하나의 범주가 개발되었다. 엘리히는 실재의 반복적 패턴(constellations)의 표준화된 형태를 제공하는 '언어 행동의 조직 형태'와 '언어 형태의 사회적 환경의 묘사'로서 패턴(patterns)을 정의한다. 그러므로 패턴은 심층 구조의 범주인데, 이것의 실현은 언어 표층에 의해 이루어진다(Ehlich 1991: 132). 패턴에 대한 그것의 정의에서, 기능화용론은 '패턴(pattern)'이란 단어의 일반적 사용으로부터 자신을 구분한다.

반복적인 행동 목적의 표준화된 처리를 가정할 수 있도록 하기 위해, 엘리히와 레바인이 전제한 행동이나 패턴에 대한 지식이 특히 중요하다(Ehlich & Rehbein 1986: 136f.). 개인들은 상호작용에서 행동에 대한 그들의 일반적 지식—다시 말해, 목적을 처리하기 위해 사용되는 그들의 지식 형태—을 실현시키고, 이전의 경험을 참고해 행동하며, 예측을 고려한다. 행동 패턴은 행동들의 앙상블이며, 그렇게 함으로써 구성되는 행동 시퀀스이다.

레바인은 모든 행동을 행동 공간이나 사회적으로 구조화된 환경에 배태된 것으로 본다.

> 행동공간은 단지 시각적인 장소가 아니다. 그것은 또한 전체 사회 구조와 그것의 재생산에 의해 구체화되는, 특수하게 정의할 수 있는 전제 조건들의 앙상블을 포함하며, 이것은 특히 특정한 행동공간에서 발생하는 그러한 행동들에서 발생한다. '전제 조건들' 자체는 특수한 행동공간으로부터 독립적이며, 따라서 그것은 어느 정도 독립체로서 분석될 수 있다. (Rehbein, 1977: 12)

구체적으로 말해서, 언어와 사회의 매개는 제도를 통해서 일어난다(Ehlich, 1991: 136f.; Ehlich & Rehbein, 1986: 136f.). 제도는 행위자들이 행동 목적을 처리하기 위해 자신들을 조직하는 복잡한 구조 맥락으로서 간주된다.

> 제도는 우리가 어디에서 어떻게 언어적으로 행동하는지의 대부분을 특징 짓는다. 제도는, 알튀세르의 용어로, 사회적 목적을 처리하기 위한 '사회적 장치(social machines)'이다. 그런 의미에서, 그것 자체는 구체적인 사회적 행동, 다시 말해, 사회의 참여자들의 행동을 향한 한 사회의 일반적인 목적의 매개자이다. (Ehlich, 1991: 136)

결과적으로, 이것은 제도가 "반복적 패턴(constellations)을 처리할 표준화된 방식"(Ehlich & Rehbein 1986: 5)을 제공한다는 것을 의미한다.

그러므로 언어 행동에 대한 기능화용론의 분석은 보통 제도 내의 행동을 의미한다.

기능화용론에 의해 가정된 인간 행동의 사회적 결정은 사회적 분석에 대한 필요성을 의미한다. 엘리히와 레바인(1972)에게 이것은 "생산 활동에서의 다양한 문화적, 사회적 현상의 기본 관계와, 특정한 생산 관계에서의 그것들의 조직"(Ehlich & Rehbein 1972: 216)에 대한 분석을 의미한다. 엘리히와 레바인의 저작에서의 이러한 사회적 분석은 헤겔과 맑스에게서 그 기원을 추적할 수 있다.

언어의 목적적 성격에 대한 기본 가정―('음성의 생산은 그 자체를 위해 발생하는 것이 아니라, 그것에는 그것의 지각 형식으로부터 직접적으로 인식될 수 없는 목적이 기저한다'(Ehich & Rehbein 1986: 134))―은 사회적으로 발전된 목적과 관련될 뿐 아니라, 언어 내적 목적과도 관련된다. 엘리히는 추가적인 화용론 분과에서 이러한 언어 구조의 목적적 성격이 자주 무시된다는 사실에 대해 비판적이다(Ehilch 1994: 68). **절차**라는 제목 아래, 기능화용론은, 그 안에서 화자와 청자의 정신활동이 서로 관련해 고려되는, 언어 행동의 유형을 이해한다. 또한 이러한 기저하는 행동 목적에 따라 절차 유형이 달라진다. 엘리히는, 상응하는 언어 표현 수단을 가능하게 만드는 그러한 영역에 절차 유형을 할당할 때, 뷜러의 '영역(field)' 개념을 채택한다. 그렇게 함으로써 그는 **유도**(prompting), **어조**(toning), **작용**(operation) 영역을 추가함으로써 상징 영역과 직시 영역(deictic fields) 사이의 뷜러의 구분을 확장한다. 영역, 절차, 그리고 화자와 청자에 의해 실현된 행동 목적 사이의 관계는 〈표 12.1〉에 요약되어 있다(Ehlich 1994: 73; 1991: 139; 1979 참조).

영역의 전환을 통해, 언어학적 단위가 다양한 절차 유형을 위해 사용될 수 있다(Ehlich 1994: 75f.). 전통적으로 대명사로 분류되는 단위들이 한편으로 직시 영역(지시대명사)에서 발견되며, 다른 한편으로, 작용 영역(의문대명사와 관계대명사)에서 발견된다. 명사와 동사는 주로 상징 영역에 할당된다. 감탄사는 유도 영역에 위치된다.

<표 12.1> 행동 목적, 절차, 영역

행동 목적	절차	영역
S(화자)가 X, Y에 관한 S의 태도를 H(청자)에게 의사소통한다	도해적/ 표현적	어조 영역
S가 H의 행동이나 태도 구조에 직접 개입한다	신속적	유도 영역
S가 S와 H에게 공통적인, 설명 공간의 대상 X에 H의 주의를 끌게 한다	직시적	직시 영역
S가 H에게 대상 X, 사실 Y, … 를 보여 준다	호소적/ 상징적	상징 영역
S가 H에게 S의 언어 행동 요소를 처리하게 한다	작용적	작용 영역

언어들 사이의 유형적 차이는 어조 영역에서 매우 분명하게 나타나는데, 이 영역에서 독일어나 영어는—일부 아프리카 언어들과 대조적으로—이용 가능한 극히 적은 단어를 갖는다. 대신에, 그것은 고도로 발전된 억양 표현 수단에 의존한다(Redder 1994: 240). 〈표 12.2〉는 기능화용론 방법에 대한 요약을 제공한다. 이러한 사례는 기능화용론이 언어 행동과 언어 형태의 상호 매개(transmediation)를 설명하기 위해 절차 범주를 사용한다는 것을 보여 준다.

언어 행동의 근본적인 목적적 성격은 언어와 사회의 매개를 위한 분석도구—패턴—의 개발로 기능화용론을 이끈다. 그것의 절차와 패턴 분석에서, 그것은 형식과 기능, 또는 심지어 문법과 화용론 같은 전통적 이분법을 없애기 위해 최선의 노력을 다한다.

<표 12.2> 기능화용론 방법의 요약

도구	목적	상호매개	언어 행동과의 관계	사례
절차	언어내적	언어 행동과 언어 형태	절차는 언어 행동의 최소 단위이다	I, here, now= 직시 절차
패턴	언어외적	언어 행동과 사회 형태	패턴은 하나 이상의 언어 행동을 통해 표층으로 실현되는 행동가능성이다	과제 설정, 과제 이행, 효과적인 추론

12.3. 방법의 목표

콘라트 엘리히와 요헨 레바인은 언어 행동 이론(action theory of language)에서 언어 화용론의 목표를 확인한다. 이것에는 다음이 요구된다.

> 실재의 구성 요소로서 이러한 행동의 복잡한 특징을 고려하는 것, 그것의 복잡성 속에서 그리고 그것의 맥락 속에서, 이것을 분석대상으로 인정하는 것, 공동 행위자들의 사회적 행동에 대한, 모든 특정한 사회적 활동의 위치값(place value)을 인식하는 것, 그것의 내외적 형식적 특징을 밝히는 것. (Ehlich & Rehbein, 1986: 5)

> 사회적 실재를 연구하는 목적은 구체적 사건의 개념적 재구성이다. 우리가 언어 행동의 표층 아래 감춰진 보이지 않는 맥락을 (마치 사회적 행위자의 등 뒤에 있는 것처럼) 인식할 수 있는 것은 오직 이러한 재구성이 이루어졌을 때이다. (Ehlich & Rehbein, 1986: 176)

'구체적'이라는 말은 교실, 레스토랑 등에서의 의사소통처럼 관찰 가능한 현상을 의미한다. 저자들은 텍스트를 결정하고 그것의 기저를 이루는 대응물—소위 심층 구조—을 참조해 이러한 표층 현상의 재구성을 이뤄낸다. 재구성된 전체 맥락의 위치값은 "예상하여"(즉, "분석상태와 양립될 수 있는 한", Ehlich & Rehbein 1986: 176) 분석 결과에 할당된다.

언어 행동에 대한 기능화용론적 분석은 이러한 행동이 행위자에 의해 수행된 목적을 재구성하려고 한다. 이것은 사회의 언어 외적 목적과, 언어 구조의 언어 내적 목적 둘 다를 포함한다. 목적은 "내적 관계"(Ehlich & Rehbein 1986: 177)를 관찰 가능한 현상에 결부시키는 것이다. 이것은 일반적인 행동의 조건에 대한 통찰을 촉진시키고, 그들이 더 이상 맹목적으로 일반적인 "자명한 것의 체계"(Ehlich & Rehbein 1986: 178)를 재생산할 필요가 없는 일련의 환경을 행위자를 위해 형성시킨다고 말해진다.

행동의 내적 조직에 대한 이러한 인식의 실천적 의의를 교실현실에서 예시하기 위해, 엘리히와 레바인은 네 가지 다른 요인들을 열거한다(1986: 178f.). 첫째로, 행위자 자신의 행동은 더 이상 맹목적으로 수행될 필요가 없으며, 모순이 더 이상 잘못 이해된 채 남을 필요가 없다. 둘째로, 행위자들은 제도적 환경의 변화에 의해 의사소통의 변화가 가능해진다는 것을 확인할 수 있다. 셋째로, 행위자들은 타인의 경험의 채택을 통해 그리고 개인적 수정을 통해 단기적 변화가 가능하다는 것을 배운다. 마지막으로, 제도의 어떤 일반적 취약성으로 인해 모든 변화가 반드시 실패한 채 남게 되는 장소를 인식하는 것이 또한 가능하다.

기능화용론은 텍스트와 담론의 분석에서 이러한 목표를 추구하며, 여기에서 행위이론에 기초해 담론과 텍스트 사이의 체계적 구분이 이루어진다(cf. Brünner & Graefen 1994b: 7~8; Ehlich 1991: 136).

담론은 언어 행동의 특정한 조합이다. "나는 목적의 맥락을 통해 구성되는 패턴의 시퀀스로 담론을 이해한다. 이것은 언어 표층에서 언어 행동의 시퀀스로 나타난다"(Ehlich 1991: 135). 담론은 특징상 구어적이지만, 예를 들어, 컴퓨터를 통한 의사소통의 사례에서는, 이러한 특징이 나타날 필요가 없다. 담론의 전제 조건은 화자와 청자가 동시에 존재해야 한다는 것이다.

텍스트는 담론처럼 언어 행동의 실현과 구체화이지만, '확장된' 발화 상황이라는 그것의 변별 특징에 의해 담론과 구별된다. "이러한 발화 행동의 확장은 '발화 상황'이라는 기본 범주가 그 자체로 초월된다는 것을 의미한다. 발화 행동의 확장은 목적이라는 특정한 영역, 즉 전달이라는 영역으로부터 발생한다"(Ehlich 1991: 136). 이것은 언어 행동이 독자나 청자의 수용 행동과 구분된다는 것을 의미한다. 글로 쓰인 양식은 이러한 전달의 본질적 특징이 아니다.

12.4. 방법의 개관

12.4.1. 패턴 분석의 절차

패턴 분석은 다양한 사회적 상황에 적용되는 기능화용론의 중요한 도구이다. 그러나 각 연구 단계가 무엇으로 구성되어야 하는지를 결정하지 않고, 연구 과정은 전체 연구 단계로서 기술된다. 엘리히와 레바인(1986: 176)은 심지어 각 연구 단계에 대한 어떠한 사전 결정도 창의적 사고를 금지하게 되고, 연구 과정을 방해한다고 주장한다. 기능화용론의 연구 과정의 중요한 특징은 실재의 재구성이라는 분석 목표에 의한, 관찰 가능한 현상의 전체 맥락에 대한 예상이다(Ehlich & Rehbein 1986: 176f.). 이것은 상당히 특수한 작업 양식을 의미하는데, 이것에 의해 기능화용론이 다른 분석 방법들과 구분된다.

이러한 결과들이 자료에 대한 전반적인 이해를 변경시키고, 그렇게 함으로써 동시에 그것을 확장시킨다는 사실에 의해, 연구 과정의 개별결과들은 항상 연구 중인 실재에 소급되어야 한다. 그러므로 그것이 이런 식으로 통제된다면 어떠한 새로운 통찰의 적용도 실패할 것이기 때문에, 연구 과정은 선형적인 방식으로 작동하지 않을 뿐 아니라, 단순히 재귀적이지도 않다. (Ehlich & Rehbein 1986: 177; 강조는 원문)

이런 식으로 기능화용론은 나이브(naïve)한 작업 양식을 거부하고, 자신을 조정적이고, 해석적이고, 통합적인 것으로 규정한다. 이것은 패턴 분석의 분석 요소의 사례에 의해 재구성될 수 있다. 각 요점은 구조적 연속을 이루는 것으로 이해되어야 하는 것이 아니라, 오히려 위에서 가정된 해석적 요건에 상응하는 통합적 과정으로서 이해되어야 한다.

(1) 특정한 제도의 사례에 대해(예를 들어, 학교, 레스토랑), 전체 맥락의 기술. 목적은 핵심 구조를 발견하는 것이다(Ehlich & Rehbein 1972).

(2) 반복되는 교환 요소의 탐색(해명(clarification)의 D-요소 같은; 〈도표 12.1〉 참조).

(3) 발생지점과 절차에 따른 이러한 교환 요소의 분류(예를 들어, 자급 (self-sufficient) 절차로서 '음(hm)', 또는 작용(operative) 절차와 직시 (deictic) 절차 사이의 구분).

(4) 이러한 교환요소가 유사한 맥락에서 반복되는 지점의 탐색.

(5) 패턴의 확인.

(6) 유사한 패턴과의—보통 매우 작은—차이의 발견.

12.4.2. 추론 패턴(reasoning pattern)

엘리히와 레바인(1986)은 교실의 맥락에서 과제 설정, 과제 이행, 문제 해결, 강의, 추론 같은 다양한 패턴을 분석한다. 기능화용론 분석 방법 을 재구성하기 위해 추론 패턴이 사용될 수 있고, 표층 구조와 심층 구조 사이의 구분 같은 이론적 가정이 예시될 수 있다.

행동 체계에서 의사소통이 성공적으로 지속되려면 제거되어야 하는 어떤 결함이 발생하거나 의심될 때, 효과적인 추론(effective reasoning)의 행동 패턴이 작동하기 시작한다. 그러므로 최소한 두 사람이 의사소통 에 포함되어야 한다. 화자는 대화 상대의 어떤 결함을 가정하거나 인식 하며, 이러한 결함을 제거할 목적으로 효과적인 추론 패턴을 실현한다. 효과적인 추론 패턴의 목적은 의사소통의 성공적인 지속에 필수적인 청자의 지식의 어떤 변화를 가져오는 것이다. 이러한 목적이 달성되는 지의 여부에 따라, 엘리히와 레바인(1986: 95)은 **추론과 효과적인 추론**을 구분한다.

효과적인 추론 패턴의 대표적인 행동 과정은, 엘리히와 레바인에 의하면(〈도표 12.1〉 참조), 다음과 같이 세분화될 수 있다.

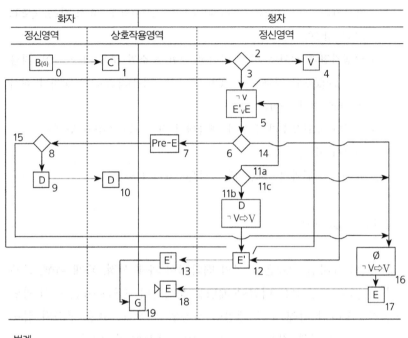
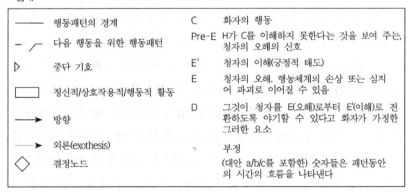

범례

────	행동패턴의 경계	C	화자의 행동
─ ⌐	다음 행동을 위한 행동패턴	Pre-E	H가 C를 이해하지 못한다는 것을 보여 주는, 청자의 오해의 신호
▷	중단 기호	E'	청자의 이해(긍정적 태도)
▭	정신적/상호작용적/행동적 활동	E	청자의 오해. 행농체계의 손상 또는 심지어 파괴로 이어질 수 있음
⟶	방향	D	그것이 청자를 E(오해)로부터 E'(이해)로 전환하도록 야기할 수 있다고 화자가 가정한 그러한 요소
┈┈▶	외론(exothesis)	⌐	부정
◇	결정노드		(대안 a/b/c를 포함한) 숫자들은 패턴동안의 시간의 흐름을 나타낸다

<도표 12.1> 효과적인 추론 패턴(출처: Ehlich & Rehbein 1986: 100, 16)

(a) 화자 S가 행동 C를 수행한다.

(b) S는 청자 H 측의 오해에 대한 어떤 신호를 통해 H가 C를 이해하지 못한다는 것을 안다. 이러한 오해에 대한 신호는 Pre-E로서 표현된다.

(c1) (i) S는 H가 C에 대해 긍정적 태도 E'(이해) 또는 부정적 태도 E의 둘 중 하나를 택할 것이라는 것을 안다.

(ii) 부정적 태도 E는 S와 H의 행동 체계의 (특정한 중단지점까지의) 손상을 포함한다.

(iii) C에 대한 H의 긍정적 E'는 행동 체계의 지속을 포함한다.

(c2) S는 S와 H의 행동 체계의 지속을 원한다.

(d) 그러므로 S는 H가 대안을 E'로 전환하도록 영향을 줘야 한다.

(e) 그러므로 S는, 그것이 H에게 E'로의 대안의 전환을 가져올 것이라는 것이 그것에 대해 가정되는, D 요소를 탐색한다.

(f) S가 D를 **외론한다**(exothesises). **외론**(exothesis)은 S와 H의 상호작용공간에서의 정신적 요소의 수정되지 않은 표현으로서 이해된다(Ehlich & Rehbein 1986: 98).

이것은 이상적인 패턴 과정이다. 그러나 패턴은 엄격한 선형 시퀀스로서 실현되지 않는다. 여기에서 기술된 심층 구조는 상당히 다양한 방식으로 언어 표층에 표현된다. 예를 들어, H는 해명에 대한 요청을 동시에 포함하는 하나의 질문으로 Pre-E를 실현할 수 있다. '너는 무엇을 했니?'라고 명시적으로 묻는 대신에, H는 또한 어떤 적절한 몸짓이나 제스처에 의해 오해를 나타낼 수 있다. 어떠한 오해에 대한 징후도 청자 측에 주어지지 않을 때조차, S가 특정한 행동이 잠재적으로 문제적이라는 것을 직접 인식하고, 그것을 해명을 요청하는 것으로 해석한다면, 해명 패턴이 가능하다.

심층 구조 수준에서 가능한 패턴 형태는 의사 결정 노드(nodes)로 기호화된다. S가 행동 체계의 연장에 관심 없는 경우가 충분히 가능하다. 그렇다면 D-요소의 탐색과 언어화가 생략될 것이고, H는 불이해의 상황에 남겨질 것이다. D가 불이해의 상황에서 이해의 상황으로 청자를 이끌 수 없다는 것이 동일하게 가능하다. 이러한 경우에, 효과적인 추론 패턴은 그것의 목적을 달성하지 못하고, 너무 일찍 포기될 것이다. 그러나 효과적인 추론 패턴에 또 다른 시도가 주어질 수 있다. H는 pre-E에서 이해의 결여를 표현하고, S는 H를 이해의 상황으로 이끌 수 있는 D-요소를 탐색하기로 결정하며, 이것을 외론한다. 그렇게 함으로써 H가 필요한 지식을 얻는 것이 가능해진다면, 그는 이해의 상황을 외론할 것이고, 따라서 효과적인 추론 패턴을 끝낼 것이다. 이론적으로, 추론 동안 무한 반복이 가능하다.

효과적인 추론 패턴의 두 가지 핵심요소는 다음과 같다. C—H에 의해 이해되지 못한 행동 그 자체, D—청자를 이해의 상황으로 이끌기 위해 화자에 의해 도입된 요소. C에 근거해, 엘리히와 레바인은 효과적인 추론 패턴의 몇 가지 유형을 구분한다. 행동 해명에서 C는 S의 이전 행동이다. C 대신에 Pre-F—즉, 어떤 미래 행동의 외론—가 실현될 때, 의도 추론이 발생한다고 말해진다. C 대신에 화자가 청자에게 미래 행동에 대한 요청을 한다면, 엘리히와 레바인은 이것을 **의무적 해명**(obligatory clarification)이라고 부른다. 인지적 추론에서, C 대신에 화자는 진술이나 주장(assertion)을 한다.

행동 추론의 한 형태로서 정당화 패턴이 이해될 수 있다. 여기에서 또한 처음에 화자의 과거나 미래 행동이 존재할 수 있지만, 이것은 정당화 패턴을 실행하기 위해 청자의 내적 일관성 영역(integrity zone)을 다뤄야만 한다(Ehlich & Rehbein 1986: 119). 이것은 행동 체계의 지속에 관한 진지한 질문을 제기하기 위해 화자에 의해 사용된다. 우리가 효과적인 추론 패턴에 대해 이미 본 것처럼(〈도표 12.1〉 참조) 엘리히와 레바인은 자주 다이어그램 형태로 패턴을 제시한다(Ehlich & Rehbein 1986: 100).

패턴의 확인을 통해, 기능화용론은 발화 행동을 상세히 분석할 수 있다. 작업 양식이 해석적 과정으로 이해되어야 하기 때문에, 결과는 항상 전체 맥락에 소급되어야 한다. 효과적인 추론 패턴에 대해 주어진 사례는 교실의 의사소통의 맥락으로부터 비롯된다. 엘리히와 레바인은, 다음 문장에서 교실 맥락에서의 행동 추론의 실현을 가지고 이것을 예시한다―'이해가 더 빨라지도록 내가 문장을 고쳐 쓸게'. 교실의 제도적 의사소통은 사회적으로 보장된 의사소통 공간의 의무적인 의사소통이다. 학생들 측의 이해는 의무적이고, 따라서 추론에 의해 정당화될 필요가 없다. 학생들에게 이러한 의무적인 의사소통은 그들이 행동 체계로부터 벗어나려고 할 것이라는 것을 의미한다. 의무적인 의사소통의 바로 이러한 위험을 방지하기 위해, 교사는 인용된 사례에서 그의 행동전략을 변화시키고, 이해과정을 통해 학생들의 협력을 회복시키려고 한다. 그는 주어진 사례에서 의사소통 형태로서 제도적 의사소통보다 '좋은 관계'를 중시하는 추론 패턴을 통해 이것을 실현시킨다.

12.5. 질적 기준

고전적 질적 기준이 기능화용론에서 논의되진 않지만, 이것이 기능화용론이 그러한 기준을 충족시킬 필요가 없다는 것을 의미하는 것은 아니다. 기능화용론의 분석이 충족시키려고 하는 요건으로부터, 특정한 질적 기준이 도출될 수 있다―그것이 그렇게 기술되지 않을지라도. 모든 측면에서, 즉 언어 내적 측면과 언어 외적 측면 둘 다에서 목적 범주가 핵심적이다. 분석에서 확인된 목적이 구체적 실재를 재구성하는지의 여부는 오직 텍스트의 비교에 의해 명확해질 수 있다. 패턴이나 절차가, 당면한 텍스트를 넘어 다른 맥락에서 발생한다면, 이것은 기적 목적을 처리하기 위해 사용되는 패턴이나 절차의 타당성을 입증하는 기준이 된다.

또한, 우리는 다음을 질적 기준으로 취할 수 있다―(a) 경험주의의 요건에 따른, 담론의 언어 표층의 체계적 포함, (b) 그것의 반영적 (reflective) 특성, (c) 비판성. 기능화용론은 단순히 일상적 범주를 채택하지 않지만, 그것의 경계를 재규정하기 위해 그것을 면밀히 조사하고 그것의 분석적 잠재력을 비판적으로 검토한다(Ehlich 1991: 142).

구체적 현상의 개념적 재구성이라는 연구 목표는 기능화용론의 질적 기준으로 이어진다. 반증(falsification)의 목적을 위해서가 아니라 하나의 재구성 과제로서 각 개별 사례가 관심이기 때문에, 이것은 왜 가설을 수립하고 반증하는 포퍼의 요건이 기능화용론에는 적용될 수 없는지를 설명한다.

12.6. 적용 분야와 전제 조건

분석을 위한 전제 조건은 저자들 자신의 전사 체계, 즉 '반해석적 작업전사(Halbinterpretative Arbeitstranskription(HIAT), semi-interpretative working transcription)'를 사용한 실제 텍스트의 전사이다(Ehlich & Rehbein 1976).[1] HIAT는 독일어권 국가들에서 가장 광범위하게 사용되는 전사 체계이다. 두 가지 컴퓨터화된 버전이 이용 가능하다—PC를 위한 HIAT-DOS, 매킨토시를 위한 SyncWriter.

기본적인 이론적 가정과, 절차와 패턴도구에 따라, 잠재적 적용 분야는 다음과 같다—패턴 분석의 경우에 언어의 사회적 사용, 절차의 경우에 언어구조. 절차의 경우에, 문법적 분석(예를 들어, Redder 1984), 직시어(Ehlich 1979), 작용 영역(Redder 1990), 또는 어조 영역(Redder

---

1) '악보' 쓰기 방법은 몇 명의 화자의 동시적인 발화를 병렬로 기록하는 것을 가능하게 한다. 원칙적으로 구두점은 관습적인 맞춤법의 그것과 일치하지만, 마침표는 휴지를 나타내는 특수한 기능을 갖는다. 몇 개의 마침표는 보다 긴 휴지를 나타낸다. 개입은 슬래쉬에 의해 표현된다. 이해하기 어려운 구절은 단순히 괄호 사이에 위치되는 반면, 코멘트는 이중괄호 안에 위치된다. 예를 들어, '(((손가락을 부딪쳐 소리를 냄(clicking of fingers)))'.

1994) 연구가 존재한다. 패턴 분석은 이것들보다 훨씬 더 큰 중요성을 갖는다. 엘리히와 레바인의 저작들은 출발점을 제공하며(Ehlich 1984; Rehbein 1984; Ehilch & Rehbein 1986), 중요한 적용 분야, 즉 제도의 언어에 대한 연구의 기초를 이룬다. 이것의 사례로서, 우리는 의료 영역(Menz 1991), 법정(Koerfer 1994), 판매 대화(Brünner 1994), 교사-학생 담론(Becker-Mrotzek 1994; Friedrich 1994; Koole & ten Thije 1994)에서의 구체적인 직업적 관행을 언급할 수 있다.

기능화용론은 자신을 응용 담론 연구로 보며, 설명과—가능한 모든 곳에서—과학적 방법을 통한 사회적 실천의 개선을 추구한다(Brünner & Becker-Mrotzek 1992). 패턴 분석의 업적(Ehlich & Rehbein 1986: 163~164)은 행동 목적, 행동의 실제 사례, 그리고 또한 의식적 수준에서 작동하지 않고 행동을 촉진시키는 기저 지식의 맥락을 재구성하는 것에 있다. 이것의 하나의 사례는 교실 의사소통의 분석의 실천적 관련성이다(Ehlich & Rehbein 1986: 178).

12.7. 다른 방법들과 비교한 유사점과 차이점

이미 언급된, 비판적 담론 분석과 기능화용론 사이의 유사점이 존재한다(11장 참조). 이것은 그것의 결과의 실천적 관련성, 그것의 해석적 절차, 그것이 정확한 전사(transcription)에 부여한 중요성, 특정한 매개를 통해 언어와 사회 사이에 존재한다고 가정된 이론적 연관성과 관련된다.

기능화용론의 한 가지 본질적 특징, 즉 언어 내적 수준과 언어 외적 수준 둘 다에서의 핵심 개념으로서 목적에 대한 이론적 정교화로부터 다른 방법들과의 차이가 상당히 단순히 결정될 수 있다. 언어와 사회 구조의 관계의 측면에서, 이것은 패턴 분석에 의해 기저목적을 재구성하는 것에서 기능화용론이 언어 표층(고립된 특수사례)과 구조(사회적으로 정교화된 일반적 형식; 또한 Rehbein 1988: 1183 참조) 사이의 엄격한 방법론적 구분을 고수한다는 것을 의미한다. 이것은 유사하게 텍스트의 두 가지 수준을 구분하는 그러한 방법들과 유사점을 낳는다. 객관적 해석학은 잠재적 의미 수준을 수용한다. 내러티브 기호학은 기능화용론처럼 표층 구조와 심층 구조 사이에 명시적인 구분을 한다. 물론, 내러티브 기호학의 심층 구조 수준은 기능화용론과 달리 사회적 형식을 의미하는 것이 아니라, 기본 규범, 가치, 태도의 수준을 의미한다(Greimas & Rastier 1968; Fiol 1990: 380).

언어 내적 목적을 위해, 언어학적 절차 형태의 도구가 이용 가능한데, 이것은—대화 분석과 대조적으로—(수사적 장치 같은) 언어학적 범주들에의 집착을 의미한다. 더욱이, 언어 행동의 합목적성은 형태와 기능을 변증법적 결정 요인으로서 새로운 관점에서 보게 한다. 이런 식으로 기능화용론은 담론과 텍스트 분석뿐 아니라, 문법적 분석에 대해 개방적이 되고, 자신을 다른 모든 방법들과 구분한다(Redder 1994: 239).

12.8. 문헌

• Brünner, Gisela & Graefen, Gabriele (eds.) (1994a). *Texte und Diskurse. Methoden und Forschungsergebnisse der Funktionalen Pragmatik.* Opladen: Westdeutscher Verlag.
• Ehlich, Konrad & Rehbein, Jochen (1986). *Muster and Institution. Untersuchungen zur schulischen Kommunikation.* Tübingen: Narr.
• Wunderlich, Dieter (ed.) (1972). *Linguistische Pragmatik.* Frankfurt: Athenäum.
• Rehbein, Jochen (1977). *Komplexes Handeln, Elemente der Handlungstheorie der Sprache.* Stuttgart: Metzler.

• Rehbein, Jochen (ed.) (1997). *Funktionale Pragmatik im Spektrum*. Opladen: Westdeutscher Verlag.

이 책은 에세이들의 모음 뿐 아니라, 처음으로 기능화용론적 분석의 주제 분야의 체계적인 목록과 참고문헌을 제공한다.

12.9. 2차 문헌

12.9.1. 핸드북

기능화용론은 영어로 된 문헌에서 수용되지 않아왔다. 이러한 이유로 연구자는 영어 핸드북이나 방법 설명에서 기능화용론의 수록을 찾지 못했을 것이다. 이 방법은 지금까지 독일어권 국가들의 그것의 대표자들에 의해 적용되고 발전되어 왔지만, 다른 접근들의 지지자들에 의해 거의 주목되지 않아왔다.

• Ehlich, Konrad (1986/1996). "Funktional-pragmatische Kommunikationanalyse: Ziele und Verfahren". in Ludger Hoffmann (ed.). *Sprachwissenschaft. Ein Reader*. Berlin: de Gruyter.
• Rehbein, Jochen (1988). "Ausgewählte Aspekte der Pragmatik". in Ulrich Ammon, Norbert Dittmar & Klaus Mattheier (eds.). *Soziolinguistik: ein internationales Handbuch zur Wissenschaft von Sprache und Gesellschaft*. Vol. 2. Berlin: de Gruyter. 1181~1195.

레바인은 설과 오스틴 이후 화용론의 발전에 대한 개관을 제공하고, 특히 독일어권 저자들의 논문에 집중한다. 그는 또한 패턴 분석에 대한 보다 광범위한 설명을 제공한다.

12.9.2. 다른 방법론적 설명

- Schlobinski, Peter (1996). *Empirische Sprachwissenschaft*. Opladen: Westdeutscher Verlag. 179~208.

슐로빈스키(Schlobinski)는 담론 분석에 관한 그의 장에서 언어 행동 패턴을 언급하고, 발화 행동 분석의 한 사례를 제공한다. 그러나 그는 기능화용론적 방법과 그것의 이론적 배경에 대한 체계적 참조 없이 이것을 제시한다.

12.9.3. 사례 적용

다음 두 책은 가장 잘 알려진(Ehlich & Rehbein 1986), 그리고 가장 최근의 (Brünner & Graefen 1994a) 기능화용론적 방법의 적용을 포함한다.

- Ehlich, Konrad & Rehbein, Jochen (1986). *Muster and Institution. Untersuchungen zur schulischen Kommunikation*. Tübingen: Narr.
- Brünner, Gisela & Graefen, Gabriele (eds.) (1994a). *Texte und Diskurse. Methoden und Forschungsergebnisse der Funktionalen Pragmatik*. Opladen: Westdeutscher Verlag.

모든 논문이 기능화용론에 속하지 않음에도 불구하고, 브루너와 그래픈은 그들의 서론에서 기능화용론을 정의한다. 기능화용론적 방법의 적용 사례로서 다음이 특히 관심사이다. 콘라트 엘리히는 그의 '영역 이론(field theory)'에 기반해 '기능어원학'을 발전시키고(1994: 68~82), 안겔리카 레더(Angelika Redder)는 평범한 이야기의 묘사 절차를 연구하며(1994: 238~264), 게오크 프리드리히(Georg Friedrich)는 시각 장애를 가진 학생들의 교실 언어를 연구한다(1994: 374~385).

제13장 구별이론 텍스트 분석

13.1. 이론적 기원

텍스트 분석에 대한 '구별이론' 접근('Distinction Theory' approach, DTA)은 「외교와 언어(Diplomacy and Language)」라는 이름의 연구 프로젝트 과정 동안 티처와 마이어(Titscher and Meyer)에 의해 개발되었다. 그것은, 한 편으로, 니클라스 루만(Niklas Luhmann 1984, 1995)의 이론적 가정에 기 반하고, 다른 한편으로, 그가 영감을 받은 조지 스펜서-브라운(George Spencer-Brown)의 구별 수학(distinction calculus, 1979; 또한 Baecker 1993a, 1993b 참조)의 수용에 기반한다. 기호들의 구별(distinction) 또는 구별 구조(differential organization)라는 개념은 기호학과 구조주의 둘 다의 전 통이다(예를 들어, Titzmann 1977: 12ff.의 설명 참조). 유표성(markedness, 즉 **유표적**(marked) 대 **무표적**(unmarked))이라는 개념은 린다 워(Linda Waugh) 의 언어학에서 받아들여졌고, 니콜라이 트루베츠코이(Nikolaj Trubetzkoy) 와 로만 야콥슨(Roman Jakobson)에게서 그 기원을 추적할 수 있다(Waugh 1982: 299).

13.2. 기본적인 이론적 가정

DTA가 기반하고 있는 니클라스 루만의 의사소통 이론은 현재 의사소통 모델로부터의 일탈을 의미한다. 초점은 더 이상 전달 비유(transmission metaphor, 발신자와 수신자의 피드백 제어체계 내의 정보의 전달로서 의사소통)에 있지 않고, 의사소통의 선택에 있다. 그것은 **정보, 발화**, 이해의 요소로 구성된, 3단계 선택 과정으로서 이해된다. 정보는 가능한 주제들의 (알려지거나 알려지지 않은) 레퍼토리로부터의 선택으로 나타난다—다시 말해, 차이를 만드는 차이. 다음으로, 의사소통자는 정보를 전하는 행동을 선택해야 한다—가능한 발화형식들의 광범위한 스펙트럼으로부터의 두 번째 선택. 이해라는 세 번째 선택은 수신자의 상태의 변화를 가져오고, 정보와 발화를 구분하며, 많은 가능성들 중 하나를 선택한다. 그러므로 의사소통은 정보 자체의 선택, 발화의 선택, 성공에 대한 기대, 즉 연결(connection)의 선택에 대한 기대의 종합을 의미한다. 이해 없이는 어떠한 의사소통도 존재하지 않으며, 수신체계의 이러한 상태 변화는 정보와 발화 사이의 차이의 관찰과 관련된다. 이러한 차이는 관찰되고, 기대되고, 다음 행동—발화에 대한 반응—의 기저를 이룬다.

그러므로 의사소통은 3항 단위로 간주된다—정보, 발화, 이해에 관해 이루어진 선택의 종합으로서(Luhmann 1984: 193ff. 참조). 이런저런 주제에 전념할 수 있는 모든 의사소통 내용은 특정한 방식으로 전해지지만, 또한 다르게 전해지거나 전혀 전해지지 않을 수도 있다. 마찬가지로 그것이 간과되거나 주목되지 않을 수 있음에도 불구하고, 그것은 이해되거나 오해된다. 다음 선택에 대한 전제를 구성하는 것으로서 그것의 선택내용—정보—이 채택될 때, 의사소통은 성공한다—즉, 연결이 이루어지고, 그렇게 함으로써 선택이 강화될 때(Luhmann 1981: 26 참조). 그러므로 "의사소통은 단지 의사소통과만 관련되기 때문에, 의사소통은 일관성, 정당성, 진실성 또는 합리성과 관련 있는

게 아니라, 연결성과 관련 있으며, 이것은 개인의 준비 이상으로 의사소통을 발생시켜야 하며 (…중략…) 의사소통 자체가, 의사소통에서 공명을 일으키고, 의사소통되는, 모든 의미를 형성시킨다"(Bardmann 1994: 106). 루만(1984: 196)은 처음에는 언어의 서술(representative), 표현(expressive), 호소(appellative) 기능을 구분하는 칼 뷜러(Karl Bühler)의 '오르가논 모델(Organon model)'에 기반하지만(Bühler 1965: 24ff. 참조), 이후에 뷜러의 행위이론 접근을 회피한다(Bardmann 1994: 103 참조).

DTA는 의사소통의 발화요소, 즉 과정의 관찰 가능한 부분만을 분석한다. 이때 그것은 모든 관찰이 구별에 기반한다는 것을 규칙으로 한다. '구별을 하라(draw a distinction)'는 스펜서-브라운(1979)에 의하면 모든 발견의 처음에 오는 지시이다. '구별을 하라'는 지시는 세 가지 요소를 갖는다—(a) 경계 짓기, (b) 한 쪽의 표시(marking), (c) 한 쪽의 명명. 이것은 하나의 **형식**(form)을 발생시키는데, 이것에 의해 스펜서-브라운은 구별에 의해 구분되는 하나의 공간을 이해한다. 이러한 형식은 다시 다른 형식들과 구분될 수 있는데, 이것은 **유표적**(marked)이라고 불린다. 그다음에 형식의 이름은 구별의 **동일성**(identity)을 특징짓는다.

명명에 의해, 방향이 나타내진다. 이 과정에서, 외부로부터, 경계를 넘고, 한 쪽이 강조된다(〈도표 13.1〉 참조). 따라서, **내부형성**(In-formation)은 형식을 가져오는 것, 외부와 내부를 구별하는 것, 내부를 표시하는 것을 의미한다. 내부형성은 무표적(unmarked) 자료에 구별을 야기하고, 항상 관찰자의 작용에 의해 좌우되는데, 관찰자는 경계를 짓고, 한 쪽을 표시하며, 그렇게 함으로써 외부로부터 내부 방향으로 이러한 경계를 넘는다. 이러한 작용은 시간을 필요로 하고, 비가역적이다.

하나의 사례가 〈도표 13.1〉을 예시할 수 있다. 텍스트 생산자가 직장 동료의 헌신을 관찰한다면, 그는 먼저 경계를 짓고(1), 한 쪽을 표시하며(2), 그것을 **몰입**(involvement)[3]이라 부른다. 다른 쪽, 즉 외부{3}는 좀처럼 명시적으로 명명되지 않는다. 텍스트 생산자(또는 텍스트

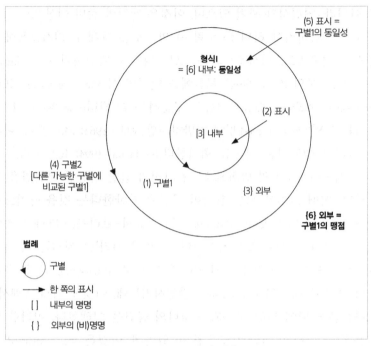

<도표 13.1> 구별 작용

관찰자)가 이와 같이 한다면, 예를 들어, 그는 이러한 개인적 몰입을 지속적인 개인적 자질, 즉 직장 동료의 기술(skills)과 지식과 구별한다. [3] '몰입'과 {3} '기술' 사이의 구별은 이제 텍스트 관찰자에 의해 다른 가능한 구별(4)과 구분되는 **형식** I(Form I)을 구성한다. 그다음에 형식 I이 명명된다(5). 첫 번째 구별의 **동일성**(identity)—즉, 놀입과 기술 사이에 공유된 것—이 명명된다[6]—예를 들어, '개인적 성취 요인'. 이러한 형식(동일성)을 사용해 관찰이 수행될 때, [6]에서 외부를 볼 수 없다. 텍스트 생산자는 이것을 못 본다. 그러나 텍스트 관찰자는 이제 이러한 외부{6}, 즉 텍스트 생산자의 맹점을 명명할 수 있다—예를 들어, '조직적, 구조적 성취 요인'. 요약하면 다음과 같다. 어떤 사람이 몰입/기술 구별을 사용해 직장 동료를 관찰하고, 그들의 성취를 설명하기 위해 그것을 사용한다면, 그는 조직의 구조적 조건을 못 보게

된다. ('승진/보상' 같은) 어떠한 다른 구별도 몰입/기술 구별과 동시에 가능하지 않다. 이것은 단지 이후에 가능하다.

의사소통은 구별을 하고, DTA는 발화에서 구별을 재구성하려고 하고, 이로부터 인식 틀의 유일한 가시적인 측면을 재구성하려고 한다. 조지 A. 켈리(George A. Kelly)는 또한, 그의 '개인적 구성의 심리학(Psychology of Personal Constructs)'에서, 인식 틀의 구별적 성격을 강조한다. "한 측면에 대한 개인의 선택은 유사하게 여겨질 것과 대조적으로 여겨질 것을 동시에 결정한다"(Kelly 1955: 59). 예를 들어, 남성성이라는 개념은 여성성이라는 연관된 개념에 의해 좌우되고, 오직 두 가지가 함께 하나의 구성(a construct)의 기반을 생산한다(Kelly 1955: 60 참조). 켈리는 심리치료사에게 우리의 방법과 다르지 않은 절차 양식을 권고한다. "치료사의 과제는 그녀가 말로 표현할 수 없었던 함축된 차이를 발견하는 것이다"(Kelly 1955: 62).

13.3. 방법의 목표

DTA는 세 가지 질문에 대한 답을 찾는다. (a) 텍스트의 메시지로부터 어떤 정보가 추출될 수 있는가? (b) 텍스트로부터 어떤 인식 틀이 추론될 수 있는가? (c) 화자가 그의 현재 관찰에서 어떤 맹점을 갖는가?

13.4. 방법의 개관

13.4.1. 거시설계

DTA에서 따르는 절차는 〈도표 13.2〉에 제시된 대로 나타내질 수 있다. 문제가 되는 텍스트가 선택되고 확인되면, 분석이 다음의 단계들로 세분화될 수 있다.

1. 명시적 구별의 분석. 이 단계에서 텍스트에서 명명된 개념들이 추출되고, 그것들의 반대 개념들이 만들어진다. 그다음에 이러한 구별쌍들이 분석된다.
2. 암묵적 구별의 분석. 이것은 텍스트에서 중요하게 여겨지는 그러한 지점들의 명명되지 않은 반대 개념들에 대한 탐색으로 이루어진다.
3. 명시적 구별과 암묵적 구별의 비교.
4. 이러한 단계들로부터 비롯된 추가적인 분석(선택적).
5. 요약.

13.4.2. 미시설계

기능통사론적 단위가 DTA의 기본적인 분석단위이며, 이때 '구성 요소 문법'이 참조된다(〈도표 13.3〉 참조). 여기에서, 구체적 연구 질문과 관계없이, 선택이 이루어질 수 있다. 예를 들어, 텍스트의 내용과 상호작용 구절들 사이에 구별이 이루어질 수 있다.

명시적 구별과 암묵적 구별의 분석 둘 다에서, 그것은 형식의 양쪽을 특징짓기 위해 구별을 명명하는 것의 문제이다. 첫째로, 분석자는 그것에 따라 개념의 명시적 대조가 명명되는, 분석단위가 무엇인지를 묻는다. 둘째로, 화자에 의해 명시적으로 대조되지 않는 그러한 분석단위에 반대되는 분명한 개념이 무엇인지가 질문된다. 형식의 양쪽이 명명된다면, 다음 질문이 다뤄진다.

- 각 (명시적, 암묵적) 구별의 형식(즉, 동일성)이 어떻게 명명될 수 있는가?
- 구별에서 (가능한) 맹점은 무엇인가?
- 형식과 맹점이 어떤 공통 특징을 갖는가, 어떤 반복이 밝혀질 수 있는가?

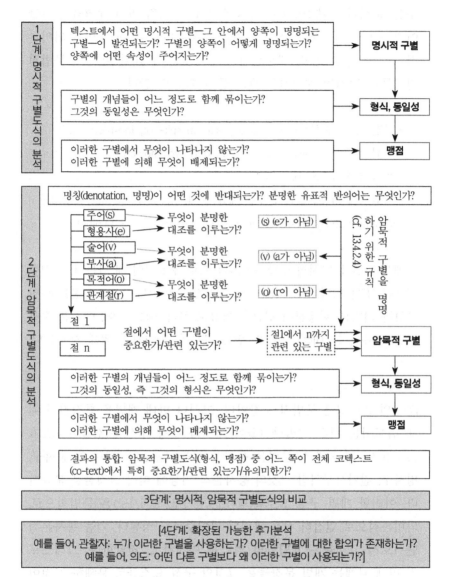

1단계: 명시적 구별도식의 분석

텍스트에서 어떤 명시적 구별―그 안에서 양쪽이 명명되는 구별―이 발견되는가? 구별의 양쪽이 어떻게 명명되는가? 양쪽에 어떤 속성이 주어지는가? → **명시적 구별**

구별의 개념들이 어느 정도로 함께 묶이는가? 그것의 동일성은 무엇인가? → **형식, 동일성**

이러한 구별에서 무엇이 나타나지 않는가? 이러한 구별에 의해 무엇이 배제되는가? → **맹점**

2단계: 암묵적 구별도식의 분석

명칭(denotation, 명명)이 어떤 것에 반대되는가? 분명한 유표적 반의어는 무엇인가?

주어(s) / 형용사(e) → 무엇이 분명한 대조를 이루는가? | (s) (e가 아님) ←
술어(v) / 부사(a) → 무엇이 분명한 대조를 이루는가? | (v) (a가 아님) ←
목적어(o) / 관계절(r) → 무엇이 분명한 대조를 이루는가? | (o) (r이 아님) ←

암묵적 구별을 명명하기 위한 규칙 (cf. 13.4.2.4)

절 1 / 절 n — 절에서 어떤 구별이 중요한가/관련 있는가? → 절1에서 n까지 관련 있는 구별 → **암묵적 구별**

이러한 구별의 개념들이 어느 정도로 함께 묶이는가? 그것의 동일성, 즉 그것의 형식은 무엇인가? → **형식, 동일성**

이러한 구별에서 무엇이 나타나지 않는가? 이러한 구별에 의해 무엇이 배제되는가? → **맹점**

결과의 통합: 암묵적 구별도식(형식, 맹점) 중 어느 쪽이 전체 코텍스트 (co-text)에서 특히 중요한가/관련 있는가/유의미한가?

3단계: 명시적, 암묵적 구별도식의 비교

[4단계: 확장된 가능한 추가분석
예를 들어, 관찰자: 누가 이러한 구별을 사용하는가? 이러한 구별에 대한 합의가 존재하는가?
예를 들어, 의도: 어떤 다른 구별보다 왜 이러한 구별이 사용되는가?]

<도표 13.2> DTA의 흐름도

13.4.2.1. 명시적 구별의 정의를 위한 단서

우선, 분석자는 텍스트에서 그것에 대한 명시적 반대 개념들이 만들어지는 모든 개념과 특징들을 추출해야 한다. 이러한 구별은 의미론적 수준과 관련 있고, 대부분의 경우에 그것에 대한 어휘적, 문법적 지표들이 발견될 수 있다. 예를 들면 다음과 같다.

- 역접, 양보 전치사—against, opposite, in spite of, irrespective of
- 역접 접속사—whilst, whereas, but, only, yet, however
- 선택 접속사—or, or else
- 역접 연결어 또는 분사 구문(예를 들어, whilst it was fine yesterday it is raining today; yesterday it was fine but today it is raining)

매우 드물게 명시적 구별은 어휘적으로 무표적인 채 남는다. 이러한 경우는 또한 코텍스트적(cotextual) 정보와, 맥락적(contextual) 정보를 참조하는 의미론-화용론적 접근을 필요로 한다. 예를 들어, 이것은 수사적인 비유의 틀 내의 (무표적) 반대 개념을 확인하기 위해 사용된다.

13.4.2.2. 분석단위

DTA의 출발점은 문법적 문장이다. 그러나 반대 개념을 특징짓기 위해 검토되는 것은 개별단어들이 아니라 문장 구성 요소들이다(도표 13.3 참조). 구성 요소 문법은 문장을 구들(phrases)로 나누고, 동사구, 명사구, 전치사구처럼 그것의 통사론적 기능에 따라 그것들을 분류한다. 이러한 개별 구성 요소들(명사구, 동사구, 전치사구)은 문법적으로, 의미론적으로 밀접히 서로 관련된 단어들로 구성된다. 기능 통사론적 단위로서 그것들은 개념들의 의미를 명시하고, 전달한다. 그러므로 첫 번째 과제는 개별 문장들을 그것의 구성 요소들로 분해하는 것이다. 결과적으로, 엄격히 말해서, 우리는 더 이상 '반대 개념들'을 찾는 것이 아니라, '반대구들'을 찾는다.[1]

<도표 13.3> 문장의 구성 요소 구조(Macheiner 1991: 27 참조)

13.4.2.3. 분석단위의 선택

그러므로 분석단위는 문장 구성 요소이다. 초점이 의사소통 내용에 있다면, 대화의 구성적 구절과 메타커뮤니케이션적 구절에 대한 분석은 생략될 수 있다. 이 경우에 (완화와 강화 같은) 삽입어구 기능을 하는 느낌과 생각 동사는 제외될 수 있다. 이러한 절차의 배경은 이러한 구절이, 법조동사(modal verbs)와 동일한 방식으로, 상호작용적 관계를 수립하는 효과를 갖는다는 생각이다. 그것을 사용할 때 화자는 청자 또는 주제와 그의 관계를 규정한다. 이러한 측면이 매우 중요하다면, 분석은 바로 이러한 구들에 집중한다.

 이미 분석된 것들을 예시하는 기능을 하는 구에서, 구체적 반대 개념들이 찾아진다. 사례들은 이미 전해진 정보를 환언된(paraphrased) 형태로 반복한다고 여겨지고, 그것은 구별을 확정한다. 그러나 여기에서, 추가적인 질문이 또한 제기될 수 있다. 왜 어떤 다른 사례가 아니라 이러한 특정한 사례가 선택되는가?

---

1) 실험화용론적 논증은 또한 이러한 절차 양식을 지지한다. 텍스트의 모든 단어 하나하나에 대한 반대 개념의 명명과, 결과적인 선택의 문제는 이 방법의 적용을 매우 짧은 텍스트에 제한시킨다.

13.4.2.4. 암묵적 구별의 명명을 위한 규칙

그것의 유표적 측면이 분석단위를 대표하는, 하나의 형식의 다른 측면의 특징화를 쉽게 하기 위해, 몇 가지 규칙들이 만들어질 수 있다.

- **규칙 1. 주동사와 명사들의 반대 개념을 명명하라.** 일반적으로 반대 개념의 탐색의 출발점으로 기능하는 것은 동사구의 동사—그리고 명사구의 명사—이다.[2] 특별 규칙 3~7 중 어느 하나도 적용가능하지 않을 때, 이러한 일반규칙 1은 언제나 타당하다.

- **규칙 2. 전치사의 반대 개념을 명명하라.** 전치사구에서 (내포된 명사구 분석 전의) 첫 단계는—가능한 곳에서—반대 전치사를 찾는 것이다.
  예: after completion—before completion.

- **규칙 3. 반대 법조동사를 명명하라.** 법조동사를 포함한 동사구에서, 법조동사 자체의 반대 개념을 찾아야 한다. 예를 들어, 청자의 요건이나 요구가 완화되거나 강화될 때처럼, 초점이 법조동사의 관계 형성 기능에 있다면 이것은 적용되지 않는다.
  예: they can't listen—they mustn't listen.

- **규칙 4. 반대 태(voice)를 명명하라.** 동사구에서 능동태와 수동태는 추가적인 단서를 제공한다. 가능한 반대쌍은 항상 다른 태에서 찾을 수 있다. 이것은 보통 유의 동사를 찾는 것을 의미하지만, 그러나 특정한 태의 그것의 의미 측면에서는 이것은 반의어가 될 수 있다.
  예: the prospect of an increased budget was offered to us—we demanded a higher budget.

- **규칙 5. 대명사의 반대 개념을 명명하라.** 명사구에서, 대명사의 사용에 의해 배제되는 반대쪽이 맥락으로부터 인식 가능하다면, 반대 개념에 대한 탐색은 또한 지시대명사를 대상으로 할 수 있다.
  예: this project—other project, that particular different project(종종 억양

---

2) 이러한 과정을 위해 반의어 사전이 유용한 도구이다.

과 연결됨, 규칙 6과 7을 보라, 당면한 일이 아님).

• 규칙 6. 부사와 한정사의 반대 개념을 명명하라. 그것이 의미의 특징을 명시하기 때문에 출발점으로 기능하는 것은 동사구에서 부사와 부사구문, 명사구에서 한정사와 관계절이다. 반대 개념을 명명하기 위해, 이러한 명시 요소들이 사용된다.

예: expensive computer program—cheap computer program(하드웨어가 아님).

capable workers—incompetent/unwilling workers.

to do something quickly—to do something slowly.

복합문(composites)에서 각 요소들의 반대 개념을 찾는 것은 보통 명확하다.

• 규칙 7. 강조된 개념의 반대 개념을 명명하라. 준언어 현상과 초분절 (suprasegmental) 현상(주저, 변조(modulation), 억양패턴)에 관해 정확하게 전사된 구어 텍스트에서, 그렇게 함으로써 명시가 이루어진다면, 이전 규칙들에 위배되는 그러한 현상들이 오직 고려될 수 있다. 반대 개념의 탐색에서 억양이 특히 유용하다. 이 규칙은 또한 억양 연구에서 이루어진 발견을 따른다(Jacobs, 1988 참조).

예: this SUCCESSFUL meeting—a failed meeting(여기에서 규칙 6이 적용된다).

the successful MEETING—the work in progress(여기에서 규칙 7이 적용된다).

• 규칙 8. 부정을 긍정적으로 재정식화하라. 부정구가 긍정적 정식화에 의해 그것의 반대 개념으로 전환될 수 있다. 부정 단어들(not, nothing, never, nowhere)이 제거되거나 반의어로 대체된다.

• 규칙들 사이의 경쟁. 이러한 규칙들은 그것의 특수성에 따라 배열된다. 규칙 1이 가장 일반적이고, 규칙 7이 가장 특수적이다. 규칙들이 서로 경쟁하게 된다면—다시 말해, 몇 가지 규칙들이 특정한 구에 적용된다면 —일반적인 규칙들보다 특수한 규칙들이 명명되지 않은 반대 개념의 발

견에 더 기여한다고 가정된다. 그러므로 명사구에서, 부정(규칙 8)은 억양(규칙 7), 한정사(규칙 6), 대명사(규칙 5), 명사(규칙 1)에 우선한다. 동사구에서, 부정(규칙 8)은 다시 억양(규칙 7), 부사와 부사구문(규칙 6), 태(규칙 4), 법조동사(규칙 3), 동사(규칙 1)에 우선한다.

전치사구에서, 규칙 2는 우선적으로 고려되어야 하며, 그런 다음에야 비로소 내포된 명사구나 동사구가 분석되어야 한다.

DTA를 적용할 때, 모든 가능해 보이는 반대 개념들이 우선 확립되어야 한다. 그다음에, 텍스트의 추가적인 분석 과정 동안, 특정한 구별 쌍들이 보다 가능할 것이고, 그렇지 않은 것들은 폐기될 수 있다.

13.4.2.5. 유의미한 구별의 재구성

텍스트에서 암묵적으로 전달된 여러 구별들로부터, 분석된 추출에서 특히 유의미한 구별들을 선택하기 위해, 구별이 재구성된 뒤에 다음 질문들이 제기되어야 한다.

- 구별이 새로운가 아니면 그것이 동일한(또는 약간 수정된) 형식으로 이미 발생했는가?
- 이것에 의해 어떤 초기의 구별이 확정되는가?
- 이 때문에 어떤 초기의 구별이 불가능할 것으로 보이는가? 그것이 재정식화되어야 하는가?

반복에 의해 구별이 확정되고 응축된다. 한편으로, 명명의 반복은 명명과 동등하다.[3] 다른 한편으로, 반복은 물론 이전에 이루어진 구별을 확정하는 독립적인 하나의 행위이다.

---

3) ⌐⌐ = ⌐. '응축'(Spencer-Brown 1979: 5).

독해의 방향을 따라 두 가지 행위가 하나로 응축되거나, 첫 번째와 두 번째 실행을 통해 하나의 행위가 확대되거나 확정된다. 한 방향에서, 다수의 작용의 응축으로부터 하나의 동일성이 발생하는 것이 발견된다. 다른 방향에서, 확정이 두 번째 작용이며, 그것이 다른 상황을 필요로 한다는 것이 발견된다. (Luhmann 1990: 22)

어떤 경우든 이러한 종류의 확정된 구별이 텍스트 메시지의 인식 도식(perceptual schemata)의 재구성에 특히 적절하다는 사실이 타당한 것으로 보인다.

의미 구별의 다른 출발점은 문장의 구성 요소 구조나 통사론적 구성에서 발견된다. 대부분의 언어에서 주어(명사)가 앞자리에 오고, 동사(동사구)와 목적어나 전치사구가 뒤따르는 '일반적인' 문장 구조가 존재한다. 예를 들어, 독일어에서 정동사(finite verb)의 위치는 특히 고정적이지만, 그것을 제외하면 '일반적인' 구조로부터의 일탈이 이루어질 수 있다. 그러나 이것은 보통 의미 변화와 관련된다(Höhle 1982; Cinque 1993 참조). 여기에 하나의 독일어 사례가 있다.

Karl hat dem Kind das Buch geschenkt.
[Karl has to the child the book given]

이것은 일반적인 문장 구조이며, 어떤 정보가 새롭거나 특히 중요한지가 문장 자체로부터는 분명하지 않다. 그러나 구성 요소의 순서가 다음과 같이 변한다면

Dem Kind hat Karl das Buch geschenkt.
[To the child has Karl the book given]

목적어 'Kind'가 특히 두드러진다. 추가적인 형태가 가능한데, 이것들

각각은 특수하게 한정된 정보 내용을 지닌다. 이것이 DTA가 시작되는 지점이다. 일반적인 구조로부터의 일탈은 억양과 유사한 기능을 갖는다. 그것은 문장에서 새롭거나 특히 중요한 지점의 정보를 표시한다.

13.4.2.6. 형식과 맹점의 명명

형식을 명명하는 것에서 그것은 동일성의 문제이다―구별의 양쪽 개념의 공통분모.[4] 형식은 오직 2차 관찰자에 의해 명명될 수 있는데, 2차 관찰자는, 다른 가능한 구별과 대조되는, 1차 관찰자에 의해 이루어진 구별을 다시 관찰한다. 모든 형식은 대표적인 '맹점'과 관련되는데, 이것은 단지 다른 가능한 형식들 전체를 의미하지는 않는다. 반대 개념을 명명하는 것에서처럼, 맹점을 확인하는 것에서 그것은 '다른' 쪽의 문제, 그리고 이 경우에 형식의 사용을 통해 생략된 쪽의 문제이다.

분석이 어떤 맹점이 특히 '대표적'인지를 인식하는 것은 무엇보다 코텍스트(cotext)로부터 비롯된다. 맹점은 텍스트의 도처에서 발견될 수 있다. 예를 들어, (사장과 구별되는) 점원을 언급하는 화자가 앞뒤 몇 문장에서 하나의 형식으로서 '보수(payment)'를 관찰한다면, 이러한 위계에서 이것은 아마도 맹점이 아닐 수 있다. 코텍스트에 의하면―동기나 능력, 경력기준 등 같은―다른 생략을 생각할 수 있다.

13.5. 전제 조건, 적용 분야, 질적 기준

DTA는 발견적 방법으로 특징지어질 수 있다. 일련의 질문들이 텍스트의 관찰을 특징짓고, 분명하게 규정된 규칙을 사용하는 이러한 연

---

4) 여기에서 소속 범주화 장치 분석(membership categorization device analysis)의 '집합(collections)'과 유사점이 발견된다(Sacks 1972a, 1972b 참조). 예를 들어, 사장과 점원이 구별된다면, 조직의 위계는 구별의 형식이다.

구 전략에 의해 텍스트는 구별된다. 텍스트 관찰자의 해석범위는 텍스트에서의 차이(variations)와, 구(특성)나 통합적(syntagmatic) 위치 사이의 밀접한 관계에 의해 제한된다. 그러므로 그것은 다른 관찰자의 분석을 위해 반복 가능하고 통제가능하다.

이론적으로 DTA는 모든 가능한 텍스트에 적용될 수 있다. 모든 단계를 거치는 경우, 물론, 분석의 부담은 매우 많은 양은 처리 불가능하다는 것이다. 단지 명시적 구별만을 다루는 '축약된' 버전을 생각하는 것이 가능하다. 그렇게 함으로써 비로소 분명하고 공개적인 인식 도식이 연구될 것이다. DTA의 전제 조건은 텍스트에 나타나는 개념과, 맥락 속에서 그것에 부여된 의미에 대한 지식이다. 이러한 측면에서 DTA가 명시적으로 맥락 정보를 제공하진 않지만, 그것은 분석자 측의 적절한 배경지식에 의존한다. 방법의 실행 전에 명확해져야 할 질문은 모든 텍스트 분석을 위한 통상적인 준비활동과 다르지 않다. 어떤 텍스트가 선택되는가? 어떤 연구 질문에 대답하기 위해? 보다 강한 '해석적' 요소—형식과 맹점의 명명—를 위해, 팀에 의한 분석이 권고된다.

DTA 텍스트 관찰의 결과가 전통적인 질적 기준을 충족시키는 정도는 단지 막연히 예측될 수 있다. 타당성은 아마도 텍스트 출처의 맥락에 의해 매우 강하게 영향 받는다(또한 Leithäuser et al. 1977: 128ff. 참조). 그것이 '대표적' 또는 일상적 상황의 문제인가(외적 타당성)? 수집의 반응성(reactivity)이 어떻게 평가되는가(내적 타당성)? 구, 반대구, 형식, 맹점과 관련한 인식 도식이 어느 정도로 충실히 수집되는가(구성 타당성)? 분석의 유사한 반복 가능성의 측면에서, 신뢰성은 아마도 단지 제한된 의미에서 가능하다. 그러나 결과가 이해하기 쉽고 타당해야 하며, 상세한 규칙 설명에 의해 '상호 주관성'이 보장되어야 한다.

13.6. 다른 방법들과 비교한 유사점과 차이점

차이에 의존하는 방법이 다른 방법들과 어떻게 구별되는가? 우리의 접근은 이제 적어도 분명히 반영적(reflexive)이어야 한다. 우리는 다른 (선택된) 텍스트 분석 방법들과의 차이를 다루고 있고, 우리가 여기에서 발견한 차이는 모두 그것의 특수한 맹점을 갖는다. 심지어 보통 이러한 두 연구 전략 사이의 필수적인 상호작용을 보지 못하는(blind), 질적 방법과 양적 방법 사이의 구별을 넘어서, 여기에서 적용 가능한 구별형식이 존재한다.

클라이닝(Kleining 1994: 118)은 이런 식으로 주체 지향 방법과 객체 지향 방법을 구분한다. 주체 지향 방법은 연구하는 주체에게 해석적 능력을 요구하는 자기 성찰적인 절차를 사용하는 경향이 있다. 객체 지향 절차는 의미보다는 발견에 강조를 두며, 보다 강하게 탐색적이거나 발견적이다. DTA는 '객체 지향적'이다. 그것은 분석자의 의미 능력이 아니라 텍스트에 집중한다. 그것의 상세한 시퀀스와 규칙 규정을 통해서 뿐 아니라, 개념적 내용보다는 구별쌍에 대한 그것의 집착을 통해, DTA는 텍스트로부터 거리를 유지하는 것을 돕고, 그렇게 함으로써 '해석적' 공감을 거의 포함하지 않는다. 그러므로 DTA는, 예를 들어, 객관적 해석학과 달리, '기술론(Kunstlehre)'이 아니다(Oevermann et al. 1979 참조).

텍스트 분석 방법이 명시적인 이론적 기반을 갖는지가 또한 차이를 만든다. DTA에 의해 제기된 질문은 그것이 구성주의적 구별이론을 따를 정도로 이론적으로 기반하며, 따라서 특수한 인식론적 개념에 빚지고 있다. 여기에서 DTA는 '내용' 문제를 가지고 텍스트에 접근하는 다른 발견적 절차들과 다르다. DTA의 이론적 정향의 중요한 결과로서, 닫힌 체계로서 텍스트 생산자의 의식이 원칙적으로 '이해불가능'하다는 사실이 뒤따른다. 그러므로 이것들이 다른 텍스트 분석접근들에 의해 가정된 방식으로 발화 행위의 수행자들에 의해 추구된 그러한 목적, 의도, 전략을 재구성하는 것은 불가능하다(Ehlich & Rehbein 1986: 5; Projektteam 1989: 93).

텍스트 분석 방법은 또한 그것의 도구와 규칙에 의해 구별될 수 있다. 도구가 표준화되거나 '틀지어 질 수(frameable)' 있는가? 시퀀스를 결정하고, 분석을 특징짓는 규칙들이 얼마나 정확하고 분명하게 만들어지는가? 네 가지 차원에 따라 구성된, 구별쌍의 분석을 위한 그것의 표와 함께, DTA는—다른 '질적' 방법들에 비해—상대적으로 표준화된 도구를 제공한다. DTA의 시퀀스 형성(sequencing)과 분석 규칙들은—적어도 보다 강한 해석적 방법들과 비교해—상대적으로 정확하고 분명하게 규정된다. 이와 관련해 후자는 다음 관점에서 문제적이다. "텍스트가 '의식에 스며드는' 것이 아니라, 단지 자기 조직적 인지작용에 대한 자극을 형성하기 때문에, 의식이 텍스트를 통해 하는 (…중략…) 것은 일부 예외를 제외하고 예측 불가능하다"(Schmidt 1992: 311). 그것이 해석에 조직화 도식과 특정한 안정화 패턴을 포함시킨다는 점에서, 이러한 텍스트 관찰자의 인지 작용은 DTA에서 질문의 한계에 의해, 그리고 제한적인 연구 전략에 의해 규율된다.

마지막으로, '텍스 확장적' 분석 방법과 '텍스트 축소적' 분석 방법 사이에 대강의 구분이 이루어질 수 있다. 전자에서, 자료물에 기반한 특정한 절차를 통해 추가적인 텍스트가 생산되는 반면, 후자의 방법은—특히 범주 도식의 사용을 통해—텍스트를 응축하려고 한다. DTA는 텍스트 확장적이다. 결과가 얻어지기 전에, 분석단위에 더해 반대구, 동일성, 맹점이 생산되어야 한다. 이 점에서 DTA는 객관적 해석학과 유사하다(Oevermann et al. 1979).

DTA는 다음의 점에서 문화기술지(ethonographic)와 근거이론(grounded theory) 지향의 방법들과 다르다. 그것은 합리적이고 가능하지만 이론적으로 입증되지 않은 질문 목록보다는, 인식론적 이론(인식 도식)에 기반한 질문에 근거해 진행한다(Hammersley & Atkinson 1995: 173 참조). 그것은 코딩 절차와 규칙 대신에 이용 가능한 분명한 시퀀스 형성과 분석 규칙을 갖는다(예를 들어, Strauss 1987: 55ff. 참조). 그것은 맥락 정보에 덜 중요성을 부여한다. 이 방법들은 텍스트 자체의 가치와 관련해 서로 유사한데, 이것은 언제나 매우 중요하다(객체 지향).

DTA는 MCD 분석과 동일한 초점을 갖는다. 둘 다 인식 장치를 재구성하려고 한다. 그러나 그것의 맹점이라는 개념을 통해, DTA는 잠재적 영역에 보다 강하게 집중한다.

시간적 요소(전/후)가 특히 중요함에도 불구하고, 내러티브 분석 방법은 또한 구별을 지향한다. 서사(narration)는 주로 특별한 사건과, 이러한 사건 동안의 복잡한 문제와 관련된다. 내러티브 장르는 시간적 순서 원칙에 의해 지배된다. 예를 들어, 연구자가 DTA를 내러티브 기호학과 비교한다면, 두 방법 모두 잠재적인 것의 관찰과 관련된다. 그리고 심지어 그레이마스(Greimas 1983: 18ff.)에서, 기호 사각형에 묘사된 반대 관계가 핵심 역할을 한다. 내러티브 기호학과 달리, DTA는 어떠한 사전의 범주화도 시도하지 않는다. 시간 축은 뒷전이다.

제14장 객관적 해석학[1]

객관적 해석학(Objective hermeneutics)은 잠재적 구조(latent structures)를 발견하려는 의도에 의해 특징지어지는 재구성 절차 그룹에 속한다. 그 자신의 어떤 과학적 인식론에 의존하지 않고, 그것은 오히려 일상의 이해에 기반해 작업하고, 분명하게 동기화된 일련의 명시적 규칙들에 의해 이것을 정교화한다. 그것의 역사적 발전에서 그것은 "연구관행으로부터 비롯된 하나의 경험적 절차가 되는 것으로부터 성장했고, 그 점에서 이러한 연구관행의 경험들과, 그것의 재구성에 기반한다"(Bohnsack 1991: 69).

하나의 텍스트 분석 방법으로써 객관적 해석학의 발전에는 새로운 사회과학방법론의 발전에 대한 필요성이 수반되었다. 이러한 필요성은 사회적 무의식(social subconscious)의 존재에 귀인시키는 영역들로의 사회학의 연구 영역의 확장에 그 기원을 갖는다. 해석학으로서, 이 방법은 그렇게 함으로써 고전적 형태에 부과된 그러한 경계를 초월하는데, 후자가 개개인 자신의 의도의 세계에 갇히기 때문이다.

이러한 '이면을 들여다보는 것'에 더해 객관적 해석학은 무엇보다 연구자가 따라야 하는 원칙과 절차들의 비교적 명시적인 결정에 의해

---

1) 이 장은 Karl Berger, Thomas Gamperl, Gisela Hagmair가 쓴 독일어 논문에 기반한다.

특징지어진다.

14.1. 이론적 기원

객관적 해석학에서 사용된 절차들은 가족 내 아이들의 사회화에 대한 연구의 맥락에서, 즉 가족 내 상호작용의 기록을 해석할 수 있도록 하기 위해 개발되었다. 이러한 연구의 결정적 계기는 그들이 우선 이를 위해 필요한 능력을 획득해야 함에도 불구하고, 아이들이 어떻게 가족이라는 사회적 세계에 참여할 수 있는지의 문제였다. 에릭슨 (Ericson), 미드(Mead), 피아제(Piaget)의 고전적 주관주의 학습 이론들은 이에 대한 어떠한 충분한 대답도 제공할 수 없었으며, 따라서 아래에서 기술된 이론들에 의존함으로써 이 방법이 개발되었다.

이 방법은 모든 이해가 해석자의 사전 지식에 의해 조건 지어지고, 그것이 해석을 통해 확장되고, 그렇게 함으로써 이해를 위한 새로운 조건을 형성한다는 개념(**해석학적 순환**(hermeneutic circle))을 해석학으로부터 빌려왔다. 이런 식으로 보는 것에 의해 연구자는 해석학적 순환의 하나의 특별한 사례로서 순차적(sequential) 분석절차를 택할 수 있다.

무의식(subconscious)이란 개념은 프로이트주의의 정신분석학으로부터 빌려왔으며, 이것은 사회적 무의식으로 확대되었다. 그것이 행위의 인식치 못한 조건이나 의도치 않은 결과로서 영향을 미침에도 불구하고, 이것은 참여자들이 인식하지 못한 의미 구조의 그러한 부분에 적용된다. 그러나 프로이트에 대한 참고는 단지 이 모델을 예시하기 위한 구조적 비유로서 이해되어야 하고, 충동(drive) 개념의 상호작용 영역으로의 전이(transfer)로서 이해되지 않아야 한다(Oevermann et al. 1979: 368).

호르크하이머와 아도르노의 비판이론처럼, 객관적 해석학은 미리 정해진 범주 체계를 사용해 텍스트를 이해하려고 하는 그러한 모든 모델을 거부한다. 이것은 또한, 이 경우에 언어적 수준에서, 행위가 도그마, 미신, 이데올로기에 의해 어떻게 제약되는지를 보여 주는 계몽주의의 주장을 채택한다.

14.2. 기본적인 이론적 가정

객관적 해석학에서, 개인과 사회의 관계에 대해, 양극단—한편으로 주관주의 입장과, 다른 한편으로 사회 이론적 객관주의 입장—으로부터 동일한 거리를 유지하는 특정한 관점이 나타난다. 이러한 두 가지 관점은 모순적으로 보이는 것이 아니라, 상호작용적 인간 행동에 대한 타당한 기술에 기여하는 이원론으로 보인다. 개인의 자율성과 사회의 결정적 성격 사이의 긴장이 유지된다. 자유롭게 행위 하는 주체가 그의 개인적 생애사와 지배적인 사회 구조 둘 다의 제약 내에서 연구된다.

이러한 모델은 텍스트의 정의에 있어 중요성을 갖는다. 심리학적으로 관찰 가능한 개인으로서 텍스트 생산자의 중요성은 사라진다.

상호작용 텍스트는 재구성할 수 있는 규칙들에 기반해 객관적 의미 구조를 구성하며, 이러한 객관적 의미 구조는 상호작용 자체의 잠재적 의미 구조를 재현한다. 또한 하나의 텍스트는, 일단 그것이 생산되면, 재구성을 위한 자신의 규칙과 절차를 가지고 하나의 사회적 실재를 구성한다고 말할 수 있다. 이러한 실재는 화자의 행위성향과 참여자의 심리적 환경, 또는 수용자의 심리내적 실재에 귀인될 수 없다. (Oevermann et al. 1979: 379).

따라서, 객관적 해석학은 의미를 상호작용에 의해 출현하는 하나의 객관적인 사회 구조로서 이해한다. 이것은 의미가 상호작용에서 발생하지만, 의미의 형성에서 각각의 참여자들의 기여는 접근하기 어렵고, 따라서 연구자의 관심 밖에 있다는 것을 의미한다. (또한 객관적 의미 구조로도 알려진) 잠재적 의미 구조의 수준은 개개인의 의도의 본질적 기반으로서 가정된다. 이로부터—적어도 기술적 수준에서—무의식 개념을 도입할 추가적인 필요성이 발생한다. 정신 분석 모델에 적용될 때, 이것은 "그것이 의도적인 것의 경계 구분과 일치하기 때문에, 객관적 해석학의 관점에서 의식과 전의식(pre-conscious) 사이의 경계가 결정적"(Oevermann et al. 1979: 377)이라는 것을 의미한다. 성격구조는, 객관적 해석학의 관점에서, 심리학적 구조가 아니라 '사회 구조의 발현'으로서 규정되어야 하고, 그에 따라 해석되어야 한다(Heinze 1987: 76).

잠재성(latency)이라는 핵심 개념에 의해 사회적 주체가 행위 맥락에 연결되고, 그들이 단지 그것의 의미 구조를 부분적으로 해석할 수 있는 행위에 참여한다는 사실이 고려된다. 이 방법의 출발점이 사회화에 대한 연구로부터 비롯된다는 사실은 우연이 아니다. 이것은, 다른 것들 중에서도, 형성되는 의미를 이해하는 능력을 그들이 결여하고 있음에도 불구하고, 어떻게 아이들이 의미 형성 행위에 적극적으로 참여하는지를 설명하는 것과 관련 있다. 우리가 유능한 화자를 가정하는 반사실적 개념(counter-factual construct)[2]을 사용해 분석하는 객관적 해석학자를 고려할 때 유사한 상황이 발생한다. 유능한 화자는 형성된 의미 구조에 대한 완전한 이해에 의해 특징지어진다. 유적(generic) 측면—개인이 아니라 인류로서 인간—에서 유능한 화자에 대한 이러한 호소는 객관적 해석학에서 상호작용의 잠재적 의미 구조를 전달하는 데 있어 타당성에 대한 직관적 평가의 사용 기반을 형성한다. 하나의 사회적 공동체에 속하는 것으로부터 비롯된 규칙 지배적인 행동 능력과 언어 능력에 기반해, 해석자는 주체의 행위들을 정당화했다. 인식론적 측면에서 분석자와, 연구 중인 사례에 포함된 주체

---

2) (옮긴이) 사실과 반대되는 상황에 대한 가설적인 개념.

사이에 어떠한 차이도 존재하지 않는다. 분석자는 단지 상황적 제약에 방해받지 않는 객관적 관점이라는 이점을 갖는다.

14.3. 방법의 목표

잠재적 의미 구조 개념과 함께 의미의 객관적 가능성은 그것이 상호작용 참여자들에 의해 의도적으로 인식되는지의 여부와 관계없이 실재적인 것으로서 도입된다. 객관적 해석학은 이러한 실재를 드러내기 위해 필요한 그러한 해석절차를 의미한다. (Oevermann et al. 1979: 381)

이 방법의 목표는 그러므로 상호작용의 객관적 구조를 보이게 만드는 것이다. 그것이 참여자들의 주관적 의도와 관계없이 작동하기 때문에 이러한 구조는 객관적인 것으로 특징지어진다. 이것은 분석적으로 접근 가능한 사회적 실재의 장을 잠재적이지만 행위 결정적인 수준으로 확대할 필요성을 자극한다.

"외버만(Oevermann)의 목표는 참으로 야심차다. 동시에, 그는 인간이 경험할 수 있는 것의 전체 분야에 이르는 사회과학 이론과 방법론에 대한 실용적 연구 지향의 기반을 추구하고 있다"(Garz & Kraimer 1994: 7). 외버만 등(Oevermann et al. 1979: 353)의 자신의 표현으로는 다음과 같다. "사회학적 분석에서 이러한 입장의 주장되는 일반적인 중요성은 이러한 모델을 따르는 의미 분석 절차가 사회과학에서의 이론적으로 관련 있는(relevant) 자료의 생산이나 측정의 근본 작업을 보여준다는 강력한 주장에 **전반적으로** 반영되어 있다." 외버만 등(1979: 367)처럼 우리가 잠재적 의미 구조를 실재적인 것으로 간주한다면, 이것은 지금까지는 어떤 적절한 이해하기 쉬운 자료 수집 방법으로 이어지지 않은 사회과학의 전반적인 방향 전환에 대한 요구를 그것에 불러일으킨다. 이것은 이 방법의 구체적 목표에 관한 진술이 위에서 언급된 객관적 의미 구조의 실재에 대한 논의의 광범위한 맥락에 일반적으로 배태되어 있는 이유를 설명하는 것을 돕는다.

아무리 우리가 여기서 구체화한, 심리적 원인들에 객관적 의미를 할당하는 문제를 궁극적으로 해결할 수 있을지라도, 그것은 무엇보다 두 개의 근본적으로 다른 실재수준의 존재를 증명하는 것의 문제이다. 한편으로, 텍스트 생산자와 텍스트 수용자 측의, 그것의 심적 표상(mental representation)과 관계없이 재구성될 수 있고, 그리고 어떤 실재수준에서든 사회연구의 출발점을 구성해야만 하는, 텍스트의 잠재적 의미 구조의 실재가 존재한다. 그리고 다른 한편으로, 행위하는 주체 측의, 텍스트에 주관적이고 의도적으로 표현된 의미의 실재가 존재한다. (Oevermann et al. 1979: 367)

객관적 해석학은, 하나의 텍스트 분석 방법으로써 그리고 하나의 방법론으로서 다음과 같이 요약될 수 있다. "그것은 오로지 상호작용 텍스트의 객관적 의미와, 상호작용의 잠재적 의미에 대한 세심한 광범위 분석의 문제이며, 이러한 재구성적 텍스트 이해 절차는 (…중략…) 정신 내의 이해 과정과 아무런 관련이 없다"(Oevermann et al. 1979: 381).

14.4. 방법의 개관

14.4.1. 원칙과 절차

객관적 해석학 방법은 두 가지 절차 양식—순차적 분석(sequential analysis)과, 세부 분석(detailed analysis)—에 기반 하는데, 이것은 네 가지 원칙에 의해 결정되고, 이 원칙들 중 세 가지는 **맥락 변화**(context variation)라는 제목 아래 포함될 수 있다. 그러나 네 번째 원칙—순차적 절차 양식 원칙—은 **절차**라는 제목 아래서 논의될 것이다.

14.4.1.1. 기본 개념

맥락 변화(Context variation). 사고 실험에서, 맥락 변화는 의미의 결과적인 차이를 통해 잠재적 의미 구조와, 또한 행위의 구체적인 조건을 재구성할 수 있도록 하기 위해, 분석되어야 하는 의미 단위를 모든 가능한 맥락들 속에 위치시키려는 시도를 의미한다.

　외적 맥락과 내적 맥락. 외버만은 그것이 분석에서 다른 역할을 하기 때문에 외적 맥락과 내적 맥락 사이를 엄격히 구분한다. '외적 맥락'은 그에게 "재구성되어야 하는 보고서나 텍스트에 포함되지 않은, 사례나 보고된 사건에 관한 정보"(Oevermann 1996: 101)를 의미한다—다시 말해, 외부에서 텍스트를 결정하고, 해석 가능성의 범위를 제한하는, 사실에 기반한 화용론적(pragmatic) 조건. 이러한 외적 맥락과 관련해 외버만(1996: 100)은 "해석될 텍스트와 양립 가능한 모든 독해가 실제로 가능한 충분히 설명되었을 경우에만, 발화의 실제 맥락에 대한 지식이 사용될 수 있다"고 주장한다. 반면에, '내적 맥락'은 순차적 분석으로부터 도출된 축적된 정보를 의미한다. 이러한 형태의 맥락은 결과적인 독해의 일부를 배제하기 위해 사용될 수 있고, 실로 사용되어야 한다. 이것은 단지 하나의 시퀀스(sequence)의 첫 번째 위치만이 내적, 외적 맥락과 관계없이 분석된다는 것을 의미한다.

　독해(Readings). "우리는 발화와, 이러한 발화를 화용론적으로 (pragmatically) 실현시키는 맥락 조건 사이의 관계를 하나의 독해로서 간주한다"(Oevermann et al. 1979: 415). 다시 말해, 하나의 독해는 텍스트의 부분과, 그것과 관련된 가능한 화용론적 틀을 포함한다. 독해의 생산은 잠재적 의미 구조 모델에 기반해, 그것의 순차적 분석절차에서 객관적 해석학에 의해 수행되는 핵심 작업이다(Oevermann 1996: 93 참조).

　광범위(extensive) **해석의 원칙.** 분석의 광범위함은 이와 관련해 핵심적 역할을 한다. 외버만 등은 이것을 다음과 같이 특징짓는다.

행위상대의 의도가 가능한 정확하고 빠르게 드러나는 것이 아니라, 반대
로 가능한 완전히 드러나야 한다는 점에서, 이것은 동기를 이해하는 일상
의 관행에 반대되는 것을 의미한다. 이것은 가장 '개연성이 낮은' 독해나—
사례의 사전 지식에 비추어—완전히 배제될 수 있는 독해를 포함해, 텍스
트의 모든 가정들이 가능한 명시적으로 포함되어야 한다는 것을 의미한
다. (1979: 393)

그러므로 실제 상호작용에 근거해 어떤 것이 배제되고, 어떤 것이 유
지될지를 확립하기 위해, 해석의 초기에 하나의 텍스트의 가능한 많
은 독해들이 명시적이 되고, 그다음에 이것이 (Oevermann et al. 1979:
395ff.에 의해 설계된 범주틀의 6단계의, 또한 섹션 14.4.3 참조) 세부 분석의
과정 동안 연구되는 것이 중요하다. 일반적으로 심지어 가장 개연성
이 낮은 독해조차 명시적인 모순이 나타날 때까지 보존되어야 한다.
　완전한(complete) **해석의 원칙.** 이 원칙은 말해진 모든 것은 적극적으
로 인식된 것보다 더 많은 의미를 갖는다는 가정에 근거한다. 그러므
로 어떤 식으로든 밝혀질 수 있는 모든 것이 분석에 포함되어야 한다.
이것은 "모든 작은 조각, 모든 읽을 수 있고, 들을 수 있고, 볼 수 있고,
감지할 수 있는(궁극적으로 심지어 맛볼 수 있거나 냄새 맡을 수 있는) 요
소가 아무리 작거나 눈에 띄지 않아도 그 동기가 명시적으로 해석되
어야 하고, 전체 맥락에 들어맞아야 한다"(Oevermann 1996: 112)는 것을
의미한다. 그러나 실용적인 이유로, 전사된 자료를 선호하며 시청각
자료는 보통 생략되지만, 두드러진 억양 패턴, 발화 리듬, 유사한 사건
은 당연히 고려된다.
　개별 가설들(individual hypotheses)**의 경제적 사용 원칙(경제성 원칙).** 이 원
칙은 최대 가능한 맥락 변화의 측면에서 독해의 다양성을 제한할 수
있는 모든 것이 생략된다는 것을 의미한다. 이 방법의 기본 가정들

중 하나가 한 개인에 특수한 심리와 다른 특징들이 사회적 현상의 결과라는 사실이기 때문에(Heinze 1987: 79), 이것은 특히 외적 맥락뿐 아니라(위와 Oevermann 1996: 99 참조), 소위 개별 가설들에 영향을 미친다.

14.4.1.2. 절차

순차적 분석(Sequential analysis). 순차적 분석 절차 양식은 객관적 해석학의 방법론에서 근본적 중요성을 갖는다. 그것은 분석을 위해 선택된 텍스트나 자료를 작은 단위들로 나누고, 그다음에 그것들을 순차적으로 해석하는 것으로 구성된다. 그렇게 함으로써 얻어지는 의미 가능성들은 하나의 특정한 사례의 구조가 분명해질 때까지 분석의 진행 동안 계속해서 더욱 제한된다. "이때 하나의 사례의 특성이 분명해진다. 그것은 순차적 분석 동안 연속적으로 구성되는 내적 맥락으로서 나타난다"(Oevermann et al. 1979: 426). 외버만 등은 다음과 같이 추가적으로 설명한다.

> 순차적 분석 동안, 우리가 하나의 상호작용 텍스트의 내적 맥락으로 언급한 것은 점점 간결성이 증가되어 구성된다. 변하지 않는 맥락조건과, 전체 상황(scene) 동안 자신을 변경하는 맥락조건으로 추가적으로 세분화될 수 있는 외적 맥락조건과 대조적으로, 내적 맥락은 상황의 텍스트에 대한 해석의 결과이고, 오직 이러한 텍스트를 통해서만 추적될 수 있다. (1979: 422)

세부 분석(Detailed analysis). 텍스트를 별개의 시퀀스들(sequences)로 나누는 것은 세부 분석을 위한 전제 조건인데, 이 과정 동안 가장 작은 의미 단위로 시작하는 광범위 해석 절차가 존재한다. 여기에서, 가능한 많은 의미를 함축한 맥락이 이러한 가장 작은 단위 각각을 위해 구성된다. 시퀀스의 단위들을 통해, 다수의 가능한 맥락(또는 독해)이 분석 과정 동안 자신을 축소한다. 이상적인 경우에, 다수의 가능한 맥락은 하나의 단일한 맥락으로 축소될 것이고, 이런 식으로 분석될 사례는 분명하게 윤곽이 그려질 수 있다. 특징상, 그리고 최대 가능한 맥락 변화의 기저 원칙에 따라, 이러한 목적으로 특정한 독해를 방해하는 사례에 대한 어떠한 사전 지식도 분석에서 고려되지 않는다.

분석을 통해 선택지에 대한 선택과 배제의 실제 과정이 재구성된다. 분석자가 그것에 더 많은 시간을 헌신하고, 실제로 가능한 선택지를 인지하려고 시도한다는 점에서 이러한 절차는 일상의 해석 방식과 다르다.

14.4.2. 자료의 선택과 분석단위

객관적 해석학에서, 가족 간 대화나 대중 연설 같은 상호작용 시퀀스들이 주요한 자료원으로서 기능한다.

> 객관적 해석학의 절차의 진정한 대상은 그것이 글로 쓰여 있건, 음향이건, 시각적이건, 다양한 매체로 결합된 형태이건, 또는 다른 방식으로 기록될 수 있는 형태이건 간에 실제 상징적으로 전달된 사회적 행위나 상호작용의 기록들이다. 그것의 해석가능성이 그것의 자료형태와 무관하게 원칙적으로 상호작용 의미의 언어적 실현가능성이나 환언가능성(paraphrasability)의 조건과 밀접하기 때문에, 객관적 해석학의 해석절차에서 기록의 정확한 자료형태는 순전히 우발적인(contingent) 기술적(technical) 환경이다.
> (Oevermann et al. 1979: 378)

여기에서 그것은 주로 테이프에 기록된 상호작용으로부터 도출된 전사(transcripts)의 문제이다. 이러한 절차는 이미 또한 TV 방송의 음향과 화면 모두에, 글로 쓰인 구절에, 그리고—언어적 실현의 원칙과 모순되게—영화 포스터와 사진에 적용되었다(Garz & Kraimer 1994). 이러한 정지된 영상자료를 가지고 시퀀스 형성(sequencing)을 인식하는 것은 물론 매우 어려운 것으로 증명되었다.

전체 사례의 구조가 각 개별 상호작용 단위에서 재생산된다는 이론적 가정에 기반해, 전체 사례 기록을 분석하는 것은 불필요하고, 단지 그것으로부터의 하나의 추출(또는 '상황(scene)')을 분석하는 것이 필요하다. 그러나 이것은 하나의 일관된 사례가설로 이어져야 한다. 이러한 가설의 개발은 추출에 최소 길이 요건을 부과한다. 하나의 역사(예를 들어 가족)와 관련된 상호작용 체계에서, 하나의 추출의 시작 단계가 특별히 중요하지 않다는 것은 사실이다. 초기 시퀀스가 중요한 것은 단지 (치료를 위한 '첫 만남' 같은) 새롭게 발생한 체계에서인데, 이때 시작이 이후의 전개에 특정한 영향을 미치기 때문이다. "그러므로 일반적으로 어떠한 이전의 역사도 갖지 않은 상호작용의 분석에서, 진정한 시작—세글로프(Schegloff)의 용어로 오프닝 시퀀스(opening sequence)—이 또한 분석될 상호작용 상황의 시작을 형성해야 한다는 것을 우리는 알고 있다"(Oevermann et al. 1979: 434). 그 외에는, 추출은 순전히 무작위로 선택된다. 그다음에 이러한 첫 추출의 결과는, 상황 특수적인 경우의 문제를 보완하기 위해 이상적으로는 첫 번째 추출과 특정한 재구성적 관계에 있어야 할, 추가적인 추출들의 분석과 비교될 수 있다. 그러나 이러한 절차는 분석될 추출들의 최소수를 규정하지 않는다.

독해의 생산에서 고려되어야 하는 내적 맥락의 분석을 위한 전제조건을 형성하기 위해, 순차적 분석의 원칙은 추출이 개별 의미 단위들로 나뉘어야 한다는 것을 요구한다. 이러한 시퀀스들의 크기는 절차에서 규정되지 않는다. 실제로 그것은 이러한 새로운 시퀀스를 통해 그들이 구조에 관한 새로운 정보를 얻고 있다는 인상을 해석자에게 주는 그러한 방식으로 결정된다. 그러나—완전한 해석의 원칙에 기반해—객관적 해석학에서 어떤 것도 우연히 발생하지 않고, 모든 것이 구조적으로 동기화된 것으로 보이기 때문에, 특히 하나의 시작 단계에서 이러한 의미 단위는 보통 매우 짧다. 실로, 그것은 때때로 단지 '헛기침(throat-clearing)'만으로 구성된다. 여기에 이러한 경계들

이 개발된 하나의 사례가 있다. /대사님, /지금 /까지 /,…D에/ 속하는 /이
들과/ 그리고 당연히 학문적 번역가의 자격을 갖춘 이들을/ 아무도/ 나에게
말해 주지 않았어요/(/up to /now /nobody has /told me, /Mr. Ambassador /,…
those /categorized /under D /and who of course are qualified academic
translators/). 이미 지적된 대로—특히 초기에—이러한 단위는 매우 짧
으며, 보통 하나의 추출이 끝날 때쯤 단지 (부분적) 문장들의 문법적
패턴과 일치한다.

14.4.3. 해석틀

순차적 세부 분석의 형태의 객관적 해석학에서, 해석자는 그것을 사
용해 하나의 텍스트에 접근할 수 있는 구체적 도구를 사용할 수 있다.
8가지 분석 레벨로 구성된 하나의 분석 틀이 존재한다. 최근 몇 년간
울리히 외버만(Ulrich Oevermann) 자신이 이러한 분석 틀과 단호히 거
리를 두었음에도 불구하고—특히, 입문자를 위한—객관적 해석학의
해석에 대한 하나의 소개로서 그것의 실용성은 논란의 여지가 없다.
　이러한 분석 틀의 지위와 기능과 관련해, 외버만 등(1979: 394)은 다
음과 같이 말한다. "그것은 실제 발화들의 오로지 질적인 기술적
(descriptive) 재구성을 위한 하나의 틀, 즉 그들에게 충분히 상세히 그들
의 자료에 문제 제기를 하도록 요구해야 하는, 해석자들을 위한 일종
의 '점검 목록'에 다름 아니다."
　이러한 결과 각 분석 레벨에 서로 다른 가중치가 주어지는 것이나,
연구의 구체적 단계로의 그것의 전환을 막을 도리는 없다. 이러한 레벨
들이 하나의 엄격한 분류 틀로서 이해될 수 없을지라도, 그것들은 여기
에서 사용된 측면에서 규칙들로서 유효할 정도로 그것의 정식화에서
여전히 충분히 정확하다. 우리는 우리가 우리 자신의 경험적 작업에서
적용한 구체적 재정식화와 비교한 외버만 등(1979)의 8가지 레벨을 〈표
14.1〉에 제시한다. 이러한 축약된 제시를 위해 우리는 외버만의 원래

<표 14.1> OH(객관적 해석학)의 해석 레벨과 구체적 분석 질문

5가지 구체적 연구 단계[3]	8가지 해석 레벨[4]
1. 연구자의 이해에서 의미 단위가 어떻게 전환될 수 있는가? 이 단위가 보통 어떻게 이해될 수 있는가, '일반' 독자/청자가 그것에 어떤 의미를 부여하는가? 진술이 어떻게 환언(재서술, 자유롭게 전환, 명확화)될 수 있는가?	레벨 1. 수반되는 언어화(verbalization)의 표현(wording)에 따른 한 단위의 모든 의미의 환언(paraphrasing).
2. 화자가 이러한 진술을 통해 청자에게 무엇을 제시하거나 어떤 감정을 불러일으키길 원하는가, 그의 의도는 무엇인가? 누군가 행위자의 역할을 맡는다면, 이 단위는 이 사람에게 어떤 의미를 갖는가? 어떤 의도가 추구되고 있는 것 같은가? 이 사람에게 타당한 해석은 무엇인가?	레벨 2. 상호작용하는 주체의 의도의 설명.
3. (1) 어떤 잠재 요인들이 이 단위의 기저를 이루는가, 행위와 사고방식 또는 체계에 대한 객관적 결과는 무엇인가? 텍스트는 어떻게 다르게 독해될 수 있는가 —비참여자인 제3자의 관점에서? 다양하게 주안점을 둔 독해의 결과는 무엇인가?	레벨 3. 이 단위의 객관적 동기와 객관적 결과의 설명: 즉, 상호작용 과정 틀 내의 체계적 조건의 객관적 변화.
3. (2) 다음은 무엇을 의미하는가? 사용된 문법형태는(능동, 수동, 가정 등)? 언급된 주제와 사람들(의 집단)은? 언어적 특이성은(말실수, 언어파괴(breakdowns), 단어의 사용과 오용)? 발생한 문제가 자명하고 일반적인가? 이 단위의 의미는 무엇과 관련 있는가?	레벨 5. 이 단위의 언어적 특징의 특성화: 통사론, 의미론, 화용론 수준에서 변별 특징들의 확인.
3. (3) 다양한 사회적 상황에서 진술이 어떤 다른 의미를 갖는가?	레벨 7. 특히 사회화 이론과 관련해, 일반적 관계와 구조의 설명.
4. 이 단위로부터 어떤 역할 배분이 발생하는가? (심지어 직접적으로 명명되지 않을 때조차) 사람들에게 어떤 관계와 속성이 주어지는가 또는 그것이 텍스트에 포함되는가? (인터뷰에서) 면접자와 피면접자 사이의 관계에 관해 무엇을 말할 수 있는가?	레벨 4. 상호작용 역할의 분배에서 이 단위의 기능에 대한 설명.
5. 다음 의미 단위에 어떤 선택이 가능한가? 그것이 어떻게 진행될 것인가? 어떤 논쟁이 예상되는가? 이 텍스트에서 중요한 연결점들은 무엇인가?	레벨 0. 하나의 상호작용 단위에 바로 앞서는 맥락과, 문제가 되는 단위의 체계적 조건에 대한 설명.
	레벨 6. 반복되는 의사소통 형태로의 이 단위의 해석의 외삽(extrapolation): 상황을 초월하는 관계적 측면 또는 성격 특징.

표현을 보존한, 슈스터(Schuster 1994: 108~111)에 의해 요약된 레벨들의 버전을 사용한다. 그다음에 우리는 우리의 재정식화와 원본의 양립 가능성의 문제를 다루고, 가능한 차이들에 주목할 것이다.

외버만 등의 레벨 1, 2, 4는 동일한 번호의 구체적 정식화와 일치한다. 〈표 14.1〉에 제시된 대로, 우리의 재정식화의 3단계는 대체적 윤곽에서 몇 개의 레벨—즉, 3, 5, 7—에 적용된다. 이 경우에 다음의 제한이 모든 비교에 적용된다.

1. 우리의 구체적 실현에서 3단계의 하위범주는 좌측열의 강조 부분이 단지 조건적으로 우측 열에 주어진 레벨들의 짝으로서 이해될 수 있다는 것을 의미한다.
2. 줄들의 해석을 요약하고, (외버만 등의 레벨 7에서 발생한) 서로에 대한 대안적 독해를 평가하는 문제는 우리의 재정식화의 어떤 단계에서도 별도로 다뤄지지 않는다. 우리는 해석 작업의 이러한 측면을 순차적 분석절차에 내재하며, 따라서 영구적으로 존재하는 단일한 독립체로서 간주했다. 따라서 우측 열의 레벨 6의 사례에 일치하는 짝은 거의 존재하지 않는다.

레벨 0과 5단계의 양립 가능성의 문제에 관해서는, 좌측 열과 우측 열 모두의 번호 매기기가 하나의 연구의 각 단계들의 비강제적이지만, 부분적으로 필수적인 순서화를 나타낸다는 점을 명심해야 한다. 그러므로 새로운 의미 단위의 확인은 해석적 순환의 시작을 나타낸다. 순차적 분석양식에서 이러한 단계의 1차적 중요성은 그것의 실험적 측면에 있다. 그러므로 우리의 재정식화의 5단계에서, 텍스트의 지속가능성에 관한 가정들은 성공적인 해석에 기반해 '맹목적으로

---

3) 이러한 구체적 연구 단계의 틀은 Stefan Titscher에 의해 개발되었다.
4) Schuster(1994: 108~111)에 주어진 요약의 Oevermann et al.(1979: 395~402).

(blind)' 이루어지며, 이것들은 그다음에 실제 지속과 비교된다. 단지 이것이 '맹목적으로', 즉 텍스트의 실제 지속을 인지하지 않고 발생하지 않는다는 점에서 레벨 0의 절차는 본질적으로 다르다.

14.4.4. 독해와 해석

독해의 생산과 관련해, 양립 가능성(compatibility) 기준이 결정적이다. 이것은 단지 연구되는 발화들이 특정한 의미를 생산하는 이야기들의 형태로 맥락에 둘러싸이는 것을 요구한다. 객관적 해석학에서 연구자는 하나의 독해의 양립 가능성의 문제가 분명하게 명확화될 수 있다는 일반적인 가정에 기반해 진행한다.

　양립 가능한 독해 내에서 다음의 구분이 이루어진다. "여기에 a) 하나의 텍스트 내에서 읽을 수 있고, 볼 수 있고, 지각할 수 있고, 들을 수 있는 하나의 표지(marking)에 의해 강제되는 것들과, b) 해석자에 의해 선택적으로 추가되고, 그것에 대해 그것의 주장이 특정한 사실을 나타낼 수도 있지만, 반드시 그렇지는 않다고 말할 수 있는 것들이 존재한다"(Oevermann 1996: 103). 두 번째 범주의 독해는 대안적인 가능성에 관한 몇 가지 해명될 수 없는 추정을 제시한다. 그러나 해명될 수 없는 것은 이러한 형태의 분석에서 비생산적이다. 더욱이, 이러한 독해들은 하나의 텍스트의 보다 절실한 가능한 의미로부터 분석의 주의를 돌리게 할 가능성을 시사하며, 따라서 피해야 한다.

　객관적 해석학의 해석의 생산성은 결정적으로 맥락 지식의 적절한 사용에 의해 좌우된다. (하나의 **기술론**(Kunstlehre)으로서) 이 방법은 그들이 그들에게 이용 가능한 맥락 지식을 어떻게 사용해야 하는지를 분석자들에게 지시한다. 이와 관련해 '발견' 과정과, 하나의 독해의 '타당성'을 정당화하는 것 사이의 구분이 이루어져야 한다. 그러므로 "가능한 명시적인 이론적 접근들의"(Oevermann et al. 1979: 392 참조) 사용은 이러한 이론들이 일반적인 일상의 지식에 위반되지 않는 한 매우 바람직한 것으로 보인다. 이것은 발견절차에도 적용되는 반면, 하나의 독해의 타당성을 점검하는 것은 오로지 소위 의미 생성 규칙들에 의해 결정된다. 이것은 독해로부터 비롯된 맥락의 구체적 사례들이 이러한 맥락의 발생 가능성을 결정하기 위해 사용된다는 것을 의미한다. 우리가 그것을 하나의 공식으로 축소한다면, 외버만의 요건은 다음과 같이 구성된다. "텍스트의 추출과 양립 가능한 독해의 발견에 유용하거나 유익한 모든 것을 사용하라, 그리고 이 텍스트와 양립 가능한 독해의 타당성을 결정하기 위해 기록된 사건의 외적 맥락에 관한 정보를 사용하는 것에 주의하라"(Oeverman 1996: 101).

우리가 언급한 실제 맥락에 관한 지식은 오직 하나의 텍스트 시퀀스의 최대한 충분한 가능한 해석 뒤에만 고려될 수 있다. 그렇지 않으면 양립 가능한 독해가 이러한 맥락 지식에 부합되는 것에 제한됨으로써 잠재적 의미 구조에 대한 접근이 불가능해진다. 결과적으로, 이것에 대한 모든 위반은 어떤 새로운 것도 발견되지 않으며, 해석이 순환적이 된다는 것을 의미한다.

14.5. 질적 기준

개관적 해석학에서 잠재적 의미 구조는 타당성에 대한 해석자 측의 직관적 판단의 결과로서 드러나기 때문에, 이러한 절차 내에서, 발전된 표현(representation)의 유형과, 기저하는 실재 사이의 관계에 관한 어떤 진술이 이루어져야 한다. 그것이 드러내기로 의도한 것을 그것이 드러내는가? 인식론적인 순환적 논증에 기반해 그것은 결론에 이르지 못하고, 따라서 의미 없다고 주장된다. 이로부터 외버만 등은 다음과 같이 실용주의적으로(pragmatically) 결론짓는다.

하나의 이론적 측면에서 이러한 직관적 판단력의 완벽성을 보장하는 것을 실용적인 방식으로 도울 수 있는 예방책이 취해질 수 있다면, 우리는 더 이상 이러한 능력을 구성하는 규칙들을 객관적 해석학의 해석의 타당성을 위한 이론적 전제 조건으로서 명시적으로 만들 필요가 없고, 그렇게 함으로써 의미 재구성의 반증 가능성(falsifiability)을 제한할 수 있다. (1979: 388)

이러한 예방책은 일상적 의미 이해를 필연적으로 제한하는 세 가지 요인을 수반한다. 첫째, 시간 요인이 존재하는데, 이것은 해석자 측의 시간압박의 감소를 위한 요건으로 이어진다. 그다음에, 직관적 판단력은 하나의 집단의 해석에 의해 너무 "예민하게(neurotically) 제한"(Oevermann et al. 1979: 393)되거나 상쇄되지 않아야 하는데, 이때 이 집단에서 생산된 독해가 지속적으로 검토되어야 한다. 마지막으로, 해석의 일상적 특성을 피하기 위한 하나 이상의 이론적 접근의 시행 요건이 존재한다.

객관적 해석학을 통해 얻어진 지식의 효과에 관해 말하자면, 특히 사회화 이론에서 외버만 등(1979: 402)은 상호작용의 개별단위나 일련의 그러한 단위들이 그것의 일반적 정의에 명확하게 들어맞는 정도에 의해 사회화 이론의 일반적 개념의 경험적 타당성이 측정될 수 있다고 가정한다. 이러한 해석에서, 이론과 개념들은 자신을 분석의 구체적 사례에 적합한 것으로 증명해야 한다. 외버만 등(1979)은 명확한 적합이 불가능한 개별 사례를 용인하는 것을 거부한다. 그들이 보기에 이러한 형태의 양립 불가능성에 의해 영향을 받은 이론적 개념들의 경험적 타당성은 문제시된다.

이러한 문제 상황에서 하나의 접근 가능한 퇴로로서 그들은 관련된 사례와 함께 다음을 제안한다. (a) 잘못된 개념의 이론적 기반이 수정되어야 하고, 또는 개념 자체가 재정의 되어야 한다. 그리고/또는 (b) 추가적인 타당성 조건이 도입되어야 한다. 이런 식으로 과학적 지향의 엄격한 반증(falsification) 개념을 추구해야 하는 것으로부터 분석자를 자유롭게 하는 하나의 전략이 제안된다.

14.6. 전제 조건과 적용 분야

우리는 이 방법을 적용하는 것에서 지식의 사용과, 분석자 자신에게 영향을 미치는 특정한 전제 조건을 다른 관점에서 이미 언급했다. 그림을 완성하기 위해 우리는 이제 (기록된) 자료에 필요한 질의 문제를 다룰 것이다.

적용 분야에 관련되는 한, 객관적 해석학 자신이 원칙적으로 사회적 상호작용의 모든 기록이 자료원으로서 사용될 수 있다고 주장한다는 점에서 어떠한 제한도 존재하지 않는다. 다시 말해, 텍스트, 청각, 시각 자료 모두에 더해 기록된 자료의 다양한 조합이 사용될 수 있다. 이와 관련해 이 방법의 기본 요건은 특정한 시퀀스(sequence)로 표현되는 자료의 능력과 관련되는데, 이것은 (사진처럼) 비순차적인(non-sequential) 시각자료로는 성사시키기 더 어렵다.

우리는 별도로 관찰을 검토해야 하는데, 외버만 등(1979: 428)이 요구하기에 이것은 "가능한 실재에 충실하고 광범위하게, 다시 말해 양질의 녹음 수준에서 이루어져야 한다." (관찰에서 보통 그러하듯이) 범주와 의미 패턴의 특정한 틀에 의해 의존하는 자료가 잠재적 의미 구조에 대한 접근을 방해한다는 사실을 연구자가 명심한다면, '문자 그대로의(literal)' 관찰 기록을 위한 이러한 요건은 이해할 만하다.

분석될 자료물의 형태와 관련된 이러한 일반적인 개방성에도 불구하고, 객관적 해석학은 세심하게 전사된 녹음을 현저하게 사용한다.

14.7. 다른 방법과 절차와 비교한 유사점과 차이점

객관적 해석학은 주로 그것의 잠재성 가정을 통해 다른 재구성 절차
들과 구분된다. 이것은 가장 적절한 비교 기반을 제공한다.

비록 객관적 해석학이 주관적 의도를 순전히 사회 구조의 삭막한
(soulless) 반영으로 보지 않을지라도, 그것은 개별 의미 패턴을 "구조화
(structuring), 지향화(orientational), 대표화(typification) 과정"(Matthiesen 1994:
81)으로서 촉진시키려고 하는 사회 현상학 지향의 방법들과 자신을
분명하게 구분한다. 이러한 종류의 분석에서, 환경(milieu)과 상황의 형
성에 있어 객관적 사회 구조는, 객관적 해석학이 그것을 다루는 방식
과 강하게 대조되는, 주변적 조건으로서 개념화된다.

> 객관적 해석학은—사회과학을 위해 하버마스에 의해 개발된 전통적인 해
> 석학과 달리—더 이상 오로지 정신을 통해 전달되는 지향과, 심리적 무의
> 식만을 다루지 않는다. 오히려 그것은 사회적 무의식—즉, '잠재적인' 사회
> 적 의미 구조—을 정교화한다고 주장한다. (Bohnsack 1991: 68)

추가적인 비교 차원은 객관적 해석학에 의해 행해지는 외적 맥락과
내적 맥락의 엄격한 구분으로부터 비롯된다. (이것의 기반은 순차적 분
석 절차와 경제성 원칙이다.) '고전적 해석학'은 각 부분의 의미를 발견
하기 위해 그것의 위치와 관계없이 전체 텍스트로부터 정보를 불러오
고, 또한 다양한 정도로 맥락 정보를 사용한다.

(a) 연구되는 자료에 대한 접근과, (b) 자료 자체에 대한 연구의 방향
에 관해 말하자면, 이 방법은 고도로 발전된 가이드라인을 제공한다.
그러므로 잠재적 의미 구조를 발견하기 위해 따라야 하는 단계들이
사용자를 위해 규정된다. 이것은 그 안에서 연구자가 자유롭게 작업할
수 있는—보통 하나의 특수한 관점의—단지 하나의 규정된 분석 틀을
제공하는 소위 그러한 모든 '방법들'과 객관적 해석학을 구분한다. 그

러나 이것은 또한 관련 개념의 조작화, 즉 자료에 대한 접근이 다소 직관에 의해 좌우된다는 것을 의미한다. 비록 그것이 허용하는 해석의 자유가, 선험적으로, 부정적으로 평가될 수 없을지라도, 이것은 결과의 이해도(intelligibility)와 비교 가능성에 부담을 지운다. 이러한 비교 관점에서 민속방법론 지향의 방법들, 또는 그러한 집단적으로 양식화된 '담론 분석'은 주로 객관적 해석학의 반대 극단으로서 보일 수 있다. 미리 정해진 범주들의 도움으로 하나의 텍스트를 분석하는 (SYMLOG 같은) 내용 분석 절차들과 비교할 때, 객관적 해석학은 '사례의 언어'의 분석을 위한 그것의 요건에 의해 두드러진다. 이러한 원칙의 위반은 잠재적 의미의 재구성보다는 해석자의 선입견의 재구성으로 이어질 수 있다.

14.8. 문헌

• Oevermann, Ulrich, Allert, T., Konau, E. & Krambeck, J. (1979). "Die Methodologie einer 'objektiven Hermeneutik' und ihre allgemeine forschungslogische Bedeutung in den Sozialwissenschaften". in Hans-Georg Soeffner (ed.). *Interpretative Verfahren in den Sozial- und Textwissenschaften*. Stuttgart: Metzler. 352~434.

• Oevermann, Ulrich, Allert, T., Konau, E. & Krambeck, J. (1983). "Die Methodologie der objektiven Hermeneutik". in Peter Zedler & Heinz Moser (eds.). *Aspekte qualitativer Sozialforschung. Studien zu Aktionsforschung, empirischer Hermeneutik und reflexiver Sozialtechnologie*. Opladen: Westdeutscher Verlag. 95~123.

• Oevermann, Ulrich (1993). "Die objektiven Hermeneutik als unverzichtbare methodologische Grundlage für die Analyse von Subjektivität. Zugleich eine Kritik der Tiefenhermeneutik". in Thomas Jung & Stefan Müller-Doohn (eds.). *Wirklichkeit' im Deutungsprozeß. Verstehen in den Kultur- und Sozialwissenschaften.* Frankfurt: Suhrkamp. 106~189.

• Oevermann, Ulrich (1983). "Zur Sache. Die Bedeutung von Adornos methodologischem Selbstverständnis für die Begründung einer materialen soziologischen Strukturanalyse". in Ludwig von Friedeburg & Jürgen Habermas (eds.). *Adorno Konferenz* 1983. Frankfurt: Suhrkamp. 234~289.

14.9. 2차 문헌

14.9.1. 핸드북

• Lamnek, Siegfried (1989). *Qualitative Sozialforschung.* Vol. 2: Methoden und Techniken. München: Psychologie-Verlags-Union. 213~232.

• Heckmann, Friedrich (1992). "Interpretationsregeln zur Auswertung qual-itativer Interviews und sozialwissenschaftlich relevanter 'Texte'. Awendungen der Hermeneutik für die empirische Sozialforschung". in Jürgen H. P. Hoffmeyer-Zlotnik (ed.). *Analyse verbaler Daten.* Opladen: Westdeutscher Verlag. 142~167.

• Reichertz, Jo (1995). "Die objektive Hermeneutik – Darstellung und Kritik" in Eckhard König & Peter Zedler (eds.). *Bilanz qualitativer Forschung.* Vol. II: Methoden. Weinheim: Deutscher Studienverlag. 379~423.

14.9.2. 다른 방법설명

• Bohnsack, Ralf (1991). *Rekonstruktive Sozialforschung. Einführung in Methodologie und Praxis qualitativer Forschung.* Opladen: Leske. 66~81.

• Garz, Detlef & Kraimer, Klaus (eds.) (1994). *Die Welt als Text. Theorie,*

Kritik und Praxis der objektive Hermeneutik. Frankfurt: Suhrkamp.

• Heinze, Thomas (1987). *Qualitative Sozialforschung: Erfahrungen, Probleme und Perspektiven*. Opladen: Westdeutscher Verlag. 75~96.

• Schuster, Gudrun (1994). "Die objektive Hermeneutik nach Oevermann". in Arbeitskreis Qualitative Sozialforschung (ed.). *Verführung zum qualitativen Forschen*. Wien: WUV-Universitätsverlag. 101~115.

14.9.3. 사례 적용

• Hildenbrand, Bruno & Jahn, Walter (1988). "'Gemeinsames Erzählen' und Prozesse der Wirklichkeitskonstruktion in familiengeschichtlichen Gesprächen". *Zeitschrift für Soziologie* 17. 203~217.

• Mathes, Rainer (1992). "Hermeneutisch-klassifikatorische Inhaltsanalyse von Leitfadengesprächen. Über das Verhältnis von quantitativen und qualitativen Verfahren der Textanalyse und die Möglichkeit ihrer Kombination". in Jürgen H. P. Hoffmeyer-Zlotnik (ed.). *Analyse verbaler Daten*. Opladen: Westdeutscher Verlag. 404~424.

• Oevermann, Ulrich (1996). "Becketts 'Endspiel' als Prüfstein hermeneutischer Methodologie. Eine Interpretation mit den Verfahren der objektiven Hermeneutik (Oder: Ein objektiv-hermeneutisches Exerzitium)". in Hans-Dieter König (ed.). *Neue Versuche, Becketts Endspiel zu verstehen. Sozialwissenschaftliches Interpretieren nach Adorno*. Frankfurt: Suhrkamp. 93~249.

"만약 우리가 이런 식으로 우리의 텍스트를 선택하려고 한다면, 당신은
전사(transcription)가 그렇게 정확할 필요가 있다고 생각하나요?"

| 제**3**부 |

개관과 비교

제15장 **계량서지학적 조사**[1)]

: 텍스트 분석 방법들의 현저함

우리는 이 책에 제시된 텍스트 분석 방법들이 광범위하게 사용되는지를 어떻게 평가할 수 있을까? 어떤 방법들이 특히 인기 있고, 어떤 방법들이 사회 조사 방법 군에서 단지 눈에 띄지 않는 존재인가? 이러한 질문들에 대답을 제공하기 위해 계량서지학적(bibliometric) 조사를 수행하는 것이 적절하다. 이러한 목적으로, 다음의 절차가 채택되었다.

1. 첫 단계로서, 특정한 방법을 확립시킨 문헌의 보급이 인용 빈도에 기반해 조사되었으며, 이것은 시디롬 SSCI 데이터베이스(Social Science Citation Index, 또한 SSCI 1994; Garfield 1991a, 1991b 참조)의 도움으로 측정되었다.
2. 1 단계의 결과를 점검하기 위해, 2차 계량서지학적 조사가 네 가지 다른 사회과학문헌 데이터베이스를 사용해 수행되었다. 여기에서, 조사는 관련 문헌으로부터의 인용이 아니라, 키워드에 기반했다.
3. 세 번째 단계로서, 방법들 사이의 근접도를 인용 네트워크를 통해 계량서지학적으로 측정하려는 시도가 이루어졌다. 개별 방법들 사이에 어떤 관계가 존재하는가? 과학적 출판물에서, 문제가 되는 방법들에 필수적

---

1) 계량서지학적 조사는 Sybille Krausler의 공동 작업과 함께 수행되었다. 우리는 빈 대학 경제경영대학 도서관의 사회과학정보부(SOWIS)와, 특히 Bettina Schmeikal과 Georg Fessler의 지원에 감사드린다.

제15장 계량서지학적 조사 329

인(basic), 둘 이상의 다른 저작들로부터 얼마나 자주 인용이 이루어지는가?

첫 번째 두 단계는 둘 다 1차원적 지표를 산출한다. 인용과 키워드 조사의 비교에 의해, 그리고 네트워크 분석에 의해 2차원적 지표가 계산된다(van Raan 1994: 501 참조).

15.1. 인용 빈도: 출판물의 현저함

계량서지학적 절차의 첫 번째 단계는 특정한 방법에 본질적이거나 그 것에 필수적인 그러한 저작들(그리고 그것의 저자들)의 수용에 대한 양적 분석으로 구성된다.[2] 이것은 1991년부터 1998년까지 매해에 대해 수행됐다. 게다가 선택은 원자료로부터 이루어졌다. 그다음에 조사전략이 합의되고, 마련되었고, 마지막으로 SSCI가 조사되었다.

그러므로 그것은 인용 빈도를 추출하는 것의 문제이다. 인용의 질—어느 정도로, 어떤 형태로 관련 문헌이 인용되는가—은 SSCI에 기반해 설명될 수 없다. 그러므로 인용은 그것이 간략한 레퍼런스, 비판, 또는 적용인지와 관계없이 계산된다. 그것이 원칙적으로 SSCI를 통해 가능함에도 불구하고, 우리의 분석은 자기 인용에 대한 어떠한 명시적인 확인을 하지 않는다. 또는 그것은 인용 '카르텔'을 폭로하지도 않는다. 인용 레퍼런스는 텍스트 분석 방법이나 그것의 저자들의 명성의 하나의 지표로서 여겨진다. 이러한 분석의 모든 취약성에도 불구하고, 학자들은 미래에 이러한 평가 과정에 점점 굴복해야 할 것이다. 다음의 설명이 이러한 결과가 매우 주의해서 해석되어야 한다는 것을 보여

---

2) 모두 합쳐 12가지 방법이 있지만, 내용 분석에서 두 가지 형태, 비판적 담론 분석에서 두 가지 뚜렷이 다른 방법이 검토된다.

주기를 바란다(또한 Schoepflin 1993; van Raan 1994; Winterhager 1994; Stock 1995 참조). SSCI의 의미는 두 가지 일반적인 방식으로 제한된다.

- SSCI는 영미 출판물이 현저한 우세를 보이는 데이터베이스이다. 독일과 프랑스의 출처들(sources)은 단지 소수로서 나타난다. 예를 들어, SSCI의 전체 독일어 저널은 (전세계 전체 1,500개 중에서, Winterhager 1994: 545 참조) 50개이다. 과학커뮤니티에서 다양한 언어들의 실제적 영향 또는 필수적인 전체 출판물에 관한 정보의 부족 또는 때문에, 어느 정도로 영미 출판물이 과잉대표되는지는 밝혀질 수 없다.
- SSCI는 순수한 저널 데이터베이스이다. 사회과학에서는 자연과학과 달리 단행본과 논문 모음집이 여전히 상당한 역할을 한다. 독일어 SOLIS 데이터베이스(*Sozialwissenschaftliches Literaturinformationsystem*, 아래의 15.2에서 다뤄진다)에서 전체 등재의 단지 42%가 저널로부터 비롯되고, 32%는 모음집의 논문(contributions)이며, 26%는 단행본이다(Winterhager, 1994: 544f. 참조). 그러므로 SSCI 분석에서 관련 등재의 거의 60%가 상실된다. 반면에, 사회과학에서 저널로 출판되고 있는 것이 더 많을 뿐 아니라, 관련 출판물이 점점 그곳에서 발간되고 있다고 생각될 수 있다. 수반되는 동료 비평(peer-review) 절차 때문에, 이러한 형태의 출판에 더 큰 우위가 부여된다.

우리는 모든 텍스트 분석 방법에 대해, 이 방법에 매우 중요하고, 이 방법에 어떤 식으로든 전념한, 인용되어야 하는 저자들에 의해 쓰인 문헌출처가 존재한다고 가정한다. 그렇다면, 하나의 방법이 SSCI에서 발간되는 정도는 얼마나 많은 문헌들에서 특정한 방법의 필수적인 출처들 중의 하나가 인용되는지를 묻는 것에 의해 계산될 수 있다.[3]

---

3) 인용이 이루어지는 모든 출판물의 목록은 부록에 있다.

출처의 선택에 관련되는 한, 양과 관련해 방법들 사이에 차이가 존재한다. 이러한 방법들이 단지 적은 수의 필수적 출판물에서 제시되기 때문에 대부분의 방법들에서 출처의 문제는 명료하다. 이와 관련해 단지 세 가지 방법에서 곤란함이 존재한다.

- 내용 분석의 경우에, 그것의 역사와 오랜 전통 때문에, 초기 문헌의 어떠한 현저한 보급이 존재할 것이라고 기대해서는 안 된다(예를 들어, Lasswell 1946). 게다가, 그것의 많은 다양성 때문에, 대표적 저작을 선택하는 것은 어렵다. 그러나 베렐슨(Berelson 1952)과 홀스티(Holsti 1969)의 단행본의 인용들을 검토하는 것에 의해 엄밀한 선택이 수행되었다. 따라서, 이러한 방법이 우리의 결과에서 과소대표 경향을 갖는다는 것이 사실일 수 있다. 개방적인(open), 비표준화된, 또는 '질적' 내용 분석의 명시적인 출처들이 오직 독일어권 국가들로부터 비롯되기 때문에, 이것은 특히 가능성이 높다.
- 민속방법론에 의해 사용되는 소속 범주화 장치(membership categorization device, MCD) 분석은—그것이 단일저자, 즉 하비 색스(Harvey Sacks)에게서 그 기원을 추적할 수 있음에도 불구하고—그 안에서 그것이 좀처럼 그 출판물의 유일한 주제가 아닌, 모든 범위의 출판물에서 나타난다. 이러한 네 가지 출판물이 조사 전략에 포함되었기 때문에, MCD 분석이 과대평가되는 경향을 갖는다고 생각될 수 있다.
- SYMLOG 분석 틀의 텍스트 분석 적용에 대해서도 거의 동일하게 말할 수 있다. 이와 관련해—적어도 SSCI의 경우에—이 방법의 (주요한) 측면 (그룹이론, 상호작용의 관찰)과 관련한 인용들이 배제될 수 없다.

보다 일반적인 측면에서 SSCI의 구성의 왜곡 효과는 무시될 수 없다. 독일과 프랑스의 출판물은 영미 저널들이 지배적인 SSCI에서 보다 적은 인용 기회를 가진다. 이것은 내러티브 기호학, 질적 내용 분석, 루트 보닥(Ruth Wodak)의 CDA, 기능화용론, 객관적 해석학에 영향을 미친다.

나름 이러한 왜곡의 정도를 측정하기 위해, 계량서지학적 분석의 두 번째 단계에서는 다양한 방법들이 네 가지 내용 지향 데이터베이스에서 언급된 빈도를 추출했다(아래 15.2 참조).

1991년부터 1998년까지 동안 모두 합쳐, 선택된 방법의 문헌에 대한 4,134번의 인용이 발견되었다. (1998년에 대해서는, 단지 1월부터 8월까지의 시기가 포함되었다.) 전체 인용이 비교된다면, 근거이론을 다룬 문헌이 분명한 1위 자리를 차지한다(〈도표 15.1〉 참조). 조사된 세 개의 근거이론 출판물이 2,622번 인용된다. 이것은 다음을 잇는 방법, 즉 298번 인용된 의사소통의 문화기술지 문헌보다 여덟 배 이상 많은 횟수이다. 이러한 방법들 뒤에, 중상위 영역은 페어클러프(Fairclough)의 CDA(291번 인용), 고전적 내용 분석(289번 인용), 대화 분석(196번)과 MCD(182번 인용)로 구성된다. 중하위 영역은 SYMLOG(103번 인용, 모든 적용과 관련됨), 마이링(Mayring)의 질적 내용 분석(65번 인용), 내러티

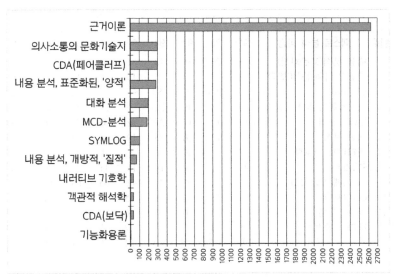

〈도표 15.1〉 방법문헌 인용의 절대빈도(출처: SSCI 1991~1998)

브 기호학(34번 인용), 객관적 해석학(29번 인용)을 포함한다. 이것들 바로 뒤에 보닥의 CDA(21번 인용)가 온다. 단연코, 가장 적은 수의 인용은 기능화용론이다(4번).

1991년과 1998년 사이에, 텍스트 분석 문헌에 대한 레퍼런스의 전반적인 수에서 뚜렷한 증가가 존재한다. 각 해의 빈도가 비교된다면, 가장 현저한 방법들에서 다음의 경향이 나타난다(〈표 15.1〉 참조).

- 근거이론 문헌으로부터의 인용이 1991년부터 1998년까지 확실한 증가를 보여 준다. (1998년은 단지 1월부터 8월까지의 시기를 포함한다.)
- 의사소통의 문화기술지와 고전적 내용 분석으로부터의 인용에서, 어떠한 분명한 경향은 존재하지 않는다. 그것들은 안정적인 방식으로 발전하고 있는 것으로 보인다.
- 페어클러프의 CDA는 인용수에서 현저한 증가를 보여 준다.
- 민속방법론적 대화 분석과 MCD 둘 다에서, 최근 몇 년 동안 레퍼런스의

〈표 15.1〉 방법문헌 인용의 연도별 절대빈도(출처: SSCI 1991~1998에 기반)

번호	텍스트 분석 방법	91	92	93	94	95	96	97	98[4]	전체
1	내용 분석(표준화된)	38	26	38	40	31	35	50	31	289
2	개방적 내용 분석('질적')	2	3	13	5	13	9	15	5	65
3	근거이론	187	196	257	280	377	443	472	410	2,622
4	의사소통의 문화기술지	36	48	46	32	39	32	39	26	298
5	MCD-분석	10	12	10	21	22	32	39	36	182
6	대화 분석	23	23	16	25	19	34	35	21	196
7	내러티브 기호학	7	4	2	4	3	4	6	4	34
8	SYMLOG	22	11	12	19	11	11	11	6	103
9	CDA(페어클러프)	9	4	21	31	42	65	68	51	291
10	CDA(보닥)	3	2	3	1	5	3	3	1	21
11	기능화용론	0	3	0	0	0	0	0	1	4
12	객관적 해석학	4	3	7	5	2	5	2	1	29
	전체	341	335	425	463	564	673	740	593	4,134

---

4) 1998년 1월부터 8월까지.

수에서 뚜렷한 증가가 있었다.

다른 방법들의 경우, 각 해에 대한 인용 빈도는 뚜렷한 경향을 밝히기에 너무나 적다.

글레이저와 스트라우스(Glaser and Strauss)에 의한 저작으로부터의 인용의 지배적인 위치를 그들의 방법의 보급 정도에 직접 결부시키는 것은 부적절한 것으로 보인다. 이것은 SSCI 조사가 인용의 질을 보장할 수 없다는 위에서 정식화한 한계 때문만은 아니다. 리와 필딩(Lee and Fielding 1996: 3.1)은, 첫째로 근거이론에 대한 레퍼런스가 연구자 자신의 저작에 대한 높은 인지도를 보장하며, 둘째로 "꼬리표[근거이론]를 주장한 저작에 대한 상세한 검토 결과가 글레이저와 스트라우스가 생각했던 것으로부터 뚜렷이 벗어날 수 있다고 말한다. 분명히, 안셀름 스트라우스(Anselm Strauss), 바니 글레이저(Barney Glaser), 줄리엣 코빈(Juliet Corbin)의 근거이론 저작들은 소위 '질적 사회연구' 내에서 강력한 유인으로 기능한다."

15.2. 키워드 빈도: 방법들의 현저함

WISO-사회과학 데이터베이스(FORIS, SOLIS)와, Sociofile, Psyndex, MLA 국제서지(International Bibliography)에서 15가지 방법들[5]에 대한 키워드 조사 결과는 〈도표 15.2〉에 제시된다.[6] *Inhaltsanalyse*(내용 분

---

5) 조사된 키워드들의 목록은 부록에 있다. 몇몇 방법들이 하나 이상의 이름을 갖고 있기 때문에, 방법들의 이름은 핵심위치를 차지한다. 결국, 문제가 되는 방법의 핵심 개념들과 독특한 개념들을 언급하는 제목들이 추출되었다(예를 들어, 근거이론의 개방 코딩 (open coding), 기능화용론의 언어학적 절차(linguistic procedures), 대화 분석의 차례 취하기(turn-taking)).

6) 데이터베이스가 상이한 시기의 출판물들 다루지만, 그것들 각각에 대한 주초점은 1980년과 1998년 사이의 시기이다.

석)와 *content analysis*라는 키워드는 (〈도표 15.2〉에 포함되지 않은) 12,000 번 이상의 사례로 단연코 가장 높은 점수를 기록했다는 점이 여기에 서 언급되어야 한다. 이러한 분야의 연구는 **양적, 표준화된** 또는 **질적, 비표준화된**, 그리고 **개방적**(open)이라는 추가적인 타깃에 의해 제한되 어야만 했다.

조사과정 동안 우리는 처음에 특정 영역(기술어, 주제, 제목)에서 키 워드를 찾으려고 시도했지만, 이것은 단지 낮은 성공률을 기록했다. 단지 WISO-데이터베이스만이 방법이라는 특정 영역을 포함한다. 이 러한 영역(field) 내에서 단지 몇 개의 키워드만이 사용되며, 우리의 방 법들 중에서 단지 *Inhaltsanalyse*(내용 분석)만이 포함된다. 그러므로 결 국, 우리는 '자유 텍스트 조사'를 수행했는데, 여기에서 방법 키워드 조사는 특정한 데이터베이스에 포함된 영역들에 제한되지 않았다.

이러한 조사에서 개방적 내용 분석과 표준화된 내용 분석, 그리고 대화 분석이 현저히 우세를 보인다(〈도표 15.2〉 참조). 인용 분석에서 보다 분명히 덜 그러함에도 불구하고, 근거이론이 강하게 나타난다.

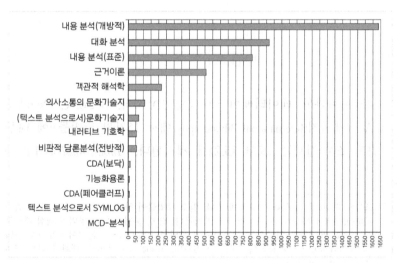

〈도표 15.2〉 WISO-사회과학, Psyndex, Sociofile, MLA 국제서지의
데이터베이스로부터의 조사결과

객관적 해석학이 다섯 번째 위치를 차지하고 거의 220번의 데이터 등재에서 언급되었다는 사실이 또한 놀라웠다. 대체로, 세 개의 방법 군집이 구분될 수 있다(또한 〈표 15.2〉 참조).

- 표준화된 그리고 개방적 형태의 내용 분석과, 대화 분석, 근거이론이 매우 강하게 나타난다.
- 현저함의 관점에서 중간위치는 객관적 해석학, 의사소통의 문화기술지, 다른 형태의 문화기술지 지향의 텍스트 분석, (모든 종류의) 비판적 담론 분석이 차지한다.
- 여기에서 초점을 둔 두 가지 구체적 형태의 CDA에 의해서는 어떠한 영향도 없었다. 기능화용론과 MCD 분석.

각 데이터베이스의 전문 초점에 관해서 말하자면, 언어학적 방법과

〈표 15.2〉 Psyndex, Sociofile, WISO-사회과학, MLA 국제서지로부터의 결과

텍스트 분석 방법	Psyndex	Sociofile	WISO	MLA	전체
내용 분석(전반적)	1,181	3,244	7,778	80	12,283
내용 분석(개방적/비표준화된)	287	278	1,055	1	1,621
대화 분석	83	357	71	402	913
내용 분석(표준화된)	166	176	458	5	805
근거이론	43	335	122	4	504
객관적 해석학	78	24	115	0	217
의사소통의 문화기술지	5	46	17	38	106
(텍스트 분석으로서) 문화기술지	4	42	16	7	69
내러티브 기호학	1	13	4	40	58
비판적 담론 분석(전반적)	0	22	4	29	55
CDA(보닥)	2	0	8	1	11
기능화용론	2	1	5	2	10
CDA(페어클러프)	0	2	0	5	7
MCD-분석	0	3	0	0	3
텍스트 분석으로서 SYMLOG	2	0	1	0	3
전체문헌	1,854	4,543	9,654	614	16,665

비언어학적 방법 사이의 분명한 차이가 존재한다. 예를 들어, 내용 분석이 언어학적인 MLA 국제 서지에서 비교적 저조하게 나타난 반면, 대화 분석의 현저함은 바로 이러한 데이터베이스 때문이다. 다른 언어학적 방법들(의사소통의 문화기술지, 내러티브 기호학, CDA)이 MLA에서 훨씬 더 강하게 나타난다. 선택된 방법들이 MLA에서 비교적 적게 나타난다. 이와 관련해, 가장 풍부한 출처는 WISO-사회과학 데이터베이스이다(cf. 〈표 15.2〉).

키워드 분석의 결과는 (위의) 〈표 15.1〉에서 제시된 인용 분석과 상당한 편차를 보여 주며, 이것은 〈표 15.3〉에 요약되어 있다. 우리의 결과를 신뢰할 수 있다면, 근거이론은 분명히 '과잉 인용'되었다. 발견된 모든 SSCI 데이터 세트의 63% 이상에서 바니 글레이저와 안셀름 스트라우스의 필수 저작이 인용된 반면, 관련 키워드는 단지 모든 텍스트 분석 데이터 세트의 대략 12%에서 발견되었다. 이것은 저자들의 명성, 또는 문제가 되는 저작들이 특히 일반적인 방법론적 맥락에서

〈표 15.3〉 SSCI 인용 분석과 키워드 조사 사이의 편차

텍스트 분석 방법	SSCI-조사비율	WISO/Sociofile/Psyndex /MLA-조사비율	편차
내용 분석(표준화된)	6.99%	18.91%	−11.91%
내용 분석(개방적/비표준화된)	1.57%	38.07%	−36.50%
근거이론	63.43%	11.84%	51.59%
의사소통의 문화기술지	7.21%	2.49%	4.72%
MCD-분석	4.40%	0.07%	4.33%
대화 분석	4.74%	21.44%	−16.70%
내러티브 기호학	0.82%	1.36%	−0.54%
텍스트 분석으로서 SYMLOG	2.49%	0.07%	2.42%
CDA(페어클러프)	7.04%	0.16%	6.87%
CDA(보닥)	0.51%	0.26%	0.25%
기능화용론	0.10%	0.23%	−0.14%
객관적 해석학	0.70%	5.10%	−4.39%

(SSCI 조사의 상대적 빈도와 키워드 조사의 상대적 빈도의 차)

언급되었다는 사실 때문일 가능성이 높다.

대조적으로, 상당한 정도의 '과소 인용'(Ming-Yulh 1995: 334 참조)이 내용 분석과 대화 분석에서 발견된다. 표준화된 내용 분석은 더 이상 선집에 의해 다뤄지지 않는다(Berelson 1952; Holsti 1969). 이것은 개방적 내용 분석에서 훨씬 더 그러한데, 이에 대한 광범위한 레퍼런스는 단지 독일어권 국가들에서 발견되었다—마이링(Mayring 1988). 대화 분석의 경우, 또한 출처들의 양은 현재 우리의 SSCI 조사에 의해 드러난 것보다 훨씬 더 규모가 큰 것으로 보인다.

델 하임스(Dell Hymes)의 의사소통의 문화기술지와, 노먼 페어클러프(Norman Fairclough)의 CDA의 '과잉 인용'은 아마도 저자들의 명성 때문이다. SYMLOG와 MCD의 과잉 인용 또한 쉽게 설명될 수 있다. SYMLOG의 경우에, 키워드 조사는 텍스트 분석에 대한 그것의 적용으로 한정됐고, 이것은 그것의 결과의 비율을 2.5%에서 0.07%로 감소시켰다. MCD 분석에서, 많은 인용은 아마도 색스(Sacks)의 저작들의 다른 측면들과 관련 있다.

15.3. 인용 네트워크: 방법들 사이의 연계

인용 네트워크에 대한 조사의 배후에는 12가지 텍스트 분석 방법들 사이의 연계 문제가 존재하는데, 여기에서 이것은 단일 항목(single item)에서의 다양한 방법–출처들의 인용 빈도를 이용해 조작화된다. 여기에서 또한 계량서지학적 연계가 결코 내용의 유사성이나 개념의 채택을 의미하지 않는다는 사실이 상기되어야 한다. 이와는 반대로, 그것은 두 방법 사이의 어떤 모순이나 차이의 발현일 수 있다. 방법들의 네트워크를 조작화하는 많은 가능한 방법들 중에서, 우리는 다음에 집중한다. 방법 1의 필수 문헌이나 방법 2의 필수 문헌 어디에도 속하지 않는 특정한 독립적인 학술적 출처 A에, 방법 1에 핵심적인 구절과 방법 2에 핵심적인 구절 둘 다의 인용이 존재한다.

12가지 방법과 관련된 문헌이 인용된 전체 4,134개의 데이터 세트 중에서, 하나 이상의 방법에 속하는 문헌을 인용한 것은 단지 210개 항목이다(즉, 약 5%). 따라서, 텍스트 분석 방법들을 논의하고 적용한 단지 매우 적은 수의 항목들이 그것의 '고려대상(evoked set)'에서 하나 이상의 방법을 갖는다. 텍스트 분석 방법들이 선택되고 적용될 때, 방법의 선택은 외관상으로는 매우 드물게 논의된다.

〈도표 15.3〉에 요약된 결과는 방법별 네트워크 분석을 가능하게 한다. 이것은 예상한 대로 두 가지 민속방법론적 방법들, 즉 MCD와 대화 분석 사이에 가장 강한 연계가 존재한다는 것을 보여 준다(49곳). 강한 연관성(≥20곳)은 또한 페어클러프의 CDA와 하임스의 의사소통의 문화기술지(즉, 두 개의 언어학적 방법들) 사이에서, 그리고 내용 분석과 근거이론 사이에서 발견된다.

		내용 분석(개방적)	근거이론	의사소통의 문화기술지	MCD-분석	대화 분석	내러티브 기호학	SYMLOG	CDA(페어클러프)	CDA(보닥)	기능화용론	객관적 해석학
		2	3	4	5	6	7	8	9	10	11	12
내용 분석(표준화된)	1	3	27	1	1		1	1	1			1
내용 분석(개방적)	2		4									2
근거이론	3			8	7	11		3	12		1	8
의사소통의 문화기술지	4				6	7	2	1	25			
MCD-분석	5					49			7			
대화 분석	6								10	1		1
내러티브 기호학	7								1			1
SYMLOG	8								1			1
CDA(페어클러프)	9									4		
CDA(보닥)	10											
기능화용론	11											

〈도표 15.3〉 1991년~1998년의 방법별 전체 네트워크

근거이론은 최고도의 '중심화'를 보여 주는데, 이것은 그것의 절대적 영향을 고려할 때 전혀 놀랍지 않은 일이다. 그것은 매우 많은 다른 방법들, 특히 내용 분석, 객관적 해석학, 대화 분석, 의사소통의 문화기술지와 분명하게 연계된다. 후자는 근거이론의 중심성에 가장 근접한다. 이미 언급된 연계에 더해, 또한 근거이론과, 페어클러프의 CDA와 대화 분석 둘 다 사이의 레퍼런스들의 분명한 유사성이 존재한다. 그러나 이러한 네트워크가 전체적인 인용 빈도와 비교된다면, 복수방법인용의 비율이 근거이론을 인용한 그러한 항목들에서 가장 낮다(약 3%)는 사실이 분명해진다. 이러한 비율은 대화 분석(약 40%)과 MCD 분석(약 39%)에서 가장 높은데, 이것은 특히 상호 레퍼런스 때문이다. 높은 비율의 복수 방법 레퍼런스가 또한 페어클러프의 CDA를 인용한 그러한 논문들에서 발견된다.

하나 이상의 방법 샘플로부터 필수 문헌을 인용한 항목들의 빈도에 기반해 조작화된, 방법들 사이의 근접도는 또한 하나의 네트워크로서 그래프로 나타내질 수 있다(〈도표 15.4〉 참조). 여기에서 또한 우리는 근거이론의 지배적인 위치, 언어학적 방법들(CDA, 대화 분석, 의사소통의 문화기술지) 사이의 관계, 기능화용론의 주변적 위치를 확인할 수 있다.

이러한 결과에서 두드러지는 것은 근거이론과 의사소통의 문화기술지의 중심적 위치뿐만 아니라, 고전적 내용 분석의 상대적으로 약한 네트워크 형성이다. 이것은 오직 근거이론과 강한 연계를 갖는 것으로 보이지만, 후자는 자신을 내용 분석과 상당히 분명하게 구분한다.

두 가지 이상의 방법들로부터 문헌을 인용한 항목들은 분명히 흔하지 않다. 1991년부터 1998년까지의 시기에, SSCI에서 이러한 기준을 충족시키는 것은 단지 9개의 과학논문이다.

- 두 개의 항목은 근거이론, MCD, 대화 분석으로부터 문헌을 인용한다.
- 두 개의 항목은 MCD와 대화 분석, 그리고 또한 페어클러프의 CDA를

참조한다.

- 나머지 다섯 개의 복수 인용 사례는 다음 세 가지(triads)와 관련된다.
  (a) 근거이론—의사소통의 문화기술지—CDA(페어클러프)
  (b) 의사소통의 문화기술지—MCD 분석—대화 분석
  (c) 표준화된 내용 분석—근거이론—SYMLOG
  (d) 근거이론—SYMLOG—객관적 해석학
  (e) 표준화된 내용 분석—근거이론—MCD 분석

보다 포괄적인 비교에 전념한 과학 저작을 찾을 수 없었기 때문에, 지금까지 텍스트 분석 분야에서 방법론적 비교가 일반적으로 상당히 드물었다고 생각될 수 있다.

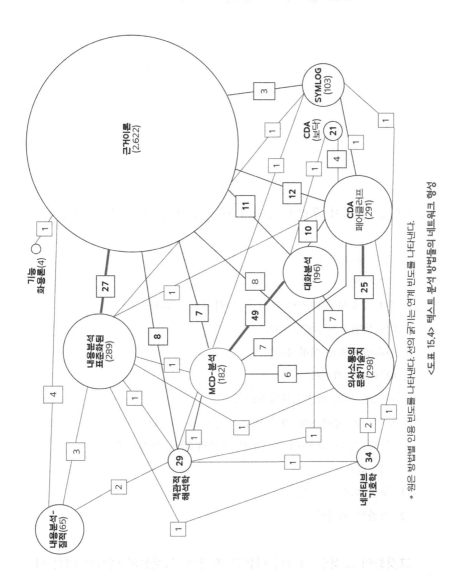

근거이론
(2,622)

기능
화용론(4) 1

SYMLOG
(103)

CDA
(비판)
21

CDA
페어클러프
(291)

내용분석
표준형
(289)

대화분석
(196)

MCD-분석
(182)

의사소통의
문화기술지
(298)

객관적
해석학

내러티브
기호학

내용분석
질적(65)

3

1

1

1

4

1

12

11

10

8

49

25

7

7

8

7

6

27

8

7

1

1

1

1

1

1

1

2

1

1

29

34

4

3

2

1

<도표 15.4> 텍스트 분석 방법들의 네트워크 형성

* 원은 방법의 사용 빈도를 나타낸다. 선의 굵기는 연결의 세기, 즉 공변량의 크기를 나타낸다.

제16장 텍스트 분석 방법들의 비교

2부(5~14장)에서 우리는 12가지 텍스트 분석 방법들을 제시했다.

1. 내용 분석
2. 근거이론
3. 문화기술지적 텍스트 분석과, 말하기의 문화기술지
4. 민속방법론적 MCD 분석
5. 민속방법론적 대화 분석
6. 내러티브 기호학
7. 텍스트 분석 방법으로써 SYMLOG
8. 노먼 페어클러프에 의한 비판적 담론 분석(CDA)
9. 비판적 담론 분석(CDA): 루트 보닥의 담론 역사적 방법
10. 기능화용론
11. 구별 텍스트 분석
12. 객관적 해석학

　그것들이 그것들 각각의 이론적 배경과, 그것들의 맥락에 대한 이해에 있어 매우 다양하기 때문에, 언어학적 방법들(특히, 5, 8, 9, 10)이 선택되었다. 게다가, 오직 영미권으로부터 유래한 방법이 아닌, 다른

방법들을 제시하는 것이 바람직하다고 생각되었다. 다른 여덟 가지 방법들은 그것들의 명성, 이론적 배경, 발전에 관한 하나의 단면도를 제공한다.

제시된 방법들 중 두 가지는 특별한 위치를 차지한다. 내용 분석과 근거이론은 둘 다 구체적 텍스트 분석 방법들 보다는 (라이벌) 연구 프로그램들과 보다 관련 있다. 고전적 내용 분석이 연역적-양적 연구 전통의 규칙을 가정하는 반면(예를 들어, Berelson 1952), 바니 글레이저(Barney Glaser)와 안셀름 스트라우스(Anselm Strauss)의 근거이론은 바로 이러한 전통에 대한 비판적 논의 과정 동안 발전되었다—즉, "경험 연구의 대상과 접촉이 이루어지기 전에 이론의 연역적 형성"에 대한 비판(Kelle 1994: 283). 내용 분석이 텍스트 분석 전에 이론적 개념의 조작화를 필요로 하는 반면, 근거이론은 경험적 분석 과정 동안 그것의 이론적 개념을 발전시킨다.

12가지 방법들을 비교하고 구분하기 위한 기준을 확인하는 것은 상당히 어려웠다. 선택된 모든 방법들에 적용 가능한 것으로 보이는 기준은 거의 찾을 수 없었다. 다음에서, 방법들에 대한 보다 정확한 비교를 촉진시킬 수 있는 여섯 가지 요점들이 논의될 것이다.

16.1. 언어학적 방법과 비언어학적 방법의 구분에 관해

언어학적 방법들이 일관성(coherence)과 응집성(cohesion)에 더해 이러한 두 가지 '텍스트 기준' 사이의 관계를 분석하는 반면(2장 2.3 참조), 비언어학적 방법들은 보통 단지 일관성을 분석한다. 이와 관련해 응집성은 텍스트의 표층 요소, 즉 그것의 텍스트-통사론적 연결성을 의미한다. 일관성(텍스트의 의미, Textual Semantics)은 텍스트의 의미를 구성한다. 이러한 두 가지 차원 사이의 관계에 대한 체계적인 분석은 언어학적 방법들에 제한되는 반면, 비언어학적 방법들은 일관성을 대단히 강조한다. 단지 드물게 (예를 들어, DTA의 규칙에서, 13장 참조) 그것은 또한 응집성의 측면을 다룬다.

이러한 측면에서, 우리가 제시한 방법들 중에서 다음이 명백히 언어학적인 것으로 특징지어질 수 있다—여기에서 논의된 CDA의 버전들(페어클러프, 보닥)과 기능화용론. 더욱이 이러한 방법들 세 가지 모두는 텍스트 외적 요인들에 부여된 커다란 중요성에 기반해, 담론 분석 형태로서 분류될 수 있다(2장 2.2의 텍스트 분석과 담론 분석 사이의 구분 참조).

MCD 분석, 민속방법론적 대화 분석, 의사소통의 문화기술지, 내러티브 기호학은 분류하기 매우 어렵다. 그것들에서 응집요소가 중요한 역할을 함에도 불구하고, 그것들은 응집성-일관성 관계에 대한 체계적인 분석을 의무적인 것으로 여기지 않는다.

이러한 기준에 의하면, 비언어학적 방법들은 객관적 해석학, DTA, SYMLOG와, 내용 분석과 근거이론의 익숙한 적용의 상당 부분이다.

16.2. 작업 양식의 규칙지배적인 성격에 관해

사회연구 방법은 절차, 도구, 규칙을 포함할 수 있다(1장 참조). 12가지 테스트 분석 방법들은 이러한 요소들의 발전 정도와 관련해 서로 구분되며, 따라서, 사용자에게 상이한 자유도를 제공한다. 그러므로 수용자들에게 반복 가능성(replicability)은 그에 상응하여 더 쉽거나 더 어려워진다.

내용 분석의 경우에, 문헌은 수많은 절차를 포함한다. 도구(예를 들어, 범주 도식)가 명시적으로 미리 정해지진 않지만, 각 프로젝트에 대해 개발되어야 한다. 내용 분석이 (예를 들어, 표집, 코더 내(intra-coder) 신뢰도와 코더 간(inter-coder) 신뢰도의 증진, 추론의 보장을 위한) 일반적 규칙을 정식화하지만, 그것의 주요 관심 영역, 즉 범주들에 분석단위를 할당하기 위한 구체적 규칙이 각 적용에 대해 다시 새로 개발되어야 한다. 근거이론의 경우, 메모 기록을 위한(즉, 개방 코딩과 축 코딩을 위한) 몇 가지 다양한 코딩 절차와 일련의 규칙들이 존재한다. 도구에 관해 말하자면, 몇 가지 컴퓨터 프로그램이 최근에 개발되고 있다(예를 들어, NUDIST, Atlas/ti).

의사소통의 문화기술지의 경우, 절차나 도구가 존재하지 않고, 극히 소수의 규칙이 존재한다. MCD 분석과 민속방법론적 대화 분석은 몇 가지 규칙들을 정식화하지만, 어떠한 절차와 도구도 제공하지 않는다. 내러티브 기호학은 내러티브 구조(**행위항**(actants), 동위소(isotopes))와, 심층 구조(기호 사각형)의 분석을 위한 규칙들을 정식화하고, 이러한 목적에 이용 가능한 대강의 도구(범주 도식)를 만든다. 그룹분석과 관련된 적용의 경우, SYMLOG는 일련의 절차와 도구를 제공한다. 텍스트 분석에의 적용의 경우, 도구가 또한 만들어지고(범주 도식, SYMLOG 지도(atlas)), 규칙이 정식화된다. CDA의 경우, 페어클러프가 어떠한 종류의 절차, 규칙, 또는 도구도 제공하지 않는 반면, 보닥의 버전에서는 몇 가지 도구와 소수의 규칙이 존재한다. 기능화용론은 텍스트 분석을 위한 두 가지 도구를 제공한다(패턴, 절차).

객관적 해석학은 고도로 개발된 절차(세부 분석, 순차적 분석)와, 규칙안을 사용한다. DTA는 명시적 차이와 암묵적 차이의 발견을 위한 일련의 발견 규칙을 정식화한다.

16.3. 방법들의 적용 분야에 관해

텍스트 분석 방법들은 다양한 잠재적 적용 분야를 보여 준다. 어떤 방법들은 모든 종류의 텍스트에 적용될 수 있는 반면, 다른 방법들은 특정한 제한이 예상된다.

연구 프로그램으로서 내용 분석과 근거이론은 그것의 적용 분야에서 거의 어떠한 제한도 예상되지 않는다. CDA의 두 가지 버전, 객관적 해석학, 의사소통의 문화기술지도 마찬가지로 어떠한 제한도 예상되지 않는다. 내러티브 기호학의 상황은 다른데—이름이 시사하듯이—그것의 적용 가능성은 본질적으로 내러티브적 성격의 텍스트 형태들에 제한된다. 민속방법론적 방법, 즉 MCD와 대화 분석은 특히 구술자료의 분석에 적합하고, 후자는 또한 차례 취하기(turn-taking)를 전제한다. 기능화용론은 또한 구두 의사소통(oral communication)을 선호하며, 그것의 적용은 실로 대화 텍스트에 제한된다(비록 수신인(addressees)이 단지 암묵적으로 나타날지라도).

이러한 간략한 개관에서, 우리는 언어학적 텍스트와 비언어학적 텍스트 사이의 차이와, 텍스트와 맥락의 각각의 정의에서의 커다란 차이를 무시했다. 게다가, MCD 분석, 내러티브 기호학, DTA, CDA의 유형들, 기능화용론이 주로 언어학적 텍스트에 적합하다는 사실이 가정될 수 있다. 언어학적 텍스트 외에, 대화 분석은 또한 대화의 비디오 녹화 같은 영상자료를 처리할 수 있다. 유사하게, 내용 분석, 근거이론, 의사소통의 문화기술지의 경우, 비언어학적 텍스트 또는 기호체계에의 적용이 타당한 동시에 가능하다.

16.4. 다양한 방법들의 질문 형태에 관해
: 확증적 초점과 탐색적 초점

다양한 텍스트 분석 방법들에 의해 사용된 질문의 형태와 관련해, 우리는 방법들의 세 가지 범주를 구분할 수 있다.

(a) 내용 분석과 근거이론은 어떠한 명시적인 질문들을 미리 정하지 않는다. 그러나 이러한 연구 프로그램이 수행된다면, 구체적 질문이 만들어질 것이라는 것은 필수불가결하다. 내용 분석의 경우, 그것은 범주 도

식의 개발을 위한 전제 조건이다. 근거이론은 연구 중인 자료에 기반해 점점 상세해지고 구체화되는, 일반적이고 추상적인 연구 질문에 근거해 진행한다.

(b) 의사소통의 문화기술지(speaking 격자)와 SYMLOG 같은 몇 가지 방법들은 명확한 내용관련 질문들을 미리 정식화한다. CDA가 텍스트의 응집성(cohesion) 때문에, 내러티브 기호학이 텍스트의 내러티브 구조 때문에 그러한 것처럼, 다른 방법들은 적어도 부분적 요소 때문에 이것을 필요로 한다. 내러티브 기호학(심층 구조)과 CDA의 경우, 잠재현상에 대한 탐색은 중요한 역할을 한다(아래의, (c) 유형에서처럼). 그러나 이러한 탐색이 구체적 연구 질문에 기반하기 때문에, 이러한 방법들을 (b) 유형의 사례로서 다루는 것이 더 적절하다.

(c) 세 번째 방법 그룹은 일반적, 추상적 연구 질문을 정식화한다. DTA와 객관적 해석학은 무엇보다 잠재현상을 포착하고, 텍스트의 잠재적 의미나 인식 틀에 관해 물으려고 하는 방법들의 사례이다. 마찬가지로, MCD 분석, 대화 분석, 기능화용론의 경우, 주초점은 잠재적 의미나 잠재적 구조에 있다.

내용에 관한 구체적 질문들은 연구 주제에 관한 특정한 가정들을 함축하고, 그것들은 이것을 체계화하며(예를 들어, 범주의 형태로), 그것들은 가설들을 필요로 하고 촉진시킨다. 연구될 변수들은 이미 질문에 포함되어 있거나, 그것으로부터 도출될 수 있다. 그다음에 분석 결과는 (그들이 정량화에 관심 있다면) 연구자들이 이러한 변수들의 분포에 관한 진술을 하도록 만든다. 이러한 전략은 확증적(confirmatory) 연구 목표를 구성한다. 연구 주제에 관한 가정과 가설들은 기각되거나 잠정적으로 확증될 수 있다.

텍스트에서 재생산되는 기저 구조, 잠재적 내용, 또는 인지 도식에 관한 보다 일반적이거나 추상적인 질문들은 보통 텍스트의 확대로 이어진다. 결론과 결과의 기반을 구성하는 것은 오직 이러한 확대된 자료이다.

내용에 관한 명확한 질문과, 확증적 초점을 가진 모든 방법들은 규칙들과, 또한 연구될 변수들을 조작화하는 도구들을 어느 정도 사용한다. 이러한 보조물은 어느 정도는 미리 준비되지만, 어느 정도는 분석의 포괄성(comprehensibility)을 보장하기 위해 특정한 적용에 대해 개발되어야 한다. 모든 언어학적 방법들에서 역할을 하는, 텍스트의 응집성에 대한 분석은 적어도 부분적으로 확증적 초점을 보여 준다. 통사론(syntax)과 문법은 범주 도식을 제공하며, 연구될 변수들을 명시한다. 보다 탐색적(exploratory) 초점을 가진 방법들은 보통 발견적 규칙이나 절차를 사용한다. 그러므로 DTA는 일련의 발견 규칙들을 정식화한다. 객관적 해석학은 어떤 직접적인 발견 규칙들을 정식화하지 않지만, 연구팀 내의 가설 생성 과정이 어떻게 재현되어야 하는지에 관한 제안을 한다.

16.5. 칼 윅의 '연구 시계'(1979)

조직 이론가인 칼 윅(Karl Weick 1979: 36ff.)은 전통적 인식론적 범주들과 어느 정도 거리를 둔 채 방법들의 비교에 관한 비관습적인 관점을 제공하기 위해 여기에서 사용될 '연구 시계(research clock)' 모델을 개괄한다(〈도표 16.1〉 참조). 윅은 적절한 복잡성에 대한 손게이트(Thorngate 1976)의 가정에 의해 안내되는데, 이에 따르면 사회적 행동에 관한 하나의 이론은 동시에 일반적이고, 정확하고, 단순할 수 없다. (두 개의 바늘을 가진) 시계 그림은 세 가지 가능한 기준 중 단지 두 가지가 동시에 충족될 수 있다는 것을 보여 주도록 의도된다.

• 방법의 단순성(simplicity)은 주로 그것의 적용의 전제 조건에 의해 명시된다. 하나의 방법은 그것의 이론적 토대와, 그것이 사용하는 절차, 도구,

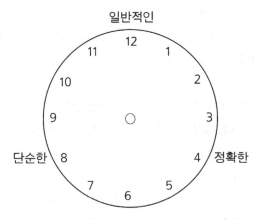

<도표 16.1> 연구 시계(출처: Weick 1979: 36ff.)

규칙들이 덜 복잡해질수록 더 단순해진다.

- 방법의 **정확성**(accuracy)은 세 가지 측면의 조합으로부터 비롯되며, (a) 더 많은 텍스트의 차원이 분석될수록(응집성/일관성, 잠재적/명시적 텍스트 구조), (b) 분석단위가 더 작을수록, (c) 더 많은 변수들이 존재하고, 그것의 조작화가 더 정확할수록 더 커진다.

- 방법의 **일반성**(generality)은 여기에서 특히 이론적 내용과, 그것을 사용해 얻을 수 있는 결론의 광범위함(breadth)을 의미한다. 특정한 형태의 텍스트나 에피소드들(예를 들어, 차례 취하기(turn-taking))에 대한 적용의 광범위함은 이러한 기준을 충족시키는 데 있어 우리에게 덜 중요한 것으로 보인다. 물론, 양 측면은 그것의 경험적 일반화가능성의 관점에서 고려되어야 하며(cf. 3장), 모든 구체적 적용에서 이것은 분석에 포함된 텍스트들의 선택과 양에 의해 좌우된다.

개별 방법들을 연구 시계 상에 위치시키기 위해, 우리는 무엇보다 1차와 2차 출처들에서 방법들의 자기제시를 참조했다(2부의 **방법들의 개관** 참조).

내용 분석과 근거이론 둘 다 연구 프로그램들이기 때문에, 일반성, 정확성, 단순성과 관련한 그들의 위치는 특정한 적용에 따라 좌우될 것이다. 그러나 다음의 경향이 언급될 수 있다.

- 문헌에서 논의된 대부분의 적용에서, 내용 분석은 비교적 단순한 것으로 분류될 수 있다. 그것의 정확성은 분석단위의 선택과, 범주 도식의 명확성에 의해 좌우된다. 그것의 잠재적 사용분야에 관련되는 한, 내용 분석에 '일반적'이라는 꼬리표가 주어질 수 있지만, 대부분의 경우에 상당히 명확하고 제한적인 연구 질문이 수행되기 때문에, 특정한 절차나 그것의 결과의 광범위함에 대해 이것은 좀처럼 적용될 수 없다. 반면에, 연구자가 귀납적 통계학의 규칙과 절차를 따른다면, 기저하는 전체에 관한 일반화가 내용 분석의 결과를 사용해 이루어질 수 있다. 그러나 대부분의 내용 분석 프로젝트는 잘해야 단순하고 정확한 것으로 평가될 수 있다.
- 그것이 보통 이론적 전제 조건을 생략하고, 그것의 규칙이 단순하고 분명하게 만들어지기 때문에, 근거이론에 기반한 텍스트 분석 방법은 단순한 경향을 갖는다. 근거이론은 그것의 가능한 적용과 관련해 일반적이며, 이론적 표집에 의해 어느 정도의 경험적 일반화가능성을 보장한다 (Strauss 1987: 10ff.). 그러나 그것이 '일반적인' 이론들에 반대 입장을 제공할 명확한 목적으로 확립되었기 때문에, 그것의 결과와 결론의 광범위함은 제한되지만, 여전히 정확하다. 제한된 연구 주제에 대해 다양한 분석단위(단어조각부터 전체 텍스트까지)에 의존하는 것에 의해 가능한 많은 다양한 변수들이 분석되어야 한다. 그러므로 일반적으로 GT 방법은 단순하고 정확한 것으로 평가될 수 있다.

그러므로 '연구 시계'의 기준을 사용할 때, 내용 분석과 근거이론—매우 다르고, 일반적으로 정반대로 보이는 연구 프로그램—이 서로 매우 크게 다르지 않다는 사실이 분명해진다. 이것은 우리의 평가 때문이거나, 아니면 사용된 기준이 부적합하기 때문일 것이다. 반면에, 그것은 어떻게 진행할지와, 어떤 종류의 결과를 얻어야 할지에 관해 그것의 특징이 어떠한 안내도 제공하지 않을 정도로 내용 분석과 근거 이론이 '텅빈 개념'이라는 것을 의미할 수 있다.

- 의사소통의 문화기술지는 일견 일반적인 것으로 보인다. 그것은 매우 상이한 형태의 텍스트에 적용가능하고, 사회적 독립체들(social entities)의 문화적 패턴에 관한 광범위한 진술을 하는 것을 목표로 한다. 그러나 이러한 일반적 적용 가능성은 정확성을 대가로 한 것이다. speaking 격자는 단지 초보적인 분석 도식이며, 발화 사건은 매우 조야한 분석단위이다. 이 방법의 단순성은 매우 과중한 이론적 개념들(의사소통 사건, 의사소통 능력 등)의 영향에 의해 시달린다.

- 그러나 민속방법론적 MCD와 대화 분석은 둘 다 단순하고 정확한 방법들이다. 제한적인 이론적 범위, 제한적인 적용 분야, 제한적인 경험적 일반화 가능성(이것은 또한 항상 특정한 의사소통 상황을 분석하는, '구성원(member)' 지향 미시 분석에 대한 요구에 대응한다)—이것들 모두는 이러한 방법들을 일반성의 반대극단에 위치시킬 필요성으로 이어진다. 주로 그것의 미시 분석단위와, 다양한 변수들을 포함하는 그것의 차별적인 체계화 양식 때문에, 이러한 방법들은 정확하다.

- 내러티브 기호학은 특히 그것의 상세한 분석 틀 때문에 정확한 것으로 특징지어질 수 있다. 도구 배후에 존재하는 기호 이론들이 극도로 복잡하다는 점에서, 이것을 얻기 위한 가장 큰 희생은 방법의 단순성이다. 적용 분야는 제한적이며, 결과(서사(narration)의 심층 구조)의 일반화 가능성은 분석된 텍스트에 의해 크게 좌우된다. 배태된 사회학적 또는 사회심리학적인 이론적 차원의 결여는 결과로부터 보다 일반적인 결론이 거의 도출될 수 없다는 것을 의미한다.

- 하나의 특수한 내용 분석 절차로서 SYMLOG는 특히 단순성과 정확성에 의해 특징지어질 수 있다. 그것의 이론적 기반은 다루기 쉽고, 그것의 규칙과 도구는 단순하며, 변수들의 정확한 조작화에 매우 적합하다.

- 비판적 담론 분석(CDA)의 유형들은—연구 질문의 특정한 조작화에 따라 —특징상 정확하고 일반적이다. 몇 가지 텍스트 차원들이 분석되고, 분석단위는 개별 단어들에서부터 완전한 논증에 이르기까지 다양하며, 방법은 일반적으로 적용가능하다. CDA의 이론적 가이드라인이 받아들여진다면, 결과는 또한 결론이 사회 구조에 관해 도출되도록 하는 것을 허용한다.
- **기능화용론**은 또한 자신을 정확하고 일반적인 방법으로 간주한다. 적용 분야(대화 텍스트)의 제한 때문에 그것의 일반성에서 일부 양보가 이루어져야 한다.
- 객관적 해석학은 또한 정확성과 일반성 사이에 위치될 수 있지만, 이 방법은 확실히 단순한 것으로 특징지어질 수 없다. 상세한 규칙안, 특히 철저한 형태의 분석을 보장하는 절차, 분석단위(가장 작은 의미 단위)의 선택은 고도의 정확성을 야기한다. 무제한적인 적용 분야와, (사회화 이론에 근거한) 결과의 일반화가능성 가정은 고도의 일반성을 증명한다.
- 그것이 또한 정확하고 일반적인 것으로 기술될 수 있지만, 확실히 단순한 것으로 기술될 수 없다는 것이, DTA에 대해서도 동일하게 적용될 수 있다. 이러한 평가는 이 방법의 커뮤니케이션 이론적 배경뿐 아니라, 분석단위(구)와, 다양한 텍스트의 차원(명시적/잠재적)에 대한 고려에 기반한다.

위의 연구 시계 상의 텍스트 분석 방법들의 위치는 〈도표 16.2〉에 요약되어 있는데, 여기에서 선택된 텍스트 분석 방법들 중 어느 것도 '일반적인'과 '단순한'이라는 극 사이에 위치하지 않는다는 것을 볼 수 있다. 이것은, 한편으로, 이러한 위치를 가진 방법들이 '비과학적'이라고 비판받는다는 사실에 의해 설명될 수 있다. 다른 한편으로, 그것은 또한 단순성과 일반성에 대해 여기에서 제시된 해석과 관련되는데, 이것은 둘 다 특정한 방법의 이론적 토대와 강하게 관련된다. 그것이 경험적 방법의 형성을 뒷받침하려면, 광범위한 범위를 가진 이론

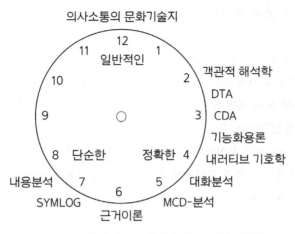

<도표 16.2> 웍의 연구 시계 상의 텍스트 분석 방법들

들은 미시 현상(텍스트)과 거시 현상 사이의 관계를 보여 주기 위해 최소한의 변별적 개념들을 포함해야 한다.

16.6. 설명과 귀인

과학적 연구는 또한 이론과 방법들에 의해 프로그램적으로 결정되는 사회적으로 독특한 체계로서 간주될 수 있는데, 이것은 설명을 찾는 것과 관련된다. 과학자는 항상 그들의 행동이, 지각된 사건을 특정한 원인의 결과로서 설명하는 것을 지향하는 관찰자이다(예를 들어, Luhmann 1990a 참조). 그리고, 설명적 행동의 패턴은 **귀인 이론**(attribution theory)으로 알려진 특수한 사회심리학적 이론의 주제이다(Heider 1958; Kelley 1967; Herkner 1980; Weiner 1986 참조). 따라서, 그것들이 이론과 관련되는 한, 텍스트 분석 방법들은 또한 설명을 제공해야 한다. 대부분의 경우, 그것들은 텍스트에 나타나는 언어 행동을 심리적 그리고/또는 사회적 요인들에 의해 설명하려고 한다. 모든 방법은 잘 알려진 귀인 도식 상에 위치될 수 있는 특정한 설명 패턴을 선호한다.

- **통제의 장소**(locus of control)나 체계의 **참조**(system reference)에 따라, 내적 설명과 외적 설명 사이에 구분이 이루어질 수 있다. 그러므로 사회 구조를 통해 개별행동을 설명하는 하나의 이론은 외적 귀인을 갖는다.
- **원인의 안정성**(stability of causes)에 따라, 불변적(constant) 설명과 가변적(variable) 설명 사이에 구분이 이루어 질 수 있다. 그러므로 **의도와 상황**은 가변적, 내외적 요인들과 관련되는 반면, **구조와 경향**은 불변적 요인들과 관련된다.

연구자가 이러한 도식을 사용한다면, 텍스트 분석 방법들은 〈도표 16.3〉에 나타난 대로 위치될 수 있다. 내용 분석과 근거이론은 연구 프로그램으로서 그것들의 특징 때문에 위치될 수 없다. 그것들은 단순한 (설명적) 이론들에 의존하지 않고, 오히려 가설 형성의 목적을 위해 특정한 연구 질문에 따라 이것들을 언급하거나(내용 분석), 아니면 그것들은 단지 분석 작업 과정 동안 이론을 개발한다(근거이론). 단지 명확한 적용만이 귀인 도식 상에 배열될 수 있다.[1]

SYMLOG, MCD 분석, 내러티브 기호학은 주로 내적/안정적 토대를 갖는 방법들이다. SYMLOG는 집단의 구조를 참고해 집단행동을 설명한다. MCD 분석은 특정한 집단의 구성원들에 의해 생산되고 재생산된 경향 이상으로 구성원들의 관찰과 범주화 장치에 대한 설명을 추구하지 않는다. 내러티브 기호학은 내러티브 구조와, 이야기의 기저구조에 대한 모든 형태의 사회적 설명을 피하며, 따라서 서술자(narrators)가 이것들에 책임이 있는 것으로 간주된다는 점이 가정되어

---

1) 평가 주장 분석(evaluative assertion analysis, EAA)의 내용 분석 절차와, SYMLOG에서 지배적인 내적/안정적 귀인 경향이 확인될 수 있다. Strauss(예를 들어, 1987: 209)에 주어진 적용 사례들은 내적 설명과 외적 설명, 안정적 설명과 비안정적 설명의 혼합을 보여 준다.

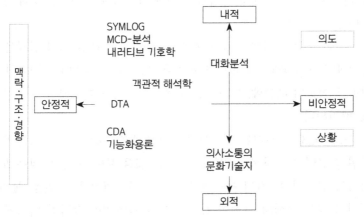

<도표 16.3> 텍스트 분석 방법들의 귀인경향

야 한다.

내적/안정적 설명과, 외적/비안정적 설명 사이의 교차지점에서, 우리는 민속방법론적 대화 분석을 발견한다. 이론적 일관성과 함께, (민속방법론이 '객관적인' 사회 구조에 의존하는 것을 피하기 때문에) 그것은 또한 지각된 상호작용 구조와 과정에 대한 어떠한 외적 근거를 제공하지 않는다. 그러나 대화 분석의 경우, 특정한 상황, 즉 개별 상호작용의 상호영향으로부터 발생하는 가변적인 사회적 환경이 핵심적 역할을 한다.

객관적 해석학과 DTA는 외적 귀인경향과 내적 귀인경향 사이의 교차지점(그러나 안정적인)에 위치한다. 이러한 방법들은 공통적으로 이론들을 재귀적으로 참조하고, (비록 다른 관점에서 그러하더라도) 심리적 요인과 사회적 요인 사이의 상호작용을 통해 특정한 텍스트를 설명하려고 한다. 이 때, 객관적 해석학은 **동기**라는 개념의 형태로 내적-가변적 요소를 포함한다.

반면에, CDA와 기능화용론은 주로 외적/안정적 설명패턴을 제공한다. 설명될 상황, 즉 발화 행동이나 담론의 발현으로서 텍스트는 보통 거시구조로서 이해되는 사회 구조와 사회역사적 맥락을 통해 설명 된다.

그것이 문화적 패턴을 통해 개별 (발화)행동에 대한 외적 설명을 제공함에도 불구하고, 그것이 또한 상황 요인에 명시적이고 중요한 역할을 부여하기 때문에, 의사소통의 문화기술지는 여기에서 중간 위치에 배치된다.

〈도표 16.3〉에 제시된 텍스트 분석 방법들의 대체적인 분포는 또한 가변적 설명이 부차적인 역할을 한다는 것을 보여 준다. 이것은 모든 과학적 연구의 한 가지 특수한 특징, 즉 (비록 제한적일지언정) 불변적 원인에 대한 탐색의 발현이다. 그것이 화자의 비안정적인 의도에 있든, 아니면 환경이라는 가변적인 상황조건에 있든, 가변적 원인은 만족스러운 과학적 설명을 제공하지 않는다. 모든 방법들은, 다소 정도의 차이는 있을지라도, 상황 요인을 포착하려고 한다. 이러한 동요에도 불구하고, 대체로 이것은 주로 공통 특징을 확립하고, 그것들을 불변적 원인과 연관시키기 위함이다. 단지 대화 분석과 문화기술지만이 높은 정도의 가변성을 명시적으로 고려한다.

그러나 안정적인 토대를 추구하는 과제를 자신에게 부여한 그러한 방법들에서조차, 이러한 계획이 항상 일관적으로 고수되는 것은 아니다. 특히, 이론적 아이디어가 화행이론으로부터 차용된 곳에서, 내적/가변적 요소가 의도라는 범주를 통해 허용된다. 예를 들어, 이것은 보닥에 의해 개발된 CDA의 버전에서 볼 수 있다. 그녀의 텍스트 설계이론에서, 의도는—언어 외적 요인들과 함께—중요한 역할을 한다 (Wodak et al. 1990: 47).

"아마도 우리는 그것이 상호수프성(INTERSOUPJECTIVITY)이라고
불리지 않는다는 것을 그들에게 말해야 한다"

옮긴이 후기

스테판 티처(Stefan Titscher), 미샤엘 마이어(Michael Meyer), 루트 보닥
(Ruth Wodak), 에바 베터(Eva Vetter)의 『텍스트와 담론 분석 방법
(Methods of Text and Discourse Analysis)』은 저자들이 서론에서 밝히고
있는 바와 같이 언어학, 사회학 등의 학제적 공동 작업의 결과로서,
학제 간 작업의 영역의 혼란스러움과, 믿을만한 이정표가 없는 상황
에서, 헤쳐 나갈 길을 찾는 이들에게 도움을 주려는 의도에서 집필되
었다. 이 책은 언어학 및 사회과학 학생들을 대상으로 하고 있으며,
이론적 기반에 근거해 다양한 텍스트 분석 방법들의 개관을 제공하는
것에 최선의 노력을 다하고 있다.

　이 책에 제시된 12가지 텍스트 분석 방법들 중에서 저자들은 특히
내용 분석, 근거이론, 대화 분석, 비판적 담론 분석에 주목하고 있다.
내용 분석은 '가장 오랜 전통의 텍스트 분석 방법으로, 어떤 식으로든
범주들을 통해 텍스트에 접근하는 그러한 모든 텍스트 분석 방법을
내용 분석의 형태로서 기술할 수 있다.' 근거이론은 '소위 질적 접근들
중에서 가장 현저하게 사용되는 분석 방법으로, 자료에 기반한 가정
들을 개념화하려고 하며, 가설의 탐구와 생성에 초점이 있고, 가설의
검증은 덜 주목 받는' 그러한 방법이다. 대화 분석은 '사회질서 자체를
연구하는 대신에, 한 사회의 구성원들이 그들 자신의 사회질서를 형
성하기 위해 사용하는 그러한 일상의 절차를 확인하려고 하는 민속방
법론'을 지향하는 방법이다. 따라서 대화 분석의 목표는 '참여자들이
행하는 것을 재생산할 수 있는 장치를 발견하는 것'이다. 비판적 담론

분석(CDA)은 '자신을 해방적 요구를 가진 정치 참여적 연구로서 본다. 담론적 실천에서 구조와 이데올로기는 대개 분석되거나 질문되지 않은 채 표현되는데, CDA는 면밀하고 상세한 분석에 의해 이러한 측면들을 밝히려고 한다.' 비판적 담론 분석의 질적 기준들 중 하나는 그것의 실천적 관련성이다. 비판적 담론 분석은 '그것의 결과가 참여자들의 행동의 다소 분명한 변화로 이어지는 것을 기대한다.'

이 책은 각각의 방법들에 대한 상세한 설명을 제시한다. 각각에는 이러한 방법들의 이론적 기원, 기본적인 이론적 가정, 방법의 목표, 방법의 개관, 즉 구체적인 이론적 배경, 분석 틀, 절차 등이 제시되고, 비판적 논의, 질적 기준, 적용 분야와 전제 조건, 다른 방법들과의 비교, 주석이 달린 참고문헌 등이 제시된다. 그러나 모든 일이 그러하듯이 이러한 설명이 그 자체로 완전한 것은 아니다. 각 방법과 관련된 문헌이나 적용 사례들을 참고하면 이에 대한 보완이 될 것이다.

이 책을 소개해 주고 지적 공동체가 되어 준 사회학과 교수님들과 동료들에게 감사를 전한다. 언어 사이의 틈으로 인해 완벽한 번역이 불가능하다는 사실에도 불구하고, 모든 오역과 실수는 전적으로 역자의 책임임을 밝혀 둔다. 항상 힘이 되어 주는 가족과 지인들, 사랑하는 조카들에게도 감사의 마음을 전한다. 끝으로, 저작권 문제를 해결하는 데 애쓰시고, 이 책의 출판을 흔쾌히 허락해 주시고, 책을 만들기 위해 수고해 주신 도서출판 경진의 관계자분들께도 감사를 드린다. 부디 이 책이 질적 연구 방법의 이해에 도움이 되기를 바라 마지않는다.

2015년 봄
남상백

용어 해설

가설 추론(Abduction) (라틴어 *abducere*—to take away) 찰스 S. 퍼스(Charles S. Peirce, 1939~1914)는 **가설 추론**을 모든 가설 형성을 지배하는 논리로 특징짓는다. 모든 관찰과 해석은 가설 추론에 기반해 만들어진 하나의 가설이다. 의식적인 과정으로서, 가설 추론은—연역과 귀납 다음의—세 번째 형태의 논리적 결론('추론기술')이다. 가설 추론은 설명을 필요로 하는 모든 관찰된 현상에 대한 최상의 설명의 탐색으로서 특징지어질 수 있다. X(예를 들어, 특정한 단어의 예상하지 못한 사용)가 주목된다. A, B, C가 이러한 사용에 대한 가능한 설명이다. B(예를 들어, 그를 다른 대화 상대들과 구분하는, 화자의 사회적 위치)가 가장 설득력 있는 것으로 보인다. B가 사실이라면, 현상 X는 더 이상 주목되지 않는다. 그러므로 B는 X의 발생을 설명할 수 있는 하나의 가설로서 받아들여진다. 가설 추론은 특정한 사건이 설명될 수 있는 규칙에 대한 탐색이다. 이러한 형태의 추론 과정은 항상 커다란 불확실성에 의해 특징지어지지만—연역적 과정과 귀납적 과정과 대조적으로—그것은 새로운 아이디어로 이어질 수 있는 유일한 결론을 제공한다. 특정한 설명이—단순히 하나의 현상에 대한 최상의 설명이라기보다는—일반적인 타당성을 가진 적합한 가설이라는 것을 보여 주기 위해, 이러한 종류의 추론은 (그것의 일반적인 적용가능성을 밝히기 위해) 먼저 귀납적 검증과, 그다음에 연역적 검증을 필요로 한다. 가설 추론 과정은 가설 형성에서, 따라서 질적 사회연구에서 핵심적 역할을 하며, 이것은 설명의 발전과 관련된다. (**연역**과 **귀납** 참조)

개념 지표 모델(Concept indicator model) **개념**은 개별 사건에 붙여지는 추상적 명칭과 라벨이다. 이러한 사건에 각각의 개념(또는 범주)이 붙여진다면, 그것은 개념의 경험적 지표로서 기능한다.

구성 요소(Constituents) 촘스키주의 형태의 문법(또는 **구성 요소** 문법)에서, 문장은 구들로 구성되는데, 이것은 통사적 기능에 따라 동사구, 명사구, 전치사구로 세분화될 수 있다. 그렇다면, 이러한 구는 텍스트의 핵심적이고, 중요한 요소로서 이해된다.

군집 표집(Cluster sampling) 이것은 다단계 표집의 한 형태이며, 표본이 개별 요소가 아니라, (모집단의 부분집합으로서) 군집에 초점을 두는 절차를 의미한다. 그렇다면, 이러한 무작위적으로 선택된 군집 내에서, 모든 요소들이 연구되어야 한다. 이러한 절차는 인정하건대 보다 경제적이지만, 순전한 무작위 표집보다 표집 오차가 더 클 가능성이 높다. 예를 들어, 연구자가 정치 연설을 연구하기 원한다면, 각각의 군집은 의회 연설, 선거 연설, 당 고위직의 연설 등으로 구성될 수 있다.

귀납(Induction) (라틴어 *inducere*—to draw or lead, *inductivus*—suitable as precondition) 귀납적 결론은 개별 사례로부터 일반화로 나아간다. 연구자는 개별 관찰로부터 일반적인 견해를 도출하고, 자료에 근거해 진행하며, 가설에 이른다. 그러므로 이러한 형태의 절차는 '자료 중심적(data-driven)'인 것으로 기술된다. 예를 들어, 컨퍼런스에서, 그것이 도해적 표현을 포함할 때, 논문(contributions)이 보다 자주 채택된다는 사실이 연구 과정에서 밝혀진다. 그다음에, 논문의 명성이 기억할 만한 키워드의 선택에 의해 상당히 영향을 받는다고 결론 내려진다. 이러한 결론을 일반화하는 것은 틀릴 가능성이 높다. 예를 들어, 특정한 사례에서 결론은 (화자의 지위, 논문의 길이, 청중의 동조 등 같은) 다른 이유들이 고려되지 않았다는 사실에 의해 영향을 받을 수 있다. 연구자가 표본으로부터 (전체) 모집단으로 나아간다면, 귀납적 결론은 연구 기법의 영구적인 레퍼토리에 속한다. 일반적인 범주들이 전사(transcripts)로부터 추출될 때, 텍스트 분석은 귀납적 원칙을 따른다. 이것의 한 가지 사례는 근거이론의 개방 코딩이다. (**가설 추론**과 **연역**을 보라)

규범 준수(Norm respect) 이것은 일반적으로 적용 가능한 구속적인 규범에 대한 고수를 의미한다. 우리의 텍스트 사례에서 발견된 조직유형에서, **규범 준수**는 '우리들 각자는 매우 헌신적으로 일한다'라는 진술로 실현된다.

기호학(Semiotics) 근대 **기호학**, 또는 기호 이론은 찰스 S. 퍼스, 찰스 W. 모리스, 페르디낭 드 소쉬르의 저작으로부터 유래한다. 그것은 기호의 사용, 또는 **기호 작용**(semiosis)과 관련된다. 그것은 세 개의 하위 분과로 구성된다—**의미론**(기호와 대상 사이의 관계), **화용론**(pragmatics, 기호와, 연구 주제의 해석자 사이의 관계), **통사론**(syntax, 기호들 서로간의 형식적 관계).

다단계 표본(Multi-stage sample) 이것은 하나의 모집단 내의 다양한 위계적 수준에서의 다수의 무작위 표본을 의미한다. 순수 무작위 표본보다 우선적으로 이러한 절차가 선택된다면, 그것은 보통 경제적 이유 때문이다. 예를 들어, 연구자는 미국의 모든 주들로부터 무작위 표본을 선택할 수 있다. 이러한 표본으로부터 몇몇 도시들이 선택된다. 그 다음에, 그러한 도시들에서 발간되는 모든 신문들의 무작위 표본이 선택되고, 마지막으로, 분석을 위해 이러한 신문들로부터 기사들의 무작위 표본이 선택될 수 있다. 표집 오차는 단계의 수에 따라 증가하지만, 이것은 이러한 절차를 **층화 표본**과 결합하는 것에 의해 대응될 수 있다.

단서(Disclaimer) 제한(reservation) 또는 단서는 발화 참여를 약화시킨다. 그것은 상이한 의사소통 단위와 관련될 수 있다. 예를 들어, '*If you don't mind*'는 청자에 대한 단서이다. 반면에, '*I am not a computer specialist*'로 실현된 단서는 화자와 관련된다.

담론 재현(Discourse representation) 이것은 제삼자의 발화의 재생산을 보여 주기 위해 전후 반유태주의에 대한 역사적 담론 연구(Projektteam 1989; Wodak et al. 1990) 과정 동안 정교화된 용어이다. 이것은 몇 가지 매우 다양한 방식으로 발생할 수 있다—예를 들어, 직접적 발화 또는 간접적 발화로. 이러한 장치에 의해, 화자는 발화에 대한 그들의 거리 또는 근접성을 표현할 수 있으며/있거나 제삼자에 대한 언급을 통해 그들 자신의 의견을 정당화할 수 있다. 담론 재현은 언론 텍스트에서 전형적이다.

동위소(Isotopy) 동위소 개념은 알기르다스 J. 그레이마스(Algirdas J. Greimas)의 구조 의미론에 있어 핵심적이다. 그에게, 이 개념은 담론의 기저를 이루는 중복적(redundant) 의미 범주들의 군집을 의미한다. 그것에 의해 행동과 움직임의 환경이 시간 축을 따라 특징지어지는, 시간과 공간의 동위소가 그 사례이다. 동위소는 분류소들(classemes)의 통합적 사슬(syntagmatic chain)에서 반복(iterativity)을 나타내고, 담론 발화의 동질성을 보장한다. 이 개념은 화학으로부터 차용되었다.

맥락(Context) 텍스트 언어학에서, 맥락은 텍스트 외적인 상황 환경(발화 상황, 배경, 태도, 경험 등)을 의미한다. 화용언어학에서 맥락이라는 개념은 (a) 그것에 의해 발화가 구체적 상황에 국한되는 언어적 수단, 즉 어휘표현, (b) 발화를 텍스트로 만드는 언어적 수단(대명사화, 전조응(anaphora), 후조응(cataphora), 테마-레마(theme-rheme)1) 등), (c) 모든 비언어적 자원(제스처, 표정), (d) 의사소통 상황의 모든 언어 외적 특징

(나이, 젠더, 직업, 교육수준 등)을 의미한다. **맥락**이란 용어의 텍스트 언어학적 사용이 보다 일반적이다.

무작위 표본(Random sample) 순수한 무작위 표본은 전체 모집단의 모든 구성 요소를 나타내는 목록의 이용 가능성을 필요로 한다. 단지 이러한 기반 위에서 (예를 들어, 난수의 사용에 의해) 연구 단위의 순전한 무작위 선택이 이루어질 수 있다. 모집단의 모든 구성 요소가 확인될 수 있는 가능성이 매우 낮기 때문에(그리고 그것이 가능한 곳에서조차, 연구자가 관련 문헌에 좀처럼 접근할 수 없기 때문에), 순수한 무작위 표본은 매우 드물다. 이러한 모든 필요기준을 충족시키는 언어학적 연구는 거의 전혀 접할 수 없다.

문법성(Grammaticality) 이것은 촘스키(1965)의 언어학적 분석 양식의 핵심적 설명 개념인데, 이것은 의사소통 행위와 독립적이다. 촘스키주의의 생성 문법은 일련의 특정한 문장들을 생성하는 그것의 능력과, 새로운 문장들의 동시적인 생성에 의해 검증된다. 문법 능력은 구조적으로 **알맞거나 수용 가능한**(수용성 참조) 문장들을 생산하는 화자의 인지능력을 의미한다(또한 **의사소통 능력** 참조).

발견적 또는 발견법(Heuristic) (그리스어 *heurisko*—find) 이것은 다양한 탐색기법과 발견기법이나, 이러한 연구 절차를 가리키는 집합적 용어이다. **발견적** 절차는 체계적인 발견에 의해 지식의 습득을 가능하게 하는데, 물론, 이때 (알고리즘적 절차와는 달리) 어떠한 해결책에 대한 보장은 존재하지 않는다. 점진주의(incrementalism)나 추론 실험 같은 발견적 절차는 보통 유추, 추상화, 목표 수준의 설정 같은 소위 발견적 원칙들을 사용한다. 발견적 절차, 규칙, 도구는 새로운 변수를 발견하

---

1) (옮긴이) 테마는 맥락상 알 수 있는 정보, 레마는 새로운 정보를 의미한다.

고, 가설을 생성하기 위해 텍스트 분석 방법에서 사용된다.

발화 공동체(Speech community) 문헌에서 발화 공동체의 정의에 관해 일반적인 일치는 존재하지 않지만—적어도, 델 하임스(Dell Hymes)의 '의사소통의 문화기술지'에서—다음 기준이 이 개념을 개괄하는 것으로 보인다. (a) 언어의 공동사용, (b) 한 집단의 상호작용의 빈번함, (c) 말하기와 해석에 대한 공유된 규칙, (d) 언어형식과 용법과 관련한 공유된 태도와 가치, (e) 공유된 사회 문화적 가정.

발화 사건(Speech event) 발화 사건(또는 의사소통 사건)은 '의사소통의 문화기술지'(Hymes 1979)에서 분석의 최소 단위이다. 의사소통 사건은 공통의 일반적 목표, 공통의 일반적 주제, 그리고 보통 공통의 환경에서 동일한 수준의 언어를 사용하고, 동일한 상호작용 규칙을 따르는 공통의 참여자들에 의해 규정된다(Saville-Troike 1989: 27). 하임스(Hymes 1962: 24f.)는 발화 사건의 종류에 대한 다음 사례들을 제공한다—일요일 아침설교, 취임사, 국기에 대한 맹세, 허심탄회한 대화, 판매 대화, 일대일 대화, 여성들의 대화, 공손한 대화.

발화 행위(Speech act) 설(Searle 1969)에 의하면, 발화 행위는 인간의 의사소통의 기본 단위이다. 설의 확대된 정의에서, 그것은 **발화**(locutions, 언어 요소의 표현), **진술**(propositions, 발화 내용의 정식화), **발화 수반행위**(illocutions)[2]로 구성되는데, 이것들은 발화 행위에 의해 수행되는 행동들이다. 발화 수반 행위를 분류하기 위한 다양한 분류 체계가 오스틴(Austin 1962), 설(1982), 분더리히(Wunderlich 1978)에 의해 개발되어왔다. 발화 행위가 청자에게 주는 효과를 특징짓기 위해, **발화 효과행위**(perlocution, Austin 1962)라는 용어가 이러한 세 가지 단위에 추가될 수 있다.

---

2) (옮긴이) 발화 내에 수반되는 의도.

발언(utterance) 행위가 특정한 음성적 또는 시각적 현상을 초래하는 한 개인의 물리적 행동으로서 이해되는 반면, 발화(speech) 행위는 "특정한 언어 체계, 특정한 행동 체계, 그리고 화자와 대화 상대 모두가 자신을 발견하게 되는 사회적 상황과 관련된 그러한 행동에 대한 해석"(Wunderlich 1978: 51)이다. **발화 행위**(또는 '말하기(speaking) 행위')는 다음 기능을 갖는 것으로 보인다. (a) 그것은 구체적 행동을 대신한다. (b) 그것은 구체적 행동에 대비한다. (c) 그것은 과거의 구체적 행동을 명확히 한다. (d) 그것은 구체적 행동으로 이어진다. (e) 그것은 사회적 사실을 입증한다(Wunderlich 1978: 23). 화행이론(speech act theory)의 다양한 지향(Austin 1962; Searle 1982; Wunderlich 1978)은 발화 행위의 다양한 기능들을 다양한 방식으로 구분한다.

법성(Modality) 이것은 의미론-화용론적 범주이다. 그것은 발화에 대한 화자의 지향을 나타낸다. **법성**은 통사적 수단(평서문, 의문문), 동사 형태(능동/수동), 또는 부사(*hopefully, fortunately*)나 법조동사(*may, can, must, should*) 같은 다양한 다른 언어학적 수단에 의해 표현될 수 있다.

사피어-워프 가설(Sapir-Whorf hypothesis) 에드워드 사피어(Edward Sapir)와 벤자민 L. 워프(Benjamin L. Whorf)에 의해 만들어진 이 가설의 핵심 아이디어는 하나의 언어가 경험의 기술을 위한 도구로서 뿐만 아니라, 또한, 그리고 보다 중요하게, 그 언어의 화자들에게 경험을 규정하는 수단으로서 기능한다는 것이다. 이러한 측면에서, 언어는 그것의 형식적 완결성과, 그것의 암묵적 기대의 무의식적인 투사에 기반해 우리의 경험의 가능성과 한계를 결정한다.

상부 구조(Superstructure) 맑스주의 이론에서, 이러한 용어는 정치사상, 이데올로기, 사회적 가치와 규범 전체를 의미한다. 그것은 본질적으로 물질, 즉 경제적 '토대'에 의해 결정되지만, 생산 환경 또한 경제적 토대에 영향을 미친다. 맑스주의 지향의 연구, 또는 부분적으로 맑스주의의 영감을 받았음을 보여 주는 연구에서, 이것은 일상의 환경에 대한 모든 연구가 또한 관련 있는 역사적 상황의 **상부 구조**를 고려해야 하거나, 그것의 해석에서, 다양한 형태의 사회의식을 고려해야 한다는 것을 의미한다.

상징적 상호작용론(Symbolic interactionism) 이러한 용어는 '의미 있는 상징(significant symbols)'(G. H. Mead)이 사회적 관계의 기반을 형성한다는 생각에 기반한 사회연구의 (미시사회학적) 지향을 특징짓기 위해 허버트 블루머(Herbert Blumer)에 의해 만들어졌다. 사회적 상황에 대한 규정은 의미 있는 상징(단어, 제스처, 텍스트, 그림, 픽토그램 등)의 사용에 의해 가능해지는데, 이것은 그렇게 함으로써 모든 **상호작용**(서로를 지향한 상호행위)의 기반을 형성한다. 그러므로 사회화—그것에 의해 한 개인이 그의 환경과 합의에 이르는 과정—는 상징을 배우는 과정이다. 사회언어학에서, **프레임**이나 **인상 관리**에 관한 E. 고프만(E. Goffman) 같은 학자들의 저작은 중요한 위상을 갖는다. 더욱이, 이러한 접근은 근거이론의 이론적 토대들 중 하나이며, 또한 **민속방법론**(H. 가핑클(H. Garfinkel))이 발전된 기반이었다. 이러한 후자는 텍스트 분석, 예를 들어, **대화 분석**에서 중요하다.

서술(Predication) 이것은 술어에 표현된 행동의 속성이나 양식을 문장의 주어(사물, 사람, 또는 사건)에 부여하거나 그것들의 관계를 부정하는 과정이다. 담론 역사적 방법은 집단의 범주화와 유형화와 관련해 행동의 속성과 양식의 명시적 부여로서, **주장**(assertion)처럼, 서술을 검토한다.

수용성(Acceptability) 문법성이 특정한 언어에서 무엇이 구조적으로 가능한가를 결정하는 반면, **수용성**은 구조적으로 가능한 형태들 중 어떤 것이 특정한 기능의 수행을 위해 실제로 선택될 것인가를 결정한다.

신뢰도(Reliability) 고전적 검증이론에서, 신뢰도는 특정한 측정(또는 검사)의 결과가 신뢰될 수 있는 정도를 나타내기 위해 사용되는 핵심기준들 중 하나이다. 본질적으로, 하나의 측정이 가능한 최고도의 신뢰도를 보여줘야 한다는 요건은 사용된 절차가 가능한 정확하고 일정하게, 그리고 다른 연구자들에 의해 반복될 수 있는 방식으로, 그것이 측정하도록 의도된 것을 측정해야 한다는 생각을 전달한다. 예를 들어, 내용 분석에서, 다양한 코더들(coders) 사이의 일치의 측정은 보통 신뢰도의 하나의 척도로서 간주된다. 양적 연구는, 그러나 보통 해석적 연구에서는 그것의 원래형태로 사용될 수 없는 다양한 점검절차들을 개발해왔다. 그러므로 질문지나 검사의 특정한 부분의 신뢰도는 검사의 반복적 적용(검사-재검사 방법), 또는 몇 가지 다른 동등하게 타당한 절차의 결과들의 비교(평행 검사, parallel test)에 의해 평가된다. 고도의 신뢰도는 **타당도**(validity)의 필요조건으로 여겨지지만, 그 자체로, 충분조건은 아니다. (**타당도** 참조)

심층 구조(Deep structure) 다양한 텍스트 분석 방법들은 텍스트에서 다양하게 규정된 **심층 구조**를 재구성하려고 한다. 이것은 텍스트 생산자가 항상 인식하지는 못하는 잠재적 의미가 텍스트 생산에서 추구된다는 생각의 기저를 이룬다. 이러한 '의미'는 다양한 이론적 관점에 따라 다양하게 개념화된다. 내러티브 기호학에서, 그것은 '근본 가치'에 해당하는 반면, DTA에서, 그것은 잠재적 인식 도식의 문제이다. (Cf. **표층 구조**)

애드혹 표집(Ad hoc sampling) 고의적인(studied) 선택에 대해 모집단이 사후적으로 구성될 때, 이것이 발생한다. 그렇다면, 진술은 단지 표본과 구성된 전체에 대해서만 타당하다. 어떤 상황 아래에서 이것이 수행될 수 있는가? 사실, 이것은 단지 연구자가 자료를 우연히 발견하거나, 연구자가 모든 일반적인 선택 기준을 생략할 정도로 연구를 할 가치가 있어 보이는 텍스트들(에 대한 접근권)이 연구자에게 주어질 때 발생한다. 그렇다면, 연구자는 여전히 사례연구로서 분석을 시작할 수 있겠지만, 연구자는 매우 상세하게 설명해야 하고, 결과를 일반화하려는 유혹에 저항해야 할 것이다.

연역(Deduction) (라틴어 *deducere*—to proceed, to derive from some origin) 연역적 결론은 일반적인 것에서 특정한 것으로 나아간다. 하나의 일반적인 전제로부터 하나의 특정한 사례가 추론된다. 예를 들어, 연구자가 (남성에 반대되는 것으로서) 여성이 그들의 성공을 그들 자신의 능력보다는 환경 탓으로 더 돌린다고 가정한다면, 연구자는 한 여성이 그녀의 성공에 대해 이야기하고 있는 특정한 대화의 분석에서, 이러한 특징이 발견될 것이라고 기대할 것이다. 반면에, 연구자는 이것이 확인되는 것으로부터 뜻밖의 발견을 할 수 없다. 전제가 참이라면, 연역으로부터 도출되는 결론은 참이며, 따라서—논리적 규칙이 지켜진다면—연역은 어떠한 새로운 발견을 제공하지 않는다. 그것은 연구자의 지식을 확장시키지 않는다. 비판적 합리주의(K. Popper)의 원칙을 따르는 연구는 기본적으로 연역적 방식을 따라 조직된다. 이론(일반적 주장의 체계)으로부터 가설(설명)이 도출되는데, 이것의 타당성은 특정한 사례의 경험적으로 관찰된 자료를 통해 비판적으로 검증되어야 한다. 이러한 절차는 또한 '규칙지배적인 것'으로 특징지어진다. 먼저 범주 도식이 개발되고, 그다음에 어떤 형태와 어떤 빈도로 이러한 이론적 개념(constructs)이 나타나는지를 밝히기 위해 텍스트가 검토된다면, 텍스트 분석이 연역적 원칙을 따른다고 말할 수 있다. (가설 추론과 귀납 참조)

외론(Exothesis) 기능화용론에서, 이것은, 예를 들어, 불이해의 신호처럼, 어떤 정신적 요소의 언어화를 의미한다. 화자는 '*what does that mean?*'

이라는 질문을 통해 '불이해'라는 정신적 요소를 외론할 수 있다.

은유/은유적 어휘소(Metaphor/metaphorical lexeme) 은유란 두 개의 대상이나 개념들 사이의 어떤 유사성에 기반한 언어적 심상이다. 그것은 특정한 단어의 반사실적(counterfactual) 의미로의 전이를 통해 형성된다. 은유의 한 가지 사례는 'sharp criticism(날카로운(신랄한) 비판)'(또는 'blunt statement(뭉특한(직설적) 발언)')이다. 은유적 어휘소라는 용어는 은유를 형성하는 각각의 단어를 의미한다.

음운론(Phonology) 이러한 언어학의 하위 분과는 특정한 언어의 음성체계를 연구한다. 음운론은 의미를 구분하는 언어의 가장 작은 요소, 즉 음소에 기반해 진행한다. 연구의 주안점은 기능 음운론(트루베츠코이(Trubetzkoy)와 프라하학파), 생성 음운론(촘스키), 또는 자연 음운론(드레슬러(Dressler))처럼 다양한 음운론 학파에 따라 다양하다.

의미론(Semantics) 이 용어는 기호와 대상 사이의 관계를 다루는 기호학의 그러한 하위분과를 나타내기 위해 의미론을 사용한 찰스 W. 모리스(Charles W. Morris 1938)로부터 차용된다. 일반적 측면에서, 그리고 (어휘, 문장, 텍스트 의미론 같은) 언어학적 의미론의 다양한 하위 유형과, (구조, 생성, 해석 의미론, 또는 전형(stereotypic), 지시(instructional), 지시(referential) 의미론 같은) 다양한 접근들 사이의 특수한 차이를 차치하고, 우리는 의미론을 의미 분석에 대한 이론이자 실천으로서 기술할 수 있다.

의사소통 능력(Communicative competence) 의사소통의 문화기술지(델 하임스(Dell Hymes))의 측면에서, 이러한 용어는 그들을 발화 공동체에서 적절하게 의사소통하도록 만드는 화자의 그러한 모든 능력을 의미한다. 이러한 지식은 언어학적, 사회언어학적 의사소통 규칙, 상호작용 규칙, 그리고 또한 의사소통 사건과 상호작용과정의 맥락과 내용을 결정하는 그러한 문화적 규칙들을 포함한다. 의사소통 능력은 (특정한 언어에서) 구조적으로 가능하고, 실행 가능하며, 특정한 상황, 기능, 맥락에 적절한 것이 실제로 발생한 문화적 행동으로 연결될 것이라는 것을 보장한다. (또한 **수용성**과 **문법성** 참조)

자기평가(Self-assesment) 이것은 '우리 부서는 이 분야에 매우 능숙하다'에서처럼, 텍스트에서, 어떤 긍정적 특성들을 자신에게 부여하는 과정을 말한다.

주장(Assertion) 기능화용론의 패턴 분석에서 사용된 정의에서, **주장**은 '진술(statement)'이나 '주장(claim)'을 의미한다. 기능화용론은 **주장**, (기본패턴의 도입), **요청**(request), 미래 행동—그리고 이미 완료된 행동—의 공표를 구분하며, 이러한 구분에 기반해 기본패턴을 네 가지 주요 유형으로 세분화한다. 하나의 주장은 하나의 인지적 근거를 도입한다. 담론 역사적 방법은 행동의 속성과 양식의 명시적 부여를 나타내기 위해, **서술**(predication)처럼, **주장**을 사용한다.

직시어(Deixis) 직시적 또는 지시적 표현은 언어 외적 현실을 나타내고, 오직 그것이 말해지는 발화 상황을 참조해서만 그것의 의미를 획득한다. 직시적 표현의 사례는 인칭대명사(*I, you* 등), 지시대명사(*this, that* 등), 부사(*here, now*)이다.

직시 절차(Deictic procedure) 이 용어는 그것에 의해 화자가 청자로 하여금 그들의 공통 참조영역, 다시 말해, 그들의 담화상황 속의 하나의 대상에 주목하게 하는, 그러한 종류의 언어 행동을 나타내기 위해 기능화용론에서 사용된다. 직시 절차는 의미상 지시적이다.

추론(inference) 통계학의 추론은 표본의 결과로부터 특정한 모집단에 대한 결론을 도출하는 것과 관련된다. 표본의 결과에 기반해 그것에 관해 진술이 이루어질 수 있는(또는 이루어져야 하는) 전체 모집단을 표본이 대표할 때 오직 이러한 종류의 결론이 도출될 수 있다.

층화 표본(Stratified sample) 표본을 **층화**하는 것에 의해, 표집 오차의 정도를 줄이는 것이 가능하다. 모집단은, 연구와 관련된 변수들에 따라, 그것으로부터 무작위 표본이 선택될 수 있는 몇 개의 하위 집단으로 나뉜다. 이러한 표본들은 전체 모집단에서의 변수들의 분포에 비례한다. 이러한 절차의 한 가지 전제 조건은 연구자가 모집단의 특성을 알고 있어야 한다는 것인데, 오직 그러한 경우에만 그가 연구와 관련된 범주들에 따라 그것을 분류할 수 있기 때문이다.

코딩(Coding) 텍스트 분석에서 **코딩**은 텍스트 현상이 각각의 개념들에 결부되는 것을 의미한다. 즉, 구체적인 텍스트의 추출(분석단위)과, 보다 추상적인 특정한 범주 사이의 연결이 확립된다. 근거이론에서, 코딩은 자료의 개념화에 대한 일반적인 용어이다. 이러한 이론에서, 코딩은 연구자가 범주와 그것의 맥락에 관해 질문을 하고, 잠정적인 대답(또는 가설)을 제공한다는 것을 의미한다.

코텍스트(Cotext) 이러한 용어는 하나의 구체적 텍스트 위치에 선행하거나 뒤따르는 언어 상황을 나타내기 위해 사용된다. 글루크(Glück 1993)에 의하면, 텍스트 외적 상황 **맥락**(context)에 반대되는 것으로서, **코텍스트**는 하나의 텍스트 위치에 선행하거나 뒤따르는 텍스트 내적 언어맥락을 의미한다. 페퇴피(Petöfi 1971)는 해석에 의해 지시적(denotative) 대응('세계구조')을 이루는, 텍스트 표층(텍스트 구조)의 문법적, 의미론적 재현을 나타내기 위해 코텍스트를 사용한다.

타당도(Validity) 이론의 검증에서, 이것은 핵심 기준들 중 하나를 의미하는데, 이것은 특정한 측정이나 검사의 진실성에 관한 정보를 준다. 본질적으로, 하나의 검사가 가능한 최고도의 타당도를 보여줘야 한다는 요건은 선택된 절차가, 이론적 개념에 따라, 오직 연구자가 측정하도록 의도하거나 주장한 것을 측정해야 한다는 것을 의미한다. 그러므로 타당도에 대한 고려는 연구 질문과 가설에서 사용된 개념들의 조작화로 시작한다. 내적 타당도는, 본질적으로, 모든 결과가 연구의 직접적 영역을 넘어서 타당해야 한다는 요건을 포함하는 외적 타당도와 구분되어야 한다. 다양한 유형의 타당도를 검증하기 위해, 다양한 고전적 절차가 이용 가능하지만, 이것들 대부분은 해석적 형태의 연구들에서는 사용될 수 없다. (**신뢰도** 참조)

표본(Sample) 이것은 규정된 특정한 기준에 따라 선택되고(예를 들어, 난수의 사용에 의해 결정된 일간신문의 일련의 사본), 특정한 전체 모집단을 대표한다고 여겨지는 일련의 연구 대상(예를 들어, 사람, 대상, 또는 사건)을 의미한다. 얻어진 결과가 전체에 적용될 수 있다면, 다시 말해, 관련 모집단에서 문제가 되는 사실에 관해 결론이 도출된다면, 표본은 대표적임에 틀림없다. 표본들은 보통 대표적인 것으로 판단된다. 기본적인 유형에는 **무작위 표본**, **층화 표본**, **군집표본**(무작위로 선택된 몇 가지 '군집들'에 대한 조사), **다단계 표본**이 있다.

표집 오차(Sampling error) 이것은 전체 모집단에서 특정한 변수의 '실제' 값과, 표본에서 해당 값 사이의 특정한 편차를 의미한다. 그것은 무작위 표본의 선택을 통해 발생한다. 예를 들어, 연구자가 (공공기관 지원자에 대한 정보전단 같은) 일련의 텍스트들의 이해도(intelligibility)의 평균값을 인용한다면, 이러한 값은 모든 관련 텍스트가 실제로 평가될 경우에만 오직 계산될 수 있는 '실제' 이해도 비율과 다를 것이다.

표층 구조(Surface structure) **표층 구조**는 직접적으로 인식가능하고 쉽게 접근 가능한 형태의 텍스트를 의미한다. 이것은 전통적 방식의 텍스트 분석에서 자주 연구되는 그러한 구조, 즉 주제와 언어적 실현 같은 그러한 명시적 현상을 의미한다. (Cf. **심층 구조**)

할당표집(Quota sampling) 이러한 방식의 표집은, 무작위 선택보다는 의식적인 선택에 의해, 표본의 특성을 모집단의 특성에 보다 가깝게 만들려고 한다. 이러한 기법은 상당히 논쟁적이지만, 여론조사에서 빈번하게 사용된다. 그것은 특징의 조합이나, 특정한 범주의 비율(할당)을 미리 결정하며, 연구 주제의 선택을 통제하기 위해 이것을 사용한다. 두 가지 전제 조건이 존재한다. 첫째로 전체 모집단에서의 미리 결정된 변수들의 분포를 알아야 한다. 둘째로 변수들은 연구 질문과 관련 있어야 한다. 그렇다면, 연구는 단지 그러한 미리 결정된 변수들만을 대표한다.

해석학(Hermeneutics) 이것은 문화적 발현, 특히 텍스트를 설명하는 기술인데, 이것은 해석과 이해 과정의 일반적인 타당성과 적절성을 보장해야 한다. 여기에서, 자연과학의 (인과적) 설명과는 대조적으로, 그것은 의미 관계를 파악하고 생산하는 것의 문제이다. 인간 행동은 항상 의미 있는 것으로 여겨진다. 하나의 중요한 요소는 해석학적 순환이다. 일부분의 의미는 단지 전체 맥락에서 이해될 수 있지만, 이것은 결국 오직 그것의 구성 부분들로부디만 집근 가능하다.

환기(Evocation) 이것은 어휘 요소의 재생산보다는 특수 효과에 더 기반하는 그러한 종류의 텍스트 암시(allusion)를 의미한다. 예를 들어, 뉴스 기사에서 **환기**는 동화나 탐정 소설 같은 다른 텍스트 형태에 대한 연상 작용을 일으킨다.

부록: 계량서지학을 위한 출판물과 키워드

방법들에 필수적인 출처들	SSCI-조사-전략	키워드
의사소통의 문화기술지: Gumperz, John J. and Hymes, Dell (eds) (1972), *Directions in Sociolinguistics. The Ethnography of Communication*, New York: Holt, Rinehart and Winston. Hymes, Dell (1978), *Soziolinguistik. Zur Ethnographie der Kommunikation*, ed. by Florian Coulmas. Frankfurt: Suhrkamp. Hymes, Dell (1962), 'The Ethnography of Speaking', in Thomas Gladwin and William C. Sturtevant (eds), *Anthropology and Human Behavior*, pp. 13–53. Hymes, Dell (1970), 'Linguistic Method in Ethnography', in P. Garvin (ed.) *Method and Theory in Linguistics*, The Hague: Mouton, pp. 249–325. Hymes, Dell (1971), 'Sociolinguistics and the Ethnography of Speaking', in E. Ardener (ed.) *Social Anthropology and Language*, London: Tavistock. Hymes, Dell (1974), *Foundations in Sociolinguistics*, Philadelphia: University of Pennsylvania Press.	Citation: (GUMPERZ-JJ-19*-DIRECTIONS-SOCIOLIN* OR HYMES-D-19*-DIRECTIONS-SOCIOLIN* OR HYMES-D-19*-ETHNOGRAPHY-COMMUNI* OR HYMES-D-19*-SOCIOLINGUISTIC* OR HYMES-D-19*-F*-SOCIOLINGUISTI* OR HYMES-D-19*-DIRECTIONS-SOCIOLIN*)	(Ethnography of Communication) or (Ethnography of Speaking) or (Ethonographie der Kommunikation) or (Ethnographie des Sprechens)
근거이론: Glaser, Barney G. and Strauss, Anselm (1967), *The Discovery of Grounded Theory: Strategies for Qualitative Research*, Chicago, IL: Aldine. Strauss, Anselm (1987), *Qualitative Analysis for Social Scientists*, Cambridge: Cambridge University Press, [German: (1994), *Grundlagen qualitativer Sozialforschung*, München: W. Fink (UTB)]. Strauss, Anselm and Corbin, Juliet (1990), *Basics of Qualitative Research*, Newbury Park, CA: Sage, [German: (1996). *Grundlagen Qualitativer Sozialforschung*, Weinheim: Psychologie-Verlags-Union, Beltz].	Citation: (GLASER-BG-19*-DISCOVERY-GROUNDED* OR GLASER-BG-19*-STRATEGIES-QUALITAT* OR STRAUSS-A-19*-QUALITATIVE-ANAL* OR STRAUSS-A-19*-BASICS-QUALITATIV* OR STRAUSS-A-19*-GRUNDLAGEN-QUALITAT*)	(Grounded Theory) or (Open Coding) or (Theoretical Memos)

방법들에 필수적인 출처들	SSCI-조사-전략	키워드
MCD-분석: Sacks, Harvey (1971), 'Das Erzählen von Geschichten innerhalb von Unterhaltungen', in R. Kjolseth and F. Sack (eds), *Zur Soziologie der Sprache*, KZfS 1971, Sonderheft 15, pp. 307~314. Sacks, Harvey (1972a), 'An Initial Investigation of the Usability of Conversational Data for Doing Sociology', in D. Sudnow (ed.), *Studies in Social Interaction*, New york: Free Press, pp. 31~73. Sacks, Harvey (1972b), 'On the Analysability of Stories by Children', in John J. Gumperz and Dell Hymes (eds), *Directions in Sociolinguistics. The Ethnography of Communication*, New York: Holt, Rinehart and Winston. Sacks, Harvey (1974), 'On the Analysability of Stories by Children', in Roy Turner (ed.), *Ethnomethodology*, Harmondsworth: Penguin, pp. 216~232. Sacks, Harvey (1992a, 1992b), *Lectures on Conversation*, edited by Gail Jefferson, Cambridge: Blackwell.	Citation: (SACKS–H–1971–KOLNER–Z– SOZIOLOGI* OR SACKS–H–19*– STUDIES–SOCIAL–INTER* OR SACKS– H–*–LEC*–CON* OR SACKS–H–19*– ETHNOMETHODOLOG* OR SACKS–H– –1992–HARVEY–SACKS–LECTUR*)	[계량-적으로] (Membership Categorization Device) or (MCD)
대화분석: Atkinson, J. Maxwell and Heritage, John C. (eds) (1984), *Structures of Social Action. Studies in Conversation Analysis*, Cambridge: Cambridge University Press. Schenkein, Jim (ed.) (1978), *Studies in the Organization of Conversational Interaction*, New York: Academic Press. Sudnow, David (ed.) (1972), *Studies in Social Interaction*, New York: Free Press.	Citation: (ATKINSON–J*–19*– CONVERSATION–ANAL* OR ATKINSON– J*–19*–STRUCTURES–SOCIAL* OR ATKINSON–J*–19*–STUDIES– CONVERSATT* OR SCHENKEIN–J–1978– STUDIES–ORG–CONVERSA* OR SUDNOW–D–1972–STUDIES–SOCIAL– INTE*)	(conversation analysis) or (turn-taking) or (turntaking) or (Konversationsanalyse)

방법들에 필수적인 출처들	SSCI-조사-전략	키워드
내용분석: Berelson, Bernhard (1952), *Content Analysis in communication Research*, New York: Hafner. Holsti, Ole R. (1969), *Content Analysis for the Social Science and Humanities: Reading*, MA: Addison-Wesley.	Citation: (BERELSON-B-19*-CONTENT-ANAL-COMMUN* OR BERELSON-B-19*-ANAL-COMMUNICATION-C* OR BERELSON-B-19*-COMMUNICATION-RES* OR HOLSTI-O*-19*-CONTENT-ANAL-CUM* OR HOLSTI-O*-19*-ANAL-COMMUNICATION-C*)	(Inhaltsanalyse) or (Content Analysis) 각각; [WISO-사회과학] [Inhaltsanalyse or Content Analysis) near (quantitati*) [다른 모든 데이터베이스] (Inhaltsanalyse or Content Analysis) and (quantitati*)
질적 내용분석: Mayring, Philip (1988), *Qualitative Inhaltsanalyse. Grundlagen und Techniken*, Weinheim: Deutscher Studienverlag.	Citation: (MAYRING-P*-19*-QUALITATIV*-INHAL* OR MAYRING-P*-19*-EINFUHRUNG-QUALITAT*)	[WISO-사회과학] (Inhaltsanalyse or Content Analysis) near (quantitati*) [다른 데이터베이스] ((Inhaltsanalyse) or (Content Analysis)) and (quantitati*)
내러티브 기호학: Greimas, Algirdas Julien (1983), *Structural Semantics. An Attempt at a Method*, Lincoln: University of Nebraska Press, [Orig.: (1966), *Sémantique structurale: Recherche de méthode*, Paris: Larousse].	Citation: (GREIMAS-AJ-19*-SEMATIQUE-STRUCTURA OR GREIMAS-AJ-19*-STRUCTURAL-SEMANTICS OR GREIMAS-A*-1971-STRUCKTURALE-SEMANTIK*)	(Narrative Semiotics) or (Structural Sematics) or (Sémantique structurale)
SYMLOG: Bales, Robert F. and Cohen, Stephan P. (1979), *Symlog: A System for the Multiple Level Observation of Group*, New York: The Free Press. Schneider, Johannes F. (ed.) (1989), *Inhaltsanalyse alltagssprachlicher Beschreibungen sozialer Interaktionen. Beiträge zur Symlog-Kodierung von Texten*, Saarbrücken-Scheidt: Dadder.	Citation: (BALES-RF-19*-SYMLOG* OR BALES-RF-1979-SYSTEM-MULTIPLE-LEVE OR SCHNEIDER-JF-1990-INHALTSANALYSE-ALLTA)	(SYMLOG) and ((Textanalyse) or (Text Analysis) (Inhaltsanalyse) or (Content Analysis))

방법론의 필수적인 출처들	SSCI-조사식·전략	키워드
객관적 해석학: Overmann, Ulrich, Allert, Tilman, Konau, Elisabeth and Krambeck, Jürgen (1979). Die Methodologie einer "objektiven Hermeneutik" und ihre allgemeine forschungslogische Bedeutung in den Sozialwissenschaften', in Hans-Georg Soeffner (ed.), *Interpretative Verfahren in den Sozial- und Textwissenschaften*, Stuttgart: Metzler, pp. 352-434.	Citation: (OEVERMANN-U-1979-INTERPRETATIVE-VERFA* OR OEVERMANN-U-1979-METHODOLOGIE-OBJEKTI*)	(Objektive Hermeneutik) or (Sequenzanalyse) or (Objective Hermeneutics)
기능화용론: Brünner, Gisela and Grefen, Gabriele (eds) (1994a), *Texte und Diskurse. Methoden und Forschungsergebnisse der Funktionalen Pragmatik*, Opladen: Westdeutscher Verlag. Ehlich, Konrad and Rehbein, Jochen (1986). *Muster und Institution. Untersuchungen zur schulischen Kommunikation*, Tübingen: Gunter Narr. Wunderlich, Dieter (ed.) (1972), *Linguistische Pragmatik*, Frankfurt am Main: Athenäum. Rehbein, Jochen (1977), *Komplexes Handeln. Elemente zur Handlungstheorie der Sprache*, Stuttgart: Metzler.	Citation: (EHLICH-K-1986-MUSTER-I-UNTERSUCHUN OR WUNDERLICH-D-1975-LINGUISTISCHE-PRAGMA-P11 OR REHBEIN-J-1977-KOMPLEXES-HANDELN-EL)	(Funktionale Pragmatik) or (linguistische Musteranalyse) or (das sprachliche Muster) or (sprachliche Prozeduren) or (linguistic procedures)
비판적 담론분석(페어클로프): Fairclough, Norman (1989), *Language and Power*, London: Longman. Fairclough, Norman (1992a), *Discourse and Social Change*, Cambridge: Polity Press.	Citation: (FAIRCLOUGH-N*-19*-LANGUAGE-POWER* OR FAIRCLOUGH-N-1989-ANGUAGE-POWER OR FAIRCLOUGH-N-1989-LINGUAGE-POWER OR FAIRCLOUGH-N*-19*-DISCOURSE-SOC*)	[CDA 전반:] (critical discourse analysis) or (Kritische Diskursanalyse) [페어클로프:] ((critical discourse analysis) or (Kritische Diskursanalyse)) and (Fairclough)
비판적 담론분석(보닥): Wodak, Ruth, Nowak, Peter, Pelikan, Johanna, Gruber, Helmut, de Cillia, Rudolf and Mitten, Richard (1990). *'Wir sind alle unschuldige Täter!' Diskurshistorische Studien zum Nachkriegsantisemitismus*, Frakfurt: Suhrkamp. Motouschek, Bernd, Wodak, Ruth and Januschek, Franz (1995). *Notwendige Maßnahmen gegen Fremde? Genese und Formen von rassistischen Diskursen der Differenz*, Wien: Passangen.	Citation: (WODAK-R-1990-DISKURSHIST*-S* OR WODAK-R-1990-SIND-ALLE-UNSCHU* OR WODAK-R-1990-WIR-SIND-ALL*-UNS* OR WODAK-R-1990-WIR-SIND-UNSCHULDIGE* OR WODAK-R-19*-DISCOURSE-SOC*)	(diskurshistorische Methode) or (Sozio-Psycholinguistische Theorie der Textplanung) or (SPTT)

참고문헌

Abraham, Werner (ed.) (1982). *Satzglieder im Deutschen*. Tübingen: Narr.

Agar, Michael (1986). *Speaking of Ethnography*. Qualitative Research Methods Series No. 2. London: Sage; 대한질적연구간호학회·최경숙·박영례 역 (2007), 『문화기술지에 대한 언어적 고찰』, 군자출판사.

Alexander, Jeffrey (ed.) (1987). *The Micro-Macro Link*. Berkeley: University of California Press.

Althusser. Louis (1971). *Lenin and Philosophy and Other Essays*. London: New Left Books; 이진수 역 (1997), 『레닌과 철학』, 백의.

Altmann, Gabriel (1996). "The nature of linguistic units". *Journal of Quantitative Linguistics* 3(1). 1~7.

Altmann, Hans (ed.) (1988). *Intonationsforschung*. Tübingen: Niemeyer.

Ammon, U., Dittmar, N. and Mattheier, K.J. (eds.) (1987, 1988). *Sociolinguistics*. An International Handbook of the Science of Language and Society Vol. 1/2. Berlin: de Gruyter.

Arbeitskreis Qualitative Sozialforschung (eds.) (1994). *Verführung zum qualitativen Forschen*. Wien: WUV-Universitätsverlag.

Argyris, Chris (1995). "Interventionen und Führungseffizienz". in Alfred Kieser, Gerhard Reber and Rudolf Wunderer (eds.). *Handwörterbuch der Führung*. 2nd (edn.). Stuttgart: Poeschel, 1253~72.

Atkinson, J. Maxwell (1985). "Refusing invited applause: preliminary observation from a case study of charismatic oratory". in Teun A. van Dijk (ed.),

Handbook of Discourse Analysis. Vol. 3: Discourse and Dialogue. London: Academic Press. 161~181.

Atkinson, J. Maxwell and Drew, Paul (1979). *Order in Court. The Organization of Verbal Interaction in Judicial Settings*. London: The Macmillan Press.

Atkinson, J. Maxwell and Heritage, John C. (eds.) (1984). *Structures of Social Action: Studies in Conversation Analysis*. Cambridge: Cambridge University Press.

Atkinson, Paul and Coffey, Amanda (1997) "Analysing documentary realities", in David Silverman (ed.). *Qualitative Research*. London: Sage. 45~62.

Atkinson, Paul and Hammersley, Martyn (1994). "Ethnography and participant observation". in Norman K. Denzin and Yvonna S. Lincoln (eds.). *Handbook of Qualitative Research*. Thousand Oak, CA: Sage. 248~261.

Austin, John L. (1962). *How to Do Things with Words*. Oxford: Clarendon Press; 김영진 역 (1992), 『말과 행위』, 서광사.

Baecker, Dirk (1992). "Die Unterscheidung zwischen Kommunikation und Bewußtsein". in Wolfgang Krohn and Günter Küppers (eds.). *Emergenz: Die Entstehung von Ordnung, Organisation und Bedeutung*. Frankfurt: Suhrkamp. 217~268.

Baecker, Dirk (ed.) (1993a). *Kalkül der Form*. Frankfurt: Suhrkamp.

Baecker, Dirk (ed.) (1993b). *Probleme der Form*. Frankfurt: Suhrkamp.

Bakhtin, Mikhail M (1986). *Speech Genres and Other Late Essays*. Austin: University of Texas Press.

Bales, Robert F. (1950). *Interaction Process Analysis*. Cambridge: Addison-Wesley.

Bales, Robert F. (1980). *Symlog Case Study Kit*. New York: The Free Press.

Bales, Robert F. and Cohen, Stephan P. (1979). *Symlog: A System for the Multiple Level Observation of Groups*. New York: The Free Press.

Bardmann, Theodor (1994). *Wenn aus Arbeit Abfall wird*. Frankfurt: Suhrkamp.

Barton, Allen A. and Lazarsfeld, Paul F. (1979). "Einige Funktionen von qualitativer Analyse in der Sozialforschung". in Christel Hopf and Elmar Weingarten (eds.). *Qualitative Sozialfroschung*. Stuttgart: Klett. 41~89.

Baszanger, Isabelle and Dodier, Nicolas (1997). "Ethnography: relating the part to the whole". in David Silvermann (ed.). *Qualitative Research*. London: Sage. 8~23.

Beaugrande, Robert de (1996). *Foundations of a New Theory of Discourse*. London: Longman (in print).

Beaugrande, Robert de and Dressler, Wolfgang U. (1981). *Einführung in die Textlinguistik*. Tübingen: Niemeyer; 김태옥 역 (1995), 『텍스트 언어학 입문』, 한신문화사.

Becker-Beck, Ulrich (1989). "Freie Personenbeschreibung als interaktionsdiagnostische Methode". in Johannes F. Schneider (ed.). *Inhaltsanalyse alltagssprachlicher Beschreibungen sozialer Interaktionen. Beiträge zur SYMLOG-Kodierung von Texten.* Saarbrücken-Scheidt: Dadder. 109~139.

Becker-Mrotzek, Michael (1994). "Schreiben als Handlung. Das Verfassen von Bedienungsanleitungen". in Gisela Brünner and Gabriele Graefen (eds.). *Texte und Diskurse*. Opladen: Westdeutscher Verlag. 158~175.

Bensman, Joseph and Gerver, Israel (1973). "Vergehen und Bestrafung in der Fabrik: Die Funktion abweichenden Verhaltens für die Aufrechterhaltung des Sozialsystems". in Heinz Steinert (ed.). *Symbolische Interaktion*. Stuttgart: Klett. 126~138.

Berelson, Bernhard (1952). *Content Analysis in Communication Research*. New York: Harfner.

Berger, Peter and Luckmann, Thomas (1967). *The Social Construction of Reality*. New York: Doubleday; 하홍규 역 (2014), 『실재의 사회적 구성』, 문학

과지성사.

Bergmann, Jörg R. (1981). "Ethnomethodologische Konversationsanalyse". in Peter Schröder and Hugo Steger (eds.). *Dialogforschung. Jahrbuch 1980 des Instituts für Deutsche Sprache*. Düsseldorf: Schwann. 9~51.

Bergmann, Jörg R. (1994). "Ethnomethodologische Konversationsanalyse". in Gerd Fritz and Franz Hundsnurscher (eds.). *Handbuch der Dialoganalyse*. Tübingen: Niemeyer. 3~16.

Bernstein, Basil (1990). *The Structure of Pedagogic Discourse: Class, Codes and Control*. London: Routledge.

Bilmes, Jack (1993). "Ethnomethodology, culture and implicature. Toward an empirical pragmatics". *Pragmatics* 3 (4). 387~411.

Blom, Jan-Petter and Gumperz, John J. (9172). "Social meaning in linguistic structure. code-switching in Norway". in John J. Gumperz and Dell Hymes (eds.). *Directions in Sociolinguistics. The Ethnography of Communication*. New York: Rinehart and Winston. 407~439.

Bloor, Michael (1978). "On the analysis of observational data: a discussion of the worth and uses of inductive techniques and respondent validation". in *Sociology* 12 (3). 545~557.

Blum-Kulka, Shoshana (1990). "You dont's touch lettuce with your fingers". in *Journal of Pragmatics* 14. 259~288.

Böhm, Andreas (1994). "Grounded Theory - Wie aus Texten Modelle und Theorie gemacht werden". in Andreas Böhm, Andreas Mengel and Thomas Muhr (eds.). *Texte verstehen. Konzepte, Methoden, Werkzeuge. Schriften zur Informationswissenschaft* 14. Konstanz: Universitätsverlag. 121~140.

Bohnsack, Ralf (1991). *Rekonstruktive Sozialforschung. Einführung in Methodologie und Praxis qualitativer Forschung*. Opladen: Leske.

Bortz, Jürgen and Döring, Nicola (1995). *Forschungsmethoden und Evaluation*.

2nd (edn.). Berlin: Springer.

Bourdieu, Pierre (1987) [1979]. *Die feinen Unterschiede.* Kritik der gesellschaftlichen Urteilskraft. Frankfurt: Suhrkamp [orig.: La distinction. Critique sociale du judgement. Paris: Les éditions de minuit]; 최종철 역 (2005), 『구별짓기』, 새물결.

Brown, M.H. and Kreps G. L. (1993). "Narrative analysis and organized development". in S. L. Henderson and G.L. Kreps (eds.). *Qualitative Research: Application in Organizational Communication.* Cresskill, NJ: Hampton Press. 47~62.

Brünner, Gisela (1994). "'Würden Sie von diesem Mann einen Gebrauchwagen kaufen?' Interaktive Anforderungen und Selbstdarstellung in Verkaufsgesprächen". in Gisela Brünner and Gabriele Graefen (eds.). *Texte und Diskurse.* Opladen: Westdeutscher Verlag. 328~350.

Brünner, Gisela and Becker-Mrotzek, Michael (1992). "Angewandte Gesprächsforschung: Ziele-Methoden-Probleme". in Reinhard Fiehler and Wolfgang Sucharowski (eds.). *Kommunikationsberatung und Kommunikationstraining.* Opladen: Westdeutscher Verlag. 12~23.

Brünner, Gisela and Graefen, Gabriele (eds.) (1994a). *Texte und Diskurse. Methoden und Forschungsergebnisse der Funktionalen Pragmatik.* Opladen: Westdeutscher Verlag.

Brünner, Gisela and Graefen, Gabriele (1994b). "Einleitung Zur Konzeption der Funktionalen Pragmatik". in Gisela Brünner and Gabriele Graefen (eds.). *Texte und Diskurse.* Opladen: Westdeutscher Verlag. 7~21.

Bühler, Karl (1965) [1934]. *Sprachtheorie. Die Darstellungsfunktion der Sprache* Vole. 2. Stuttgart: Fischer; 지광신·최경은 역 (2008) 『언어 이론』, 나남.

Burgoyne, J. G. (1994). "Stakeholder Analysis". in C. Cassell and G. Symon (eds.). *Qualitative Methodes in Oraganization Research.* London: Sage. 187~207.

Chomsky, Noam (1965). *Aspects of the Theory of Syntax*. Cambridge: MIT Press.

Cicourel, Aron V. (1964). *Method and Measurement in Sociology*. Glencoe: The Free Press.

Cicourel, Aron V. (1992). "The interpretation of communicative contexts: examples from medical encounters". in Alexander Duranti and Charles Goodwin (eds.). *Rethinking Context*. Cambridge: Cambridge University Press. 291~311.

Cinque, Gugliemo (1993). "A null theory of phrase and compound stress". *Linguistic Inquiry* 24. 239~297.

Clark, Herbert H. (1985). "Language use and language users". in Gardnet Lindzey and Elliot Aronson (eds.). *The Handbook of Social Psychology*. 3rd (edn.). Vol. 2: Special Fields and Applications. Research Methods. Reading: Addison-Wesley. 179~231.

Coffey, Amanda, Holbrook, Beverley and Atkinson, Paul (1996). "Qualitative data analysis: technologies and representation". *Sociological Research Online*. http://www.soc.surrey.ac.uk/socresonline Vol. 1, No. 1.

Cook, Thomas D. (1993). "A quasi-sampling theory of the generalization of causal relationships". *New Directions for Program Evaluation* 57. 39~82.

Corbin, Juliet and Strauss, Anselm (1990). "Grounded theory research: procedures, canons, and evaluative criteria". *Qualitative Sociology* 13. 3~21.

Coulmas, Florian (1979). "Einleitung Sprache und Kultur". in Dell Hymes. *Soziolinguistik*. Frankfurt: Suhrkamp. 7~25.

Coulmas, Florian (ed.) (1997). *The Handbook of Sociolinguistics*. Oxford: Blackwell.

Danielson, W.A. and Lasorsa, D. L. (1997). "Perceptions of social change: 100 years of front-page content in the *New York Times* and the *Los Angeles*

Times". in C.W. Roberts (ed.). *Text Analysis for the Social Sciences*. Mahwah, NJ: Lawrence Erlbaum. 103~115.

de Sola Pool, Ithiel (ed.) (1959). *Trends in Content Analysis*. Urbana: University of Illinois Press.

Demirovic, Alex (1992). "'Vom Vorurteil zum Neorassismus': Das Objekt 'Rassismus' in Ideologiekritik und Ideologietheorie". in Institut für Sozialforschung (eds.). *Aspekte der Fremdenfeindlichkeit*. Frankfurt: Campus. 21~54.

Denzin, Norman (1970). *The Research Act in Sociology*. London: Butterworth.

Denzin, Norman K. and Lincoln, Yvonna S. (eds.) (1994). *Handbook of Qualitative Research*. Thousand Oaks: Sage.

Devereux, G. (1976). *Dreams in Greek Tragedy. An Ethno-Psycho-Analytical Study*. Oxford: Blackwell.

Dewey, John (1937). *Logic. The Theory of Inquiry*. New York: Wiley.

Dressler, Wolfgang U. (1989). *Semiotische Parameter einer textlinguistischen Natürlichkeitstheorie*. Wien: Österreichische Akademie der Wissenschaften.

Drew, Paul and Heritage, John (eds.) (1992). *Talk at Work. Interaction in Institutional Settings*. Cambridge: Cambridge University Press.

Duranti, Allessandro and Goodwin, Charles (eds.) (1992). *Rethinking Context. Language as an Interactive Phenomenon*. Cambridge: Cambridge University Press.

Eco, Umberto (1991). *Einführung in die Semiotik*. 7th (edn.). München: Fink UTB; 서우석 역 (1996) 『기호학 이론』, 문학과지성사; 김운찬 역 (2009), 『일반 기호학 이론』, 열린책들.

Ehlich, Konrad (1972). "Thesen zur Sprechakttheorie". in Dieter Wunderlich (ed.). *Linguistische Pragmatik*. Frankfurt: Athenäum. 122~126.

Ehlich, Konrad (1979). *Verwendungen der Deixis beim sprachlichen Handeln*. Frankfurt: Lang.

Ehlich, Konrad (ed.) (1984). *Erzählen in der Schule*. Tübingen: Narr.

Ehlich, Konrad (1986, 1996). "Funktional-pragmatische Kommunikationsanalyse": Ziele und Verfahren, in Ludger Hoffmann (ed.). *Sprachwissenschaft. Ein Reader*. Berlin: de Gruyter.

Ehlich, Konrad (1991). "Funktional-pragmatische Kommunikationsanalyse. Ziele und Verfahren". in Dieter Flander (ed.). *Verbale Interaktion. Studien zur Empirie und Methodologie der Pragmatik*. Stuttgart: Metzler. 127~143.

Ehlich, Konrad (1993). "Diskursanalyse". in Helmut Glück (1993), *Metzler-Lexikon Sprache*. Stuttgart: Metzler. 145~146.

Ehlich, Konrad (ed.) (1994). *Diskursanalyse in Europa*. Frankfurt: Lang.

Ehlich, Konrad and Rehbein, Jochen (1972). "Zur Konstitution pragmatischer Einheiten in einer Institution: Das Speiserestaurant". in D. Wunderlich (ed.). *Linguistische Pragmatik*. Frankfurt: Athenäum. 209~254.

Ehlich, Konrad and Rehbein, Jochen (1976). "Halbinterpretative Arbeitstranskriptionen (HAIT)". *Linguistische Berichte* 45. 21~41.

Ehlich, Konrad and Rehbein, Jochen (1979). "Sprachliche Handlungsmuster". in Hans-Georg Soeffner (ed.). *Interpretative Verfahren in den Sozial-und Textwissenschaften*. Stuttgart: Metzler. 243~274.

Ehlich, Konrad and Rehbein, Jochen (1986). *Muster und Institution. Untersuchungen zur schulischen Kommunikation*. Tübingen: Narr.

Eisler, Rudolf (ed.) (1927). *Wörterbuch der philosophischen Begriff*. Berlin: Mittler.

Fairclough, Norman (1989). *Language and power*. London: Longman; 김지홍 역 (2011), 『언어와 권력』, 도서출판 경진.

Fairclough, Norman (1992a). *Discourse and Social Change*. Cambridge: Polity Press.

Fairclough, Norman (1992b). "Discourse and text: linguistic and intertextual analysis within discourse analysis". *Discourse & Society* 3. 193~219.

Fairclough, Norman (1993). "Critical discourse analysis and the marketization of public discourse: the universities". *Discourse & Society* 4 (2). 133~168.

Fairclough, Norman (1994). "Conversationalization of public discourse and the authority of the consumer". in K Russel, N. Whiteley and N. Abercrombie (eds.). *The Authority of the Consumer*. London: Routledge. 253~268.

Fairclough, Norman (1995a). *Media Discourse*. London and New York: Arnold; 이원표 역 (2004), 『대중매체 담화 분석』, 한국문화사.

Fairclough, Norman (1995b). *Critical Discourse Analysis. The Critical Study of Language*. London and New York: Longman.

Fairclough, Norman (1996). "A reply to Henry Widdowson's discourse analysis: a critical view". *Language & Literature* 5. 1~8.

Fairclough, Norman and Wodak, Ruth (1997). "Critical discourse analysis: an overview". in Teun van Dijk (ed.). *Discourse and Interaction*. London: Sage. 67~97.

Fetterman, David M. (1989). *Ethnography Step by Step*. Newbury Park, CA: Sage.

Fiehler, Reinhard and Sucharowski, Wolfgang (eds.) (1992). *Kommunikationsberatung und Kommunikationstraining. Anwendungsfelder der Diskursforschung*. Opladen: Westdeutscher Verlag.

Fielding, Nigel G. and Fielding, Jane L. (1986). *Linking Data*. Qualitative Research Methods Series No. 4. London: Sage.

Fiol, C. Marlene (1990). "Narrative semiotics: theory, procedure and illustration". in Anne Sigismund Huff (ed.). *Mapping Strategic Thought*. Chichester: Wiley. 377~402.

Firestone, W. A. (1993). "Alternative arguments for generalizing from data as applied to qualitative research". *Educational Researcher* 22. 16~23.

Firth, Alan (1995). "Ethnomethodology". in J. Verschueren, Jan-Ola Östman and J. Blommaert (eds.). *Handbook of Pragmatics. Manual.* Amsterdam: Benjamins. 269~278.

Fitch, Kristine L. and Philipsen, Gerry (1995). "Ethnography of speaking". in J. Verschueren, Jan-Ola Östman and J. Blommaert (eds.). *Handbook of Pragmatics. Manual.* Amsterdam: Benjamins. 263~269.

Flader, Dieter (eds.) (1991). *Verbale Interaktion. Studien zur Empirie und Methodologie der Pragmatik.* Stuttgart: Metzler.

Flader, Dieter and von Trotha, Thilo (1988). "Über den geheimen Positivismus und andere Eigentümlichkeiten der ethnomethodologischen Konversationsanalyse". *Zeitschrift für Sprachwissenschaft* 7 (1). 92~115.

Flick, Uwe, Kardorff, Ernst v., Keupp, Heiner, Rosenstiel, Lutz v. and Wolff, Stephan (eds.) (1991). *Handbuch Qualitative Sozialforschung.* München: Psychologie-Verlag-Union.

Forster, Nick (1994). "The analysis of company documentation". in C. Cassell and G. Symon (eds.). *Qualitative Methods in Organizational Research.* London: Sage. 147~166.

Foucault, Michel (1972). *The Archaeology of Knowledge and the Discourse on Language.* trans. A. M. Sheridan. London: Tavistock; 이정우 역 (2000), 『지식의 고고학』, 민음사.

Foucault, Michel (1981). *History of Sexuality* Vol. 1. Harmondsworth: Penguin; 이규현 역 (2004), 『성의 역사』 1, 나남.

Foucault, Michel (1990) [1972]. *Archäologie des Wissens.* Frankfurt: Fischer. [English: *The Archaeology of Knowledge and the Discourse on Language.* New York: Random House]

Foucault, Michel (1993) [1971]. *Die Ordnung des Diskurses.* Frankfurt: Fischer. [Orig.: *L'ordre du discours.* Paris: Gallimard]; 이정우 역 (2012), 『담론의 질서』, 중원문화.

Fowler, Roger (1991). "Critical linguistics". in Kirsten Malmkjaer (ed.). *The Linguistic Encyclopedia*. London: Routledge. 89~93.

Fowler, Roger, Hodge, Bob, Kress, Gunther and Trew, Tony (eds.) (1979). *Language and Control*. London: Routledge & Kegan Paul.

Friedrich, Georg (1994). "Zur Funktionalen Pragmatik der Kommunikation im Unterricht sehgeschädigter Schüler". in G. Brünner and G. Graefen (eds.). *Texte und Diskurse*. Opladen: Westdeutscher Verlag. 374~385.

Fritz, Gerd and Hundsnurscher, Franz (eds.) (1994). *Handbuch der Dialoganalyse*. Tübingen: Niemeyer.

Garfield, Eugene (1991a). "How to use the Social Sciences Citation Index® (SSCI ®)". in *SSCI® Social Science Index® (ed.): Guide and Lists of Source Publications*. Philadelphia, PA: Institute for Scientific Information Inc.®. 45~52.

Garfield, Eugene (1991b). "The Citation Index as a search tool". in *SSCI® Social Science Index® (ed.): Guide and Lists of Source Publications*. Philadelphia, PA: Institute for Scientific Information Inc.®. 24~44.

Garfinkel, Harold (1952). *The perception of the other: A Study in social order*. Ph.D. Dissertation. Harvard University, MA.

Garfinkel, Harold (1967). *Studies in Ethnomethodology*. Englewood Cliffs, NJ: Prentice Hall.

Garfinkel, Harold (1972). "Studies of the routine grounds of everyday activities". in D. Sudnow (ed.). *Studies in Social Interaction*. New York: The Free Press. 1~30.

Garfinkel, Harold (1974). "On the origins of the term 'ethnomethodology'". in R. Turner (ed.). *Ethnomethodology*. Harmondsworth: Penguin. 15~18.

Garz, Detlef and Kraimer, Klaus (eds.) (1994). *Die Welt als Text. Theorie, Kritik und Praxis der objektiven Hermeneutik*. Frankfurt: Suhrkamp.

Geertz, Clifford (1973). *The Interpretation of Cultures*. New York: Basic Books;

문옥표 역 (2009), 『문화의 해석』, 까치.

Geertz, Clifford (1987). *Dichte Beschreibung. Beiträge zum Verstehen Kultureller Systeme*. Frankfurt: Suhrkamp.

Gerbner, George, Holsti, Ole, Krippendorff, Klaus, Paisley, William J. and Stone, Philip J. (eds.) (1969). *The Analysis of Communication Content. Development in Scientific Theories and Computer Techniques*. New York: Wiley.

Giles, Howard and Robinson, William P. (eds.) (1990). *Handbook of Language and Social Psychology*. New York: Wiley.

Girnth, Heiko (1996). "Texte im politischen Diskurs". *Muttersprache* 106(1). 66~80.

Glaser, Barney G. (1978). *Theoretical Sensitivity. Advances in the Methodology of Grounded Theory*. Mill Valley, CA: Sociology Press.

Glaser, Barney G. (1992). *Emergence vs. Forcing. Advances in the Mehtodology of Grounded Theory*. Mill Valley, CA: Sociology Press; 김인숙·장혜경 역 (2014), 『근거이론 분석의 기초: 글레이저의 방법』, 학지사.

Glaser, Barney G. and Strauss, Anselm L. (1965). *Awareness of Dying*. Chicago, IL: Aldine.

Glaser, Barney G. and Strauss, Anselm L. (1967). *The Discovery of Grounded Theory. Strategies for Qualitative Research*. Chicago, IL: Aldine; 이병식·박상욱·김사훈 역 (2011), 『근거이론의 발견: 질적연구 전략』, 학지사.

Glaser, Barney G. and Strauss, Anselm L. (1968). *Time for Dying*. Chicago, IL: Aldine.

Glück, Helmut (1993). *Metzler-Lexikon Sprache*. Stuttgart: Metzler.

Goffman, Erving (1974). *Frame Analysis*. New York: Harper & Row.

Goffman, Erving (1981). *Forms of Talk*. Oxford: Blackwell.

Goode, W.J. and Hatt, P. K. (1952). *Methods in Social Research*. New York:

McGraw-Hill.

Gramsci, Antonio (1971). *Selections from the Prison Notebooks*. London: Lawrence & Wishart; 이상훈 역 (2006), 『그람시의 옥중수고 1: 정치편』, 거름.

Gramsci, Antonio (1983). *Marxismus und Kultur. Idelogie, Alltag, Literatur.* Hamburg: VSA.

Greimas, Algirdas J. (1974). "Die Isotopie der Rede". in W. Kallmeyer, W. Klein, R. Meyer-Hermann, K. Netzer and H.-J. Siebert (eds.). *Lektürekolleg zur Textlinguistik*. Frankfurt: Athenäum. 126~152.

Greimas, Algirdas J. (1983) [1966]. *Structural Semantics. An Attempt at a Method.* Lincoln: University of Nebraska Press. [Orig.: *Sémantique structurale. Recherche de méthode.* Paris: Larousse.]

Greimas, Algirdas J. (1987). *On Meaning. Selected Writings in Semiotic Theory.* London: Frances Pinter; 김성도 역 (1997), 『의미에 관하여』, 인간사랑.

Greimas, Algirdas J. and Rastier, Francois (1968). *The Interaction of Semiotic Constraints. Yale French Studies: Game, Play and Literature.* New Haven, CT: Eastern Press.

Grice, H. Paul (1975). "Logic and conversation". in P. Cole and J.L. Morgan (eds.). *Syntax and Semantics*. Vol. 3: Speech Acts. New York: Academic Press. 41~58.

Gruber, Helmut (1996). *Streitgespräche. Zur Pragmatik Einer Diskursform.* Opladen: Westdeutscher Verlag.

Gülich, Elisabeth and Kotschi, Thomas (1987). "Reformulierungshandlungen als Mittel der Textkonstitution. Untersuchungen zu französischen Texten aus mündlicher Kommunikation". in W. Motsch (ed.). *Satz, Text, sprachliche Handlung*. Berlin: Akademie Verlag. 199~261.

Gülich, Elisabeth and Quasthoff, Uta M. (1985). "Narrative analysis". in Teun A. van Dijk (ed.). *Handbook of Dicourse Analysis*. Vol. 2: Dimensions of Discourse. London: Academic Press. 169~197.

Gumperz, John J. (1982). *Discourse Strategies*. Cambridge: Cambridge University Press.

Gumperz, John J. and Levinson, Stephen C. (eds.) (1996). *Rethinking Linguistic Relativity*. Cambridge: Cambridge University Press.

Gumperz, John J. and Hymes, Dell (eds.) (1964). "The Ethnography of Communication". *American Anthropologist* 66(6).

Gumperz, John J. and Hymes, Dell (eds.) (1972). *Directions in Sociolinguistics. The Ethnography of Communication*. New York: Holt, Rinehart and Winston.

Habermas, Jürgen (1970). *Zur Logik der Sozialwissenschaften*. Frankfurt: Suhrkamp; 박성수 역 (1988), 『사회과학의 논리』, 문예출판사.

Habermas, Jürgen (1971). *Erkenntnis und Interesse*. Frankfurt: Suhrkamp; 강영계 역 (1989), 『인식과 관심』, 고려원.

Hakim, C. (1992). *Research Design. Strategies and Choices in the Design of Social Research*. London and New York: Routledge. 61~74.

Halliday, Michael A. K. (1970). "Language structure and language function". in John Lyons (ed.). *New Horizons in Linguistics*. Harmondsworth: Penguin. 140~165.

Halliday, Michael A. K. (1973). *Explorations in the Functions of Language*. London: Arnold.

Halliday, Michael A. K. (1978). *Language and Social Semiotic*. London: Arnold.

Halliday, Michael A. K. (1985). *An Introduction to Functional Grammar*. 2nd (edn.) 1994. London: Arnold.

Halliday, Michael A.K. and Hasan, Raquiah (1976). *Cohesion in English*. London: Arnold.

Hammersley, Martyn (1992). *What's Wrong with Ethnography. Methodological Explanations*. London: Routledge.

Hammersley, Martyn and Atkinson, Paul (1995). *Ethnography. Principles in Practice* 2nd (edn.). London: Routledge.

Hare, A. Paul and Naveh, David (1986). "Conformity and creativity: Camp David, 1978". *Small-Group-Behavior* 17(3). 243~268.

Hartley, J. F. (1994). "Case studies in organizational research". in C. Caselle and G. Symon (eds.). *Qualitative Methods on Organizational Research*. London: Sage. 208~229.

Heckmann, Friedrich (1992). "Interpretationsregeln zur Auswertung qualitativer Interviews und sozialwissenschaftlich relevanter 'Texte'. Anwendungen der Hermeneutik für die empirische Sozialforschung". in Jürgen H. P. Hoffmeyer–Zlotnik (ed.). *Analyse verbaler Daten*. Opladen: Westdeutscher Verlag. 142~167.

Heider, Fritz (1958). *The Psychology of Interpersonal Relations*. New York: Wiley.

Heinemann, Wolfgang and Viehweger, Dieter (1991). *Textlinguistik: eine Einführung*. Tübingen: Niemeyer.

Heinze, Thomas (1987) *Qualitative Sozialforschung: Erfahrungen, Probleme und Perspektiven*. Opladen: Westdeutscher Verlag.

Helm, June (ed.) (1967). "Essays on the verbal and visual arts". Proceedings of the 1966 Annual Spring Meeting of the American Ethnological Society. Seattle: University of Washington Press for the American Ethnological Society.

Hempel, Carl G. (1952). *Fundamentals in Concept Formation in Empirical Science*. Chicago, IL: University of Chicago Press.

Heritage, John (1984). *Garfinkel and Ethnomethodology*. Cambridge: Polity Press.

Heritage, John (1985). "Analysing news interview: aspects of the production of talk for an overhearing audience". in Teun A. van Dijk (ed.). *Handbook of Discourse Analysis.* Vol. 3: Discourse and Dialogue. London: Academic Press. 95~131.

Herkner, Werner (1974). "Inhaltsanalyse". in Jürgen von Koolwijk and Maria Wieken-Mayser (eds.). *Techniken der empirischen Sozialforschung.* München: Oldenbourg. Vol. 3. 158~191.

Herkner, Werner (1980). *Attribution. Psychologie der Kausalität.* Bern: Huber.

Hildenbrand, Bruno and Jahn, Walter (1988). "'Gemeinsames Erzählen' und Prozesse der Wirklichkeitskonstruktion in familiengeschichtlichen Gesprächen". *Zeitschrift für Soziologie* 17. 203~217.

Hoefert, Hans Wolfgang and Klotter, Christoph (eds.) (1994). *Neue Wege der Psychologie. Eine Wissenschaft in der Veränderung.* Heidelberg: Asanger.

Hoffmann, Ludger (ed.) (1996). *Sprachwissenschaft. Ein Reader.* Berlin: de Gruyter.

Hoffmeyer-Zlotnik, Jürgen H. P. (ed.) (1992). *Analyse verbaler Daten.* Opladen: Westdeutscher Verlag.

Höhle, Tilman (1982). "Explikationen für 'normale Betonung' und 'normale Wortstellung'". in W. Abraham (ed.). *Satzglieder im Deutschen.* Tübingen: Narr. 75~153.

Holstein, James A. and Gubrium, Jaber F. (1994). "Phenomenology, ethnomethodology, and interpretive practice". in Norman K. Denzin and Yvonna S. Lincoln (eds.). *Handbook of Qualitative Research.* Thousand Oak, CA: Sage. 262~272.

Holsti, Ole R. (1968). "Content analysis". in G. Lindzey and E. Aronson (eds.). *The Handbook of Social Psychology.* 2nd (edn.). Vol. 2: Research Methods. Reading: Addison-Wesley.

Holsti, Ole R. (1969). *Content Analysis for the Social Sciences and Humanities.* Reading: Addison-Wesley.

Hopf, Christel (1979). "Soziologie und qualitative Sozialforschung". in Ch. Hopf and E. Weingarten (eds.). *Qualitative Sozialforschung*. Stuttgart: Klett-Cotta. 11~37.

Huff, Anne Sigismund (ed.) (1990). *Mapping Strategic Thought*. Chichester: Wiley.

Hughes, Everett C. (1993). *The Sociological Eye* 2nd (edn.). New Brunswick, NJ: Transaction Books.

Hutchby, Ian and Drew, Paul (1995). "Conversation analysis". in J. Verschueren, J.-O. Östman and J. Blommaert (eds.). *Handbook of Pragmatics. Manual*. Amsterdam: Benjamins. 182~189.

Hymes, Dell (1962). "The ethnography of speaking". in Thomas Gladwin and William C. Sturtevant (eds.). *Anthropology and Human Behavior*. Washington, DC: Anthropological Society of Washington. 13~53.

Hymes, Dell (1970). "Linguistic method in ethnography". in P. Garvin (ed.). *Method and Theory in Linguistics*. The Hague: Mouton. 249~325.

Hymes, Dell (1971). "Sociolinguistics and the Ethnography of Speaking". In E. Ardener (ed.). *Social Anthropology and Language*. London: Tavistock.

Hymes, Dell (1972). "Models of interaction of language and social life". in John J. Gumperz and Dell Hymes (eds.). *Directions in Sociolinguistics. The Ethnography of Communication*. New York: Holt, Rinehart and Winston. 35~71.

Hymes, Dell (1974). *Foundations in Sociolinguistics*. Philadelphia: University of Pennsylvania Press.

Hymes, Dell (1976). "The state of the art in linguistic anthropology". in Anthony F. C. Wallace (ed.). *Perspectives on Anthropology*. Washington: American Anthropological Association.

Hymes, Dell (1979). *Soziolinguistik. Zur Ethnographie der Kommunikation*. (ed.) by Florian Coulmas. Frankfurt: Suhrkamp.

Iedema, Richard and Wodak, Ruth (1999). special issue "Discourse in organizations". *Discourse & Society* 10(1).

Iedema, Rick and Wodak, Ruth (1999). "Introduction: organizational discourse and practices". *Discourse & Society* 10(1). 5~20.

Ihwe, Jens (ed.) (1971). *Literaturwissenschaft und Linguistik. Ergebnisse und Perspektiven*. Bad Homburg v. d. H.: Gehlen. 173~212.

Institut für Sozialforschung (eds.) (1992). *Aspekte der Fremdenfeindlichkeit*. Frankfurt: Campus.

Jacobs, Joachim (1988). "Fokus-Hintergrund-Gliederung und Grammatik". in H. Altmann (ed.). *Intonationsforschung*. Tübingen: Niemeyer. 89~134.

Jäger, Siegfried (1993). *Kritische Diskursanalyse. Eine Einführung*. Duisburg: Diss.

Jakobson, Roman (1960). "Concluding statement: linguistics and poetics". in T. A. Sebeok (ed.). *Style in Language*. Cambridge, MA: John Wiley and MIT Press.

Jefferson, Gail (1972). "Side sequences". In D. Sudnow (ed.). *Studies in Social Interaction*. New York: The Free Press. 294~338.

Jung, Thomas and Müller-Doohm, Stefan (eds.) (1993). *'Wirklichkeit' im Deutungsprozeß. Verstehen in den Kultur- und Sozialwissenschaften*. Frankfurt: Suhrkamp.

Kallmeyer, Werner (1988). "Konversationsanalytische Beschreibung". in U. Ammon, N. Dittmar and K. Mattheier (eds.). *Sociolinguistcs*. Berlin and New York: de Gruyter. 1095~1108.

Kallmeyer, Werner and Schütze, Fritz (1976). "Konversationsanalyse". *Studium Linguistik* 1. 1~28.

Kallmeyer, Werner, Klein, Wolfgang, Meyer-Hermann, Reinhard, Netzer, Klaus and Siebert, Hans-Jürgen (eds.) (1974). *Lektürekolleg zur Textlinguistik*. Frankfurt: Athenäum.

Kant, Immanuel (1974) [1781]. *Kritik der reinen Vernunft*. Frankfurt: Suhrkamp; 백종현 역 (2006), 『순수이성비판』, 아카넷; 정명오 역 (2007), 『순수이성비판/실천이성비판』, 동서문화사.

Kearny, M. H., Murphy, S., Irwin, K. and Rosenbaum, M. (1995). "Salvaging self: a grounded theory of pregnancy on crack cocaine". *Nursing Research* 44. 208~213.

Keat, Russel, Whiteley, Nigel and Abercrombie, Nicholas (eds.) (1994). *The Authority of the Consumer*. London: Routledge.

Kelle, Udo (1994). *Empirisch begründete Theoriebildung. Zur Logik und Methodologie interpretativer Sozialforschung*. Weinhein: Deutscher Studienverlag.

Kelley, Harold H. (1967). "Attribution theory in social psychology". in D. Levine (ed.). *Nebraska Symposium on Motivation*. Lincoln: University of Nebraska Press. 192~238.

Kelly, George A. (1955). "The Psychology of Personal Constructs". Vol. 1. *A Theory of Personality*. New York: Norton.

Kenny, Anthony (1974). *Wittgenstein*. Frankfurt: Suhrkamp.

Keppler, A. (1994). *Tischgespräche. Über Formen kommunikativer Vergemeinschaftung am Beispiel der Konversation in Familien*. Frankfurt a. M.: Suhrkamp.

Kieser, Alfred, Reber, Gerhard and Wunderer, Rudolf (eds.) (1995). *Handwörterbuch der Führung*. 2nd (edn.). Stuttgart: Poeschel.

Kintsch, Walter and van Dijk, Teun A. (1983). *Strategies of Discourse Comprehension*. New York: Academic Press.

Kleining, Gerhard (1994). "Qualitativ heuristische Sozialforschung". *Schriften zur Theorie und Praxis*. Hamburg–Harvestehude: Fechner(printed in 2nd (edn.), 1995).

Kluckhohn, C. (1944). *Navaho Witchcraft*. Boston, MA: Beacon Press.

Knauth, Bettina, Kroner, Wolfgang and Wolff, Stephan (1990, 1991) "Konversationsanalyse von Texten". *Angewandte Sozialforschung* 16 (1~2). 31~43.

Koerfer, Armin (1994). "Interkulturelle Kommunikation vor Gericht. Verständigungsprobleme beim fremdsprachlichen Handeln in einer kommunikationsintensiven Institution". in G. Brünner and G. Graefen (eds.). *Texte und Diskurse*. Opladen: Westdeutscher Verlag. 351~373.

König, Eckhard and Zedler, Peter (eds.) (1995). *Bilanz qualitativer Forschung*. Vol. 2: Methoden. Weinheim: Deutscher Studienverlag.

König, Hans-Dieter (ed.) (1996). *Neue Versuche, Becketts Endspiel zu verstehen. Sozialwissenschaftliches Interpretieren nach Adorno*. Frankfurt: Suhrkamp.

König, René (ed.) (1974). *Handbuch der empirischen Sozialforschung*. Vol. 4: Komplexe Forschungsansätze. Stuttgart: Enke.

Koole, Tom and ten Thije, Jan (1994). "Der interkulturelle Diskurs von Teambesprechungen. Zu einer Pragmatik der Mehrsprachigkeit". in G. Brünner and G. Graefen (eds.). *Texte und Diskurse*. Opladen: Westdeutscher Verlag. 412~434.

Koolwijk, Jürgen von and Wieken-Mayser, Maria (eds.) (1974). *Techniken der empirischen Sozialforschung*. Vol. 3. München: Oldenbourg.

Kotthoff, Helga (1996). *Spaß verstehen. Zur Pragmatik von konversationellem Humor*. Wien: Habilitationsschrift, Universität Wien.

Kracauer, Siegfried (1952). "The challenge of qualitative content analysis". *Public Opinion Quarterly* 16. 631~642.

Kress, Gunther (1993). "Against arbitrariness: the social production of the sign". *Discourse & Society* 4 (2). 169~193.

Kress, Gunther and Hodge, Bob (1979). *Language as Ideology*. London: Routledge.

Kress, Gunther and Threadgold, Terry (1988). "Towards a social theory of genre".

Southern Review 21. 215~243.

Kress, Gunther and van Leeuwen, Theo (1996). *Reading Images. The Grammar of Visual Design*. London: Routledge.

Kreutz, Henrik (1988). "Die Integration von empirischer Forschung, theoretischer Analyse und praktischem Handeln". In Henrik Kreutz (ed.). *Pragmatische Soziologie*. Opladen: Leske and Budrich. 11~32.

Krippendorff, Klaus (1969). "Models of messages: three prototypes". in G. Gerbner, O. Holsti, K. Krippendorff, W. J. Paisley and P. J. Stone (eds.). *The Analysis of Communication Content. Development in Scientific Theories and Computer Techniques*. New York: Wiley. 69~106.

Krippendorff, Klaus (1980). *Content Analysis. An Introduction to its Methodology*. Beverly Hills, CA: Sage.

Kriz, Jürgen and Lisch, Ralf (1988). *Methodenlexikon*. München: Psychologie -Verlags-Union.

Krohn, Wolfgang and Küppers, Günter (1989). *Die Selbstorganisation der Wissenschaft*. Frankfurt: Suhrkamp.

Kromrey, Helmut (1994). "Strategien des Informationsmanagements in der Sozialforschung". *Angewandte Sozialforschung* 18. 163~183.

Labov, William and Waletzky, Joshua (1967). "Narrative analysis: oral versions of personal experience". in J. Helm (ed.). *Essays on the Verbal and Visual Arts*. Proceedings of the 1966 Annual Spring Meeting of the American Ethnological Society. Seatle: University of Washington Press for the American Ethnological Society. 12~44.

Lalouschek, Johanna, Menz, Florian and Wodak, Ruth (1990). *Alltag in der Ambulanz. Gespräche zwischen Ärzten, Schwestern und Patienten*. Tübingen: Narr.

Lamnek, Siegfried (1988). *Qualitative Sozialforschung*. Vol. 1: Methodologie. München: Psychologie-Verlags-Union.

Lamnek, Siegfried (1989). *Qualitative Sozialforschung*. Vol. 2: Methoden und Techniken. München: Psychologie-Verlags-Union.

Lasswell, Harold D. (1941). *Describing the Contents of Communication. Experimental Division for the Study of Wartime Communication*. Vol. 9. Washington, DC: Library of Congress.

Lasswell, Harold D. (1946). "Describing the contents of communication". in B.L. Smith, H. D. Lasswell and R. D. Casey (eds.). *Propaganda, Communication and Public Opinion*. Princeton, NJ: Princeton University Press. 74~94.

Lazarsfeld, Paul, Berelson, Bernhard and Gauder, Hazel (1955). *The people's Choice. How the Voter Makes up his Mind in a Presidential Campaign*. 2nd (edn.). New York: Columbia University Press.

Lee, Penny (1996). *The Whorf Theory Complex. A Critical Reconstruction*. Amsterdam: Benjamins.

Lee, Raymond M. and Fielding, Nigel (1996). "Qualitative data analysis: representations of a technology: a comment on Coffey, Holbrook and Atkinson". *Sociological Research Online* 1(4).
http://www.socreonline.org.uk/socreonline

Leithäuser, Thomas, Volmerg, Birgit, Salje, Gunther, Volmerg, Ute and Wutka, Berhard (1977). *Entwurf zu einer Empirie des Alltagsbewußtseins*. Frankfurt: Suhrkamp.

Lemke, Jay L. (1995). *Textual Politics. Discourse and Social Dynamics*. London: Taylor & Francis.

Lepenies, Wolf (ed.) (1981). *Geschichte der Soziologie: Studien zur kognitiven, sozialen und historischen Identität einer Disziplin*. Frankfurt: Suhrkamp.

Levinson, Stephen C. (1983). *Pragmatics*. Cambridge: Cambridge University Press.

Lewin, Kurt (1951). *Field Theory in Social Science*. New York: Harper &

Brothers.

Lindzey, Gardner and Aronson, Elliot (eds.) (1968). *The Handbook of Social Psychology*. 2nd (edn.). Vol. 2: Research Methods. Reading: Addison-Wesley.

Lindzey, Gardner and Aronson, Elliot (eds.) (1985). *The Handbook of Social Psychology*. 3rd (edn.). Vol. 2: Research Methods. Reading: Addison-Wesley.

Lisch, Ralf and Kriz, Jürgen (1978). *Grundlagen und Modelle der Inhaltsanalyse*. Reinbek: Rowohlt.

Lobel, Sharon A. (1989). "Inhaltsanalysen von Tiefeninterviews". in J.F. Schneider (ed.). *Inhaltsanalyse alltagssprachlicher Beschreibungen sozialer Interaktionen*. Beiträge zur SYMLOG-Kodierung von Texten. Saarbrücken-Scheidt: Dadder. 67~87.

Lucy, John (1992). *Grammatical Categories and Cognition. A Case Study of the Linguistic Relativity Hypothesis*. Cambridge: Cambridge University Press.

Luhmann, Niklas (1981). *Soziologische Aufklärung*. Vol. 3. Opladen: Westdeutscher Verlag.

Luhmann, Niklas (1984). *Soziale Systeme*. Frankfurt: Suhrkamp; 박여성 역 (2007), 『사회체계이론』, 한길사.

Luhmann, Niklas (1990a). *Die Wissenschaft der Gesellschaft*. Frankfurt: Suhrkamp.

Luhmann, Niklas (1990b). *Soziologische Aufklärung*. Vol. 5: Konstruktivistische Perspektiven. Opladen: Westdeutscher Verlag.

Luhmann, Niklas (1995). "Was ist Kommunikation?". in N. Luhmann, *Soziologische Aufklärung*. Vol. 6. Opladen: Westdeutscher Verlag. 113~124.

Lutz, Benedikt and Wodak, ruth (1987). *Information für Informierte*.

Linguistische Studien zu Verständlichkeit und Verstehen von Hörfunknachrichten. Wien: Akademie der Wissenschaften.

Lyons, john (de.) (1970). *New Horizons in Linguistics.* Harmondsworth: Penguin.

Maag, Gisela (1989). "Zur Erfassung von Werten in der Umfrageforschung". *Zeitschrift für Soziologie* 18. 313~323.

Maas, Utz (1984). *'Als der Geist der Gemeinschaft eine Sprache fand'. Sprache im Nationalsozialismus. Versuch einer historischen Argumentationsanalyse.* Opladen: Westdeutscher Verlag.

Maas, Utz (1988). "Probleme und Tradition der Diskursanalyse". *Zeitschrift für Phonetik, Sprachwissenschaft und Kommunikationsforschung* 41(6). 717~729.

Mach, Ernst (1968) [1905]. *Erkenntnis und Irrtum. Skizzen zur Psychologie der Forschung.* Darmstadt: Wissenschaftliche Buchgesellschaft [zuerst Leipzig].

Macheiner, Judith (1991). *Das Grammatische Varieté oder die Kunst und das Vergnügen, deutsche Sätze zu bilden.* Frankfurt: Eichborn.

Maingueneau, Dominique (1987). *Nouvelles tendances en Analyse du Discours.* Paris: Hachette.

Maisel, Richard and Persell, Caroline Hodges (1996). *How Sampling Works.* Thousand Oaks, CA: Pine Forge.

Malinowski, Bronislaw (1966) [1935]. *Coral Gardens and their Magic.* Vol. 2: The Language of Magic and Gardening. London: Bloomington [New York: American]; 유기쁨 역 (2012), 『산호섬의 경작지와 주술』, 아카넷.

Malmkjaer, Kirsten (ed.) (1991a). *The Linguistics Encyclopedia.* London: Routledge.

Malmkjaer, Kirsten (1991b). "Discourse and conversational analysis". in K. Malmkjaer (ed.). *The Linguistics Encyclopedia.* London: Routledge.

100~110.

Malmkjaer, Kirsten (1991c). "Systemic grammar". in K. Malmkjaer (ed.). *The Linguistics Encyclopedia*. London: Routledge. 447~452.

Manning, Peter K. and Cullum-Swan, Betsy (1994). "Narrative, content, and semiotic analysis". in N. K. Denzin and Y. S. Lincoln (eds.). *Handbook of Qualitative Research*. Thousand Oak, CA: Sage. 463~477.

Mathes, Rainer (1992). "Hermeneutisch-klassifikatorische Inhaltsanalyse von Leitfaden- gesprächen. Über das Verhältnis von quantitativen und qual- itativen Verfahren der Textanalyse und die Möglichkeit ihrer Kombination". in J. H. P. Hoffmeyer-Zlotnik (ed.). *Analyse verbaler Daten*. Opladen: Westdeutscher Verlag. 402~424.

Matouschek, Bernd and Wodak, Ruth (1995, 1996). "Diskurssoziolinguistik. Theorien, Methoden und Fallanalysen der diskurs-historischen Methode am Beispiel von Ausgrenzungsdiskursen". in *Wiener Linguistishce Gazette* 55~56. 34~71.

Matouschek, Bernd, Wodak, Ruth and Januschek, Franz (1995). *Notwendige Maßnahmen gegen Fremde?: Genese und Formen von rassistischen Diskursen der Differenz*. Wien: Passagen.

Matthiesen, Ulf (1994). "Standbein-Spielbein. Deutungsmusteranalysen im Spannungs- feld zwischen objektiver Hermeneutik und Sozialphänomenologie". in D. Garz (ed.). *Die Welt als Text*. Fankfurt: Suhrkamp. 73~113.

Mayring, Philip (1988). *Qualitative Inhaltsanalyse. Grundlagen und Techniken*. Weinheim: Deutscher Studienverlag.

Mayring, Philip (1991). "Qualitative Inhaltsanalyse". in U. Flick, E. von Kardorff, H. Keupp, L. von Rosenstiel and S. Wolff (eds.). *Handbuch Qualitative Sozialforschung*. München: Psychologie-Verlags-Union. 209~213.

McClelland, David C., Atkinson, John W., Clark, Russel A. and Lowell, Edgar L. (1953). *The Achievement Motive*. New York: Appleton Century

Crofts.

Mead, George H. (1938a). *The Philosophy of the Act*. Chicago, IL: University of Chicago Press.

Mead, George H. (1938b). *Mind, Self, and Society*. Chicago, IL: University of Chicago Press; 나은영 역 (2010), 『정신, 자아, 사회』, 한길사.

Meinefeld, Werner (1997). "Ex-ante Hypothesen in der Qualitativen Sozialforschung: zwischen 'fehl am Platz' und 'unverzichtbar'". *Zeitschrift für Sozialforschung* 26. 22~34.

Menz, Florian (1991). *Der geheime Dialog: medizinische Ausbildung und institutionalisierte Verschleierungen in der Arzt-Patient-Kommunikation; eine diskursanalytische Studie*. Frankfurt: Lang.

Merten, Klaus (1983). *Inhaltsanalyse. Einführung in Theorie, Methode und Praxis*. Opladen: Westdeutscher Verlag.

Meulemann, Heiner and Elting-Camus, Agnes (eds.) (1993). *Lebensverhältnisse und soziale Konflikte im neuen Europa, Sektionen, Arbeits- und Ad hoc-Gruppen* 26. Deutscher Soziologentag. Opladen: Westdeutscher Verlag.

Mey, Jacob (1985). *Whose Language?*. Philadelphia, PA: Benjamins.

Mey, Jacob (1993). *Pragmatics: An Introduction*. Oxford: Blackwell.

Ming-Yulh, Tsay (1995). "The impact of the concept of post-industrial society and information-society: a citation analysis study". *Scientometrics* 33. 329~350.

Moi, Toril (ed.) (1986). *The Kristeva Reader*. New York: Columbia University Press.

Moreno, Jacob L. (1953). *Who Shall Survive? Foundation of Sociometry, Group Psychotherapy and Sociodrama*. New York: Beacon House.

Morris, Charles (1938). *Foundation of a Theory of Signs*. Chicago, IL: University of Chicago Press.

Morris, Charles (1946). *Signs, Language and Behavior*. New York: Prentice Hall.

Motsch, Werner (ed.) (1987). *Satz, Text, sprachliche Handlung*. Berlin: Akad. Verlag.

Muhr, Thomas (1991) "ATLAS/ti – a prototype for the support of text interpretation". *Qualitative Sociology* 14(4). 349~371.

Muhr, Thomas (1991). "ATLAS/ti: Ein Werkzeug für die Textinterpretation". in Andreas Böhm, Andreas Mengel and Thomas Muhr (eds.). *Texte verstehen, Konzepte, Methoden, Werkzeug. Schriften zur Informationswissenschaft*. Konstanz: Universitätsverlag. 317~324.

Mullins, Nicholas C. (1973). *Theory and Theory Groups in Contemporary American Sociology*. New York: HarperCollins.

Mullins, Nicholas C. (1981). "Ethnomethodologie. Das Spezialgebiet, das aus der Kälte kam". in Wolf Lepenies (ed.). *Geschichte der Soziologie: Studien zur kognitiven, sozialen und historischen Identität einer Disziplin*. Frankfurt: Suhrkamp. 97~136.

Oevermann, Ulrich (1983). "Zur Sache. Die Bedeutung von Adornos method- ologischem Selbstverständnis für die Begründung einer materialen sozio- logischen Strukturanalyse". in Ludwig von Friedeburg and Jürgen Habermas (eds.). *Adorno Konferenz* 1983. Frankfurt: Suhrkamp. 234~289.

Oevermann, Ulrich (1993). "Die objektive Hermeneutik als unverzichtbare meth- odologische Grundlage für die Analyse von Subjektivität. Zugleich eine Kritik der Tiefenhermeneutik". in Thomas Jung and Stefan Müller-Doohm (eds.). *'Wirklichkeit' im Deutungsprozeß. Verstehen in den Kultur- und Sozialwissenschaften*. Frankfurt: Suhrkamp. 106~189.

Oevermann, Ulrich (1996). "Becketts 'Endspiel' als Prüfstein hermeneutischer Methodologie. Eine Interpretation mit den Verfahren der objektiven Hermeneutik (Oder: Ein objektive-hermeneutisches Exerzitium)". in Hans-Dieter König (ed.). *Neue Versuche, Becketts Endspiel zu verstehen*.

Sozialwissenschaftliches Interpretieren nach Adorno. Frankfurt: Suhrkamp. 93~249.

Oevermann, Ulrich, Allert, Tilman, Konau, Elisabeth and Krambeck, Jürgen (1979). "Die Methodologie einer 'objektiven Hermeneutik' und ihre allgemeine forschungslogische Bedeutung in den Sozialwissenschaften". in Hans-Georg Soeffner (ed.). *Interpretative Verfahren in den Sozial- und Textwissenschaften*. Stuttgart: Metzler. 352~434.

Oevermann, Ulrich, Allert, Tilman, Konau, Elisabeth and Krambeck, Jürgen (1983). "Die Methodologie der objektiven Hermeneutik". in Peter Zedler and Heinz Moser (eds.). *Aspekte qualitativer Sozialforschung. Studien zu Aktionsforschung, empirischer Hermeneutik und reflexiver Sozialtechnologie*. Opladen: Westdeutscher Verlag. 95~123.

Orlik, Peter (1987). "Ein semantischer Atlas zur Codierung alltagssprachlicher Beschreibungen nach dem SYMLOG-Raummodell". *International Journal of Small Group Research* 3. 88~111.

Orlik, Peter and Schario, Reinhild (1989). "Die Analyse sozialer Interaktionsfelder in der Romanliteratur". in Johannes F. Schneider (ed.). *Inhaltsanalyse alltagssprachlicher Beschreibungen sozialer Interaktionen. Beiträge zur SYMLOG-Kodierung von Texten*. Saarbrücken-Scheidt: Dadder. 19~51.

Osgood, Charles E. (1959). "The representational model and relevant research methods". in Ithiel de Sola Pool (ed.). *Trends in Content Analysis*. Urbana: University of Illinois Press. 33~88.

Osgood, Charles E., Saporta, Sol and Nunnally, Jum (1954). *Evaluation Assertive Analysis*. Chicago, IL: University of Chicago Press.

Parsons, Talcott (1951a). *The Social System*. Glencoe, IL: The Free Press.

Parsons, Talcott (1951b). *Toward a General Theory of Action*. Cambridge, MA: Harvard University Press.

Peirce, Charles S. (1958, 1967). *Collected Papers*. Vol. 1-8. Cambridge, MA:

Harvard University Press.

Pennycook, Alistair (1994). "Incommensurable discourse?". *Applied Linguistics* 15(2). 115~137.

Petöfi, János S. (1971). "Probleme der kontextuellen Analyse von Texten". in Jens Ihwe (ed.). *Literaturwissenschaft und Linguistik. Ergebnisse und Perspektiven*. Bad Homburg v. d. H.: Gehlen. 173~212.

Phillipsen, Gerry (1992). *Speaking Culturally*. New York: State University Press.

Pittenger, Robert E., Hockett, Charles F. and Danehy, John J. (1960). *The First Five Minutes. A Sample of Microscopic Interview Analysis*. Ithaca, NY: Martineau.

Projektteam 'Sprache und Vorurteil' (1989). *'Wir sind alle unschuldige Täter!' Studien zum antisemitischen Diskurs im Nachkriegsösterreich*. 2 Vol. Endbericht, unpublished.

Projektteam (1996). *'Identitätswandel Österrichs im veränderten Europa'*, Endbericht, unpublished.

Propp, Vladimir I. (1958) [1928]. *Morphology of the Folktale*. The Hague: Mouton; 유영대 역 (2007), 『민담형태론』, 새문사; 어건주 역 (2013), 『민담형태론』, 지식을만드는지식.

Psathas, George (ed.) (1979). *Everyday Language. Studies in Ethnomethodology*. New York: Irvington.

Redder, Angelika (ed.) (1983). *Kommunikation in Institutionen*. Osnabrücker Beiträge zur Sprachtheorie. 24.

Redder, Angelika (1984). *Modalverben in Unterrichtsdiskurs. Zur Pragmatik der Modalverben am Beispiel eines institutionellen Diskurses*. Tübingen: Niemeyer.

Redder, Angelika (1990). *Grammatiktheorie und sprachliches Handeln: 'denn' und 'da'*. Tübingen: Niemeyer.

Redder, Angelika (1994). "'Bergungsunternehmen' – Prozeduren des Malfeldes beim Erzählen". in Gisela Brünner and Gabriele Graefen (eds.). *Texte und Diskurse*. Opladen: Westdeutscher Verlag. 238~264.

Rehbein, Jochen (1977). *Komplexes Handeln. Elemente zur Handlungstheorie der Sprache*. Stuttgart: Metzler.

Rehbein, Jochen (1984). "Beschreiben, Berichten und Erzählen". in Konrad Ehlich (ed.). *Erzählen in der Schule*. Tübingen: Narr. 7~41.

Rehbein, Jochen (1988). "Ausgewählte Aspekte der Pragmatik". in Ulrich Ammon, Nerbert Dittmar and Klaus Mattheier (eds.). *Sociolinguistics. An International Handbook of the Science of Language and Society. Soziolinguistik*. Vol. 2. Berlin and New York: de Gruyter. 1181~1195.

Rehbein, Jochen (ed.) (1997). *Funktionale Pragmatik im Spektrum*. Opladen: Westdeutscher Verlag.

Reichertz, Jo (1994). "Von Gipfeln und Tälern. Bemerkungen zu einigen Gefahren, die den objektiven Hermeneuten erwarten". in Detlef Garz and Klaus Kraimer (eds.). *Die Welt als Text*. Frankfurt: Suhrkamp. 125~152.

Reichertz, Jo (1995). "Die objektive Hermeneutik - Darstellung und Kritik". In Eckhard König and Peter Zedler (eds.). *Bilanz qualitativer Forschung*. Vol. II: Methoden. Weinheim: Deutscher Studienverlag. 379~423.

Reichertz, Jo and Schröer, Norbert (1994). "Erheben, Auswerten, Darstellen. Konturen einer hermeneutischen Wissensoziologie". in Nobert Schröer (ed.). *Interpretative Sozialforschung*. Opladen: Westdeutscher Verlag. 56~84.

Reisigl, Martin (1999). *Wie man eine Nation herbeiredet*. Dissertation Universitaet Wien.

Reisigl, Martin and Wodak, Ruth (1999). "'Austria first': a discourse-historical analysis of the Austrian 'Anti-Foreigner-Petition' in 1993". in Martin Reisigl and Ruth Wodak (eds.). *The Semiotics of Racism*. Vienna: Passagenverlag.

Renkema, Jan (1993). *Discourse Studies. An Introductory Textbook*. Amsterdam: Benjamins.

Richards, Tom and Richards, Lyn (1991). "The NUDIST qualitative data analysis system". *Qualitative Sociology* 14(4). 307~324.

Ricoeur, Paul (1992). *Oneself as Another*. Chicago, IL: University of Chicago Press; 김웅권 역 (2006), 『타자로서 자기 자신』, 동문선.

Ritsert, Jürgen (1972). *Inhaltsanalyse und Ideologiekritik. Ein Versuch über kritische Sozialforschung*. Frankfurt: Athenäum.

Sacks, Harvey (1971). "Das Erzählen von Geschichten innerhalb von Unterhaltungen". in R. Kjolseth and F. Sack (eds.). *Zur Soziologie der sprache*. KZfs 1971. sonderheft 15. 307~314.

Sacks, Harvey (1972a). "An initial investigation of the usability of conversational data for doing sociology". in David Sudnow (ed.). *Studies in Social Interaction*. New York: Free Press. 31~73.

Sacks, Harvey (1972b). "On the analysability of stories by children". in John J. Gumperz and Dell Hymes (eds.). *Directions in Sociolinguistics. The Ethnography of Communication*. New York: Holt, Rinehart and Winston. 325~345.

Sacks, Harvey (1974). "On the Analysability of Stories by Children". in R. Turner (ed.). *Ethnomethodology*. Harmondsworth: Penguin. 216~232.

Sacks, Harvey (1984). "Notes on methodology". in J. Maxwell Atkinson and John C. Heritage (eds.). *Structures of Social Action. Studies in Conversation Analysis*. Cambridge: Cambridge University Press. 13~23.

Sacks, Harvey (1985). "The interference-making machine: notes on observability". in Teun A. van Dijk (ed.). *Handbook of Discourse Analysis*. Vol. 3: Discourse and Dialogue. London: Academic Press. 13~23.

Sacks, Harvey (1992a, 1992b). *Lectures on Conversation*. 2 Vols. Gail Jefferson (ed.). Cambridge: Blackwell.

Sacks, Harvey and Schegloff, Emanuel A. (1979). "Two preferences in the organization of reference to persons in conversation and their interaction". in George Psathas (ed.). *Everyday Language. Studies in Ethnomethodology*. New York: Irvington. 15~21.

Sacks, Harvey, Schegloff, Emanuel A. and Jefferson, Gail (1978). "A simplest systematics for the organization of turn taking for conversation". in Jim Schenkein (ed.). *Studies in the Organization of Conversational Interaction*. New York: Academic Press. 7~55.

Sandig, Barbara and Rothkegel, Annely (eds.) (1984). *Texte-Textsorten-Semantik: linguistische Modelle und maschinelle Verfahren*. Hamburg: Buske.

Saville-Troike, Muriel (1987). "The ethnography of speaking". in Ulrich Ammon, N. Dittmar and K.J. Mattheier (eds.). *Sociolinguistics. An International handbook of Science of Language*. Vol. 1. Berlin and New York: de Gruyter. 660~671.

Saville-Troike, Muriel (1989). *The Ethnography of Communication. An Introduction*. 2nd (edn.). Oxford: Blackwell; 왕한석·백경숙·이진성·김혜숙 역 (2009), 『언어와 사회. 의사소통의 민족지학 입문』, 한국문화사.

Schegloff, Emanuel A. (1987). "Between micro and macro: contexts and other connections". in Jeffrey Alexander (ed.). *The Micro-Macro Link*. Berkeley: University of California Press. 207~234.

Schegloff, Emanuel A. (1992). "On talk and its institutional occasions". in Paul Drew and John Heritage. *Talk at Work: Interaction in Institutional Settings*. Cambridge: Cambridge University Press. 101~134.

Schegloff, Emanuel A. (1998). "Text and context paper". *Discourse & Society* 3. 4~37.

Schegloff, Emanuel A. and Sacks, Harvey (1973). "Opening up closings".

Semiotica 8. 289~327.

Schegloff, Emanuel A., Jefferson, Gail and Sacks, Harvey (1977). "The preference for self-correction in the organization of repair in conversation". *Language* 53. 361~382.

Schenkein, Jim (ed.) (1978a). *Studies in the Organization of Conversational Interaction*. New York: Academic Press.

Schenkein, Jim (1978b). "Sketch of an analytic mentality for the study of conversational interaction". in Jim Schenkein (ed.). *Studies in the Organization of Conversational Interaction*. New York: Academic Press. 1~6.

Schiffrin, Deborah (1994). *Approaches to Discourse*. Oxford: Blackwell.

Schlobinski, Peter (1996). *Empirische Sprachwissenschaft*. Opladen: Westdeutscher Verlag.

Schmidt, Siegfried J. (1992). "Über die Rolle von Selbstorganisation beim Sprachverstehen". in Wolfgang Krohn and Günter Küppers (eds.). *Emergenz: Die Entstehung von Ordnung, Organisation und Bedeutung*. Frankfurt: Suhrkamp. 293~333.

Schneider, Johannes F. (ed.) (1989). *Inhaltsanalyse alltagssprachlicher Beschreibungen sozialer Interaktionen. Beiträge zur SYMLOG-Kodierung von Texten*. Saarbrücken-Scheidt: Dadder.

Schoepflin, Urs (1993). "Bibliometrische Analysen der Entwicklung einer Disziplin: Zur Geschichte der Soziologie". in Heiner Meulemann and Agnes Elting-Camus (eds.). *Lebensverhältnisse und soziale Konflikte im neuen Europa* 26. Deutscher Soziologentag, Sektionen, Arbeits-und Ad hoc-Gruppen. Opladen: Westdeutscher Verlag. 566~567.

Schramm, Wilbur (1954). *The Process and Effects of Mass Communication*. Urbana: University of Illinois Press.

Schröder, Peter and Steger, Hugo (eds.) (1981). *Dialogforschung*. Jahrbuch 1980 des Instituts für Deutsche Sprache. Düsseldorf: Schwann.

Schröer, Nobert (eds.) (1994). *Interpretative Sozialforschung.* Opladen: Westdeutscher Verlag.

Schuster, Gudrun (1994). "Die objektive Hermeneutik nach Oevermann". in Arbeitskreis Qualitative Sozialforschung (eds.). *Verführung zum qualitativen Forschen.* Wien: WUV-Universitätsverlag. 101~115.

Schütz, Alfred (1932). *That's not what I meant.* New York: Morrow.

Searle, John R. (1969). *Speech Acts. An Essay in the Philosophy of Language.* Cambridge: Cambridge University Press; 이건원 역 (1987), 『언화행위』, 한신문화사.

Searle, John R. (1982) [1979]. *Ausdruck und Bedeutung. Untersuchungen zur Sprechakttheorie.* Frankfurt: Suhrkamp. [*Expression and Meaning. Studies in the Theory of Speech Acts.* Cambridge: Cambridge University Press]

Shannon, Claude E. and Weaver, Warren (1949). *The Mathematical Theory of Communication.* Urbana: University of Illinois Press.

Shi-xu (1996). *Cultural Representation. Understanding Chinese and Dutch Discourse about the Other.* Universität Amsterdam: Dissertation.

Silbermann, Alphons (1974). "Systematische Inhaltsanalyse". in René König (ed.). *Handbuch der empirischen Sozialforschung.* Vol. 4: Komplexe Forschungsansätze. Stuttgart: Enke. 253~339.

Silverman, David (1993). *Interpreting Qualitative Data. Methods for Analysing Talk, Text and Interaction.* London: Sage.

Silverman, David (ed.) (1997). *Qualitative Research.* London: Sage.

Sirkin, R. Mark (1995). *Statistics for the Social Sciences.* London: Sage.

Smith, Bruce L., Lasswell, Harold D. and Casey, Ralph D. (eds.) (1946). *Propaganda, Communication and Public Opinion. Princeton.* NJ: Princeton University Press.

Soeffner, Han-Georg (eds.) (1979). *Interpretative Verfahren in den Sozial- und Textwissenschaften*. Stuttgart: Metzler.

Spencer-Brown, George (1979) [1969]. *Laws of Form*. New York: Dutton.

Sperber, Dan and Wilson, Deidre (1986). *Relevance, Communication, and Cognition*. Oxford: Blackwell.

SSCI® Social Sciences Citation Index® (1994). SSCI User Guide. ISI® CD Editions. Version 3.05 Upgrade. 12/94.

Stock, Wolfgang G. (1995). "Wissenschaftsevaluation mittels Datenbanken- methodisch einwandfrei?". *Spektrum der Wissenschaft* Nov. 118~121.

Straehle, Carolyn, Wodak, Ruth, Weiss, Gilbert, Muntigl, Peter and Sedlak, Maria (1999). "Struggle as metaphor in European Union discourses on unemployment". *Discourse & Society* 10(1). 67~100.

Strauss, Anselm (1987). *Qualitative Analysis for Social Scientists*. Cambridge: Cambridge University Press.

Strauss, Anselm and Corbin, Juliet (1990). *Basics of Qualitative Research*. Newbury Park, CA: Sage; 김수지·신경림 역 (2008), 『근거이론의 이해』, 한울; 신경림 역 (2001), 『근거이론의 단계』, 현문사.

Strauss, Anselm and Corbin, Juliet (1994). "Grounded theory methodology: an overview". in Norman K. Denzin and Yvonna S. Lincoln (eds.). *Handbook of Qualitative Research*. Thousand Oak, CA: Sage. 273~285.

Strauss, Anselm and Corbin, Juliet M. (eds.) (1997). *Grounded Theory in Practice*. Thousand Oak, CA: Sage.

Streeck, Jürgen (1983). "Konversationsanalyse: Ein Reparaturversuch". *Zeitschrift für Sprachwissenschaft* 2. 72~104.

Streeck, Jürgen (1987). "Ethnomethodologie". in Ulrich Ammon, Norbert Dittmar and Klaus Mattheier (eds.). *Sociolinguistics. An International Handbook of the Science of Language and Society*. Soziolinguistik. Ein internationales Handbuch zur Wissenschaft von Sprache und

Gesellschaft: Vol. 1. Berlin and New York: de Gruyter. 672~679.

Sturm, Gabriele (1989). "Strukturanalyse persönlicher Konstruktsysteme von Erstgebärenden". in Johannes F. Schneider (ed.). *Inhaltsanalyse alltagssprachlicher Beschreibungen sozialer Interaktionen. Beiträge zur SYMLOG-Kodierung von Texten.* Saarbrücken-Scheidt: Dadder. 89~108.

Sudman, Seymor (1979). *Applied Sampling.* New York: Academic Press.

Sudnow, David (ed.) (1972). *Studies in Social Interaction.* New York: The Free Press.

Swales, John M. (1991). *Genre Analysis. English in Academic and Research Settings.* Cambridge: Cambridge University Press.

Tannen, Deborah (1986). *That's Not What I Meant!.* New York: Morrow. 이용대 역 (1992), 『내말은 그게 아니야』, 사계절.

Tellis, Winston (1997a). "Introduction to case study". *The Qualitative Report* 3(2). [http://www.nova.edu/ssss/QR/QR3-2/tellis1.html] August 1999.

Tellis, Winston (1997b). "Application of a case study methodology". *The Qualitative Report* 3(3) [http://www.nova.edu/ssss/QR/QR3-3/tellis2.html] August 1999.

Thorngate, Warren (1976). "'In general' vs. 'it depends': some comments on the Gergen-Schlenker debate". *Personality and Social Psychology Bulletin* 2. 404~410.

Titscher, Stefan (1995a). "Das Normogramm". *Zeitschrift für Soziologie* 24. 115~136.

Titscher, Stefan (1995b). "Kommunikation als Führungsinstrument". in Alfred Kieser, Gerhard Reber and Rudolf Wunderer (eds.). *Handwörterbuch der Führung.* 2nd (edn.). Stuttgart: Poeschel. 1309~1318.

Titzmann, Michael (1977). *Strukturale Textanalyse.* München: Fink.

Turner, Roy (ed.) (1974). *Ethnomethodology.* Harmondsworth: Penguin.

van Dijk, Teun A. (1977). *Text and Context. Exploration in the Semantics and Pragmatics of Discourse*. London: Longman.

van Dijk, Teun A. (1980). *Textwissenschaft. Eine interdisziplinäre Einführung*. München: DTV; 정시호 역 (2001), 『텍스트학』, 아르케.

van Dijk, Teun A. (1984). *Prejudice in Discourse*. Amsterdam: Benjamins.

van Dijk, Teun A. (ed.) (1985a). *Handbook of Discourse Analysis*. Vol. 1: Disciplines of Discourse. London: Academic Press.

van Dijk, Teun A. (ed.) (1985b). *Handbook of Discourse Analysis*. Vol. 2: Dimensions of Discourse. London: Academic Press.

van Dijk, Teun A. (ed.) (1985c). *Handbook of Discourse Analysis*. Vol. 3: Discourse and Dialogue. London: Academic Press.

van Dijk, Teun A. (1990a). *Discourse Analysis in the 90s*. Special issue of TEXT.

van Dijk, Teun A. (1990b). "Social cognition and discourse". in Howard Giles and William P. Robinson (eds.). *Handbook of Language and Social Psychology*. New York: Wiley. 163~186.

van Dijk, Teun A. (1993). "Editor's foreword to Critical Discourse Analysis". *Discourse & Society* 4(2). 131~132.

van Dijk, Teun A. (ed.) (1997). *Discourse and Interaction*. London: Sage.

van Leeuwen, Theo (1993). "Genre and fields in critical discourse analysis: a synopsis". *Dicourse & Society* 4(2). 193~223.

van Leeuwen, Theo and Wodak, Ruth (1999). "Legitimizing Immigration Control: A dicourse-historical analysis". *Discourse Studies* 1(1). 83~118.

van Raan, Antony F.J. (1994). "Assessment of research performance with bibliometric methods". in Heinrich Best (ed.). *Informations-und Wissenverarbeitung in den Sozialwissenschaften*. Opladen: Westdeutscher Verlag. 499~524.

Vass, Elisa (1992). *Diskursanalyse als interdisziplinäres Forschungsgebiet*. Universität Wien: Diplomarbeit.

Verschueren, Jef, Östman, Jan-Ola and Blommaert, Jan (eds.) (1995). *Handbook of Pragmatics. Manual.* Amsterdam: Benjamins.

Vogt, Rudolf (ed.) (1987a). *Über die Schwierigkeit des Verständigens beim Reden: Beiträge zu einer Linguistik des Diskurses.* Opladen: Westdeutscher Verlag.

Vogt, Rudolf (1987b). "Zwei Modelle zur Analyse von Diskursen". in Rudolf Vogt (ed.). *Über die Schwierigkeit des Verständigens beim Reden: Beiträge zu einer Linguistik des Diskurses.* Opladen: Westdeutscher Verlag. 3~34.

Volosinov, Valentin N. (1975) [1929]. *Marxismus und Sprachphilosophie.* Grundlegende Probleme der soziologischen Methode in der Sprachwissenschaft. Frankfurt: Ullstein; 송기한 역 (2005), 『언어와 이데올로기』, 푸른사상.

von Aleman, H. and Ortlieb, P. (1975). "Die Einzelfallstudie". in J. van Koolwijk and M. Wieken-Mayser (eds.). *Techniken der empirischen Sozialforschung.* Vol. 2. München: Oldenbourg. 157~177.

von Friedeburg, Ludwig and Harbermas, Jürgen (eds.) (1983). *Adorno Konferenz 1983.* Frankfurt: Suhrkamp.

Waugh, Linda R. (1982). "Marked and unmarked: a choice between unequals in semiotic structure". *Semiotica* 38(3): 299~318.

Weber, Robert Philip (1990). *Basic Content Analysis.* 2nd (edn.). Newbury Park: Sage.

Weick, Karl (1979). *The Social Psychology of Organizing.* 2nd (edn.). Reading: Addison-Wesley.

Weiner, Bernhard (1986). *An Attributional Theory of Motivation and Emotion.* New York: Springer.

Weiss, Gilbert and Wodak, Ruth (1999a). "Debating Europe: Globalization rhetoric and European Union employment policies". in Irene Bellier (ed.).

European Identities. Boulder, CO: Westview Press.

Weiss, Gilbert and Wodak, Ruth (1999b). *The EU Committee Regime and the Problem of Public Space. Strategies of Depoliticizing Unemployment and Ideologizing Employment Policies*. (forthcoming).

Weitzman, Eben A. and Miles, Mathew B. (1995). *Computer Programs for Qualitative Data Analysis*. Thousand Oaks: Sage.

Werner, Oswald and Bernard, H. Russell (1994). "Ethnographic sampling". *Cultural Anthropology Methods* (CAM) 6(2). June. [http://www.lawrence.edu/fac/bradl-eyc/ossie.html] August 1999.

Wersig, Gernot (1968). *Inhaltsanalyse. Einführung in ihre Systematik und Literatur. Schriftenreihe zur Publizistikwissenschaft*. Vol. 5. Berlin: Volker Spiess.

Widdowson, Henry G. (1995). "Discourse analysis: a critical view". *Language and Literature* 4(3). 157~172.

Wiedemann, Peter (1991). "Gegenstandbezogene Theoriebildung". in Uwe Flick, Ernst von Kardorff, Heiner Keupp, Lutz v. Rosenstiel and Stephan Wolff (eds.). *Handbuch Qualitative Sozialforschung*. München: Psychologie-Verlags-Union. 440~445.

Wilke, Stefanie (1992). *Die erste Begegnung. Eine konversations- und inhaltsanalytische Untersuchung der Interaktion im psychoanalytischen Erstgespräch*. Heidelberg: Asanger.

Willems, Herbert (1996). "Goffman's qualitative Sozialforschung. Ein Vergleich mit Konversationsanalyse und Strukturaler Hermeneutik". *Zeitschrift für Soziologie* 25. 438~455.

Willis, Paul (1977). *Learning to Labour*. Columbia, NY: Columbia University Press; 김찬호 역 (2004), 『학교와 계급재생산: 반학교문화, 일상, 저항』, 이매진.

Winterhager, Matthias (1994). "Bibliometrische Basisdaten zur Entwicklung der

Sozialwissenschaften in Deutschland". in Heinrich Best (ed.). *Informations-und Wissenverarbeitung in den Sozialwissenschaften.* Opladen: Westdeutscher Verlag. 539~552.

Wittgenstein, Ludwig (1984). Werkausgabe Vol. 1. *Tractatus logico-philosphicus.* Tagebücher 1914~1916. Philosophische Untersuchungen. Frankfurt: Suhrkamp; 이영철 역 (2006),『논리-철학 논고』, 책세상; 김양순 옮김 (2008),『논리철학논고/철학탐구/반철학적 단장』, 동서문화사; 곽강제 역 (2012),『비트겐슈타인 논리철학론』서광사.

Wodak, Ruth (1981). *Das Wort in der Gruppe: linguistische Studien zur therapeutischen Kommunikation.* Wien: Verlag der Österreichischen Akademie der Wissenschaften.

Wodak, Ruth (1984). *Hilflose Nähe? Mütter und Töchter erzählen. Eine psycho-und soziolinguistische Untersuchung.* Wien: Deuticke.

Wodak, Ruth (1986). *Language Behavior in Therapy Groups.* Los Angeles: University of California Press.

Wodak, Ruth (1989). *Language, Power and Ideology.* Amsterdam: Benjamins.

Wodak, Ruth (1995). "Critical linguistics and critical discourse analysis". in Jef Verschueren, Jan-Ola Östman and Jan Blommaert (eds.). *Handbook of Pragmatics. Manual.* Amsterdam: Benjamins. 204~210.

Wodak, Ruth (1996). *Disorders of Discourse.* London: Longman.

Wodak, Ruth and Benke, Gertraud (1997). "Gender as a sociolinguistic variable: new perspectives on variation studies". in Florian Coulmas (ed.). *The Handbook of Sociolinguistics.* Oxford: Blackwell. 127~150.

Wodak, Ruth and Matouschek, Bernd (1993). "'We are dealing with people whose origins one can clearly tell just by looking': critical discourse analysis and study of neo-racism in contemporary Austria". *Discourse & Society* 4(2). 225~248.

Wodak, Ruth and Menz, Florian (eds.) (1990). *Sprache in der politik-politik in der Sprache. Analysen zum öffentlichen Sprachgebrauch.* Klagenfurt: Drava.

Wodak, Ruth and Reisigl, Martin (1999). *Discourse and Discrimination. The Rhetorics of Racism and Antisemitism.* London: Routledge.

Wodak, Ruth and Schulz, Muriel (1986). *The Language of Love and Guilt. Mother-Daughter Relationships from a Cross-Cultural Perspective.* Amsterdam: Benjamins.

Wodak, Ruth and Vetter, Eva (1999). "Competing professions in times of change: the discursive construction of professional identities in TV talk-shows". in R. Wodak and Chr. Ludwig (eds.). *Challenges in a Changing World. Issue in Critical Discourse Analysis.* Wien: Passagen.

Wodak, Ruth, De Cillia, Rudolf, Blüml, Karl and Andraschko, Elisabeth (1989). *Sprache und Macht-Sprache und Politik.* Wien: Bundesverlag.

Wodak, Ruth, Nowak, Peter, Pelikan, Johanna, Gruber, Helmut, de Cillia, Rudolf and Mitten, Richard (1990). *'Wir sind alle unschuldige Täter!' Diskurshistorische Studien zum Nachkriegsantisemitismus.* Frankfurt: Suhrkamp.

Wodak, Ruth, Menz, Florian, Mitten, Richard and Stern, Frank (1994). *Die Sprachen der Vergangenheiten. Öffentliches Gedenken in österreichischen und deutschen Medien.* Frankfurt: Suhrkamp.

Wodak, Ruth, de Cillia, Rudolf, Reisigl, Martin, Liebhart, Karin, Kargl, Maria and Hofstaetter, Kalus (1998). *Zur diskursiven Konstruktion nationaler Identitaet.* Frankfurt: Suhrkamp. (translated as Wodak, R., de Cillia, R., Reisigl, M., Liebhart, K. (1999) *The Discursive Construction of National Identity.* Edinburgh: EUP)

Wunderlich, Dieter (ed.) (1972). *Linguistische Pragmatik.* Frankfurt: Athenäum.

Wunderlich, Dieter (1978) [1976]. *Studien zur Sprechakttheorie.* 2nd (edn.). Frankfurt: Suhrkamp.

Yin, Robert K. (1993). *Applications of Case Study Research*. Newbury, CA: Sage.

Yin, Robert K. (1984). *Case Study Research: Design and Methods*. Beverly Hills, CA and London: Sage.

Zedler, Peter and Moser, Peter (eds.) (1983). *Aspekte qualitativer Sozialforschung. Studien zu Aktionsforschung, empirischer Hermeneutik und reflexiver Sozialtechnologie*. Opladen: Westdeutscher Verlag.

찾아보기

227, 231, 254
　~와 보닥(Wodak, R.)　50, 231
　비판적 담론 방법　232~242, 255~256
페터맨(Fetterman, D.M.)　30, 147, 149
평가 방법과 도출 방법　17
평가 주장 분석(evaluative assertion
　analysis)　97, 100
포스터(Foster, N.)　57
표본/표집　65~71, 375g
　내용 분석　95~96
　이론적 ~　71~72, 122, 128, 154
표집 오차　375g
표층 구조　201, 204, 376g
푸코(Foucault, M.)　47, 49, 51, 187, 226,
　229, 234, 238
프로이트(Freud, S.)　**87**
프로프(Propp. V.I.)　**87**

〈ㅎ〉

하버마스(Habermas, J.)　**87**
하임스(Hymes, D.)　142~146, 150~152,
　155
하킴(Hakim, C.)　80
하틀리(Hartley, J.F.)　75
할당 표집　67, 376g
할리데이(Halliday, M.A.K.)　39, 54, 188,
　226, 233, 241, 259
해머슬리(Hammersley, M.)　153, 154
　~와 앳킨슨(Atkinson, P.)　142, 146,
　148, 149, 152, 153, 156
해석, 객관적 해석학
　~과 독해　317~318
　원칙　309~310
　틀　314~317
해석학　303, 376g

또한 객관적 해석학을 보라
행위항(actants)　199, 202~203, 205, 206
헤게모니　235~238
　또한 권력관계를 보라
헤리티지(Heritage, J.)　171, 183
헤크너(Herkner, W.)　91, 95~97, 99~101,
　105, 108
헴플(Hempel, C.G.)　83
형식(forms)　287~288, 298
홀스티(Holsti, O.R.)　91, 95, 96, 98, 108
화자 변화(speaker change)　176~178
효과적인 추론의 행동 패턴　275~279
후설(Husserl, E.)　87
후조응(Cataphora)과 전조응(Anaphora)
　42

〈기타〉
CDA　비판적 담론 분석을 보라
'speaking 격자(grid)'　150~151, 156
SSCI　사회과학인용색인을 보라
SYMLOG(System for Multiple Level
　Observation of Groups)
　다른 방법들과의 비교　221~222, 346,
　347, 349, 353, **355**, 356, **357**
　문헌　222~223
　　2차 ~　223~225
　방법의 개관　217~219
　방법의 목표　217
　방법의 현저함　**333**, **336**, 339
　이론적 가정　215~217
　이론적 기원　213~214
　전제 조건과 적용 분야　220~221
　질적 기준　219~220
SYMLOG-공간 모델　215~216

지은이 ✦

- 스테판 티처(Stefan Titscher) 빈 대학 경제경영대학 사회학 교수.
- 미샤엘 마이어(Michael Meyer) 빈 대학 조직행동학과 조교수.
- 루트 보닥(Ruth Wodak) 빈 대학 응용언어학 및 담론 분석학 교수. 오스트리아 과학원 연구교수. '담론, 정치, 동일성' 연구센터 소장.
- 에바 베터(Eva Vetter) 빈 대학 로망스어학과 소속.

옮긴이 ✦

남상백 성균관대학교 사회학과를 졸업하고, 중앙대학교 사회학과 대학원을 수료했다. 사회문제에 관심을 갖고 공부와 번역을 하고 있다. 논문으로 「비정규직 보호법이 고용의 질에 미치는 영향」(공저)이 있다.

E-mail: minimisu@hanmail.net

텍스트와 담론 분석 방법
Methods of Text and Discourse Analysis

© 도서출판 경진, 2015

1판 1쇄 인쇄__2015년 06월 20일
1판 1쇄 발행__2015년 06월 30일

지은이__스테판 티처·미샤엘 마이어·루트 보닥·에바 베터
　　　　(Stefan Titscher, Michael Meyer, Ruth Wodak and Eva Vetter)
옮긴이__남상백
펴낸이__양정섭
펴낸곳__도서출판 경진
　　　　등록__제2010-000004호
　　　　블로그__http://kyungjinmunhwa.tistory.com
　　　　이메일__mykorea01@naver.com

공급처__(주)글로벌콘텐츠출판그룹
　　　　대표__홍정표
　　　　편집__김현열 송은주　**디자인**__김미미　**기획·마케팅**__노경민　**경영지원**__안선영
　　　　주소__서울특별시 강동구 천중로 196 정일빌딩 401호
　　　　전화__02-488-3280　**팩스**__02-488-3281
　　　　홈페이지__http://www.gcbook.co.kr

값 25,000원
ISBN 978-89-5996-444-4 93370